21 世纪教育技术学精品教材

本书由全国社会科学基金“十一五”规划(教育学科)国家一般课题“信息技术环境下多元学与教方式有效融入日常教学的研究”(课题批准号：BCA060016)提供资助

执行主编　王继新

学与教的理论与方式

本 册 主 编　刘雍潜
本册副主编　齐　媛　李文昊

北京大学出版社
PEKING UNIVERSITY PRESS

图书在版编目(CIP)数据

学与教的理论与方式/刘雍潜主编. —北京：北京大学出版社，2011.1
(21世纪教育技术学精品教材)
ISBN 978-7-301-18161-4

Ⅰ.①学… Ⅱ.①刘… Ⅲ.①教育技术学—高等学校—教材 Ⅳ.①G40-057

中国版本图书馆CIP数据核字(2010)第243096号

书　　名：学与教的理论与方式
著作责任者：刘雍潜　主编
丛书策划：周志刚
责任编辑：唐知涵
标准书号：ISBN 978-7-301-18161-4/G·3002
出版发行：北京大学出版社
地　　址：北京市海淀区成府路205号　100871
网　　址：http://www.jycb.org　http://www.pup.cn
电子信箱：zyl@pup.pku.edu.cn
电　　话：邮购部62752015　发行部62750672　编辑部62767346　出版部62754962
印 刷 者：三河市北燕印装有限公司
经 销 者：新华书店
787毫米×1092毫米　16开本　16印张　380千字
2011年1月第1版　2011年1月第1次印刷
定　　价：32.00元

前　言

随着21世纪的到来，人类社会正步入崭新的信息时代，实现了从工业社会向知识社会的转型。世界各国所面临的学校教育改革正是在整个社会从工业化时代向信息化、知识化时代转型的大背景下进行的。同样，从学与教的研究到学与教的实践，也受到时代背景的深刻影响，呈现出百花齐放的发展态势。而信息技术的发展，则为这种学与教的变革提供了重要支持和坚实基础。作为教育技术研究者，探索出信息技术环境下学与教理论与实践的有效整合方式，为广大教师和相关从业者提供示范和参考，是我们应尽的责任。

2008年，蒙华中师范大学王继新教授的推荐和北京大学出版社热情邀请，我接受了编写本书的任务。在编写本书的同时，我正在主持中国教育技术协会承担的国家社科基金"十一五"规划(教育学科)国家课题"信息技术环境下多元学与教方式有效融入日常教学的研究"。我与课题组专家的一致意见是将该课题的研究成果反映到书中来，让课题在学与教理论与实践上的创新之处成为该书的核心内容。下面把编写本书时的思考和本书最终体现出的特点略为陈述一二。

一、本书是给教育技术专业学生编写的有关教学理论与方式的教材。我们为适合教育技术专业学生学习的需要，力求把教学论(特别是学习理论)的学习与教育技术方式方法的学习在教育信息化的大背景下有机结合起来，力争打破这两者之间联系不够紧密的问题。合作学习、研究性学习、混合学习不再只是应用传统方式方法，而是信息技术环境支撑下的新的教学方式的应用。所以当书越往后看，信息化的气息越浓。我们认为这符合教育技术专业学生的需要，也符合时代要求，使他们在学习教育理论的同时，能较早地与本专业的知识内容衔接，与技术发展同步。

二、本书是偏重学生学习使用的教材。为教育技术专业编写的教材很多，大多为教师教而作。我们编教材力求体现，既遵循教材编写的基本要求便于教师用本教材授课，又要利于学生用本教材独立阅读学习。因此，在知识结构上学习重点突出，导学线索清楚，内容简明扼要；写作手法上力求使学生便于理解，自学掌握，同时也给学生留下思考的空间；呈现形式上向学生的需求倾斜，设计了篇章前的内容结构学习引导框图，篇章后的思考题、扩展阅读和参考资料等。

三、本书是"信息技术环境下多元学与教方式有效融入日常教学的研究"课题组研究信息技术环境下学与教理论，并将这一理论在日常教学中应用的成果代表。编写教与学的书，理论性的内容比较好总结，因为这一领域名家辈出，资源丰富，但提出自己在这方面的观点很难。我们在理论上的第一点创新是将学与教的理论分门别类，分缕析出，使之各有渊源，自成体系但又密切相关。强调了"学"的重要性，但又不忽视"教"。第二点创新则是提出能印证学与教理论的实践案例，特别是恰当应用信息技术的案例。课题组同仁一开始也吃不准，到底这两者整合得如何，是否符合教学规律，是否真的正向强化了学习效果。于是我们以自己在基层中小学开展的课题实验为基础，在这方面勇敢地做了探索,向前走了一步,最终将实践中受到师生欢迎的案例提出来作为本书的例证。当然理论与方法,课程与技术整合得如何还要听取大家的意见。但我们相信用课题实验的结果充实、佐证、校验理论观点的道路应该是走对了。

本书凝结着课题组许多专家、学者的集体智慧。本书分为十个章节,其中第一章为导论,第二、三章为理论篇,主要介绍了学习理论和教学理论,第四至六章为方式篇,主要介绍了信息技术环境下几种常见的学与教的方式,第七至十章为实践篇,主要介绍了信息技术环境下几种常见的学与教的实践与特点。现将分工写作的作者名单分列如下:

第一章,刘雍潜,齐媛;第二章,齐媛,张裕鼎,罗祖兵;第三章,齐媛,罗祖兵;第四章,黄磊,刘雍潜;第五章,李文昊,刘雍潜;第六章,李文昊,张生;第七章,曹玉英,刘清堂;第八章,黎加厚,曹玉英;第九章,曹玉英,张生;第十章,王丽娜,陈建。全书由我和齐媛、李文昊、张生博士统稿。

本教材适合教育技术专业教师教学及本科学生使用,也适合教育技术研究人员、大中小学教育技术工作者、各级电化教育馆工作人员阅读。

学与教几个字看似简单,背后却拥有着庞大的知识网络,以及几千年的实践沉淀,加之本书在体例与内容上又具有一定的创新性和综合性,因此在本书编写的过程中诸位专家和学者付出了很多努力。虽各位作者尽心竭力,但疏漏之处在所难免,敬请批评、指正。

最后,还要感谢北京大学出版社领导的支持,感谢李淑方编辑的热情鼓励和勤勉工作,才使本书得以呈现在大家面前。

中央电化教育馆学术委员会主任
中国教育技术协会秘书长
刘雍潜研究员
2010年9月10日教师节

目　录

上篇　学与教的理论

中篇　学与教的方式

下篇　信息技术环境下学与教的实践

第一章　导　　论

学习目标

1. 了解学习与教学的基本定义；
2. 掌握教学的性质；
3. 掌握学习理论与教学理论的关系；
4. 了解学与教理论的历史流变；
5. 掌握技术支撑下学与教的新发展及其特征。

知识概览

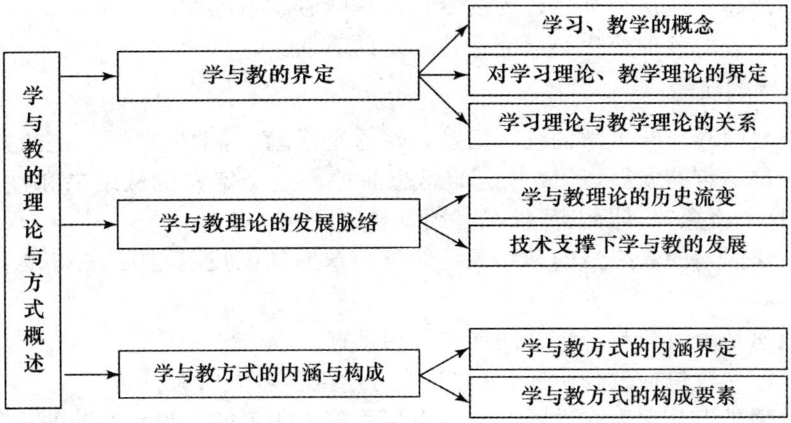

本章导学

学习与教学是教育领域内两个重要的基本概念。学习理论与教学理论虽然依循着各自的发展脉络，在特定的领域里都取得了一定的研究成果，但在实践的面前，二者之间的融合已经成为一种明显的趋势。尤其是在信息技术飞速发展的现实条件下，信息技术在促进学习变革方面的作用已经得到越来越多的认可，如何利用信息技术有效支撑学与教的问题已经成为新的重要的研究课题。本章首先分别对学习与教学的概念加以界定，并阐明二者的关系，然后对学习理论与教学理论的各自发展脉络做一简单梳理，并以信息技术的发展为背景，介绍在技术支撑下学与教的新发展，最后进一步对学与教方式的内涵与构成加以解释和界定。

第一节　学与教的界定

学习与教学是教育领域两个重要的基本概念。本节在厘清学习与教学概念的基础上，对学习理论与教学理论分别加以界定，并着重探讨教学以及教学理论的复杂特性。在明确各自概念及特征的基础上，讨论了学习理论与教学理论的关系。

一、学习与教学

要阐明学习与教学的关系，需要从厘清学习和教学的基本概念入手。相对于学习的概念而言，教学是个更为复杂的概念，受到更多因素的制约和影响。

（一）学习的概念

人类生存的基本条件之一就是获取前人留下的知识和经验，并在此基础上去创造更多新的知识和经验。这必然涉及如何才能更有效地进行学与教的问题。

学习(Learning)是指学习者因经验而导致行为或行为潜能的相对持久的变化。① 这个定义从结果和过程两个方面规约了学习这个概念，具体而言，学习必须具备以下几个条件。

第一，学习的效果表现为人类行为表现或行为潜能的变化。

第二，引发这一变化的必须是学习者的旧有经验及其与世界的相互作用。

第三，不能简单地认为凡是行为的变化都意味着学习的存在。

第四，学习者的某种变化必须能保持一定的时期。

（二）教学的概念

教学，是教师教与学生学的统一活动。在这个活动中，学生掌握一定的知识和技能，同时，身心获得一定的发展，形成一定的思想品德。这个定义也从结果和过程两个方面规约了教学这个概念，具体而言，教学必须具备以下几个条件。

第一，教学活动的最终目的和结果是使学生掌握知识技能、身心获得发展、形成思想品德。

第二，教学是由教师和学生共同参与的活动。

第三，教师的教包括教师引起、维持与促进学生学习的所有行为。

第四，教学过程是学生在教师的指导下接受前人积累的知识和经验的过程。

第五，教师和学生在教学活动中都是能动的角色和要素，他们互相依存，互相配合。

（三）教学的性质

教学在学校教育中占有十分重要的地位。要认清教学的性质，就不得不从理解教育的本质入手。教育区别于其他社会活动的特殊功能是通过人的培养服务于一定的社会，实现人自身的发展，因此教育与人的发展、与社会的发展存在着内在的必然关系。

影响人的发展的因素主要有四个：先天的遗传素质、后天的环境、教育以及发展主体的能动性。遗传素质是人的身心发展的物质前提；环境对人的身心发展具有重要影响；教育在人的身心发展中起主导作用；主体能动性是身心发展的内部制约因素。教育，特别是学校教育的目的性、方向性、计划性和系统性以及在施教过程中所具有的高度组织性，对环境影响所具有的可控性，对遗传素质所具有的针对性等，都对确保教育在人的发展中发挥其主导作用具有重要意义。

---

① 鲍尔，希尔加德. 学习论——学习活动的规律探索[M]. 邵瑞珍，皮连生，吴庆麟，译. 上海：上海教育出版社，1987.

教育还对社会发展具有积极的促进作用。一定社会的生产力发展水平和政治经济制度决定着一定社会的教育,教育是社会生产力和政治经济的反映;一定社会的教育又反作用于一定社会的生产力和政治经济。

因此,要优化教育和教学,不仅需要对学习的机制和规律有充分的把握,还需要对社会发展的需求给予回应。社会的转型必然要求教育的重建,因此教学也是"与时俱进"的,其内涵必然随着时代的发展而不断更新。

二、对学习理论与教学理论的界定

理论是指人们关于事物知识的理解和论述。学习理论反映的是人们对学习的理解和看法,教学理论反映的则是对教学的普遍理解和看法。

(一) 学习理论

学习理论是指描述或说明人和动物学习的性质、过程和影响学习的因素的各种学说。各种学习理论的差异表现在如何回答以下几个核心问题上。

第一,学习的实质是什么?学习到底使学习者发生了怎样的变化?

第二,学习是一个什么样的过程,经验如何导致学习?

第三,学习有哪些规律和条件?如何才能进行有效的学习?

(二) 教学理论

教学理论是指研究教学情境中教师引导、维持或促进学生的行为,是力求合理地设计教学情境,以期达成学校教学目的所建立的一套具有处方功能的系统理论。各种教学理论主要着力于回答以下几个核心问题。

第一,教学的本质是什么?

第二,教学及其过程的规律是什么?

第三,为了达到培养社会所需人才的目的,最优化的教学途径与方法是什么?

(三) 教学理论的特点

与学习理论的描述性不同,教学理论的最大特点在于其处方性和规范性。

首先,教学理论的处方性和规范性表现在教学理论所关心的是怎样最好地教会学生想学的东西,它所关心的是促进学习而不是描述学习。而学习理论关注的则是描述学习的本质及其发生过程,它本身并不特别关注应该如何激发和引导学习。加涅认为,教学是一种外部事件,教学理论应该努力将外部的教学事件与学习的结果联系起来,并指出这些事件是如何支持或促进内部学习过程的。教学理论研究的目的就是要在教学事件与这些事件对学习过程的影响以及这些学习过程所产生的学习结果之间,提出一种以理性为基础的关系。

其次,教学理论的处方性和规范性还体现在建构教学理论的基本条件之中。布鲁纳认为,作为一种教学理论,应具备四个条件:① 必须说明采用何种最有效的方法,把学生的心向引导进入学习的准备状态。② 必须说明在使学生最容易学到知识的原则下,应该采用什么方法来选择并组织材料。③ 必须说明教学时应该采用何种最有效的程序呈现教材,才有利于学生的学习。④ 必须说明在教学活动中如何使用奖惩原则,以维持学生的学习动机。[①] 美国视导与课程发展学会提出了教学理论应该具备的十个条件：① 教学理论中，对于有关教学历程中的一些基本概念，比如学生特征、教学目标、教学情境等，应给予清楚的说明。② 教学理论中，对如何安排教学历程的建议，应采用现实的观点加以说明。任何教学方法都有其使用上的限制，因此在教学理论中必须说明各种教学方法各自适用于何种年级与何种课程。③ 教学理论中所涉及的各种含义，必须在逻辑上使其彼此之间具有一致性。④ 教学理论中所涉及的心理学概念，必须与现代心理科学研究的重要结果相互印证，以有助于建立教学理论的效度。⑤ 教学理论对学校教学所提出的主张，必须经得起实际研究的验证。⑥ 教学理论如果是建立在实证性研究的基础上的，其研究结论必须能够推论。⑦ 教学理论中提出的教学原则，必须具备实际应用价值。⑧ 教学理论中必须说明，其所倡导的教学原则是经得起实证研究反证的。⑨教学理论的内涵不能只用于解释已有的教学事实，必须能够对教学问题具有预测作用。⑩ 教学理论所陈述的有关教学的概念，虽然在性质上偏重于对教学品质的要求，但不能排除将来在研究方法上发展出量化的方法，从而可以对教学效果作出客观的评价。[②]

总之，教学理论关心的是教师的教是如何影响学生的学，怎样教学才是有效的，以此对教师的教学行为进行一定的规定并给教师提供一系列使教学更加有效的建议或处方。因此，教学理论具有如下特点：① 教学理论具有应用性。教学理论不是解释学生身心发展或学习心理的学术性理论，而是提供教师在教学时如何安排教学情境达成学校教育目的的应用性理论。② 教学理论具有基础性。教学理论不是学科教学法理论，而是具有一定概括程度的适用于所有学科的一般教学理论。

三、学习理论与教学理论的关系

对学习理论与教学理论的关系，大致有两种看法。

1. *教学理论和学习理论各自相对独立*

这种观点认为，教与学是教学过程中既彼此联系又可分离的两个基本方面，因此，与之相应的教学理论和学习理论应该是相对独立的，教学理论既不是对学习理论的补充，也不是学习理论的推演。学习理论并不能直接告诉我们怎样教。“教与学的宽度不同，教只是影响学的条件之一。学生不用教也可以学，即自己教自己。何况，教师即使有能力教，但学生不注意、无动力或认知准备不足，教也不能导致学。”[③]教育心理学家盖奇从历史角度论证了学习理论对教育实践很少有用，也没什么影响，学习理论与教学问题并无内在的固有的联系，因此，教学理论需要与学习理论平等地发展，学习理论不能代替教学理论。他还提出教学理论可以分为两类：一类是解释教师为什么以教师的角色方式行动；另一类是解释教师怎样影响学生的行为。[④]

2. *教学理论和学习理论交互作用*

在一段相当漫长的历史时期，心理科学基本上是在传统的内省范畴影响着教学论发

---

① 张春兴.教育心理学——三化取向的理论与实践[M].杭州：浙江教育出版社，1998：435.

② 张春兴.教育心理学——三化取向的理论与实践[M].杭州：浙江教育出版社，1998：131-132.

③ B. O. Smith(1960), Critical Thinking. In Recent Research Development and Their Implications for Teacher Education, 13th-yearbook, AACTE.

④ N. L. Gage(1963), Handbook of Research on Teaching. Chicago: Rand McNally, pp. 133-134.

展的。但随着实验心理学的崛起和发展，心理学视角的学习理论在教学理论科学化道路上的作用也越来越受到重视了。在一些研究者看来，教学过程是对学习理论和教学理论同时进行实践的过程，有效教学需要强调教学理论和学习理论之间的交互作用。

学校情境中的学习实际上包含了学习者与背景（如教师、教材、教学情境）之间的交互作用，如材料呈现的顺序会影响学习者认知组织和记忆结构的发展；反过来，这些结构的发展又影响了教师所教的内容。意识到所教的知识没有被理解，教师会改变其教学方法；如果学生理解了呈现的教材，教师就会倾向于继续采用这种教学方法。正如美国学者申克（D. H. Shunk）所指出的："这两个领域受不同的原理所支配……虽然学习和教学包含了不同的原理，但实际上它们以互补的方式相互作用着。"[①]

这种交互作用不仅体现在教学实践中，还体现在教学研究的过程中。过去，在教学理论的研究中，人们倾向于采用过程——结果的研究范式，即把教学的变化（如提问的数量和种类）与学生的产品或结果（如成绩、态度）联系起来，探究哪些教学因素会使学生获得比较好的成绩，即产生比较好的结果，但是这种研究却并不能有效地揭示为什么这些教学因素会使学生获得这样好的成绩，即教学因素是如何影响学生思维的。由于这种过程——结果范式忽视了在教学过程中教师和学生思维之间的交互作用，所以并不能有效地揭示学习发生的内在机制。现在的教学研究特别强调教学和学习的相互作用，认为应当把它们放在一起来加以研究才能揭示有效教学的规律。1985 年成立的欧洲教学与研究协会（The European Association for Research on Learning and Instruction，简称 EARLI）强调，既要对教学理论、学习理论和发展理论进行独立研究，又要重视这三种理论的相互渗透、相互支持。应该说，学习理论与教学理论的融合观点已经成为一种世界性潮流，得到了广泛的认可。

第二节 学与教理论的发展脉络

在人类发展的漫长历史过程中，随着教育实践的不断深入，学习理论与教学理论都得到了不同程度的发展。20 世纪下半叶，随着信息技术的发展，学与教的理论又被注入了新的活力。

一、学与教理论的历史发展

早期，学习理论与教学理论基本上是沿着各自的路径发展的。学习理论倾向于实验室情境，教学理论则倾向于实践情境。

（一）学习理论的发展脉络

自从 1885 年德国心理学家艾宾浩斯出版《论记忆》一书之后，心理学家开始通过实验来研究学习。从 20 世纪初的学习行为主义观到 20 世纪 60 年代兴起的学习信息加工观，再到 20 世纪 80 年代开始的社会认知观和建构主义观，学习理论的研究如雨后春笋，形成了数十个可解释不同学习现象的研究派别。通过追溯学习理论的研究历程，可以发现关于学习的研究主要围绕学习的实质、学习的过程和学习的条件三个主题展开。

---

① 戴尔·H. 申克. 学习理论：教育的视角[M]. 韦小满，译. 南京：江苏教育出版社，2003：21.

20世纪初桑代克的联结主义说、俄国生理学家巴甫洛夫的经典条件反射学说和20世纪50年代美国心理学家斯金纳提出的操作条件反射学说，同属于行为主义学派。他们都采取在实验情境中研究动物的学习现象这一思路，通过揭示动物学习过程中一些外在行为的变化，进而推断人类具有相同的学习现象或学习规律，并据此提出一些教学方法或手段，如强化与惩罚的运用、程序教学等。在行为主义看来，学习就是联结或"S-R"（刺激—反应）联系，其过程就是获得这些联结或联系，其条件就是外界不断给予各种刺激或反馈。

20世纪60年代，心理学家开始借鉴其他学科（如计算机科学）的一些观念，来推测个体在学习时头脑中发生的各种变化，如信息加工论解释了学习过程中个体对新信息感知、储存、编码和提取等加工过程，以及元认知与自我调节能力在人的复杂作业中的重要性。从认知观出发，学习就是个体能力或倾向上的变化，其过程就是获得知识并运用知识来解决一般领域或具体领域的问题，其条件就是学习者原有的知识基础、学习态度和学习方法等。

至20世纪80年代，研究者开始关注在一定社会情境中的个体学习现象，即侧重从社会认知角度来考察个体的学习过程。从以"自然人"到以"社会人"为研究对象的这一视角转变，引发了在学与教诸多方面的讨论，例如：知识的情境性（世界是否可知，特殊情境还是跨情境），学习的建构过程（同参与社会实践中的限定与给予相适应），教师的作用（激发积极的参与、提供参与社会实践探索及领悟的环境），课程设置（提供参与社会实践的课程），多种形式的测评（对参与实践能力的评定）等。[①] 学习的社会认知观认为，人类学习是一种具有社会特性的行为，其过程主要通过个体的建构活动将外在知识内化为个体自己的知识，其条件既包括外界提供的学习情境（如各类学习材料、语言、媒介等），也包括学习者自己主动参与学习的意识，以及建构自己认知结构的内部活动等。

（二）教学理论的发展脉络

如果说教学与心理之间的联系是教学实践与理论发展的内在机制，那么教学与社会进步，与文化适应之间的联系则是教学实践与理论发展的外在机制。但凡有影响的、对教学实践发生显著作用的教学思想，无一不带有地方性的特征，如赞科夫的"新教学"体系，巴班斯基的"教学最优化"理论，布鲁纳的"结构教学"，杜威的"实用主义"，无一不具有本土性。他们在解决各种教学问题的过程中，形成了各异的思想体系及解决方案，但从整体来看，他们面对的都是同一"对象"——教学，他们的理论都携带着深刻的地域特色和时代印迹。

纵观历史长河，我们也可以看到在不同的时代条件下，社会对教学所寄予的希望和要求是不尽相同的。各种教学理论历史演进的图景告诉我们，教学理论是随着时代主题变化发展而变化发展的。

人类社会大体经历了三个历史阶段，即农耕社会、工业时代及如今已初显端倪的后工业时代。在前工业社会，由于生产力水平低下，人们关注的重点是如何认识和改造自然，并从中获取自己赖以生存的物质资料。这样，已有的知识经验成为要达到这一目的的必要条件。知识量的多寡与个体可能获得的社会认同成正比例关系，因此知识本位是

---

① 胡谊.教育心理学：理论与实践的整合观[M].上海：华东师范大学出版社，2009：6.

此时期居于核心地位的文化价值观。此阶段教学理论的目标是依据社会的目标和尺度确立的，由于此阶段社会本位的色彩严重，教学理论关注的是作为客体的知识，而不是教学主体本身的发展。

工业时代是以生产方式的多种多样为特征的，它使单纯以知识拥有量来决定个人的生存及发展态势的现象逐渐失去了其历史基础。该时期需要比知识更具有适应性、更能对付“人造自然”和展现人的本质力量的社会策略，以使人能够更好地驾驭客观世界，于是，能力本位成为此时期主导的文化价值观。

后工业时代是建立在工业经济充分发展的基础上的时代。此时期，主导的经济活动已不再是单纯的物质资料的生产，取而代之的是信息的制造、获取、转化和传递等活动。信息成为重要的战略资源，创新成为最重要的发展动力。从知识经济对人的素质要求来看，它不仅需要有充分发展的理性精神世界，还需要有充分发展的非理性精神力量，并且两者是和谐统一的。因而教学理论必须在社会本位和个人本位之间找到一个合适的平衡点，这也正是20世纪50年代以来教学理论研究趋于多元化的一个原因。应该看到的是，教学理论多元化的背后，仍然孕育着多元融合的趋势。选择新的视角、采用新的方法、开拓新的领域是教学理论多元化发展的必然，但高度分化后的多元综合是其最终的发展趋势。没有高度分化，就谈不上高度综合；而如果不以高度综合为目的，就面临着割裂实践、难以体现世界的整体化要求和特征的危险。可以预见的未来是，“世界上几乎所有国家将在教育目的与课题上越来越趋于接近和类似，只是各国用于解决教育课题的方法和手段，依存于各国的传统和文化罢了”。①

二、技术支撑下学与教的发展

在学校和课程产生之前，人类就在生活和生产过程中学习着各种知识，只不过这种状态下学习的意识性和系统性还很低。专门性的、组织化的教育活动则逐步提升了学习活动的意识性和系统性。在人类学习的发展中，学校的产生是一次重大的飞跃。现今的学校教育是伴随着工业革命的兴起而形成的，首先产生于工业化国家。然而，当人类社会正在步入崭新的信息时代，实现从工业社会向知识社会转型之际，现行学校教育割裂知识与能力、知识内容与产生其的现实情境之间的密切联系等种种弊病已经显现出来。新世纪之初，各国所面临的学校教育改革是在整个社会从工业化时代向信息化、知识化时代转型的大背景下进行的。知识经济时代，学习是关乎个人和社会的生存、进步与发展的，是无处不在的，是延续一生的行为。自然而然，学习发生的场所从课堂、学校延伸至社区、博物馆、企业和家庭等各种正式与非正式的环境，正式学习与非正式学习、学校中的学习与工作场所中的学习一起进入了研究者的视野。这些研究为我们全景式地认识学习——这一人类发展的重要机制奠定了基础。这些研究者通过从不同的学科视角对人类学习进行全方位的研究，催生了一个全新的跨学科研究领域——学习科学。

学习科学研究者们对学习情境的强调，使他们自然地把技术支撑下的，也可称被技术增强的(technology-enhanced)学习环境下的学习实践作为重要的研究对象之一。虚拟学习、开放学习、基于资源的学习、基于网络的学习共同体、虚拟现实的学习实验室等，

① 钟启泉.现代课程论[M].上海:上海教育出版社,1989:749.

都是信息技术的进步所启迪的人类学习的新的形态和空间。[①] 在各种新技术的支持下如何设计和创建学习环境,已经成为学习科学关注的重要议题之一。

学习科学是一种描述科学,也是一种设计科学。学习科学主要聚焦于两个方面的研究:一是对于学习发生过程的描述性研究,二是对于学习环境创设方法的设计研究。[②] 描述性研究对于学习环境的设计或者重构具有深刻的意义,但对学习环境的设计研究并不意味着把"学习的发生过程"研究中获得的解释性原则或原理简单地付诸应用,而是在理解那些原则、原理的基础上,通过设计和系统改变某一学习环境来研究和理解该学习环境中的学习,经过多次的迭代循环之后,发展出能推广到其他学校和课堂中去的新理论、人工制品和实践。

学习科学明确地将教育技术作为其基础之一,[③]认为信息技术能承担起变革学习的强有力的角色,因为信息技术可以支持深层学习,主要表现在以下几点。

第一,计算机能够把抽象的知识用具体形象的形式进行表征。

第二,计算机工具可以让学习者以可视化、言语化的方式表达自己的知识。

第三,计算机能让学习者通过用户界面运用和修改它们正在学习的知识。计算机以一种复杂的设计过程支持同步的表达、反思和学习。

第四,计算机能支持视觉、听觉相结合的反思模式。

第五,互联网能让学习者分享、整合他们的理解,并从协作学习中获益。

因此,有理由相信技术支撑下的学与教会向着更具有协作性、更加面向探究式的问题解决,并与面对面教学能更加有效融合的方向前进和发展。

第三节 学与教方式的内涵与构成

多元的学与教方式是生发学与教理论的坚实土壤,反过来也是学与教的理论在实践中的延伸和拓展,二者相辅相成,密不可分。

一、学与教方式的内涵界定

教学过程是由"教授(Teaching)"活动和"学习(Learning)"活动共同组成的,两方面的活动缺一不可。只有"教授"活动而没有"学习"活动,或者只有"学习"活动而没有"教授"活动,都不是真正意义上的、完整的教学过程。

我们通常所说的教学方式是指在教学过程中,为实现教学目标、完成教学任务而采取的教与学相互作用的活动方式的总称。也就是说,教学方式已经包含了师生之间、教与学之间的相互作用,而不仅仅是教师单方面的活动。现在经常提到的学与教方式,认为它包含了教师的教学方式和学生的学习方式。[④] 实际上,学与教方式就是真正意义上的教学方式,只不过更多地关注学生的"学习"罢了。当前它已经成为一个使用频率很高

① 高文,等.学习科学的关键词[M].上海:华东师范大学出版社,2008:39.

② 赵健,郑太年,任友群,裴新宁.学习科学研究之发展综述[J].开放教育研究,2007(2).

③ 索耶.剑桥学习科学手册[M].徐晓东,等译.北京:教育科学出版社,2010(4):9.

④ 有时学习方式是指学生在完成学习任务时基本的行为和认知的取向,即学生在自主性、探究性和合作性方面的基本特征,而不是指具体的学习策略和方法。关于这一认识,我们将另文介绍。

的概念，因此需要对它的内涵做出科学的界定。

根据现代汉语的表述，“方式”是指说话做事所采取的方法和形式。因此，学与教方式应该是指在教学活动中所采取的方法和形式，是对为完成特定的教学目标，而在教学活动过程中所采用的方式、方法、手段、程序等因素的总体考虑。从教学设计的习惯出发，我们也将对学与教方式的具体安排称为教学策略设计。

美国教学设计专家瑞格鲁斯(Reigeluth)将教学策略细化为组织策略、传递策略和管理策略三部分。组织策略(organizational strategies)涉及学习活动的决策，包括向学生提供的学习材料呈现的类型、呈现的排序及其结构、练习的类型、反馈的性质等。传递策略(delivery strategies)是同教学信息如何传递给学生的方式所作的决策有关，包括对采用的教学模式、教学方法、教学组织形式，以及教学媒体(资源)的总体考虑。管理策略(management strategies)是对教学过程和教学资源的管理，其中包括对需要得到帮助的学生与教学活动的方式做出决策，它涉及动机激发技术、个别化教学的形态、教学日程安排及资源配置等方面。瑞格鲁斯的理论为我们进一步分析学与教方式的构成要素奠定了重要的理论基础。

二、学与教方式的构成要素

学与教方式的内涵包含了教学内容的呈现方式(组织策略)、教学模式(传递策略)和教学活动方式(管理策略)。教学内容的呈现方式实际上反映的是教学内容的结构化组织方式；教学模式的选择包含了与之相对应的教学方法和教学组织形式；教学活动的方式反映的是教学过程中师生相互之间的主要交互方式。也就是说，学与教方式不仅仅是教学方法和教学组织形式的体现，还包含了教学内容的呈现方式、教学模式和教学活动的方式三个要素，由它们共同组成一个立体结构模型，如图 1-1 所示。

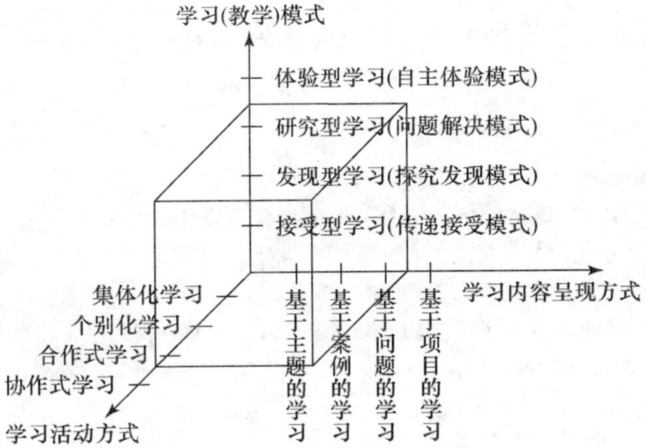

图 1-1　学与教方式的模型

信息技术环境下的教学过程将更加关注学生的学习活动，所以学与教方式的三要素在图中分别用学习内容呈现方式、学习(教学)模式和学习活动方式三个维度来表示。也就是说，任何一种学与教方式，实际上都可以用学习内容的呈现方式(即学习内容的结构方式)、学习模式(及其相对应的教学模式)和学习活动的方式(与教学组织形式密切相关)三个维度来表示。有效的学与教方式应该根据学习目标、学习内容和学生的特点从上述三个不同的维度中进行选择和组合,并作出规范地表述。

由此可见,上面构建的学与教方式的三维立体模型正是体现了《基础教育课程改革纲要(试行)》中提出的“逐步实现教学内容的呈现方式、学生的学习方式、教师的教学方式和师生互动方式的变革”的要求,对深入进行教学改革,促进信息技术与学科课程的整合有明显的指导意义。

信息技术环境对不同学与教方式的支持程度也不尽相同。为了突显信息技术对当下教育实践的影响,我们在学与教方式模型的三重维度上,分别选择了研究性学习、合作学习和混合式学习三个典型,作为初学者了解多元学与教方式的入门性内容。其中,研究性学习代表了信息技术环境下典型的学习(教学)模式;合作学习代表了信息技术环境下典型的学习活动方式;混合式学习则代表了一种在学习模式、学习活动方式、学习内容呈现方式等各个维度上取长补短、融合各方优势以达到最佳学习效果的一种必然趋势。

拓展阅读

王逢贤. 学与教的原理[M]. 北京:高等教育出版社,2000.

思考题

1. 什么是学习?学习的基本条件是什么?
2. 什么是教学?教学的基本条件是什么?
3. 学习理论主要探讨什么问题,教学理论主要探讨什么问题?
4. 如何认识学习理论与教学理论的关系?
5. 谈谈在信息技术环境的支撑下学与教可能发生哪些新变化?

参考文献

[1] 王逢贤. 学与教的原理[M]. 北京:高等教育出版社,2000.
[2] 张大均,郭成. 教学心理学纲要[M]. 北京:人民教育出版社,2006.
[3] 杨小微,张天宝. 教学论[M]. 北京:人民教育出版社,2007.
[4] 戴尔·H. 申克. 学习理论:教育的视角[M]. 韦小满,译. 南京:江苏教育出版社,2003.
[5] R. 基思·索耶. 剑桥学习科学手册[M]. 徐晓东,等译. 北京:教育科学出版社,2010.

上篇

学与教的理论

第二章　学习理论

学习目标

1. 掌握行为主义学习理论的基本原理；
2. 掌握认知主义学习理论的基本原理；
3. 掌握建构主义学习理论的基本原理；
4. 掌握人本主义学习理论的基本原理；
5. 能用各种学习理论分析相关案例。

知识概览

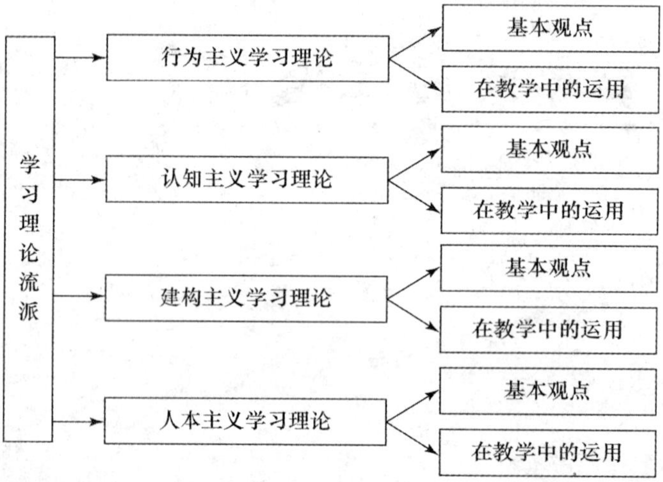

本章导学

学习理论是心理学中最古老、最核心，也是最发达的领域之一。[①] 本章主要介绍四种最重要的学习理论，分别是：行为主义学习理论、认知主义学习理论、建构主义学习理论和人本主义学习理论。学习理论是一套有关学习的定律或原理，它主要研究学习的实质、学习的过程和学习的规律。行为主义学习理论认为学习的实质是刺激—反应联结的形成，教学要遵循接近性、重复性、反馈与强化原则。认知主义学习理论把学习看做是大脑对信息加工的过程，教学要基于学生已有的知识和技能。建构主义学习理论认为学习者不是在接受客观知识，而是在积极主动地建构对知识的理解，建构包括个体建构和社会文化建构两种方式。人本主义学习理论主张教育要培养完整的人，学习要对个人的生存和发展有价值，倡导以学生为中心的教育。

---

① 陈琦，刘儒德．当代教育心理学[M]．北京：北京师范大学出版社，1997.

第一节 行为主义学习理论

行为主义理论认为,学习是由于经验的反复练习而引起的行为比较持久的变化。在行为主义者看来,学习的实质是刺激—反应联结的形成。行为主义者关注于外在的、可观察到的行为变化,强化是行为主义理论中的一个重要概念。行为主义者共同坚持着环境决定论的基本宗旨,但在一些细节问题上仍有不同观点。下面分别介绍其代表人物巴甫洛夫、桑代克以及斯金纳的主要学说和观点。

一、巴甫洛夫的经典条件反射学说

诺贝尔奖获得者、俄国生理学家伊凡·巴甫洛夫(Ivan Pavlov,1870—1932)是最早提出经典性条件反射的人。他在研究消化现象时,观察了狗的唾液分泌,即对食物的一种反应特征。他的实验方法是,把食物显示给狗,并测量其唾液分泌。在这个过程中,他发现如果随同食物反复给一个中性刺激,即一个并不自动引起唾液分泌的刺激,如铃响,狗就会逐渐"学会"在只有铃响但没有食物的情况下分泌唾液。一个原是中性的刺激与一个原来就能引起某种反应的刺激相结合,而使动物学会对那个中性刺激做出反应,这就是经典性条件反射的基本内容。

条件反射的情境涉及四个事项,这四个事项中两个属于刺激,两个属于机体的反应。在两个刺激中,一个是中性刺激,也即条件刺激(CS),它在条件反射形成之前,并不引起预期的、需要学习的反应,在巴甫洛夫的实验中就是铃响。另一个刺激是无条件刺激(UCS),它在条件反射形成之前就能引起预期的反应。在巴甫洛夫的实验中,在条件反射形成之前,出现了肉,即 UCS,进而引起了唾液分泌。对于无条件刺激的反应(如唾液分泌)叫做无条件反应(UCR),这是在形成任何程度的条件反射之前都会发生的反应。由于条件反射的结果而开始发生的反应叫做条件反应(CR)(如,没有肉,只有铃响的唾液分泌反应)。

当两个刺激紧接着(在空间和时间上相近)且反复地出现,就形成条件反射。通常,无条件刺激紧跟着条件刺激出现。条件刺激和无条件刺激相随出现数次后,条件刺激就逐渐引起唾液分泌。这时,动物就有了条件反应。一度中性的条件刺激(铃响)现在单独出现即可引起唾液分泌。

中性刺激与无条件刺激在时间上的结合称为强化,强化的次数越多,条件反射就越巩固。条件刺激并不限于听觉刺激,一切来自体内外的有效刺激(包括复合刺激、刺激物之间的关系及时间因素等)只要跟无条件刺激在时间上结合(即强化),都可以成为条件刺激,形成条件反射。一种条件反射巩固后,再用另一个新刺激与条件反射相结合,还可以形成第二级条件反射,同样,还可以形成第三级条件反射,在人身上则可以建立多级的条件反射。当条件刺激不被无条件刺激所强化时,就会出现条件反射的抑制,主要有消退抑制和分化。条件反射建立以后,如果多次只给条件刺激而不用无条件刺激加以强化,结果是条件反射的反应强度逐渐减弱,最后将完全不出现。例如,对以铃声为条件刺激而形成唾液分泌条件反射的狗,只给铃声而不用食物强化,多次以后,则铃声引起的唾液分泌量将逐渐减少,甚至完全不能引起分泌,即出现了条件反射的消退。

巴甫洛夫认为,消退是因为原先在皮质中可以产生兴奋过程的条件刺激,现在变成了引起抑制过程的刺激，是兴奋向抑制的转化。这种抑制称为消退抑制。巴甫洛夫指出，消退抑制是大脑皮质产生的主动抑制过程，而不是条件刺激和相应的反应之间的暂时联系已经消失或中断。因为如果将已消退的条件反射放置一个时期不做实验，它还可以自然恢复；同样，如果以后重新强化条件刺激，条件反射就会很快恢复。这说明条件反射的消退不是原先已形成的暂时联系的消失，而是暂时联系受到抑制。消退发生的速度，一般是，条件反射愈巩固，消退速度就愈慢；条件反射愈不巩固，就愈容易消退。

在条件反射开始建立时，除条件刺激本身外，那些与该刺激相似的刺激也或多或少具有条件刺激的效应。例如，用 500Hz 的音调与进食相结合来建立食物分泌条件反射。在实验的初期阶段，许多其他音调同样可以引起唾液分泌条件反射，只不过它们跟 500Hz 的音调差别越大，所引起的条件反射效应就越小。这种现象称为条件反射泛化。以后，只对条件刺激（500Hz 的音调）进行强化，而对近似的刺激不给予强化，泛化反应就会逐渐消失。动物只对经常受到强化的刺激（500Hz 的音调）产生食物分泌条件反射，而对其他近似刺激则产生抑制效应。这种现象称为条件反射的分化。

巴甫洛夫所做工作的重要性是不可估量的。他的研究公布后不久，一些心理学家，如行为主义学派的创始人华生，开始主张一切行为都以经典性条件反射为基础。虽然在美国这一极端的看法后来并不普遍，但在俄国以经典性条件反射为基础的理论在心理学界曾占统治地位。无论如何，人们一致认为，相当一部分的行为用经典性条件反射的观点可以作出很好的解释。

在实际教育中，许多学生的态度就是通过经典条件反射而形成的。例如，许多学生可能不喜欢外语，因为他们将这些外语与被要求在课堂上大声翻译句子这样不愉快的经验联系了起来。在课堂上被提问难题引起了焦虑，学生形成了对外语恐惧的条件反射，可能泛化他们对其他课程或学校机构的恐惧，在其他学校经验中发生类似的学习过程。

二、桑代克的联结主义

桑代克（Edward L. Thorndike，1874—1949）是美国著名心理学家，教育心理学的奠基人。他把教育心理学的对象确定为研究人的本性及其改变的规律，主要由人的本性、学习心理学和个体差异三部分组成。桑代克是心理学史上第一位用动物实验来研究学习的人。桑代克最突出的贡献是根据对动物的实验提出了联结学习理论，他认为所有的学习都可以用在刺激与反应之间形成的联结来解释，而联结的形成须经过“尝试与错误”（trial-and-error）的学习过程。桑代克还把动物研究技术应用于人类学习、教育原理和心理测验等领域，为学校教育作出了卓越的贡献。

（一）实验程序与基本观点

桑代克最初研究学习问题是从各种动物实验开始的，其中最为著名的一项动物心理研究是“饿猫逃出迷笼”的实验。

桑代克把一只饥饿的猫关入如图 2-1 所示的笼子中，笼外放置一条鱼。笼内设有一种打开门闩的装置，绳子的一端连着门闩，另一端装有一块踏板。猫只要按下踏板，门就会开启。猫第一次被放入迷笼时，拼命挣扎，或咬或抓，试图逃出迷笼。终于，它偶然碰到踏板，逃出笼外，吃到了鱼。桑代克记下猫逃出迷笼所需的时间后，把猫再次放回迷笼，进行下一轮尝试。猫仍然会经过乱抓乱咬的过程，不过所需时间会少一些。经过如此多次连续尝试，猫逃出迷笼所需的时间越来越少，无效动作逐渐被排除，以致到了最后，猫一进入迷笼，就去按动踏板，跑出迷笼，获得食物。桑代克把每只猫一系列尝试的实验数据记录为一条学习曲线（如图 2-2 所示），以阐明越来越快的逃跑时间。由此，桑代克得出了结论：猫的学习是由刺激情境（关闭的迷笼、食物等）与正确反应（如按动踏板）之间形成的联结构成的。

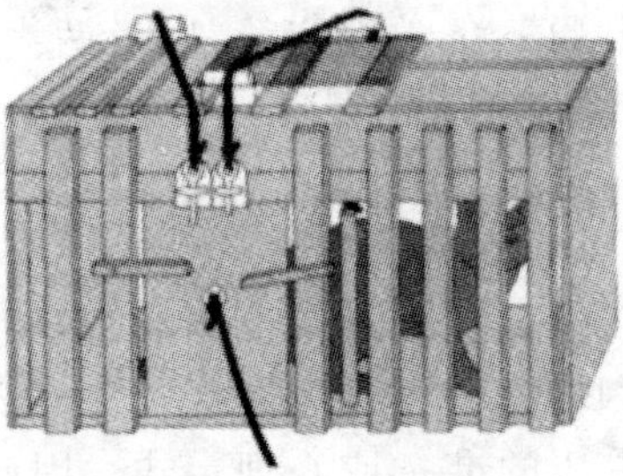

图 2-1　桑代克迷笼

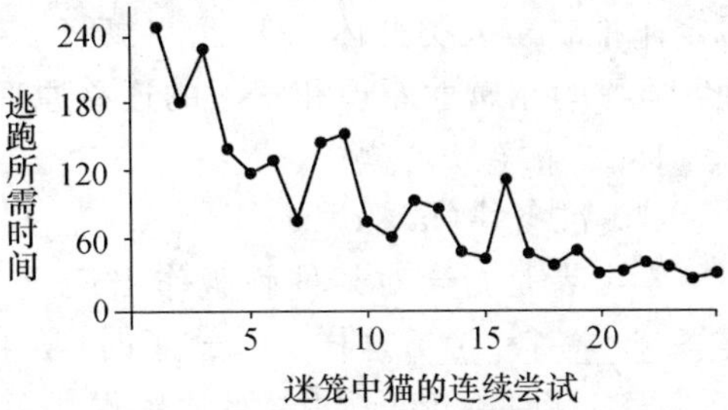

图 2-2　桑代克迷笼中猫的学习曲线

“联结”（connections or bonds）是桑代克学习心理学的核心概念。按照桑代克的说法，“联结”这个术语专门用来表示某一特定情境引起某种反应而不是其他反应。“S1 与 R27 相联结意味着 S1 倾向于引起 R27，或 R27 随 S1 而发生。这不属于情境和反应的任意的或偶然的安排。”联结有两类：一类是先天的联结或反应趋势，即本能；另一类是习得的联结或反应趋势，即习惯。人和动物都有联结。

任何特定刺激（如 S1）和任何特定反应（如 R27）之间联结的强度是指反应（R27）紧随着刺激（S1）而发生的可能性程度。也就是说，每个刺激—反应的联结都可以赋予某种概率，表示刺激引发反应的可能性。例如，食物引起动物唾液分泌的概率将近 1.00，而在动物形成条件反射之前，一种音叉发出的声音引起动物唾液分泌的概率几乎是 0。所谓学习，就是提高刺激—反应的概率（联结强度）；所谓遗忘，就是降低刺激—反应的概率（联结强度）。

需要强调的是，学习曲线的渐进性意味着，猫并非真正“明了”或“领悟”了逃脱的方法，它是通过逐渐铭记正确的反应和逐渐消除不正确的反应而学会的，即通过不断地尝试错误学习并获得成功而逐渐学会的。由于桑代克认为学习的过程是一种渐进的尝试错误的过程，人们也称他的学习理论为“试误说”。试误学习意味着动物必须学会把一种或多种反应与一定的刺激类型联系起来。这里，与传统观点不同的是，动物的学习不在于掌握一种新的反应，而是从反应的储存库中“挑选”出与刺激相匹配的适当反应。

儿童学习用匙子吃饭，可以说是试误学习的一个非常简单的例子。在儿童学习吃饭的时候，虽然得到成人的很多指导，但儿童很少能把以前所受的训练迁移到类似的情境中来。儿童饿了，他拿起或接到一把匙子，通过纯粹的尝试性动作，匙子舀到食物。当儿童准备将其送到嘴里之时，食物多次被洒落，但终于有一些被送到嘴里或嘴边（偶然成功），于是尝试得到了奖赏。在以后多次的尝试中，不成功的动作逐渐减少，匙子快速而较为准确地将食物送到嘴里，且洒落的食物也减少了，这些动作逐渐被整合为若干模式。最后的结果是，儿童在吃饭的时候，无用的动作减至最少，形成自己可以独立进食的一系列行为。

桑代克发现的尝试错误现象是一种普遍存在的事实，也是人类解决问题的一种方式或途径，上述例子正说明了这一点。然而，人类（尤其是成人）的尝试错误绝非盲目的，通常是有目的的，因此，在教学中，我们应尽量启发学生运用已有的知识或经验去解决新问题，而不要让学生盲目地对待疑难问题。

（二）学习定律

由于坚信人和动物遵循同样的学习规律，桑代克自然地将动物实验中得到的一些学习定律推广至人类群体。下面，主要介绍桑代克提出的三条学习定律，以及两大学习原理：学习的相属性原理和学习的迁移原理。

1. 三条学习定律

（1）准备律（law of readiness）

学习者是否会对某种刺激作出反应，同他是否已作好准备有关。例如，当要求学生解答“6 ___ 7＝___”这样一个式子时，学生可以回答“13”、“42”，甚至是“－1”。如果在学生回答“42”时给予了强化，那学生很快就习得了做乘法的准备或心理定式。因此，准备本身也是可以在某种情境中习得的。桑代克认为，人类的大部分操作都包括这类习得的准备。如果学生还没有在生理和心理上作好准备，学校不能强制他们学习，只有当他们作好准备时才能开始学习。

（2）效果律（law of effect）

桑代克的效果律表明，如果一个动作之后伴随着环境中某种令人满意的结果，则该动作在相似情境中被重复的可能性就会增加。相反，如果一个动作之后伴随着环境中某种令人不满的结果，则该动作被重复的可能性就会减少。为此，桑代克认为个体当前行为的结果在决定其未来行为方面起到非常重要的作用。比如，要是猫逃出迷笼后得到的是惩罚而不是奖励的话，那么猫就不会再试图跑出迷笼了。用桑代克自己的话说：“满意或不舒适的程度越高，刺激—反应联结就越加强或越减弱。”

但是在1932年，桑代克对效果律作了修改和补充。首先，他通过实验，证实“奖”能强化联结，但“惩”不一定削弱联结。他说：“用一切方法进行的一切比较的结果说明同一事实：给一个联结以奖励总是真正加强这个联结，给一个联结以惩罚则几乎不削弱或一点也不削弱这个联结。”①因此，桑代克开始强调奖励的加强作用大于惩罚的减弱作用。假如一种学习具有令人愉快的结果，那么学生们就能学习得更有效、更容易，并且保持的时间也更长。相比之下，烦恼（惩罚）则极少能或不能导致联结的削弱或丧失。在一项实验中，桑代克甚至发现，奖励和惩罚都有可能提高学习保持率，也就是说，受惩罚的行为反应并没有减弱，而是加强了。其次，他提出“效果扩散”（spread of effect）来补充他的效果律。所谓效果扩散，是指奖励不但对受奖的刺激—反应联结起作用，而且会自动地影响与其在时间上接近的其他联结。

桑代克的学习理论指导了大量的教育实践。效果律指导人们用一些具体奖励如金星、口头表扬等对所有学生进行大量的重复练习和操练。他对教师的总的劝告是“集中并练习那些应结合的联结，并且奖励所想要的联结”。桑代克举了数学中的一个刺激—反应联结的例子：不停地重复乘法表，并且总是提供奖励，最终形成了刺激（7×7＝?）和

---

① G·H.鲍尔，E·R.希尔加德.学习论——学习活动的规律探索[M].邵瑞珍，等译.上海教育出版社，1987：51.

反应(49)的联结。一个人的刺激—反应联结越多,就被认为越聪明,因为他在解决问题时拥有更多的联结。在教学中,我们要合理地、科学地运用奖励和惩罚。当然,正如桑代克所认识到的,奖励的作用要优于惩罚的作用。但是,在一定条件下适当地运用惩罚也会收到其他方法起不到的效果。

(3) 练习律(law of exercise)

桑代克认为,一个已形成的可变联结,若加以应用,这种联结的力量便会增强(使用律);一个已形成的可变联结,若不予以使用,这种联结的力量便会减弱(失用律)。换言之,所谓练习律,是指反应重复的次数越多,刺激—反应之间的联结便越牢固。

然而,练习律自提出之日便争议不断:练习次数的多寡是否能决定学习结果的优劣?后期,桑代克曾让一些大学生蒙上双眼并要求他们在纸上画出 4 英寸长的线,任务持续多天直到画满 3000 条线为止。可是被试自始至终没有看到过这 3000 条线中的任何一条,实验者也没有给予他们任何反馈或提示。结果发现,大学生们最初的反应和最后的反应没有显著差异,他们所画的线条长度从 3.7 英寸到 6.2 英寸不等。由此,20 世纪 30 年代后桑代克对最初的练习律作了修正。他最终意识到,单单练习并不足以改善行为,练习不能无条件地增强刺激—反应联结的力量,还需要强化来增强联结。联结的满意结果或讨厌结果是真正的选择力量,甚至在人类最精细的复杂的和理性的学习中也是这样。因此,应当让学生在练习时意识到他们所做的事情结果如何,否则练习将变得无效甚至有害(如错误知识的反复练习)。

当然,桑代克早期的练习律即机械识记在学习中并不是毫无功效的。我们不能完全否定机械识记和过度学习在知识学习中的积极作用,尤其是一些外文单词的识记和历史年代以及一些数理常数、公式的记忆,仍然需要多次重复的运用和反复的识记才能保持得更好。

上述三条学习定律的简要总结如表 2-1 所示。

表 2-1 桑代克的三条学习定律

定律	描述
准备律	学习依赖于学习开始前的心理定式或某种习得的准备状态
效果律	满意结果导致联结的增强,烦恼结果导致联结的削弱
练习律	联结的应用导致联结力量的增强,联结的失用导致联结力量的减弱

2. 两大学习原理

(1) 学习的相属性原理

桑代克认为,巴甫洛夫的研究是以"接近性"为依据的,而他的研究是以"相属性"(belongingness)为依据的。在巴甫洛夫的经典条件作用实验中,无条件刺激紧接着条件刺激而呈现,在两种刺激多次接近性结合呈现后,动物便能表现出较为复杂的学习形式。而桑代克的相属性原则,并非指学习有赖于接近性,而是指如果学习者认识到两个项目在某一方面彼此具有相属关系,那么在它们之间就比较容易形成联结。这一原理是桑代克从以人为被试的语言学习实验中概括出来的。例如,我们把"约翰是屠夫,哈里是木匠,吉姆是医生"这句话写在一张纸上,呈献给被试,如果以经典条件作用来解释的话,则被试在"屠夫—哈里"上的联结就会比"屠夫—约翰"的联结更强,因为"屠夫"和"哈里"更接近。然而情况并不是这样,约翰和屠夫因为句子结构的关系而"相属",所以容易联结在一起,并且一起被回忆。

(2) 学习的迁移原理

所谓迁移,是一种学习对另一种学习的影响。如果一种学习对另一种学习起促进作用,称为正迁移;如果一种学习对另一种学习起阻碍作用,则称为负迁移。按照惯例,可以用“迁移”来意指“正迁移”。

在桑代克之前,“形式训练说”(formal discipline)在解释人类学习迁移的问题上居于主导地位。按照该学说的观点,学习的内容不甚重要,重要的是训练心理官能(如注意、观察、想象、记忆、判断、思维、推理等)。形式训练说假定学校教育中一些难学的古典科目,比如拉丁语和几何学,是训练心理官能的最好材料,它们可以通过使学生的思维更有逻辑和更自制来改善学生的心智。詹姆斯(William James)、桑代克和伍德沃斯(R. S. Woodworth)等人则对形式训练说发起了挑战。

桑代克和伍德沃斯提出迁移的“相同元素说”[①]以代替形式训练说。“相同元素说”强调迁移中行为层面上的相似或重叠,认为如果两个问题没有相似的表面特征,即使有共同的深层结构,也不会发生迁移现象。迁移的产生是由于学习(训练)情境和迁移情境具有相同的元素,迁移的程度取决于两种情境相同元素的多寡。相同的元素即相同的联结,迁移就是相同联结的转移。个体形成的联结数量越多,在以后的学习中产生迁移的可能性就越大。因此,知识获得就是拥有联结,新情境中的学习依赖于在先前的情境中获得了多少联结以及获得了怎样的联结。可见,桑代克的相同元素说是一种特殊行为的特殊迁移观。

据此,桑代克主张在学校教学中,只有一门学科的特殊内容为学习另一门学科所必需时,迁移才会出现。据此,课程应该被分解为特殊的行为,并且按顺序来教,以便在教授高级技能之前,学生已掌握低级基本技能。这种特殊迁移观的特点是注重特殊技能的练习和训练。例如,在教授解决两位数加法之前先教授一位数加法,并为学生提供充分练习的机会,因为一位数加法是两位数加法所需的成分技能。

三、斯金纳的操作性条件反射学说

斯金纳(Burrhus F. Skinner,1904—1990)是美国著名心理学家,新行为主义学派的创始人之一,操作条件作用理论的积极倡导者和主要代表。他以“斯金纳箱”(Skinner Box)为工具,以动物和人为被试深入研究操作条件作用的规律,把依随反应而发生的强化看成是增强某个反应概率的重要手段,由此认为有机体的行为主要是由操作条件作用而形成的。20 世纪 50 年代,斯金纳根据操作条件作用及强化原理设计和发明了“程序教学”和“教学机器”,给教学技术带来了一场深刻的革命。后来,教学机器中的程序设计在计算机辅助教学(CAI)中得到了广泛应用。

(一) 斯金纳的实验与操作性条件反射学说

斯金纳在 20 世纪 30 年代发明的斯金纳箱(如图 2-3 所示)是研究动物(通常是白鼠和鸽子)行为的一种简单装置。用于研究白鼠的斯金纳箱主要包括:易于被白鼠按压的

① 桑代克说:“只有当两种心理机能具有共同因素时,一种心理机能的改进才能引起另一种心理机能的改进。”桑代克还认为,所谓共同的心理机能,就是共同的刺激—反应的联结,这种共同的刺激—反应的联结是凭借同一脑细胞的作用形成的。

杠杆、食物盘、给白鼠提供食丸的食物分发器以及提供饮料的饮料分发器。白鼠看不到或听不到箱外的任何动静，因此，所有的刺激都由实验者加以控制。

1. 实验程序

使用斯金纳箱进行实验时，首先要调试好实验装置，保证白鼠偶尔按压杠杆后即可获得一粒食丸。在几次偶尔的按压杠杆后，白鼠会频繁按压杠杆，每次都获得一粒食丸。食物奖赏强化了白鼠的行为，即加强了按压杠杆的行为，并减弱了其他行为（如在箱子四周乱转）。就该装置而言，实验者还可以添加其他设施，比如装配电控的杠杆和食物分发器，以控制白鼠必须按压几次杠杆才可获得食物；或者某些按压反应可以获得食物，而其他的按压反应则不能获得食物；或者按压活动不再能够导致食物的出现。同时，箱外连接的记录系统能够将实验中白鼠的行为（按压杠杆的次数与时间等）准确地记录下来。斯金纳箱的最大优势就是使得研究者在可控的环境中对行为进行细致的科学研究。任何人使用这种装置都可以重复斯金纳所做的实验。

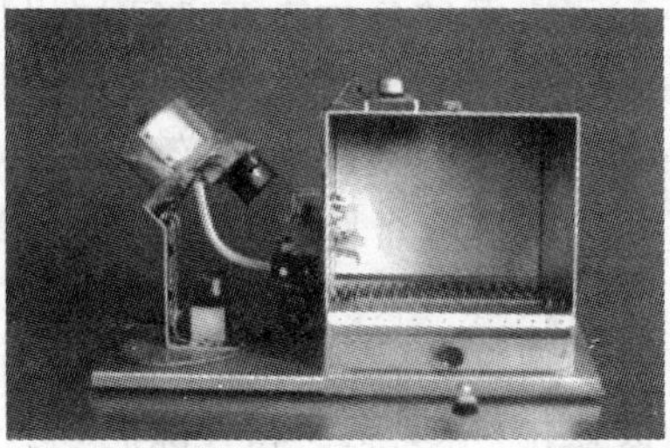

图 2-3　斯金纳箱

2. 基本观点

斯金纳注意到，人类与动物显示出来的许多反应并不是由明显的刺激引发的。他把由刺激引发的反应称为“应答性反应”，而把由有机体自身发出的反应称为“操作性反应”。前者往往是一种不随意的行为（如狗看到肉末或听到铃声而分泌唾液），后者大多是随意的或有目的的行为（如白鼠为得到食丸而按压杠杆，鸽子为得到食丸而啄键盘）。在应答性行为中，有机体是被动地对环境作出反应；而在操作性行为中，有机体是在没有明显的无条件刺激（如食物）存在的环境条件下主动地作用于环境。因此，巴甫洛夫的经典条件反射只能用来解释基于应答性行为的学习，尤其是仅能解释一小部分的人类学习行为。但操作性条件反射却可以用来解释基于操作性行为的学习，尤其是能解释大多数的人类学习行为。表 2-2 简要列出了经典条件反射和操作条件反射的主要区别。

表 2-2　经典条件反射和操作条件反射的比较

比较范畴	经典条件反射	操作条件反射
主要代表人物	巴甫洛夫	桑代克、斯金纳
行为	无意的（人不能控制行为） 情绪的 生理的	有意的（人能控制行为）
顺序	行为发生在刺激之后	行为发生在刺激（后果）之前
学习的发生	中性刺激与无条件刺激的匹配	行为后果影响随后的行为
例子	学生将课堂（开始是中性的）与教师的热情联系（联结）在一起，于是课堂能引发出积极的情绪	学生回答问题后，受到表扬，于是回答问题的次数增加

（二）强化学说

桑代克认为奖励能加强存在于刺激—反应之间的联结，而斯金纳则认为，反应加强的不是刺激—反应联结，而是相同行为再发生的频率。

1. 后果的类型

后果是在行为发生之后出现的刺激，其效应是使这一行为更可能发生或更不可能发生。尽管桑代克最终修正了效果律，抛弃了不舒服可能会削弱行为的发生的观点，然而像斯金纳这些行为主义心理学家还是保留了两类后果：强化和惩罚。强化是使行为再次发生的可能性（概率）得以维持或增加，而惩罚则是使行为再次发生的可能性（概率）得以降低。不仅如此，以斯金纳为代表的行为主义者后来根据两个关键变量，即后果对行为的影响以及后果的性质，将行为的后果分为四种，即两类强化和两类惩罚：积极强化和消极强化；呈现惩罚和移除惩罚。其不同形式和区别如表 2-3 所示。

表 2-3　行为后果的类型

	刺激增强	刺激消除
反应增加	积极强化（在某一行为后呈现令人满意的刺激以增加该行为的发生） 如，学生按时到校，则提出表扬	消极强化（在某一行为后移除令人厌恶的刺激以增加该行为的发生） 如，学生努力学习，则不再训斥或责备
反应降低	呈现惩罚（在某一行为后呈现令人不快的刺激以减少该行为的发生） 如，上课开小差，则罚做额外的作业	移除惩罚（在某一行为后移除令人愉快的刺激以减少该行为的发生） 如，作业做不完，则不准看电视

强化物可以分为一级强化物和二级强化物。一级强化物（primary reinforcers）满足人类的基本需要，如食物、水、安全、温暖和爱等。二级强化物（secondary reinforcers）通过与一级强化物联系，或与其他已经建立起来的二级强化物联系，进而获得强化价值。例如，只有当孩子了解到钱可以用来购买一级或二级强化物时，钱才真正具有强化价值。除非家长关注并看重孩子的好分数，否则分数对孩子来说是没有价值的。家长的表扬是有价值的，因为它与爱、温暖、安全和其他强化物相联系。钱和分数都是二级强化物，它们本身并不具有强化价值，但是它们能够与一级强化物或其他牢固建立起来的二级强化物相联系而起作用。

二级强化物有三种基本类型：一种是社会强化物。社会强化物给学生传达情感、关注或认可，它们可以是口头表扬、教师的微笑、积极的面部表情及姿势等。第二种是活动强化物。活动强化物给学生提供对他而言有价值的某种特权或行为，比如可以玩玩具、做游戏或从事有趣的活动等。活动强化物的应用基于普雷马克原理（Premack principle），普雷马克原理主张用高频活动强化低频活动，如果能使某人从事自己喜欢的活动（高频活动），那他就会愿意从事某一个不太喜欢的活动（低频活动）。换言之，能否做自己想做的事情取决于是否做了不太想做的事情。例如，某教师可能说："只要你完成了作业，就可以出去玩"，或者"你先清理干净画板，我才给你讲故事"，这些都是普雷马克原理的例子。第三种是代币。即一种符号性强化物，比如个体可以用来换取有形物、活动或自己喜欢的其他强化物的钱、分数、彩星或积分等。

2. 强化的程序

在桑代克那里，强化是用来解释刺激—反应联结加强的一条主要原理，而在斯金纳体系中，强化只是一个用来描述反应概率增加的术语，如何安排强化（即强化的程序）才是核心所在。其他学习理论家（如巴甫洛夫）把消退看做是一个主动的抑制过程，而斯金纳认为不能把消退看做是一种与强化无关的独立的过程。事实上，停止强化可以使反应概率下降，而消退过程则可用来表明强化效果持续的时间。

斯金纳将强化的程序分为连续强化和间歇强化。前者是指每一次正确反应之后都给予强化，因此也称即时强化；而后者并不是每一次正确反应之后都给予强化，也称延缓强化。其中，间歇强化又可分为固定比率强化、可变比率强化、固定时距强化和可变时距强化。

(1) 固定比率(FR)强化程序

一种常见的强化程序是固定比率强化程序(fixed-ratio schedule)，即做出定量的(n次)行为之后才给予一个强化物。例如，教师可能说："只要你做完10道题就可以出去玩。"不论学生花多长时间，只要做完10道题，就会得到强化。

教学中的一个重要过程就是逐渐提高获得强化所需的反应比率。开始时强化学生的每一个正确反应(比如做对一道数学题)是必要的。然而，从长远看，这可能难以收到持续的效果。有时，降低强化频率也可以使学生在没有强化的情况下更有效地学习，并且更容易抵抗学习行为的消退。这说明，强化的高要求比强化的低要求更能提高行为的水平，其原因之一是太频繁的强化会削弱强化物的价值。

(2) 可变比率(VR)强化程序

在可变比率强化程序(variable-ratio schedule)中，为获得强化而需要做出的行为数目是无法预知的，尽管该行为最终肯定会得到强化。例如，赌博机就是按照可变比率强化程序运作的，玩赌博机很容易上瘾。可变比率强化程序更容易产生高频率且稳定的行为。

可变比率程序具有很强的抗消退能力，即使行为不再被强化，人们也可能在很长一段时间内都不会放弃做出该行为，因为他们已经形成了这样的认识：可能要做很多次才能得到回报，但也许下一次就能成功。基于这种认识，他们会继续做出努力。因此，可以经常随机地检查学生作业有助于学生持续、认真地对待作业。

(3) 固定时距(FI)强化程序

在固定时距强化程序(fixed-interval schedule)中，强化物是定时给予的。期末考试是固定时距强化的典型例子。固定时距强化程序会导致这样一种行为模式：个体只做出很少的行为反应，直到强化将要给予时才竭尽全力去做。用白鼠和鸽子所做的实验也证明了这种行为模式的存在，但这种模式更明显地反应在那些"临时抱佛脚"的学生身上，如通宵熬夜应对马上要进行的测验，或者赶写第二天就要提交的书面报告等。固定时距强化程序所引起的行为特征表明，频繁的小测试可能比少量的几次大考更能促进学生持续地努力学习，而不是考前开夜车、搞突击。

(4) 可变时距(VI)强化程序

在可变时距强化程序(variable-interval schedule)中，强化物有时给予，有时又不给予，而且我们无法知道什么时候行为会受到强化。与可变比率强化程序相似，可变时距强化程序也能够非常有效地维持一个高频率的行为，而且具有很强的抗消退性。

3. 强化程序的应用

(1) 塑造(shaping)

在斯金纳看来，通过各种强化程序来塑造行为，就像雕塑家用泥巴塑造任何东西一样。操作条件作用理论中所使用的术语"塑造"，是指通过强化学习者逐步趋近预期目标

(最终行为)的每一步来教授新技能或新行为。斯金纳曾经成功地利用塑造技术“教会”鸽子走“8”字型。斯金纳认为,塑造的过程也就是有机体对各种操作性反应作出辨别的过程。有机体正是在不断辨别出哪些反应会得到强化的过程中,逐渐习得最终的行为反应。因此,成功地使用塑造技术的一个最关键的要素是必须控制环境刺激。

塑造技术的实例比比皆是。例如,教孩子系鞋带时,我们不只是向他们示范该怎么做,然后等着他们自己完成整个动作后再给予强化。相反,当他们能打第一个结时就予以强化,然后强化他们的绕圈等,对每次的进步都给予强化,直到完成整个任务。按照这种方式,强化朝向最终目标的每一步,由此来塑造孩子的行为。所谓教育,就是要塑造行为,塑造在不久的将来对个体自身和他人有利的行为。因此,在教育情境中,应该强化学生的这类行为,使他们既不超出当前的能力范围,同时又能扩展为新的技能。

(2) 消退

无论在经典条件反射还是在操作条件反射中,消退都是一个重要的概念。它指明了一个简单的原理,即如果移去学习的环境支持,那么业已习得的行为往往会消退。在经典条件反射中,仅呈现条件刺激而不呈现无条件刺激,行为便会消退。在操作条件反射中,行为的环境支持是强化刺激,如果强化刺激从环境中消失,那么行为也会随之消失。消退主要用于减少不良行为的发生,尤其是那些由于不恰当的强化而形成的不良行为。例如,某生喜欢引起别人的注意,偶然发现说脏话可以达到引起别人注意的效果,于是开始经常讲脏话。教师告诉其他同学如果该生再讲脏话,大家就当做没有听见,不要理睬他。结果没过几天,该生就觉得没趣,不再讲这些脏话了。

人们还发现,消退不是一个逐渐减弱的过程。取消强化物之初,个体通常会提高行为的频率,这种在消退的开始阶段行为水平提高的现象叫消退爆发(extinction burst)。当某些刺激或线索能提示个体:那些曾经被强化的行为将不再被强化时,先前习得行为的消退过程可能会加速。

消退原理表明,取消对先前习得行为的强化,行为就会逐渐消失。这是否意味着教师必须无限期地强化学生的行为,否则它们就会消失呢?答案是“没有必要”。有些无需强化的行为会表现出行为的维持(maintenance)现象,因为这些行为受到了内部强化,也就是说,做出行为的过程是令人愉悦的。

4. 运用强化的指导原则

根据斯金纳的强化理论,以及在实践中的不断摸索,人们总结出合理运用强化需遵循以下几条指导原则。

第一,一般应在反应出现之后尽快地给予强化,这反映了结果的及时性原理。结果在行为之后立即出现远比延迟一段时间出现更能影响行为。斯金纳箱中的白鼠按压杠杆之后,如果需等待几分钟才能得到食丸,那么白鼠可能要花很长时间才能学会按压杠杆和食物之间的联系,因为从按压杠杆到食物出现,其间白鼠可能会做许多与按压杠杆无关的事情。立即给予的小强化物比延迟给予的大强化物更有效力。结果的及时性在课堂中也是很重要的,尤其是对年龄较小的学生,当他们表现良好时,立即给予表扬可能比延迟很久才给一个好分数更具有强化作用。走近一个不认真听讲的学生,拍拍他的肩膀,或者做一个手势(如,把手指放在唇边以示安静),这样做可能比下课后再批评或警告要有效得多。及时反馈至少可以达到两个目的:第一,它使行为与结果之间的联系明确化；第二，它提高了反馈的信息价值。

第二，如果可能的话，应尽可能多地使用内部强化物和社会强化物，少使用有形的和代币这种刻意的强化物。从实际的角度看，内部强化物和社会强化物无需额外的资源，或不需要刻意地实施。

第三，在强化某一行为时，强化的效果有可能扩展到同时出现的其他行为，但后者并不是你想要强化的。为了避免可能会强化了错误的行为，需特别告知学生他们为什么受到了强化。

第四，所选的强化物需要对学生具有强化效用，这意味着学生看重这一强化物。教师不妨采用调查表来了解学生在课堂上最喜欢的事情或事物。

第五，学生对于强化物的偏好会随着时间的推移而发生变化。从发展的角度讲，不同年龄段的学生所看重的强化物有所不同；但另一种可能是，学生对这种强化物产生了餍足感，餍足的字面意思是吃饱了，学生如果对某一强化物产生了餍足，这种强化物就会失去其作用。由于偏好会有变化，所以要定期改变现有的强化物。

第六，意想不到的强化物一般会更有效。

第七，在学生第一次习得某一新的行为时，应有充分的受到强化的机会。

（三）先前刺激(antecedent stimuli)对行为的影响

通过上述分析，我们已经知道，行为的结果显著地影响着行为。然而，并非只是行为之后的结果起作用，行为之前的刺激也同样具有重要的作用。在操作条件反射中，行为之前的刺激或事件称为前因(antecedent)，它能提供一些信息——表明哪种行为将导致积极的后果，哪种行为将导致消极的后果。斯金纳的鸽子学会了在灯亮的时候去啄圆盘，以此获得食物，但是在灯灭的时候不会作出如此反应，因为在灯灭的时候啄圆盘，并没有食物出现。换句话说，鸽子学会了使用前因（灯光）作为线索，去辨别啄圆盘的结果。那么鸽子啄圆盘是由灯光刺激所控制，这与经典条件反射中通过对相似刺激的不同反应而形成的对不同刺激的辨别有什么不同呢？其主要区别在于这里所说的啄圆盘是有意的行为，不是像分泌唾液那样无意的条件反射。

在日常生活中，每个人都有辨别情境再采取行动的经历，如选择什么时候向别人借东西，是在你们刚吵架之后，还是在你们刚刚结束了一场快乐的聚会之后？答案显而易见。但是，个体有时并没有意识到前因线索可能影响行为的后果。而给予线索，就是发生在特定行为之前，提供前因刺激的行为，可以引导个体有步骤地进行反应。

提示线索有多种形式，它们提示我们何时需要改变或者保持自己的行为，对不同的刺激作出不同的反应。在课堂中，教师应该有意地使用一些线索。例如，经常会有这样的情况发生，教师提出问题，要求学生回答，正确回答之后教师予以强化。但是，学生常回答不出来，或者回答不正确，这种情况时常发生在成就动机较低的学生身上，那么教师应该怎样解决这个问题呢？教师可以用提示来促使学生给出令人满意的答案。

帮助学生以适当的方式对某一线索作出反应，其目的在于使线索成为可辨别的刺激，这种提供额外线索的方法叫做提示，它发生在线索之后。在使用线索和提示来教学时，有两个基本原则：第一，确保作为线索的环境刺激之后，紧随着使用提示，以便学生能对线索作出反应，而不是对提示作出反应；第二，尽可能地淡化提示，避免学生依赖于提示。

第二节 认知主义学习理论

与持行为主义观的学者不同，认知心理学家更重视研究学习者处理外部环境刺激的内部过程与机制，而非外显的刺激与反应。他们强调学习是认知的形成、重组和使用的过程。

一、加涅的学习信息加工论

罗伯特·加涅(Robert M. Gagne，1916—2002)，美国教育心理学家，美国国立教育科学院院士。加涅试图用信息加工模式来解释学习活动，对学习的信息加工过程及其条件做了深入研究。加涅最大的优点在于注重应用，他认为，学习是一个不断积累的过程，知识技能培养在前，能力发展在后。他更关注教学方法，强调教师应该对学生进行科学、条理、充分的指导，以有效地影响和促进学习过程。他把学习理论研究的结果运用于教学实践，提出了一套适用于课堂学习的学习理论新体系。鉴于加涅在教育心理学方面作出的巨大贡献，他曾当选为美国心理学会教育心理学分会主席、美国教育研究会主席，并获得过美国心理学会颁发的桑代克教育心理学奖和杰出科学贡献奖。

(一) 学习的信息加工模型

随着计算机技术的发展和人工智能的兴起，电脑不但能模拟人脑，而且其信息处理过程反过来对人脑工作机制的研究也产生了很大的启发。心理学中的信息加工过程，就是用计算机来类比人脑的认知过程，用信息的接收、存储和提取来解释学习的具体过程。1974 年，基于信息加工理论的研究，加涅提出了学习过程的信息加工模型，如图 2-4 所示，具体说明了学习过程中的信息流程。

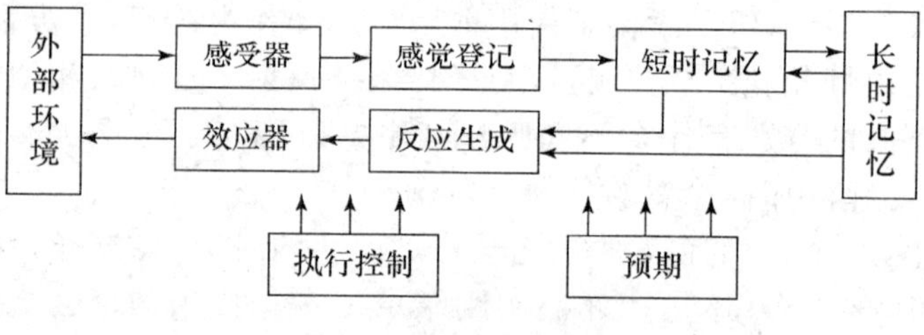

图 2-4 信息加工模型

图 2-4 中表示的学习过程是：来自外部环境中的刺激作用于学习者的各种感受器，如眼、耳等，并通过感觉登记进入神经系统。感觉登记的作用是进行编码，将最初的刺激以映象的形式保持 0.25～2 秒。经过注意和初步加工后，映象信息进入短时记忆，被编码成语义形式保持 2.5～20 秒。之后，经过对新信息的复述、重新组织和精细加工，与原有的知识联系起来，新信息便可以被转移到长时记忆中长期储存了。从短时记忆进入长时记忆的信息可以被检索、提取，又回到短时记忆，短时记忆中的信息生成为反应信息，发出某种动作命令，通过神经传导到效应器(肌肉)使其运动，产生指向环境的操作行为。短时记忆是一个信息交换和处理的场所，又被称做“工作记忆”，与电脑中的内存类似；长时记忆相当于硬盘，感受器和效应器则分别对应键盘、鼠标等输入设备和显示器、打印机等输出设备。在这个信息加工过程中，负责监督和控制的是“执行控制”和“期望”这两个部分。“执行控制”即已有的经验对现在学习过程的影响，“期望”即动机系统对学习过程

的影响，整个学习过程都在它们的影响下进行。

将这一认知过程概括起来就是连续的八个阶段：注意、选择性知觉、复述、语义编码、检索、提取、反应和反馈。当学习者接受信息，并在大脑中对信息进行加工，加工结果引起长时记忆的变化，学习便发生了，无论学习者是否表现出预期的行为。这一点是认知主义与行为主义的本质区别。

(二) 学习的条件

加涅认为，学习的条件可分为内部条件和外部条件，如图 2-5 所示。

学习的条件
- 内部
  - 支持性内部条件
  - 必要的内部条件
- 外部

图 2-5　学习的条件

内部的学习条件包括学习者固有的内在状态和已经习得的性能。固有的内在状态可能是先天的，也可能是先天因素与后天环境相互作用形成的，例如工作记忆容量、智商(IQ)、人格特质、学习动机等。这些内部条件是支持性的，有利于学习的进行，并不是必需的，这就好比智商高学得快，智商低学得慢点，但通常也可以进行。已经习得的性能即学习者已经掌握的言语信息、智慧技能、认知策略、动作技能和态度，这些条件往往是构成新的学习结果的必要成分，它的缺乏将使学习无法进行，例如识字是阅读的基础，识谱是视唱的前提，不掌握前者，就无法完成后者。

外部的学习条件通常指教学活动。不同类型的学习所需要的外部学习条件各不相同。言语信息主要提供"线索"，使认知结构中与正在学习的技能有关，并把有意义的信息融入该背景，也可以告知学习者学习目标。智慧技能的外部条件是提示需要回忆的下位技能，并告诉学生学习目标，用提问、陈述或暗示的方法"引导"新的学习，提供与习得技能相关的例子作为练习。认知策略的外部条件可以通过言语交流提示给学生，或以简单形式向学生演示，并给予认知策略较多的练习机会。动作技能在学习可操作的分解动作时，教师应提供某种信息交流，可使用言语教学或提供图片示意图等，而在提高部分技能和整体技能的准确性、速度、质量时，应提供重复练习的机会。态度的学习则应提供榜样及伴随的反馈，比如奖励或成功等。一般的态度学习模式可以描述为：呈现榜样；建立榜样的吸引力和可信度；学习者回忆态度适用的情境知识；榜样交流或演示可供选择的个人行为；交流或演示行为结果及榜样的内心体验(通常是感到快乐或满意，这样才可以对学习者产生替代强化)。

学习的目的就在于建立和完善内部的学习条件，为学习者提供发展性的外部学习条件，以保证新的学习顺利进行。依照人脑中信息加工的认知过程，加涅提出了与之对应的外部条件，即教学事件，如表 2-4 所示。通过把学习者的心理过程与教师的教学过程联系在一起，可以形成一整套课堂教学方法体系，该教学方法体系具有很强的实用价值。

表 2-4　内部过程及其相关的教学事件和行动例子

内部过程	教学事件	行动例子
接收	1. 引起注意	使用突然的刺激变化
预期	2. 告知学习者目标	告诉学习者在学习之后能做什么
提取到工作记忆	3. 提示回忆原有知识	要求回忆先前习得的知识或技能
选择性知觉	4. 呈现刺激材料	显示具有区别性特征的内容

续表

内部过程	教学事件	行动例子
语义编码	5.提供学习指导	提出一个有意义的组织
反应	6.引发学习行为	要求学生表现出行为
强化	7.提供反馈	给予信息反馈
提取和强化	8.评价学习行为	要求学习者另外再表现出行为并给予强化
提取并概括化	9.促进知识保持和迁移	提供变化了的练习及时间复习

1. 引起注意(Gain attention)

快速的刺激变化容易引起学生的注意。常见的方式有：① 改变刺激量，比如，改变说话的音量、语调、语速，改变板书的颜色，谈学生感兴趣的话题等；② 改变刺激形式，比如，加入手势、表情，使用教具、挂图、多媒体手段，实验演示等；③ 改变教学方式，比如，由传统讲授式教学改为学生自主学习、讨论式教学、角色扮演等；④ 语言引导，比如，“大家注意了！”“下面我们介绍……”不同类型的学习结果可能有不同的激发方式，因人而异，不拘一格，引起学生注意的手段贵在出奇。

2. 告知学习者目标(Inform learner of objectives)

目标具有明确的导向作用。学习者了解教学目标可以获得一种预期，这种预期通常会贯穿于学习过程的始终，并随着学习的进程而不断得到反馈来加以证实。这对学习者自我调节的学习是非常有益处的。每一种学习结果都有不同的告知学习者目标的教学技巧。但值得注意的是，关于态度的学习应该在事后再告诉学习者学习的目的，否则，可能使学习者为了达到目标而做出违心的行为，干扰我们对态度是否养成的判断。

3. 提示回忆原有知识(Stimulate recall of prior learning)

在学习新内容之前，教师应让学习者回忆已经学过的有关知识和技能，并让他们清楚地认识到这些知识技能与将要学习的目标之间的联系，从而有意识地巩固和运用学习新技能所需要具备的先决技能，这有助于学习者充分利用自己的认知结构顺利地同化新知识，避免机械学习。比如，智慧技能和认知策略类的学习，可以回忆先前的规则和概念；言语信息类的学习可以回忆组织良好的知识体系；态度类的学习可以回忆榜样人物的特征、所处的情境和做出的行为；动作技能类的学习可以回忆行动的执行步骤；等等。

4. 呈现刺激材料(Present stimulus material)

教学中如何向学生呈现学习材料，依赖于所要学习的具体内容。比如，学习概念和规则时，使用各种各样的事例来说明概念的范围和规则的运用，不仅给出正确的例子，也要给出错误的例子，这样学习者才能更清楚地划定概念或规则的界限；学习动作技能时，需要让学习者了解执行动作所处的情境、动作的执行程序，以及每一步的具体动作形态。由于这一阶段必须被学生有选择地感知到，所以新知识的呈现应具有鲜明的特征，要考虑到呈现顺序、呈现的知识量、呈现方式，以及学习者的年龄、知识水平、学习风格等。

5. 提供学习指导(Provide learner guidance)

这个教学事件支持的内部过程是语义编码，具体到教学中，就是使所呈现的学习材料尽可能有意义。只有经过精心编码的信息才能进入长时记忆，成为“学会”的东西。在很多情况下，学习者可以自己完成这一过程，正如我们观察到的，学习随时随地都在发生着。然而，作为教师，作为学习活动的引领者和协助者，价值也正在于此。为学习者提供学习指导,促进其认知结构的发展,帮助其理解知识、增强记忆和形成技能,是教学艺术的集中体现。过多的指导会使学习能力强的学习者厌烦,过少的指导又可能使学习能力有欠缺的学习者失去信心,这是最需要教师教育智慧的一个环节。

6. 引发学习行为(Elicit performance)

在这一教学事件中,学习者是主角,他们需要把学到的知识或技能在任务中表现出来,这也是教师判断其学习效果的有效途径。比如,对于言语信息的学习,学习者应当能够讲出该信息或其中的一部分;对于智慧技能的学习,学习者应当能够灵活运用它来解决新问题;对于动作技能的学习,学习者应当能够重复所学的操作;对于态度的学习,则需要在陌生的情境中做出合理的抉择(也许只是回答一份态度问卷,当然,这种方式所得的结果值得商榷)。引发学习行为是一个学习者的实践环节,不仅可以检查学习效果,更重要的是,在实践中调动学习者的参与积极性,提高学习效率。

7. 提供反馈(Provide feedback)

该过程主要对学习者的学习行为给出对与错、好与坏的评判,并让学习者知道。这种反馈既可以由教师提供,也可以由学习者自行给出。比如,篮球投得准不准,结果的反馈一目了然;有的教学书籍附有参考答案,学生可自行判断正确与否;有时还可以利用计算机课件等多媒体手段,由计算机根据预设的答案提供反馈;当然,更多的时候,反馈主要由教师做出,一个微笑、一个手势、一句赞许的话、一番理性的分析,都可以提供丰富的反馈。反馈对于学习者行为的形成有着举足轻重的作用,是非常有效的调控机制。

8. 评价学习行为(Assess performance)

与上一个教学事件相似,评价学习行为可以为学习者调整后续学习提供反馈信息,但反馈只是微观上的教学互动,而评价则是一个系统决策的过程。为了证明行为背后的一种新的知识、技能、态度已经获得,需要呈现该行为的其他例子,最常见的就是测验或考试。评价一方面可以验证学习是否发生了,另一方面可以为学习者提供额外的练习以巩固所学。

9. 促进知识保持和迁移(Enhance retention transfer)

知识保持是指记住所学的内容;知识迁移是指应用所学知识与技能来解决新问题的能力,类似于我们常说的"举一反三"。能记忆,能运用,这才是学习的根本所在。增加练习量是增强记忆的好方法,尤其对于言语信息、智慧技能和动作技能的学习来说。如何提高知识迁移的能力,一直是众多学者研究的课题。学生自身的生理和心理因素都可能对迁移产生影响,但在教学事件中,我们能够操作的更多的是客观因素。比如,具有良好组织结构的学习材料更容易被运用;教师有意识的指导有利于学生创造性地运用知识;问题情境与学习情境相似时学习迁移更容易发生;等等。

对于年幼或者学习能力差的学习者来说,严格遵循这九个教学事件将会大有裨益。但对那些有相当学习能力的成人学习者来说,就不一定了。但是,无论学习者自身条件如何,教师在教学中呈现刺激材料、提供学习指导、引发学习行为、促进知识保持和迁移都是非常重要的。

(三) 学习结果

加涅将人类学习分成五类,分别是:言语信息、智慧技能、认知策略、动作技能和态度。这五类学习代表了个体最终获得的学习结果。加涅认为，不同类型的学习结果所需要的条件和适用的教学方法是不尽相同的。根据实验研究和经验概括，他详尽地区分了不同学习结果对每一种教学事件的要求，形成了其教学设计理论的核心内容“九五矩阵”，相关内容可参阅教学设计的专门论著。因此，加涅的影响不仅局限于学习心理学领域，还延伸到教学尤其是教学设计领域。加涅被认为对教学设计理论的建立做出了开创性的工作。下面是两个应用加涅的理论进行教学设计的实例。

以下是“加速度”的教学设计（见表 2-5）。

案例2-1

表 2-5 “加速度”的教学设计①

事件	媒体	教学建议
1. 引起注意	投影片	用投影片显示：两千多年前，亚里士多德认为因为有力的作用，物体才维持运动。例如，地面上的小推车，人给它一个推力，它便向前运动，停止用力，小车就停下来。你说对吗？
2. 告知学生目标	教师	告诉学生这节课的目的就是用力和物体运动速度之间的关系来回答上面这样的问题
3. 提示回忆原有知识	投影片	以问题的形式让学生回忆力的三要素：大小、方向和作用点。速度的要素：大小和方向。加速度是描述速度变化快慢的物理量
4. 呈现刺激材料	轻便器材	教师在讲台上做实验，并提出问题：桌面上滑行的小车为什么会逐渐停下来？
5. 提供学习指导	教师	对上面的问题进行分析引导：如果不受外力，小车将做什么运动？物体的运动需要力来维持吗？引导学生得出结论：力可以改变物体速度大小。 再做一个实验：桌上沿直线运动的小球受撞击后速度方向发生改变。引导学生得出结论：力可以改变速度的方向。 进一步引导学生得出描述力和运动关系的规则：力的作用使物体的速度发生改变
6. 引发学习行为	教师 简单器材	水平桌面上直线滚动的小球飞离桌面后速度方向为什么发生改变？公路上匀速行驶的汽车，怎样才能做加速运动？
7. 提供反馈	教师	教师及时纠正学生的错误，口头给出正确答案 强调让学生分清楚是哪个力引起了物体速度的变化
8. 评价学习行为	投影片	给出 5 个做变速运动的物理过程，让学生回答物体速度改变的原因，并确切指出是哪个力导致了该物体的速度改变
9. 促进知识保持和迁移	教师	让学生口头列举力引起物体速度改变的例子，之后启发学生思考：速度改变的快慢都和哪些因素有关？

① 田勇. 利用加涅的教育心理学原理进行教学设计一例[J]. 物理教学探讨，2002(10).

本案例是严格按照加涅的教学事件顺序来进行课堂教学设计的，每个教学事件都有相应的媒体要求和活动建议与之相匹配，以保障教学的顺利实施，整个教学流程的设计符合学生的信息加工规律。把学习者的心理过程与教师的教学过程紧密联系起来，很好地体现了认知主义学习理论的观点。

以下是“减数分裂”的多媒体教学课件的设计思路(见表 2-6)。

案例2-2

表 2-6 “减数分裂”的多媒体教学课件的设计思路①

事件	设计思路
1. 引起注意	先采用一组音色优美、充满动感的多媒体动画，再呈现“欢迎进入生物学世界”的字幕，然后展现课题
2. 告知学生目标	告诉学生要理解减数分裂的概念、过程、意义及染色体行为变化的规律，并告诉学生这部分是为将来遗传学的学习打基础的。该部分可由教师口述为主，辅以媒体画面
3. 提示回忆原有知识	在学习减数分裂前，先提出一些有关有丝分裂的问题，并提供有丝分裂的动画过程帮助回忆。当学生能完全正确地回答所有问题后，屏幕呈现“恭贺你进入减数分裂的学习”的字幕，启动下一步程序。该过程可反复进行，直到学生有足够的知识准备为止
4. 呈现刺激材料	减数分裂过程的模拟动画，后面附有简单问题并及时反馈
5. 提供学习指导	减数分裂的详细过程及特征学习，设计成各个分裂期的静止画面。点击画面可以将画面放大并呈现该时期的特征，在最后加入一段蝶螈生殖细胞进行减数分裂的真实录像，使学生更具体、直观地进行学习。该部分内容同样可反复操作，直到学习者在学习上得到一种满足并主动进入下一环节为止
6. 引发学习行为	在说明精子的形成过程后，请学生填入有关第一时期染色体数、染色单体数、DNA 分子数等，使学生进一步理解减数分裂过程中染色体的行为变化
7. 提供反馈	对正确答案给予赞扬，错误答案给予警示
8. 评价学习行为	显示细胞某一分裂时期的图解，请学生分析说明
9. 促进知识保持和迁移	呈现有丝分裂与减数分裂比较的表格，对所学知识进行概括、归纳和总结

本案例是一个运用加涅的学习信息加工理论进行多媒体教学课件设计与开发的案例。以课件为代表的信息化教学资源是信息化教学的重要组成部分。本案例中设计的多媒体教学课件，不仅能作为辅助教师“教”的工具，还能作为辅助学生“学”的重要工具。本案例中课件不仅起到引起注意、呈现知识内容的作用，还具有提供反馈和学习指导的

① 陈景红.运用加涅的教学理论设计“减数分裂”的多媒体教学课件[J].生物学教学.2001(7).

重要作用，对如何利用信息技术支持学习者的信息加工过程起到一定的示范作用。

二、奥苏伯尔的有意义学习理论

认知主义者不仅强调学习者是一个积极的信息加工者，而且强调学习者先前的知识在很大程度上影响了他们的学习。美国教育心理学家奥苏伯尔(D. P. Ausubel，1918—2008)有句名言："如果我不得不把全部教育心理学还原为一条原理的话，我将会说，影响学习的唯一的最重要的因素是学习者已经知道了什么。"他认为，如果学习的内容无法与学习者的旧有知识建立适当的联系，学习就只能是机械的，而非有意义的。他指出，认为接受学习必然是机械的，这种观点是毫无根据的。

(一) 有意义的学习

奥苏伯尔提出，有意义学习过程的实质，就是符号所代表的新知识与学习者认知结构中已有的适当观念建立非人为的和实质性的联系。这一论断既给有意义学习下了明确的定义，也指出了划分机械学习与有意义学习的两条标准。

有意义学习必须具备的第一条标准是，新的符号或符号所代表的观念与学习者认知结构中的有关观念具有实质性联系。所谓实质性联系，是指新的符号或符号所代表的观念与学习者认知结构中已有的表象、已经有意义的符号、概念或命题的联系。第二条标准是新旧知识的非人为的联系，即新知识与认知结构中有关观念在某种合理的或逻辑基础上的联系。等边三角形概念与儿童认知结构中的一般三角形概念的关系不是人为的，它符合一般与特殊的关系。无意义音节和配对形容词只能机械学习，因为这样的材料不可能与人的认知结构中的任何已有观念建立实质性联系，必须在逐个字母或项目之间建立联系。这样的学习完全是机械学习。在获得数概念前的幼儿，凭借他们发展较快的机械记忆能力，可以将乘法口诀表背熟，倘若从中抽出一个问他们，他们将不知所云，这也是机械学习。一切机械学习都不具备上述有意义学习的两条标准。

(二) 有意义学习的条件

有意义学习的产生既受学习材料性质的影响，也受学习者自身因素的影响。我们称前者为有意义学习的外部条件(外因)，后者为有意义学习的内部条件(内因)。

1. 有意义学习的外部条件

有意义学习的材料本身，必须合乎这种非人为的和实质性的标准，也就是使学习材料具有逻辑意义。这种逻辑意义指的是材料本身与人类学习能力范围内的有关观念可以建立非人为的和实质性的联系。

2. 有意义学习的内部条件

首先，学习者必须具有有意义学习的心向。有意义学习的心向，是指学习者积极主动地把符号所代表的新知识与学习者认知结构中原有的适当知识加以联系的倾向性。其次，学习者认知结构中必须具有适当的知识，以便与新知识进行联系。最后，学习者必须积极主动地使这种具有潜在意义的新知识与他认知结构中有关的旧知识发生相互作用，结果旧知识得到改造，新知识就获得实际意义，即心理意义。

(三) 有意义学习的类型

有意义学习可分为三种类型：表征学习、概念学习和命题学习。

1. 表征学习

表征学习是学习单个符号或一组符号的意义，或者说学习代表什么。表征学习的主要内容是词汇学习，即学习单词代表什么。表征学习的心理机制，是符号和它们所代表的事物或观念在学习者认知结构中建立了相应的关系。例如，“狗”这个符号，对初生儿童是完全无意义的，在儿童多次与狗打交道的过程中，儿童的长辈或其他年长儿童多次指着狗(实物)说“狗”，儿童逐渐学会用“狗”(语音)代表他们实际见到的狗。我们说“狗”这个声音符号对某个儿童来说获得了意义，也就是说，“狗”这个声音符号引起的认知内容和实际的狗所引起的认知内容是大致相同的，同为狗的表象。

2. 概念学习

有意义学习的另一类较高级的形式叫概念学习。概念学习实质上是掌握同类事物的共同的关键特征。例如，学习“三角形”这一概念，就是掌握三角形有三个角和三条相连接的边这样两个共同的关键特征，而与它的大小、形状、颜色等特征无关，如果“三角形”这个符号对某个学习者来说，已经具有这种一般意义，那么它就成了一个概念，成了代表概念的名词。同类事物的关键特征可以由学习者从大量的同类事物的不同例证中独立发现，这种获得概念的方式叫概念形成。也可以用定义的方式直接向学习者呈现，学习者利用认知结构中原有的有关概念理解新概念，这种获得概念的方式叫概念同化。

3. 命题学习

有意义学习的第三种类型是命题学习。命题是以句子的形式表达的，可以分为两类：一类是非概括性命题，只表示两个以上的特殊事物之间的关系。如“北京是中国的首都”，这个句子里的“北京”代表特殊城市，“中国的首都”也是一个特殊对象的名称，这个命题只陈述了一个具体事实。另一类命题表示若干事物或性质之间的关系，这类命题叫概括性陈述，是学习若干概念之间的关系。如“圆的直径是它的半径的两倍”，这里的“圆”、“直径”和“半径”可以代表任何圆及其直径和半径，这里的倍数关系是普遍的关系。在命题学习中也包含了表征学习。如果学生对一个命题中的有关概念没有掌握，他就不可能理解这一命题。命题学习必须以概念学习为前提。

当儿童有意义地学习命题时，所学习的句子与儿童认知结构中已有的观念会建立起联系。奥苏伯尔认为，新学的命题与学生已有命题之间的关系有以下三种类型。

(1) 下位关系(又译类属关系)

这是新教材与学生已有观念之间最普遍的一种关系，即新学习的内容类属于学生认知结构中已有的、包摄性较广的观念。

下位关系有两种形式：一种是派生类属。即新的学习内容仅仅是学生已有的、包摄性较广的命题的一个例证，或是能从已有命题中直接派生出来的。例如，儿童已知道“猫会爬树”，那么“邻居家的猫正在爬门前那棵树”这一新命题，就可以类属于已有的命题。另一种是相关类属。当新内容扩展、修饰或限定学生已有的命题，并使其精确化时，表现出来的就是相关类属。例如，儿童已知“平行四边形”这一概念的意义，那么，我们可以通过“菱形是四条边一样长的平行四边形”这一命题来界定菱形。在这种情况下，可以通过对“平行四边形”予以限定，产生“菱形”这一概念。

(2) 上位关系(又译总括关系)

当学生学习一种包摄性较广、可以把一系列已有观念类属于其下的新命题时，新学习的内容便与学生认知结构中已有的观念产生了一种上位关系。例如,儿童往往是在熟悉了"胡萝卜"、"豌豆"和"菠菜"这类下位概念之后,再学习"蔬菜"这一上位概念的。

(3) 组合关系

当学生有意义地学习与认知结构中已有观念既不产生下位关系,又不产生上位关系的新命题时,就产生了组合关系。许多新命题和新概念的学习,都具有这类关系。

奥苏伯尔认为,学生在各门自然学科、数学、社会学科和人文学科中学习的许多新概念,都可以作为组合学习的例子。例如,质量与能量,热与体积,遗传与变异,需求与价格之间的关系。这类关系的学习,虽然既不类属于学生已掌握的有关观念,也不能总括原有的观念,但它们之间仍然具有某些共同的关键特征。根据这些共同特征,新学习的内容与已有知识的关系是并列组合在一起的,从而产生了一种新的关系——组合关系。

第三节 建构主义学习理论

建构主义是认知主义的进一步发展。在皮亚杰和早期布鲁纳的思想中已经有了建构的思想,但相对而言,他们的理论主要在于解释如何使客观的知识结构通过个体与之交互作用而内化为认知结构。20 世纪 70 年代末,强调社会文化历史作用的苏联教育心理学家维果茨基的思想被介绍到美国,从社会建构的角度进一步推动了建构主义理论的发展。当今的建构主义者主张,学习者不是在被动地接受客观知识,而是在积极主动地建构对知识的理解。每个人对事物都有独特的理解,不同人之间的交流可以影响学习者的建构,学习具有主动性、社会性和情境性。

一、建构主义的理论来源

在追溯建构主义的渊源时,20 世纪对建构主义思想的发展作出重要贡献并将其应用于课堂和儿童的学习与发展的两位心理学界的巨人皮亚杰和维果茨基的贡献不能不提及。

(一) 皮亚杰的发生认识论

让·皮亚杰(Jean Piaget,1896—1980)是瑞士著名心理学家,发生认识论创始人。根据他自己的解释,发生认识论就是立足于儿童心理学去研究认识论问题。发生认识论的着眼点是主体的逻辑数学结构,但不存在无客观内容的纯逻辑数学结构,也不存在不隐含着某种逻辑数学结构的纯物理知识。皮亚杰对广义物理知识与逻辑数学结构关系的概述与康德关于经验知识和知性范畴关系的叙述是一致的,皮亚杰显然是受到了康德的启发。皮亚杰从康德认识论中获得的另一重要思想是有关结构与建构的观点。康德提出的知性范畴本身就是知识的形式框架和结构,而人的知识则是在知性范畴与感性材料结合的基础上建构的。在皮亚杰那里,知性范畴被称为"逻辑数学结构"。在涉及概念形成条件时,皮亚杰认为,概念的形成正是基于知觉材料与超越知觉范围的逻辑数学结构的结合。因此,知识是一种结构。然而,离开了主体的建构活动,就不可能有知识的产生。不过,自称为"积极的康德主义者"的皮亚杰并没有全盘接受康德有关范畴的先验观点,而是力求从儿童的生活中去寻求逻辑数学结构生成的源头,并主张在人的感性的主客观相互作用的活动基础上,即从活动—动作的角度去解决认识的发生问题。由此,皮亚杰提出了有关人的认知发生的双向建构论：人的建构活动一方面产生了以逻辑范畴为代表的人类智慧的基本结构；另一方面，广义的物理知识也正是从建构活动中生成的。

皮亚杰一生中的大部分时间都献身于对认知结构的发生学研究。皮亚杰用图式(Schemes)来指代个体用以了解周围世界的认知结构。他提出了以平衡作为解释学习的机制。他认为，与平衡在生物演化中所起的作用一样，平衡也是促进认知变化的机制。皮亚杰将平衡描述为是一种动态的过程，它包括同化与顺应。同化是指通过自身逻辑结构或理解对经验进行组织。在认知的发展中，同化是指个体将感受到的刺激纳入原有图式的过程。随着认知的发展，人的同化形式也会逐渐复杂化，即经历从再现性同化、再认性同化到概括性同化的转变。同时，皮亚杰也曾说明在搜寻新知识时，新的经验常常会跟原有的行为发生矛盾。在这种新情境中，有机体总是试图重新建构先前的行为以保持它的机能。这种有机体通过调节自己的内部结构以适应特定的环境刺激的过程就是顺应。同化与顺应是个体认知发展的两个彼此联系的主要过程：同化是量变过程，主要指个体对环境的作用，它引起的是图式的生长；顺应是质变过程，主要指环境对个体的作用，它引起的是图式的发展。同化与顺应之间的协调可称为平衡。理解平衡最重要的就是将它理解为动态过程，而不是静态过程。平衡并不是先同化再冲突，然后顺应的序列过程；而是不断升级的平衡、适应和组织、生长与变化的动态性相互作用的过程。

在皮亚杰的结构概念中，隐含着建构的思想。作为认知心理学新结构主义范型的代表，皮亚杰否定了结构的先验性，而将认知结构的起源问题作为认知发生论的研究对象，提出结构产生于动作，认知结构产生于"同化于己"和"顺应外物"的主客体的相互作用的活动的观点。1936年，在《儿童智慧的起源》一书中，皮亚杰首先提出了有关内化与外化的双向建构的思想。次年，在《儿童对现实的构造》一书中，这一思想得到了进一步的明确与系统化。皮亚杰明确指出，儿童关于现实的概念不是一种"发现"而是一种"发明"。这意味着，"概念"既不预成于内，也不预成于外，儿童必须自己去构造"概念"。不过，皮亚杰对建构主义思想的全面系统的论述则主要反映在他最后10—15年(20世纪60—70年代)的著作中。由此，皮亚杰从同化、顺应的图式理论进一步发展成为包括内化与外化的双向建构的理论。内化建构是指通过动作和运算形成以逻辑范畴为代表的基本智慧结构，外化建构则意指广义的物理知识也正是在建构活动中生成的。随着建构的发展，内化建构与外化建构这两个过程的相互关联日益紧密，而且，它们各自制约着对方所能达到的水平。

(二) 维果茨基的文化历史发展理论

维果茨基(1896—1934)是苏联著名心理学家，文化历史理论的创始人。在维果茨基所处的时代，心理学界占主导地位的是行为主义。维果茨基将人的心理机能分为低级心理机能和高级心理机能，其中高级心理机能为人所特有。他指出，行为主义只能解释人的低级心理机能而无法解释高级心理机能。为客观地研究人的心理特性，他提出了人的意识的形成与心理发展的文化历史原则，要求从历史的观点，而不是抽象的观点，在与社会环境相互作用的联系之中，而不是在社会环境之外去研究意识与心理的发展。

维果茨基有关人的心理发展的文化历史理论的一个重要假设是：人的心理过程结构的变化是以特殊的"精神生产工具"为中介的，其中最重要的就是各种符号系统，尤其是语词系统。例如，在早期，人类为了帮助记忆，利用打绳结、做砍痕等辅助手段和符号。

起初，人改变的似乎只是外部物质，但随后这些变化作用于人的内部心理过程。人的内部心理过程以这些特殊工具为中介的特性决定了人能够在改变环境的同时，调控自己的行为和心理过程，从而使人的行为具有理性和自由度。人也由此形成了有别于其他动物的高级心理反映形式——意识。据此，维果茨基及其同事通过一系列研究，初步揭示了人的心理发展的两条彼此联系的一般规律：① 人所特有的心理机能不是从内部自发产生的，它们只能产生于人们的协同活动和人与人的交往之中；② 人所特有的新的心理过程结构最初必须在人的外部活动中形成，随后才有可能转移至内部，进而“内化”为人的内部心理过程的结构。从上述两条规律可以得出这样一个原理：在新的心理过程的构成与心理过程间的联系之间存在着双重依存关系，一方面，心理过程间的联系是新的心理过程结构产生的结果；另一方面，在各心理过程间的联系发展的同时，各心理过程结构自身也必然发生变化。这一原理对于心理活动基本形式的发生分析具有特别重要的意义。维果茨基所揭示的心理发展的规律与原理针对当时有关心理过程的一次性定性和不变性的观点，提出了另一种动态的观点。该观点表明，心理机能本身产生于人的心理发展过程中，并随着心理生活形式的复杂化而改变机能之间的关系。这对于推动心理科学的发展具有重要意义。

维果茨基十分重视心理科学的基础理论研究与应用研究的密切结合。他认为，只有通过在生活中各个领域的应用，心理学才能获得真正的科学依据。这一观点引导他在深化心理学研究的过程中，最终进入到儿童智力与学校教学的关系问题的研究领域。针对当时已有的有关教学与发展互不相干的观点、将教学与发展混为一谈的观点以及对上述观点简单地兼收并蓄的做法等，维果茨基提出，在教学与发展之间存在着复杂的关系。在以这种复杂关系为对象的研究中，维果茨基指出，儿童的全部心理生活是在交往过程中发展的，而表现为合作的教学正是最具有计划性与系统性的交往形式，因此，正是这种教学造成儿童心理的发展并创造出儿童全新的心理活动形式。儿童今天不能独立完成的事，往往有可能在教师与伙伴的帮助下完成，而明天他就能自己独立完成。由此出发，维果茨基首先确定了儿童心理发展中的两种水平：“现有发展水平”和“潜在发展水平”，并由此提出了“最近发展区”的概念。“最近发展区”强调了教学在发展中的主导性作用，揭示了教学的本质特征不在于“训练”、“强化”业已形成的心理机能，而在于激发、形成目前尚未成熟的心理机能。因此，教学应该成为促进发展的决定性动力，只有走在发展前面的教学才是好的教学。有关“最近发展区”的概念表明，儿童是在摆脱日常概念和成人概念的“张力”中学习科学概念的。如果仅仅将源于成人世界的预成的概念呈现给儿童，那么他就只能记忆成人有关这一想法所说的一切。为了将这一想法占为己有，成为自己的财富，儿童必须利用这一概念并将其纳入自己已有的概念中。同时，日常概念和科学概念之间的关系并不是一种线性的发展。取代前概念以及引入科学概念是交织在一起的、彼此影响的，它们发生在儿童从他早已有的概括和早已介绍给他的概括中产生出自己想法的过程中。在西方，大多数学者视维果茨基为社会建构主义者。

二、个体建构的新发展

在建构主义研究者中，强调个体建构的分支以加州大学维特罗克提出的“生成学习理论”和美国伊利诺斯大学斯皮罗等人提出的“认知灵活性理论”为代表。

(一) 生成学习理论

美国心理学家维特罗克(M. C. Wittrock,1931—)是建构主义学习论的代表人物之一。他在信息加工学习理论基础上,提出了生成学习理论。生成学习理论有两个基本前提,分别是:人对所学习的事物产生某种意义是与先前的经验相结合的;人脑是主动地对输入的信息进行加工并建构意义的。

根据以上两个前提,维特罗克提出学习的生成过程为:学习者原有的认知结构——已经储存在长时记忆中的事件和脑的信息加工策略,与从环境中接受的感觉信息(新知识)相互作用,主动地选择信息和注意信息,以及主动地建构信息的意义。按照维特罗克的模式,学习过程不是先从感觉经验本身开始的,它是从对该感觉经验的选择性注意开始的,如图 2-6 所示。

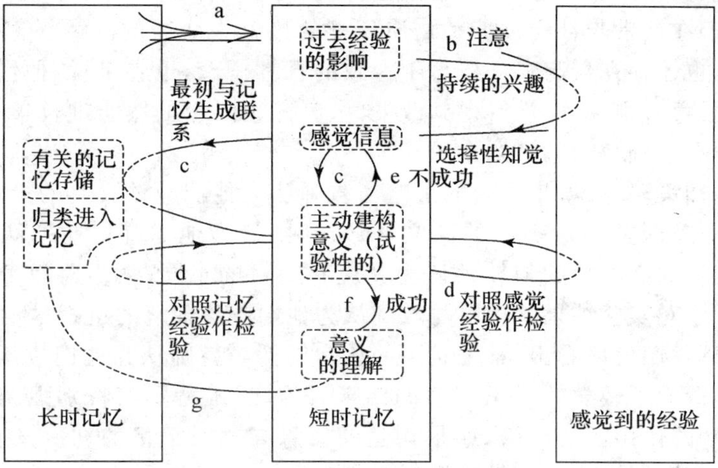

图 2-6 生成学习理论的图式表征①

(a) 首先是长时记忆中存在着的影响个体知觉和注意的各方面内容,以及以特殊方式加工信息的倾向进入短时记忆。

(b) 这些内容和倾向实际上构成了学习者的动机,使它不仅能注意外来的、意想不到的有兴趣的信息,而且也能主动地对感觉经验进行选择性注意,具有持续的兴趣去从事选择性的知觉。这种注意和知觉的过程,要求学习者做出随意控制的努力。

(c) 经过选择性知觉得到的信息,要达到对其意义的理解,或者说要生成学习,还需要和长时记忆中存在的有关信息建立某种联系,即主动地理解新信息的意义。

(d) 在与长时记忆进行试验性检验建构意义时,可以通过与感觉经验的对照,与长时记忆中已有的信息建立某种联系,即主动地建构新信息的意义。

(e) 如果经检验,建构意义不成功,应该回到感觉信息,检查感觉信息与长时记忆的试验性联系的策略。例如,构成选择性注意和选择性知觉的信息基础是否可靠,即是否采用了没有事实根据的假设;从长时记忆中提取的建立联系的信息是否适宜;从感觉信息中选用的信息是否适用。如果必要,应该系统地考虑尝试长时记忆中各种不同方面所

---

① R. J. Osbirbe, M. C. Wittrock. Learning Science: A Generative Process. 1983.

有的可能性。

(f) 如果建构意义成功,即达到了意义的理解。

(g) 在新的信息达到意义的理解后,可以从短时记忆中归属到长时记忆中,同化到原有的认知结构中,或导致长时记忆中原有的认知结构的重组。

在理科教学中,日常概念与科学概念的矛盾最能说明原有认知结构在教学中的重要性。维特罗克等人的研究发现,理科教学的效果常常不能达到教师所预期的结果,其原因可以归结为以下两点。

第一,学生的原有认知结构千差万别,具体来说有以下三种情况:① 学生在学习前已经从不同途径获得了与教师头脑中和教科书中的观念完全不同的观念。例如:一些8—11岁的学生在自然科学学习前认为“从蜡烛发出的光,晚上照得比白天远”,“摩擦只是在移动物体表面之间才发生”,“电流到电灯泡里就用完了”,“软体虫不是动物”……这些观念都是他们在日常与社会环境和物质环境的接触中获得的。② 有些学生尽管受过一些科学教育,也还存在着与科学概念不一致的日常概念,也就是说,他们的这些日常概念在接受科学教育时很顽固,没有得到改变。③ 有些概念虽然通过教学有所改变,但并未全部改变,没有达到教师的计划要求。

第二,在认知策略上,学生具有的策略与教师认为他们应该具有的策略不同。例如,学生往往把每一篇课文当做孤立的课文,而教师则认为他们应该能把课文联系起来理解;学生学习某篇课文的目的与教师认为其应有的目的不同;学生对教师认为的重点不一定感兴趣;学生对实验结果的理解与教师认为他们应该理解的也不尽相同。

从以上分析我们可以看出,学生实际的认知结构与教师认为他们应该具有的认知结构之间的差异,造成了教学效果不理想的结果。为此,维特罗克特别强调信息加工策略对促进知识理解的作用。他认为,如果知觉的信息与长时记忆的初次试验性联系失败,学习者应该回到感觉信息,继而采用多种策略去尝试建构各种可能的联系。教学的过程就是引导学习者借助生成过程建构意义和行动计划的过程。教学的关键是激发学生的生成活动,传授生成技术,其中最有代表性的是“做笔记”技术。笔记有助于指引个人的注意,有助于发现知识的内在联系,有助于建立新知识与旧知识之间的联系。

(二) 认知灵活性理论

在当代西方建构主义思潮中,美国学者斯皮罗(R. J. Spiro)等人提出的认知灵活性理论(cognitive flexible theory)特别引人注目。他们试图从信息加工的角度解释建构性学习的过程,以揭示学习者在实际情境中灵活应用知识的心理机制,从而发展出一套教学设计的原则,来培养学习者灵活应用知识的能力。

1. 结构不良领域与高级学习

斯皮罗等人首先从知识复杂性入手,具体分析了传统教学存在的问题。对于知识的复杂性问题,斯皮罗等人认为,知识可以被划分为良构领域(well-structured domain)的知识和非良构领域(ill-structured domain)的知识。所谓良构领域的知识,是指有关某一主题的事实、概念、规则和原理,它们是以一定的层次结构组织在一起的。非良构领域的知识则是将良构领域的知识应用于具体问题情境中时产生的知识,即有关概念应用的知识。非良构领域的知识具有两大特性:第一,概念的复杂性。知识应用的每一个实例,都同时涉及许多概念,这些概念都有其自身的复杂性,而且,这些概念存在着相互作用。第二，实例的不规则性。每个实例所涉及概念的数量和种类不同，而且，这些概念的地位、作用以及相互作用的模式也不尽相同。

结构不良领域是普遍存在的，可以说，在所有的领域，只要将知识运用到具体情境中去，都有大量的结构不良的特征。典型的结构不良领域包括医学、历史学、文学解释等。在对一些良构领域（如数学）较深层次的研究中，也可能会出现结构不良的问题。

根据以上观点，斯皮罗等人对于学习进行了解释。他们认为，学习可以分为两种：初级学习和高级学习。初级学习是学习中的低级阶段，教师只要求学生知道一些重要的概念和事实，在测验中只要求他们将所学的东西按原样再生出来，这里所涉及的内容主要是结构良好的领域。而高级学习则与此不同，它要求学生把握概念的复杂性，并将其广泛灵活地运用到具体情境中，这时，概念的复杂性以及实例间的差异性都显而易见，因而，较易涉及结构不良领域的问题。

2. 结构不良领域知识的建构过程

斯皮罗等人针对传统教学中非良构领域高级知识学习所存在的问题，结合高级知识获得的目标，探讨了非良构领域高级知识获得的建构过程，提出了认知灵活性理论。

关于结构不良领域知识的建构过程，斯皮罗强调，建构包含两方面的含义：第一，对新信息的理解是通过运用已有经验，超越所提供的表面信息而建构起来的；第二，从记忆系统中被提取出来、用以支撑理解的先前知识，其本身也可能被再建构，而不单是被提取而已。建构一方面是对新信息的意义的建构，同时又包含对原有经验的改造和重组。斯皮罗强调，学习者在学习过程中并不是发展起供日后提取出来以指导活动的图式或命题网络。相反，他们形成的对概念的理解应当是丰富的、有着经验背景的。只有这样，在面临新的情境时，这些知识才能够灵活地发挥指导实践与活动的图式作用。显而易见，这样的知识必须以一种便于利用的方式获得和呈现，相应地在教学设计过程中也要考虑知识的这个特点。

3. 适合于高级学习的教学——随机通达教学

在分析了传统学习方式在解决结构不良领域问题方面的不足之后，斯皮罗提出教学过程必须能提供更大的认知灵活性，使学习者能够从不同复杂性的概念和实例中提取出知识，并在问题解决的过程中再次应用这些知识。斯皮罗反对对事物的简化处理，他认为对事物的简单理解是妨碍学习者在具体情境中广泛而灵活迁移的主要原因。因此他强调，对同一内容的学习要在不同时间多次进行，而且每次的教学目的要不同，要分别着眼于问题的不同侧面。这种反复绝非为巩固知识技能而进行的简单重复，而是旨在形成学习者对概念的多角度理解，发展有利于问题解决的图式。

三、社会文化建构的新发展——情境学习理论

20 世纪 80 年代末 90 年代初，由于受到认知科学、生态心理学、人类学以及社会学等学科的共同影响，加之对当时的学校教育脱离实际、知识惰性化等状况的不满，学习的研究取向逐渐从认知转向了情境。情境学习理论关注物理的和社会的场景与个体的交互作用，认为学习不可能脱离具体的情境而产生，情境是整个学习中的重要而有意义的组成部分。情境不同，所产生的学习就不同，学习受到具体的情境特征的影响。

情境学习理论认为，认知能力固然重要，但如果脱离具体的实践环境，一方面认知能

力难以真正形成，另一方面即使认知能力形成，也毫无用武之地。就学习者个体而言，学习的根本标志就是越来越容易地、有成效地参与团体重要的实践活动。也就是说，学习是一个不断增长其实践能力、不断社会化的过程。无论学什么，都是以形成个体参与实践活动的能力，并在实践活动中对所在团体作出自己的贡献为根本目的的。实践能力既表现为与物理环境的有效互动，也表现为与社会环境的有效互动。虽然各个成员在不同的情境中可能会以不同的方式进行互动，但成功的互动所需的基本成分是相似的，即需要一般的认知能力与态度倾向，如主动地发现、提出问题，建构假想或猜测，提供证据或事例等。除此以外，还需要协作、讨论等社会交往能力与态度倾向，如与团体中的其他成员进行对话，做出解释或进行必要的争论，或者进行某种形式的合作与协调。个体在与环境的长期而真实的互动过程中，不仅掌握了成功的实践活动所需的知识与技能，使知识与技能的应用发生于真实的背景中，而且也接受了所在团体的价值信念与规范，成为团体中的一员，进而加速了个体的社会化进程。总之，情境学习理论认为，只有围绕着促进实践能力的形成、加速个体的社会化进程这样一种核心目标来探讨“学什么”的问题，才能真正地使个体学有所成，学以致用。

情境学习理论还认为，脱离个体生活的真实环境来谈论学习或能力是毫无意义的，个体与环境的相互作用是形成能力以及社会化的必经途径。情境学习理论特别强调个体与特定的社会团体(community)之间的相互作用，这个团体不是因为要完成某一项具体的活动而将大家临时聚在一起的松散结构，而是该团体的成员具有共同的文化与历史继承，有共同的目标、信念系统和实践活动。新成员在参与团体的实践活动中，从老成员那里承袭这些共同的经验与规范，从比较边缘的、外围的参与逐步发展到核心的实质性参与，并逐渐确立自己在团体中的身份和自我价值感。而新成员的成长又促进了团体的发展，使团体具有再生循环性和可持续发展性。比如开始时，学生在教师的帮助下学习，通过教师的眼睛看世界，此时的学生是一个外围的参与者。在学习与研究过程中，在师生大量的互动中，学生的知识技能、态度体验以及价值信念等都有相当程度的发展。当学生自己充当教师角色或成为团体中的核心骨干时，学习过程仍在进行，一方面他们不断地完善自己的实践能力，提高在团体中的自我价值感；另一方面他们也通过完成任务、帮助他人或提携后生等方式不断为团体的发展作出贡献。简而言之，个体在参与团体的实践活动中，团体通过各种直接或间接的方式来传递团体的经验与社会规范，使个体不断地建构实践能力，建构自己在团体中的身份与关系。反过来，个体又作为团体中的一个成员，塑造和发展着团体。通过这种持续、循环的相互作用，个体与团体不断地发展、进步着。

在《情境学习的观点》一书中，希拉里·麦克莱伦(Hilary Mclellan)在其论文《情境学习：多种观点》中罗列了情境学习模式的重要组成部分，主要包括：故事(stories)、反思(reflection)、认知学徒制(cognitive apprenticeship)、合作(collaboration)、辅导(coaching)、多种实践(multiple practice)、清晰地表达学习技巧(articulation of learning skills)以及技术(technology)。①②

---

① http://www.google.com/books? hl=zh-CN&lr=&id=QGxqnQoOyIsC&oi=fnd&pg=PA5&dq=HilaryMclellan&ots=eAoh3civIw&sig=BpJAwWMoZsgLKj8u0BPTQJORpog#v=onepage&q&f=false，检索于2010-7-24.

② 王文静.基于情境认知与学习的教学模式研究[D].华东师范大学博士论文，2002：31.

1. 故事

故事对情境学习和知识的社会建构都是非常重要的，叙事在信息的迁移和发现中起着非常重要的作用。故事还可以帮助人们记录他们发现过程的轨迹，为记忆所学过的东西提供一个有意义的结构。人类学家玛丽·贝特森（Mary Catherine Bateson）对故事做了如下解释："无论一个故事从哪里来，也不管它会与神话传说或个体的记忆多么地类似，故事重述的多种例子，一种故事模式与另一种故事模式的联系，都显示了故事中的潜在转化。在这种转化中，叙事成为一种寓言，而'从前'则代表了一些真理的新生。叙事方法可以运用于日常生活中的所有事件，报纸中的段落，一个刚刚学会走路的孩子的可爱的令人厌烦的游戏或办公室中的误解等。我们的一些思维存在于隐喻中，而有一些思维是通过故事习得的。人类具有一种从围绕故事的体验中学习的风格，故事成为人们记忆的重要媒介。"约翰·布朗则认为："故事是一种'专家系统'类型，当一个新的情境激活它时，这一'专家系统'便能存储、联结并快速地使用信息。"

2. 反思

反思是情境学习的重要组成部分。经验性思维是迅速的，但没有反思性思维的深度。因此，我们需要对经验性认知和反思性认知进行整合。正如我们将信息技术迅速整合到教育和我们的日常生活中一样。在反思性认知发展壮大时，经验性认知已经占据了统治和支配地位，而情境学习提供了一个将二者整合的绝好良机，使二者完美地整合以达到平衡。情境学习提供了一种建构学习经验的方法，这种方法分别兼顾了经验性认知和反思性认知两个层面。因此，反思在情境认知与学习中的地位尤为重要。

3. 认知学徒制

认知学徒制也是情境学习的重要组成部分。1989 年，约翰·布朗（John Seely Brown）、阿伦·科林斯（Allan Collins）与保尔·杜吉德（Paul Duguid）在其论文《情境认知与学习文化》中第一次提出"认知学徒制"的概念。他们认为："认知学徒制的方法试图使学生在一种类似于工艺学徒的成功的方法中，通过活动和社会互动去适应一种真实实践的社会文化。这一概念与'作为工具的知识'是密切相关的。认知学徒制通过使学生能够在真实范围的活动中获得、发展和运用认知工具来支持学习。"他们还认为，学校内外的学习，通过合作性的社会互动和知识的社会建构，都将得到提升。

4. 合作

合作性学习也是认知学徒制与情境学习的重要方面。合作性学习强调同伴互教、小组工作和团队工作。学习者必须具备合作技巧才能适应未来社会的发展。约翰·布朗、阿伦·科林斯与保尔·杜吉德在其论文《情境认知与学习文化》中识别出以下促进合作性学习的策略：合作性问题解决、显示多重角色、敢于面对无效策略和错误概念、提供合作的工作技能。而在信息技术飞速发展的今天，合作性教学与学习在远程学习与网络教学中显得尤为重要。

5. 辅导

在认知学徒制和情境学习中，辅导是一个核心要素。辅导包括当学生完成任务时对他们的观察，当必要时，介入学习过程并提供支架；当没有必要时，则及时"隐退"，为学习者提供主动和自主解决问题的机会：即让学生们自己来建构学习。教师只是学生学习过程的合作者和小组学习的指导者，而不是一个高高在上的"老板"。教师对每一个学生的认知发展和社会成长进行监控，并引导每一个学生进入理解与能力发展的新领域。

6. 多种实践

多种实践是情境认知的核心特征。技能都是通过实践获得的，学生们往往在没有教师与教练的指导下，学会了很多技能。威金顿(Wigginion)曾经描绘了在学生们的多种实践中技能的形成。他认为，有一些工作是因为学生们的行动才具有了某种特色，学生们的行动要比被动地接收活动整个过程的信息要好得多；也比学生们早就知道怎么做要好得多。学生们的活动引导他们不断地进入新的工作状态和完全陌生的领域，当一种技能掌握之后，他们一定会将这种技能以新的方法运用到新的问题中去。因为，在这种班级中，学生们开发了他们所有的潜能。除此之外，他们还清晰地意识到：错误的结果并不是失败，而是由班级里的其他同学在一种犯错误的同学永远都不会难为情的气氛中，积极地、建设性地去对这些错误进行详细审查。实践的不断重复则在一种合作和反思的社会背景下，为技能的测验、修正和发展提供了一个专家网络系统。技能得到不断地磨炼，学习者习惯于将技能呈现出来，从而使这些技能变得根深蒂固，而且一旦有与之相关的机会时，便会自动地激活。

7. 清晰地表达学习技巧

清晰地表达学习技巧包括两个方面：首先，它指的是这样一种概念，清晰地表达或识别出技能的组成部分，以便更有效地进行技能的学习；其次，清晰地表达是指要使学生达到这样一种目标，使他们能在某一领域中，清晰地表达他们的知识、推理，或问题解决的过程。通过对思考和问题解决过程的清晰表述，学生们会更好地理解他们自己的思维过程，更好地向其他人表达他们的想法。

8. 技术

技术也是情境学习的核心要素，因为技术充分展示了它在支持情境学习的各种要素时作为资源的巨大力量和灵活性。在今天这样一个信息社会中，与技术相关的技能成为学习的主要内容。麦克莱伦认为，依据情境学习的模式，知识必须在情境中才能学到，那么，情境就可以是真实的工作场景；高度的真实，或真实的工作环境的“虚拟”的代用品；一种可停留的环境，如影像或多媒体程序。互联网、超文本、虚拟现实等则给情境认知与学习提供了更为丰富的支持。

第四节　人本主义学习理论

人本主义心理学关注全人(尤其是情感)、全程的全方面发展，重视人的自由、尊严、价值、选择和责任，探讨人的友爱、创造、自我、自我实现、人生价值、生命意义、人生成长、高峰体验等问题。在理论取向上，他们批评行为主义是幼稚心理学，即主要以动物或儿童的心理现象为基础，批评精神分析学派是伤残心理学，即以精神病患者为研究对象。他们主张以正常人为研究对象，从研究人的需要出发去研究人性，认为人的情感、动机、志向、态度、价值观等在人的认知和人格发展方面起着重要的作用。他们强调学习过程中个体自我实现的心路历程，开辟了一个认识学习过程的全新视角。

一、马斯洛的需要层次论

马斯洛(A. H. Maslow，1908—1970 年)，美国社会心理学家，人格理论家和比较心理学家,人本主义心理学的主要发起者和理论家,心理学第三势力的领导人。马斯洛认为人的本性是中性的、向善的,主张完美人性是可以实现的。

(一) 基本观点

以马斯洛为代表的人本主义心理学家主张教育要培养完整的人,关注全人(尤其是情感方面)、全程的发展。人本主义理论的另一位代表人物罗杰斯曾对传统的学校教育批评道:“现代教育的悲剧之一就是认为唯有认知学习是重要的。”他认为学生所从事的学习往往只涉及人的心智(mind),发生在“颈部以上”,不涉及感情或个人意义,与完整的人无关。他倡导有意义的学习,认为“有意义学习把逻辑与直觉、理智与情感、概念与经验、观念与意义等结合在一起,当我们以这种方式学习时,我们就成了一个完整的人”。人本主义理论认为,作为一个完整的人,其一切行为都是自主选择的结果,决定个人行为的不是生活中的现实,而是人对现实的主观感受和看法。如果人的行为是出于内在的感情和需要,就会产生驱动行为的动力,并做到对自己的行为负责。

马斯洛基于多年的研究提出了需要层次理论,该理论认为,人有五种基本的需要,按其满足的先后次序排列成一个层阶。在这个层阶中,最基本的是生理需要,即对食物、水、空气等生命必需品的需要;第二级是安全或保护的需要;第三级是爱、感情、归属等的需要;第四级是对尊重、价值或自尊的需要;处于最高级的是满足自我实现的需要。所谓自我实现,就是使自己更完备、更完美,能够充分发挥自己已有的能力和技能。

马斯洛认为,较低级的需要满足以后,追求高一级的需要就成了驱动行为的动力。追求自我实现和其他基本需要一样,是每个人作为人类的一员生而具有的一种潜能。自我实现的本质特征就是人的潜力和创造力的发挥。

(二) 教育观点

马斯洛以培养“完整的人”为目的,从为学生发展提供条件、构建和谐的师生关系和培养学生的创造性三个方面,提出了自己的教育观点。

1. 要给学生提供自主发展的条件

马斯洛曾指出:“预先给孩子定好计划,对他抱有奢望,给他规定好该担负起什么责任,甚至希望他该成为这样或成为那样,这意味着要求孩子做父母所决心让他做的那种人。这样的孩子生来就穿着一件无形的紧身衣。”[①]

2. 要建立民主和谐的师生关系

马斯洛写道:“儿童喜欢感情深厚的而不喜欢怀有敌意、冷酷的教师、家长和朋友。”教师应该以自然的坦率代替做作的尊严,他“并不试图作出无所不知、无所不能的样子,也不搞威吓学生的权力主义”,要创造出一种“没有猜疑、小心翼翼、自卫、没有敌意和担心的课堂气氛”。

3. 关于创造性的认识

马斯洛认为,创造性没有等级和领域之分,生活本身就应该是创造性的。一个没有文化的家庭主妇把家务料理得井井有条、美满别致,说明她是有创造性的。一个画家仅仅摹仿了别人的作品,他的工作未必有什么创造性。他说:“一盆一流的汤的创造性远胜于一幅二流的画”,“几乎所有的角色和工作,都既可以有创造性,又可以没有创造性”。

---

① 马斯洛.动机与人格[M].许金声,等译.北京:华夏出版社,1987:324-327.

马斯洛不仅重视创造成果的价值，更重视其过程价值和对人的肯定意义。他把“创造性”这个词“不仅运用到产品上，还以性格学的方式，运用到人、活动、过程和态度上”。[①] 但关于创造性养成的问题，马斯洛认为创造是灵感和勤奋努力的结合。他有一句名言：“灵感一角钱就可以买一打。”这并非说明他不重视灵感，而是说明灵感仅仅是创造过程的一个小的方面，创造更多的是依赖于执著、耐心、勤奋等。马斯洛还认为，大多数人的创造性还远没有挖掘出来，能够坚持不懈的努力是创造性发展的至关重要的因素。

二、罗杰斯的以学生为中心理论

罗杰斯(Carl Ranson Rogers，1902—1987)是当代美国人本主义心理学家，也是一位著名的心理治疗家和教育改革家。1924 年，罗杰斯毕业于威斯康星大学，同年进入纽约联合神学院，后转入哥伦比亚大学师范学院学习临床心理学，1928 年获硕士学位，1931 年，在工作之余获得哥伦比亚大学博士学位。1940 年到俄亥俄州立大学任心理学教授，曾任 1946 年至 1947 年美国心理学会主席，1949 年至 1950 年美国临床和变态心理学会主席，还担任过美国应用心理学会第一任主席。罗杰斯主要从事咨询和心理治疗的实践和研究，他以首倡患者中心治疗而驰名。他还在心理治疗的实践基础上，提出了关于人格的“自我理论”，并把这个理论推广到教育改革和其他人际关系的一般领域中。1956 年，他提出心理治疗客观化的新方法，并因此获得美国心理学会的卓越科学贡献奖。1969 年，他把自己长期在心理治疗方面所积累的经验及其在教学领域的扩展和应用写成《学习的自由》一书。

(一) 基本观点

罗杰斯倡导“意义学习”，他认为，“真切的学习，是指不再简单地积累知识的那种学习。这种学习由于不能局限于知识的简单积累，而是通过一种渗入这个存在各部分的渗透性的知识，将在个人的行为之中，在他为了未来而选择的一系列活动之中，在他的态度和他的个性之中，引起变化”。罗杰斯还对这种真切的学习内容、条件和方法提出了自己的意见。

首先，他认为只有“当知识是和被视为问题的那些情境相连时”，也就是被用来解决在学习者看来是重要的问题时，才能做到真切的学习。罗杰斯认为，让在各个水平上学习的人，如实地接触那些和他的生存有关且迫切需要解决的问题，对教育来说是很有必要的，因为与解决问题相关联的知识，是学习者最为需要的。在这种需要的驱使下，学习者能自觉地参与学习过程，所以这种学习的效果也是最佳的。

其次，罗杰斯认为人类具有学习的自然倾向。他说，“他们(学生)和生活是富有接触的，他们愿意学习，他们要成熟，他们在寻求发现，他们在希望掌握，他们在渴望创造”。也就是说，意义学习是具有其内在动力的，无需用外力加以控制、强迫，教师要做的只是激发这种学习的自然倾向。

第三，罗杰斯认为要使这种真切的学习发生，还需要教师在课堂上创造一种便于习得真切知识的气氛。这就是教师要成为真诚的人，要接受和理解学生的经验和思想感情，并提供学生随意支配的资源。他认为，只有当对学生的自我概念威胁很小时，学习才

---

① 马斯洛，等.人的潜能和价值[M].林方，译.北京：华夏出版社，1987：243-245.

容易发生,经验也能够得到详尽地领悟,学习效果也是理想的。

最后,罗杰斯认为真切的学习不仅仅体现在个体学习了多少知识上,更体现在个体学会学习、增加感受到的经验并增强对变化的适应性等方面上。

总而言之,意义学习的特点是特别关注学习内容与个体之间的联系,要使学生亲自参与学习过程,使其学习有内在的动力,使学习的气氛融洽。意义学习是一个变化发展的过程,它不在于学到知识的多少,而在于学会学习,在于感受各种经验。

(二) 教学观点

罗杰斯倡导一种"非指导性教学"的教学观。人本主义心理学是其"非指导性教学"的理论基础。罗杰斯把心理咨询中的"非指导性"方法移植到课堂教学中,他曾指出"非指导性"有四个基本特征：第一,它极大地依赖个人自身的成长,有助于通过自身的努力,克服各种障碍;第二,更多地强调情感因素,而不是仅仅依靠理智因素去工作;第三,更多地强调此时刻的情景,而不是个体的过去;第四,作为自然发展状态而相互接触。

1. 教学目标

罗杰斯认为教学的最终目标是使人成为真正自由独立的人,成为有主见、适应性强、具有鲜明个性的人。学校教育应当真正按照人本主义精神为社会提供能适应变革需要的有用人才,即"完整的人"。他对所期待的"完整的人"作了比较具体的描述：对周围环境敏感,富有感情,能从事自发的活动,关心他人和社会活动,能批判地学习,具有创造意识等。他指出,只有通过一种全新的教育情境,即促进变化和学习,学会怎样学习,学会怎样适应和变化,才能培养出"完整的人"。

2. 师生关系及教师的作用

要培养具有独立人格、创造能力并能适应时代变化的新人,处理好教育者和受教育者之间的人际关系是关键。教师应当把对学生的感情问题放在教学的中心。教师必须具备四个方面的态度品质：第一,充分相信学生能够发展自己的潜能;第二,以真诚的态度对待学生,表里一致;第三,尊重学生的个人经验,重视他们的感情和意见;第四,深入理解学生的内心世界,设身处地地为学生着想。

在"非指导性教学"中,教师的主要职责有以下几点。

首先,创造一种真诚、接受、理解的气氛,使学生真实的自我从"面具"后面走出来,让学生感到没有拘束。初期,这种气氛来自教师,随着学习过程的开展,这种气氛就越来越由学生相互提供。

其次,提供一些供学生随意支配的资源,包括书柜、地图、教研书、器材、设备、车间、工具等。教师本身也是一种重要的资源,教师应将自己的知识及经验当做资源让学生们利用,并且鼓励和诱导学生独立思考,帮助澄清学生所考虑的问题和希望做的事情等。

由此可见,以学习者为中心的教学并不是完全否定教师的作用。教师是学生学习的向导,是解决问题的样板,是发动学习过程的催化剂,是学习过程的助推器。

3. 教学原则

罗杰斯在他的《一种存在的方式》一书中阐述了"非指导性教学"的一些原则,主要有以下五个方面。

第一,"我们不能直接教授他人,我们只能使他人的学习得以容易地展开"。这条原则告诉我们,教学过程的注意力应集中在学生身上,教师是学习的促进者,促进者只需为学生设置良好的学习环境，提供各种学习资源，使学生知道如何学习。

第二，“人们是抱着维持自己的构造或是强化自己的构造，有所侧重地学习的”。这条原则要求我们注意学生的学习动机，变“要我学”为“我要学”。

第三，“同化带来自己构造中的某种变化”。这条原则告诉我们，在学习过程中，新的知识、观点、事实都可能对原有结构带来影响，学习者要善于化解各种矛盾。

第四，“学生对自身的学习与评价负有责任”。这条原则告诉我们，学生应能自由地设置自己的教育目标，并且进行自我评价。

第五，也是最重要的原则，“教师应把学生的感情和问题所在放到教学过程的中心位置，自己的发言要有所节制”。

拓展阅读

[美]戴尔·H. 申克. 学习理论：教育的视角[M]. 南京：江苏教育出版社，2003.

思考题

1. 行为主义学习理论对学习的实质、过程和规律是如何假定的？
2. 认知主义学习理论对学习的实质、过程和规律是如何假定的？
3. 建构主义学习理论对学习的实质、过程和规律是如何假定的？
4. 人本主义学习理论对学习的实质、过程和规律是如何假定的？
5. 举例说明你对建构主义学习理论的理解。

参考文献

[1] 王逢贤. 学与教的原理[M]. 北京：高等教育出版社，2000.
[2] 陈琦，刘儒德. 当代教育心理学[M]. 北京：北京师范大学出版社，2004.
[3] 刘儒德. 学习心理学[M]. 北京：高等教育出版社，2010.
[4] 戴尔·H. 申克. 学习理论：教育的视角[M]. 南京：江苏教育出版社，2003.
[5] 布兰斯福特. 人是如何学习的——大脑、心理、经验及学校[M]. 程可拉，孙亚玲，王旭卿，译. 上海：华东师范大学出版社，2002.
[6] 高文. 建构主义研究的哲学与心理学基础[J]. 全球教育展望，2001(3).

第三章　教学理论

学习目标

1. 了解萌芽期教学理论的特点；
2. 了解发展期教学理论的特点；
3. 掌握以赞科夫和巴班斯基为代表的教学过程理论；
4. 掌握布鲁纳的课程理论；
5. 掌握范例教学理论；
6. 掌握布卢姆的教学评价理论；
7. 能运用教学理论分析教学案例。

知识概览

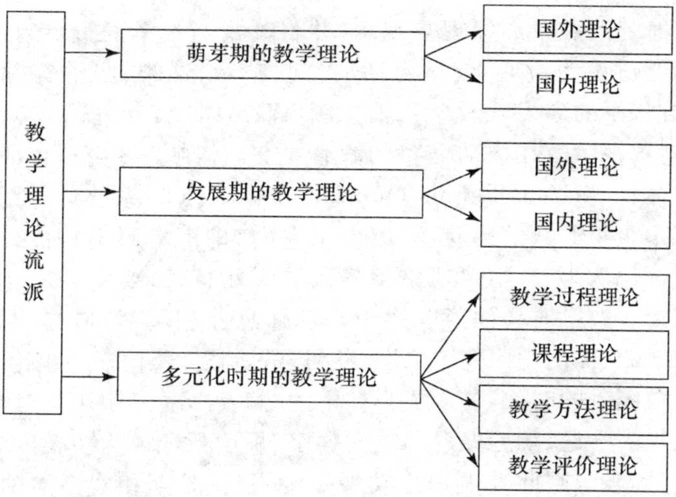

本章导学

对教学理论的梳理要比对学习理论的梳理复杂得多。教学理论的发展经历了一个漫长的过程，从渐渐于哲学母体中分离出来，到逐步与心理学建立起联系，再到基于多元化的理论基础确立多元化的研究主题，整个过程几乎与人类发展史一样漫长。尤其是20世纪中期以来，教学研究开始呈现多元化的价值取向，教学理论流派异彩纷呈，不仅区域性的教学理论流派层出不穷，而且一些成熟的研究方向逐步发展成分支学科，如教育技术学、课程论等，这些分支学科从不同侧面丰富和完善了教学理论。

第一节 萌芽期：依附于哲学母体的教学理论

早期思想家们的教学理论是一种朴素的教学理论，无论是国外的教学理论，还是国内的教学理论，都还不具备鲜明的理论特征。此时的教学理论没有被系统地提出，而是在很大程度上从属于思想家们的哲学观点，是哲学母体的一部分。

一、国外朴素教学理论

国外教学理论发展的萌芽期主要指从古希腊时期到16世纪文艺复兴这一段漫长的发展历程。

国外教学思想的源头可追溯到古希腊。当时的智者派(也称诡辩派)云游各地，以传授雄辩术为职业，很重视讲述、解释、演说、对话、争论、辩难等技巧。其代表人物普罗塔哥拉(Protagoras，前481—前411)曾对教学发表过许多有意义的见解，如“对于学习，天禀和练习是同样的需要；我们应从少年学起。没有实践的理论和没有理论的实践都没有意义。学习如果没有达到相当的深度，便不能在灵魂中生根。”智者派根据这些原则，在教学方法上注重练习。雅典著名思想家苏格拉底(Socrates，前469—前399)在其教学中总是力求寻找具有普遍意义的原理与观念，并将其视为教学的最终目的。他创造的“产婆术”，以道德问题讨论为中心，使用对话、提问、暗示、诘难、归纳等方法来激发学生思维，被认为是西方最早的启发式教学。柏拉图(Plato，前427—前347)在他的著作《理想国》中提出了包括重视胎教在内的完整的教育主张，体现了终身教育的思想雏形。古罗马著名教育家昆体良(Marcus Fabius Quintilianus，35—95)系统地总结了罗马的教学成就和自己从教二十余年的教学经验，写成十二卷的《雄辩术原理》，被誉为古代西方的第一部教学法专著。他认为“教学要能培植各人的天赋特长，要沿着学生的自然倾向最有效地发展他的能力。教学时要注意智力劳动和休息互相调剂，最好的休息是游戏”。他详尽地研究了教学法，提出学习的三个顺序递进的阶段：摹仿——理论——练习。

中世纪是宗教统治的时代，科学成为神学的“婢女”，受经院主义哲学的影响，教学领域内盛行抽象烦琐的推论、玩弄概念和咬文嚼字，呆读死记成为主要的学习方法，学生的独立思考被视做“邪恶”，因此教学理论发展缓慢，处于长期相对停滞的状态。欧洲文艺复兴时期，人文主义教育家们在批判中世纪经院主义教学思想的基础上，对教学理论作出了突出的贡献，推动了西方教学论的发展。意大利人文主义教育家维多利诺(Vittorino da Feltre，1378—1446)创办“快乐之家”学校，旨在强调个性愉快活泼地得到发展。在教学中强调师生之间和睦融洽的气氛，实施新的教学方法(如应用活动字母教授读写，应用游戏的方法传授初步的算术知识等)，注意培养学生的独立性和创造性。尼德兰人文主义教育家伊拉斯谟(Desiderius Erasmus，1467—1536)认为学习既需要付出艰辛的努力，又需要学习兴趣的伴随；而教师则应讲求教学的技巧和方法。法国人文主义教育家拉伯雷(Francois Rabelais，1483—1553)在其著名的教育小说《巨人传》里，为人们“提供了一幅直观教学的艺术图画”，从而使教学“变得如此愉快、轻松、富有吸引力，以致觉得与其说它像学生的学习，不如说它像国王的消磨时光”。人文主义教学思想高度尊重人的个性和自由，是文艺复兴时代精神在教学领域的深刻反映。

二、国内朴素教学理论

国内教学理论发展的萌芽期主要指从有文字记载教学思想起到近现代引入西方教学理论之前的这一段漫长时期的发展历程。

我国有着悠久灿烂的教育思想史，教学思想的发展源远流长。我国是世界上最早有文字记述教学论思想的国家之一。商朝的甲骨文中，就已出现了“教”与“学”的象形文字。“教学”二字连用，最早见于《书·商书·兑命》：“教学半”。这可以说是我国古代萌芽状态的教学思想。

春秋战国时期，是中国古代历史上发生重大变革的时期，百家争鸣，私学兴起，这个时期不仅教学经验日益丰富，而且教学思想更有了百花齐放的发展。当时儒、墨、道、法各个学派的创始人，大都是著名的教育家，对教学有着深刻的见解。其中以儒家学派影响最大。

儒家学派创始人孔子（前551—前479）毕生从事教育事业，其教学经验和理论主要记载在《论语》一书中。在孔子看来，学习是一个学、思、行相结合的过程。学，是知识的获取，属于感性认识；思，是意义的达成，属于理性认识；行，是知识的运用，属于实践过程。孔子主张的学习过程，既是学习知识的过程，也是品德修炼的过程，其根本目的在于培养“言行一致”的君子。孔子非常重视学习方式方法的多样化，提出了包括闻看问行、温故知新、学思结合、由博返约、举一反三等多种方法。孔子对教学理论的最大贡献则在于提出了启发诱导和因材施教两条重要的教学原则。孔子的“不愤不启，不悱不发”的启发性原则一方面阐明了教学中的师生关系问题，即教师只能启发、引导着学生学而不能逼迫、强迫学生学，不能以教代学；另一方面阐明了学习的动机问题，教师要调动学生学习的内在动机；此外，它还阐明了教学的时机问题，即只有在学生处于“愤”、“悱”之时，教师再给予点拨效果才好。因材施教这一原则主要是用来解决教学中统一要求与个别差异之间的矛盾，同时也是为了使每个学生都得到最大发展。孔子博大精深的教学思想，对我国漫长的封建社会的教学产生过巨大的影响。可以说，孔子是中国古代教学理论的奠基者。儒家学派的另外两个代表人物是孟子和荀子。战国时期著名教育家孟子（前372—前289）在教和学的思想中有许多观点是值得借鉴的。如：深造自得、引而不发、由博返约、盈科而进、专心致志、反求诸己、答问私淑、因人而异、教亦多术、不教亦教等。孟子教学思想侧重于内向，注意发挥人的主观能动性，所谓“心之官则思，思则得之，不思则不得也”。但他忽视闻见之知，是其不足。荀子（前313—前238）则发展了孔子思想中的唯物主义因素，其以儒家思想为主体又具有法家思想的倾向，是先秦诸子百家之集大成者。其教学思想主要有：笃实向学、闻见知行、注错积靡、学不可已、陈衡解蔽、虚壹而静、锲而不舍、隆师亲友等。荀子教学思想注重“善假于物”，具有外向特点，他强调教师的尊严是对的，但将之绝对化，则失之偏颇。《礼记·中庸》把儒家的学习步骤概括为：“博学之、审问之、慎思之、明辨之、笃行之”，使学、思、行在教学过程中统一起来。

墨家学派的创始人墨子（前468—前376）非常重视自然科学知识、生产技能、军事知识和论辩才能的培养，大大地突破了“六艺”（礼、乐、射、御、书、数）教育的范畴。其教学思想主要有：不叩必鸣、强力而行、察类明故、因可时言、学必量力、既述且作、务本约末、志功合观等。

成书于战国晚期的《学记》是我国系统论述教学思想的第一本专著，也是世界上最早系统论述教学问题的一篇专著。它比昆体良的《雄辩术原理》大约要早三百多年，更比夸美纽斯的《大教学论》要早约一千八百多年。《学记》对我国古代先秦儒家教学思想和实践进行了全面的总结。《论语》中讲的学与教是非制度化的，而《学记》中所讲的学与教则是制度化的，其中有对学校制度、考试制度的专门论述。先秦诸子言“学”多而论“教”少，《学记》则注意在对“学”深入研究的基础上提出“教”的规则与要求，在《论语》的基础上，《学记》中总结了教学相长、藏息相辅、豫时孙摩、长善救失、博喻善教、和易以思诸原则，以及问答、讲解、练习、类比等方法，都是我国教学论发展中珍贵的历史瑰宝。

秦代以法为教，以吏为师，禁止私学，又没办官学，颁挟书令，直至焚书坑儒，使儒学统绪几近中断，教学思想的发展跌入低谷而相对停滞。出于对秦代极端主义的反动，西汉实行“罢黜百家，独尊儒术”的文教政策，儒学被捧到至高无上的巅峰，儒家教学思想在我国古代教学史上占据了主导地位，并开始了它绵延两千年的发展历程。在学术自由竞争受到压抑的深沉背景下，正统经学家的教学思想和“异端”学者的教学思想呈现出不同的倾向和特色。西汉正统经学教育思想家董仲舒(前 179—前 104)，被称为“汉代孔子”，曾给汉武帝建议“罢黜百家，独尊儒术”、“开创太学”、“改革选士制度”等，影响很大。其教学思想主要有：师功圣化、强勉学问、精思要旨、兼得所长、虚静专一、见博知明等。东汉“异端”思想家王充(27—100)则批判地吸取了先秦诸子的学说，自成一个独立的思想体系。其教学思想主要有：知源于学、“距师”“问难”、博达疏通、明效贵用、实践练习、日为成巧、积渐琢磨、专志不二等，所表现出来的朴素唯物主义倾向的教学认识论和方法论，是对我国古代教学论的重要贡献。魏晋南北朝时期儒学下降、玄学兴起、佛教盛行，诸学纷杂论争、融汇渗透，造成继先秦以来又一次“百家争鸣”。魏晋之际著名思想家嵇康(223—262)以其反传统的批判精神，提出“越名教而任自然”的教学思想，在批判经学教学弊端的基础上，主张教学顺应个体天性自然自由地发展，反对迷信盲从、主观臆断、烦琐主义、耽于私欲、拘泥章句，反映了魏晋思想解放的时代精神，对于突破儒学独尊教学思想禁锢，实现教学思想的超越和发展有积极作用。南北朝时期教育家颜之推(531—595)作为当时“最通博、最有思想的学者”，用儒学教育子孙，以平实的作风著成《颜世家训》二十卷，“被看做处世的良轨”，世代相传。其教学思想主要有：立志向学、切磋起明、惜时早教、严慈相济、勤勉博识、眼学求实、涉务致用、谨慎交游等。颜之推的教学思想反映了经过儒、玄、道、佛各派相互争鸣后教学思想呈现融合的特征。

隋唐时期重振儒术，兼重佛、道，经学教学占主导地位，儒、佛、道进一步交融，并向宋明理学发展。唐代的韩愈(768—824)推崇孔孟，强调道统，其教学思想既吸收了前人的观点，又有自己的创新，主张业精于勤、文以载道、提要钩玄、含英咀华、闳中肆外、博精结合、学贵独创、师友相长、寓庄于谐、诙笑啸歌等。在著名的《师说》中提出的“师者，所以传道、授业、解惑也”，“弟子不必不如师，师不必贤于弟子”的论断，已成为我国教学文化中的精髓，广为流传。柳宗元(773—819)的教学思想主要有：顺天致性、奋志厉义、批判问难、兼采众长、博览群书、务达其旨等，尤其是其师生之间应和朋友一样相互交流、切磋、帮助的“交以为师”的主张，在高层次的教学活动中更有借鉴意义。

宋代的教学思想极大地丰富了中国古代教学思想的理论宝库，成为古人留给我们的一份不可多得的珍贵遗产。胡瑗、周敦颐、张载、程颢、程颐、朱熹、陆九渊、陈亮、叶适等，都对教学思想发展有重要贡献。南宋著名教育家朱熹(1130—1200)以孔孟思想为主干，兼取佛道，构成一个集大成的理学体系。他注重探讨“读书之法”，后人将之概括为：“循序渐进，熟读精思，虚心涵泳，切己体察，着紧用力，居敬持志”六条，即著名的“朱子读书法”。他还深入研究“教人之妙”，主张启发诱导、适时而教、教人有序、师功指引、因材施教、身体力行、生动直观、鼓励质疑等原则。我国古代长期积累起来的教学经验和思想，经过朱熹的归纳、整理、总结和改进，达到了一个新的高度。由朱熹编纂的《四书》后来成为各级各类学校的必读教材，其地位甚至高于《五经》，影响中国封建社会后期的教育长达数百年之久。

明清之际的教学思想有了新的发展。明代著名教育家王守仁(1472—1528)在教学思想方面，主张立志为先、责善问难，静处体悟、事上磨炼、整体明了、自家解化、顺性鼓舞、激励乐学、随人分限、因材施教等。郭沫若曾说：“王阳明对教育方面有独创的主张，而他的主张与近代进步的教育学说每多一致。”其教学思想亦影响到近现代教学思想的发展。清代教育家王夫之(1619—1692)主张行知并进、学思相资、因人而进、施之有序、正志为本、乐学自悟、积渐不息、去骄去惰、因机设教、师友讨论等。明清之际教学思想和近现代教学思想有着割不断的历史联系，这是我们在学习中应注意的。

三、萌芽期教学理论的特点

萌芽期教学思想的发展具有如下特点：第一，思想成果丰富，无论是国内还是国外的思想家都对教育问题十分关注，并多有论述，初步搭建了教学理论的基本框架。第二，教学思想直接来源于教育家长期而丰富的教学实践，在一定程度上符合学生的身心发展特点和教学的客观规律，很好地体现了“以学为本”的思想，是经过实践检验和时间检验的。第三，具有朴素的辩证法因素。正如恩格斯指出的：“人们远在知道什么是辩证法以前，就已辩证思考了。”教育家在教学实践中发现了许多矛盾现象并追求这些矛盾的辩证统一的解决方式，如对教与学、学与思、知与行、习与性、文与道、理与情、博与约等范畴及关系的论述，就体现了这一特点。

受到历史的局限，这一时期的教学理论也表现出一定的不足：第一，该时期的教学理论尚处于萌芽状态，没有从哲学整体中分化出来；教学观点和教学思想多是在个别教学实践中产生的，缺乏普遍性。第二，对教学的认识和表述多是直观的、感性的经验描述，缺乏概括的、理性的理论升华。第三，在教学技巧与学习方法方面积累了丰富的经验，在实践上达到了一定的艺术水平，但理论性相对不足。第四，教育家的教学思想还是零散的、不够系统的，更没有形成完整的理论体系。尽管如此，萌芽期的教学思想仍然为教学理论的进一步形成与发展奠定了良好的历史基础。

第二节 发展期：从经验的教学理论到心理学化的教学理论

这一时期的教学理论经历了从朴素、经验的教学理论到“心理学化”的漫长过程，迈出了教学理论科学化的重要一步。其中，心理学的诞生与发展，成为这段时期教学理论发展的重要推动力。

一、国外发展中的教学理论

国外教学理论的发展期主要指17世纪到20世纪上半叶这段时期国外教学理论的发展历程。

近代是国外教学理论的形成时期。资产阶级革命和工业革命的发生，是这一时期教学理论发展的社会背景；自然科学特别是心理学的发展，为教学理论科学化水平的提高奠定了基础；启蒙运动的爆发，则为教学领域带来了崭新的思想启迪。1632年捷克大教育家夸美纽斯(Johann Amos Comenius, 1592—1670)出版了教学论史上划时代的著作《大教学论》。17世纪因此而被称为教学论的世纪。夸美纽斯给"教学论"下的定义是："教学论是指教学的艺术"，"是一种把一切事物教给一切人类的全部艺术"。因此正是夸美纽斯第一次确定了教学论的概念并构成了它的体系。在《大教学论》中，他对教学理论问题作了广泛而系统的论述，其"主要目的在于：寻求并找出一种教学的方法，使教员因此可以少教，但是学生可以多学……"在适应自然的教学观的基础上，夸美纽斯重点探讨了教师教学的规则与技巧，如，建立秩序，讲求方法；激发兴趣，学有所乐；直观形象，保持注意；启发思维，因材施教；顺性量力，循序渐进；耐心指导，慎用惩罚等，并由此形成了以"教"为中心的西方教学论传统。夸美纽斯的《大教学论》一方面集文艺复兴以来的教学论思想之大成，另一方面又以突出的理论创造成为教学论从哲学体系中分化出来向独立学科发展的开端和基石。当然，夸美纽斯也和他的同时代人一样，"没有能够超出他们自己的时代所给予他们的限制"，其教学理论中还留有宗教神学影响的印记，没有彻底摆脱唯心主义世界观的局限。不过，这并不影响他及其《大教学论》在教学论发展史上的里程碑地位。

夸美纽斯之后，法国的卢梭(J. J. Rousseau，1712—1778)作为18世纪著名的启蒙运动思想家，在其1762年出版的著作《爱弥儿》中揭开了西方教学思想中个人主义价值取向的序幕。他倡导自然主义教育，其教学理论是以发展儿童的独立精神、观察能力和灵敏性为基础的。他认为儿童应真正成为教育的主人，应当尊重儿童的需要、能力和兴趣。因为"儿童是有他特有的看法、想法和感情的；如果想用我们的看法、想法和感情去替代他们的，那简直是最愚蠢的事情"。他主张让"儿童自己思考"、"自己发现"、"自己行动"。卢梭的教学思想使教学理论研究向心理学化发展迈进了一大步，并成为后来"儿童中心论"和"发现法"的渊源。

瑞士的裴斯泰洛齐(Johann Heinrich Pestalozzi，1746—1827)深受卢梭教学思想的影响，亲自创办学校，将卢梭的教育思想付诸实践。所谓"卢梭播下的种子，到裴斯泰洛齐时期开始开花结果"。他长期坚持教育实验，勇于实践和革新，在教学理论方面有自己的创造。他认真研究并明确提出了教学所依据的基本原则、初等学校教学过程的基本要素，系统研究并创立了初等学校的各科教学法，提倡直观教学，强调教学必须在严格的顺序中进行，指出了为教学而研究儿童心理的必要性，成为教学"心理学化"的先驱。但他把教学中发展思维和积累知识分割并对立起来，以及重视机械练习等也影响了教学理论的科学性。

德国著名教育学家赫尔巴特(Johann Friedrich Herbart，1776—1841)在裴斯泰洛齐教学"心理学化"思想影响下，继续致力于将心理学引入教学。在教育史上第一次建立了以心理学为基础的教学理论,并第一次把教学论作为教育学的相对独立的组成部分。他将统觉(apperception)原理运用于教学之中,正确阐明了多方面兴趣(经验、思辨、审美、同情、社会、宗教等六方面兴趣)是传授新知识、形成新观念的基本条件,是教学方法的基础;创立了教学过程的明了(给学生明确地讲授新知识)、联想(新知识要和旧知识联系起来)、系统(作概括和结论)、方法(把所学知识用于实际)四阶段论,使杂乱无章、混淆不清的教学过程逐步走上了有章可循的轨道。后来被他的后继者齐勒(Tuiskon Ziller, 1817—1881)加以发展,演变为分析、综合、联合、系统和方法等五个阶段。齐勒的学生赖因(Wilhem Rein, 1847—1929)又把这五个阶段演变为预备、提示、联系、总结、应用,成为传统教学的一个重要模式,被称为“五段教学法”。赫尔巴特及其学派建立起以掌握书本知识为主旨的被称为传统教学论的完整理论体系,提高了教学论的理论水平,并曾统治欧美教育界达半个世纪之久,甚至影响到东方的中国和日本。如果说赫尔巴特本人还是将教学论看做教育学的一个分支的话,那么,赫尔巴特学派的奥·维尔曼(O. Willmann, 1839—1920)则严格地对教育学和教学论加以区分。维尔曼开始扩充了教学论的概念,并把教学论看做与教育学并驾齐驱的教育科学的一个部分。他在1882年出版了两卷集的教学论专著《教学论作为教养的科学》,提出教学论的内容应是:教学目的论、教材论、教学原理、教具论和教学方法论,初步勾画出教学论学科的一个轮廓。

19世纪中叶德国资产阶级民主主义教育家第斯多惠(F. A. W. Diesterwey,1790—1866),被认为是“夸美纽斯和裴斯泰洛齐逝世以后西方最伟大的教学论专家”。他深受卢梭教育思想影响,继承和发展了裴斯泰洛齐教学法原理。在其代表作《德国教师教育指南》中,他详尽地论述了教学过程中教师必须遵循的三十三条教学规律和规则。从“人的主动性是人的本质”这一观点出发,认为教师主要应发展学生学习的主动性,提出最高教学原则是“激励学生独立地研究真理”,或者是“激励学生的认识素质,使他们在掌握和找寻真理中得到发展”。第斯多惠主张采取“发展的”教学方法,而不主张采取“传授的”教学方法,所谓“不好的教师是转述真理,好的教师是叫学生去发现真理”。第斯多惠在《德国教师教育指南》中述及的教学论论点,如“由近到远、由简到繁、由易到难、由已知到未知”,“安排教材,在下一阶段要采取新的形式来复习上次学习的东西”,“由实物过渡到实物的标志,而不是与此相反”等,已成为教学论的永久财富。

英国著名教育家斯宾塞(Herbert Spencer,1820—1903)的教学论思想以实证主义和心理学为理论基础,是在批判旧教学论基础上产生的。他提出教学要为“完满生活做准备”,确立了功利主义的实科教学课程体系。他主张教学应适应儿童心智发展的顺序,应从具体到抽象、从现象到理论、从实验到推理;应相信学生,启发学生独立学习。他在其《教育论》中指出:“应该引导儿童自己进行探讨,自己去推论。给他们讲的应该尽量少些,而引导他们去发现的应该尽量多些。”他视兴趣为教学的指南针与标准,认为衡量教学的效果如何,主要看它“是否在学生中间造成一种愉快的兴奋”,因此他坚决主张:“要给一切教育带有乐趣”。他还将培根的科学方法——观察法、实验法、归纳法用于教学,使教学摆脱空洞的说教,提高了教学的科学性和启发性。

19世纪“俄国教师的教师”乌申斯基(1823—1870)强调教育教学要建立在科学的基础上,主张教育教学要以解剖学、生理学、哲学、历史学等为基础。他批判继承了夸美纽斯等前辈教育学遗产中的教学原则和方法,提倡适应性教学:“如果教育学希望全面地去教育人，那么它就必须首先全面地去了解人”。他指出教学过程首先是一个意志的过程，但也要考虑儿童兴趣的必要性，要辩证地处理教学过程中学生的学习兴趣和学习意志的关系。他提出了一切教学都必须具备的必要条件是及时性、循序性、固有性、连贯性、掌握知识的牢固性、明晰性、学生的独立性、松紧有度、道德性、有益性。这十个条件是成功教学的条件，在乌申斯基的教学体系中占有重要地位。他的教学论思想对 19 世纪末与 20 世纪初的俄国教学论发展产生了深刻的影响。

19 世纪下半叶，实验研究在自然科学中取得了辉煌成就，形成了一种实验科学或实证科学的思潮。在这种思潮的影响下，德国著名的心理学家冯特（Wilhelm Wundt，1832—1920）在 1879 年建立了世界上第一个心理实验室，并用实验研究心理学问题，取得巨大成功。这一情况继而激发了教育教学的实验研究。德国的梅伊曼（Ernast Meumann，1862—1915）、拉伊（Wilhelm August Lay，1862—1926）等认为，教学研究要真正科学化，必须走实验之路，建立实验的教育学。拉伊 1903 年发表《实验教学论》，论证教室的实验问题，他提出教学实验研究的基本特征是情境控制、严密观察和精确测量以及由此而得出的因果关系。按照拉伊的见解，整个生活是由刺激和反应的总和构成的，教学过程也是由对学生的影响和学生的反应构成的。教学过程有三个阶段：感知；通过记忆、思考、想象和情感对所感知的内容进行加工；把所感知的内容用各种形式的外部活动（通过词句、图画、模塑、表演等）表现出来。1906 年拉伊与梅伊曼联合创办《实验教育学》杂志。1908 年发表《实验教育学》，自称这是开赫尔巴特以后的教育学说的新纪元。梅伊曼的工作是实验室的研究工作。他反对拉伊的教室实验研究，而强调对学生的教育实验只能由心理学者在实验室里进行。拉伊和梅伊曼的实验教育思想异曲同工，相互补充。他们各自的重点后来发展成了教室和实验室两种教学实验研究方法。他们力图把教学建立在解剖学、生理学、实验心理学以及精神病学的基础上，他们认为教学不应依据理论推理和局部经验来下结论，而是应根据实验结果来论断。这给教学思想注入了现代科学主义的因素，使现代教学思想建立在较之哲学思辨、直觉感悟更为坚固的实验科学或实证科学的基础之上。然而当时的“实验教学论”仅限于研究个别的局部的问题和狭窄的题目，而忽视了教学内容、教学原则和基本教学方法等带有原则性的问题。许多研究儿童和研究掌握知识过程的实验活动都具有生物主义和机械论的观点，这些显然有失偏颇。

二、国内发展中的教学理论

国内教学理论的发展期主要指明清以后到 20 世纪上半叶这段时期国内教学理论的发展历程。

近代学制的建立为教学理论的发展作了制度上的准备，而西方教学理论的传入，则引发了大量移植性和改造性的教学实验与实践。我国自 1902 年现代学校建立以来，最初是从日本辗转引进了夸美纽斯、裴斯泰洛齐、第斯多惠和赫尔巴特等的教学理论。1903 年“大清教育新法令”明文规定要采用阶段式教学法。四段教授法的采用，对于消除由个别教学改变为班级教学后产生的混乱，对于教学经验不多的教师按部就班地编写教案和上课，都起了积极的推动作用。但同时它也播下了课堂教学中形式主义的种子。1919 年以后，美国教育家杜威、孟禄、推士、麦柯尔、柏克赫斯特和克伯屈等人相继来华，实用主义教学思想在我国广为传播。杜威于1919年经日本来我国讲学，前后历经两年两个月，遍及沿海11个省市，他的多种著作先后由国人翻译出版。

这一时期我国进步教育家教学思想的发展，虽然受到传统教学观念失落、国外教学理论冲击、新旧教学思想交替等影响，但仍然体现了可贵的探索精神。清末著名改良主义教育家梁启超(1873—1929)，是我国近代教育史上第一个研究教材教法的人。他很重视教学方法的改革，提倡趣味教学，以使学生"乐知"；主张纵横交织、循序渐进；强调理论联系实际，有所发明；推行自动、自主、自治、自立教学法，培养自强不息的新式国民。梁启超的教学思想，在当时如同一股新鲜的空气，使久受封建主义旧教育传统思想束缚的人，精神为之一振。

民国时期著名教育家蔡元培(1868—1940)，以培养具有"完全人格"的"共和国公民"为目的，认为"与其守成法，毋宁尚自然；与其求划一，毋宁展个性"。他重视学生"自动自学、自助自研"能力的培养；反对注入式教学，提倡启发式教学；实行选科，因材施教，重视学生学习兴趣的培养。蔡元培的教学主张，是对压制学生个性的传统教学方法的重大改革。

现代著名教育家陈鹤琴(1892—1982)提出的"活教育"教学论，主张教师"教活书、活教书、教书活"，学生"读活书、活读书、读书活"。他提倡教学要遵循"做中教，做中学，做中求进步"的原则，采取榜样示范、积极暗示、表扬鼓励的方法，以培养儿童的自觉性和上进心。陈鹤琴的活教育教学理论，反映了当时社会发展对教学改革的要求，具有历史进步性。

人民教育家陶行知(1891—1946)曾提出"教学做合一"的教学理论。他认为教学做合一是"以生活做中心的"，"事怎样做就怎样学，怎样学就怎样教，教的法子要根据学的法子，学的法子要根据做的法子"。他指出只有"手脑并用"的教学，才能培养创造的能力；提倡互教互学的"小先生制"，实行"集体主义的自我教育"；强调教学民主，让学生在民主生活中学民主。陶行知的教学理论，是对理论脱离实际的传统教育的重大突破。

从这一时期国内的教学实践来看，我国曾先后介绍和或多或少地试行过来自西方资本主义国家的许多"新教学方法"，如自学辅导法(Supervised Study)、分组教学法(Groups of Study，当年称为"分团教学法")、蒙台梭利教学法(Montessori Method)、设计教学法(Project Method)、道尔顿实验室制(Dalton Laboratory Plan)、社会化教学法(Socialized Reaction Mothod)、德克乐利教学法(Decroly Method)、莫里森单元教学法(Morrisonian Cycle Plan)、文纳特卡制(Winnet-ka System)等。其中以设计教学法在其理论上最为系统，在其实践上对旧中国的影响最大。实践中也逐步生发出陶行知、陈鹤琴等人的教育思想，表现出当时西方势头强劲的进步主义教育思想对我国社会和教育的影响。另一方面，这一时期的教学实践也体现出了比较明显的心理化倾向，包括从教育心理和儿童心理的角度开展的多项教学实验。如我国首创教育心理研究所并任所长的艾伟的汉字心理学实验和小学语文教学实验等，以及关于教学方法的多项实验；20世纪30年代被誉为"教学法中国化"第一人的李廉方的"廉方教学法"的改革实验。这些实践注重测量、统计、调查等手段和方法的使用，促进了我国教学理论的研究从以哲学思辨为主向实验、实证研究的转变，推动了我国教学理论的现代化进程。

三、发展期教学理论的特点

发展期的教学理论具有如下特点：第一，教学论的概念正式运用，教学论的内涵得到揭示，教学思想从哲学中分离出来，逐步形成相对独立的完整体系。第二，对教学理论的认识和表述开始从经验描述走向理论说明，从具体比喻发展为科学论证，从哲学思辨朝实验研究过渡，教学理论的研究方法日趋科学，其理论性增强。第三，教学论与心理学建立起联系，教学"心理学化"运动使教学理论的科学化程度显著提高，教学论的科学基础问题得到重视。第四，教学论研究方法有了大的发展，实验研究的引入对教学论的科学化作出了贡献；马克思主义认识论的指导，使教学理论向更高的科学高度发展。第五，各国教育家在对传统理论进行批判继承的基础上，都注意强调结合本国的教学实际，开展教学实验研究，积极地为本国教学实践的发展探索道路。

但值得注意的是，由夸美纽斯、赫尔巴特等建立的以课堂教学为中心的近代教学理论体系，强调教学应以教师为主，侧重研究教师"教"的艺术，而较少去探讨学生"学"的规律，因此形成了传统教学论的主要弊端。此外，其教学形式阶段论，后来被奉为金科玉律而不分条件地加以运用，一定程度上也导致了形式主义和教条主义的泛滥。在进一步的发展中，20世纪中后期的现代教学论对这些问题给予了回应。

第三节　多元化时期：多元主题的教学理论

20世纪50年代以后，现代科学技术的迅猛发展，知识的激增和更新进程的加快，社会生产和社会生活的巨大变化，国际上的政治、经济、军事竞争的日趋激烈，对新一代人才的培养提出了新的要求，原有的教学理论受到猛烈冲击。与此同时，与人有关的生理学、心理学等学科的发展，以及新的方法论如系统论、信息论、控制论的出现，为新的教学理论的产生提供了条件。心理学视野中的学习理论不再是教学理论唯一的理论基础，新时期的教学理论视教学为一个整体性的系统，因而必将建构于多元理论基础之上，并涉及教学领域中的多元主题。这一时期的教学理论涵盖的内容异常丰富和复杂，我国学者杨启亮将其大致归结为教学过程理论、课程理论、教学方法理论和教学评价理论四个方面。① 为了更清晰地展示这一时期教学理论的多元特色，本节拟从这四个方面分别选取1～2名代表人物的思想加以介绍，以使读者对本阶段教学理论的多元特色获得一种更为直观的印象。

一、教学过程理论：苏联学派

20世纪50年代中后期以来，关于教学过程的专门研究几乎都集中于苏联的教学论专家之中。一方面，这派理论尤其强调哲学角度的探讨，注意在辩证唯物论的指导下揭示教学的规律；另一方面，系统论也是他们教育理论的指导思想，该思想注重对教学过程进行整体性、综合性的考察。其中的代表人物之一，作为心理学家的赞科夫虽然更大程度上将他的教学论思想建立在心理学基础之上，但哲学和系统论的影子仍然在其著作中

---

① 杨启亮．困惑与抉择——20世纪的新教学论[M]．济南：山东教育出版社，1993．

随处可见。

(一) 赞科夫的教学与发展理论

列·符·赞科夫(1901—1977),当代苏联著名教育家、心理学家、缺陷儿童学家和教学论专家,曾任苏联教育科学院院士。他17岁开始参加工作,先后当过乡村小学教师,唐波夫州儿童农业营(专门收养孤儿的国家教育机构)的教养员和营主任,从此开始了教育工作和教育科学研究工作。此后不久,他进入莫斯科大学学习,毕业后留该校研究生部继续深造。在著名心理学家维果茨基的指导下攻读儿童缺陷学专业。1929—1953年,他主要从事儿童缺陷学的教学与研究工作,曾任苏联教育科学院儿童缺陷学研究所所长。1952年,苏联教育科学院在教育理论与教育史研究所建立"实验教学论"研究室,赞科夫被任命为该研究室的主任,开始了教育学的研究工作,并对教学中教师的语言与直观手段相结合问题进行了大量研究,出版过《教师语言与直观教学手段的结合》、《直观性与学生在教学中的积极化问题》等著作。从1950年起,赞科夫就开始了普通教育研究。1956年,以凯洛夫为主编的《教育学》再版(《教育学》1939年出版第一版,经1947年修订后出版第二版,1956年出版第三版),赞科夫是其中的编者之一。从1957年到1977年的20年时间里,赞科夫针对苏联教育中存在的忽视儿童心理特征的实际情况进行了大规模的长期研究,提出了"小学教学实验新体系"。他对教学与发展的关系进行了全面、系统而深入的研究,创建了发展性教学理论体系。他的理论也因此被称为"发展性教学理论"。在实验过程中和实验结束后,赞科夫先后发表了许多教育著作,其中最主要的有《论小学教学》、《小学教学新体系》、《教学与发展》、《教学论与生活》、《和教师的谈话》等。赞科夫的实验研究在苏联及其他国家都受到普遍重视,其主要著作被译成十几种文字在世界各国出版。赞科夫也因此成为现代教学流派的主要代表人物之一。

1. 教学原理

"教育与发展关系问题"的研究发端于20世纪50年代,它源于苏联教育理论界对前一段教育研究工作的总结与反思,更源于世界各国之间(尤其是美苏两国)的激烈竞争。在此之前,苏联教育普遍存在忽视儿童一般发展的倾向,教材编得过于容易,教学进度过慢,理论知识贫乏,教学严重落后于儿童的发展水平。而此时的科技却得到了迅猛的发展,且国际竞争异常激烈。赞科夫曾指出,"现代生活不仅为学生的发展创造了巨大的可能性,而且对学校在学生发展方面的工作提出了更高的要求";"我们所处的这个时代,不仅要求一个人具备广博而深刻的知识,而且要求发展他们的智慧、意志、情感,发展他们的才能和天资"。而这种发展就是"一般发展"。因此,促进学生的"一般发展"成了苏联教育和教育研究的基本主题,研究这一主题的教育家甚多,但赞科夫的研究最为引人注目。赞科夫发展性教学理论的基本思想可以概括为一句话:"以尽可能高的教学效果来促进学生的一般发展。"

(1) 什么是"一般发展"

要理解赞科夫的发展性教学理论,首先必须弄清楚这个理论体系中的一个核心范畴——"一般发展"。首先,"一般发展"是个性所有方面,包括观察、记忆、思维、语言、情感、意志、道德等的发展,是整个身心的发展。"一般发展指的是这样一些个性属性的形成和质变,这些个性属性是学生顺利地掌握任何一门学科的材料的基础,而在从学校毕业以后,又是在人类活动的任何一种领域里从事创造性劳动的基础。"其次,"一般发展"

不同于"特殊发展",后者指某门学科或某组学科的发展,如语文才能、数学才能、音乐才能。二者的关系是:"一般发展是特殊发展的牢固基础并在特殊发展中表现出来,而特殊发展又在促进一般发展。"其三,"一般发展"同德、智、体、美、劳等方面的全面发展有联系又有区别。"当谈到一般发展的时候,人们所指的是人的发展问题的心理学和教育学方面……当谈到全面发展的时候,首先而且主要是指该问题的社会方面或者广泛的社会和教育方面。"其四,"一般发展"不是"唯智主义"的。它不仅"发展学生的智力,而且发展情感、意志品质、性格和集体主义思想"。其五,"一般发展"本应包括身体和心理两方面的发展,但是,"我们所研究的教学与发展问题是有一定局限的:我们研究的是教学与儿童心理一般发展的关系"。所以,赞科夫所说的"一般发展"主要指儿童一般心理机能的整体发展。

(2) 教学与发展的关系

教学的主要任务是让学生掌握知识和技能技巧,但赞科夫认为,发展与掌握知识、技能技巧不是一回事,甚至并不一定一致,二者之间存在"剪刀差"。比如,有些学习成绩优秀的学生,在发展上却处于中等水平甚至更低;有些儿童虽然未进过学校,没学习过书本知识,但在发展上却处于较高水平。因此,不能将掌握知识技能与发展等同起来。但这并不是说二者之间不存在任何联系。发展不能在真空中进行,它必须在掌握知识技能的过程中进行;而掌握知识技能的过程应当成为促进学生发展的过程,学生在发展上取得的进步又有利于知识技能的掌握。

赞科夫认为,"要使教学能够促进学生在发展上取得重大进步,单单从掌握知识和技巧的任务出发来进行教学是不够的。对教学中所遵循的教学论原理和教学法都应加以特殊考虑,以求同时完成两种任务。"赞科夫将维果茨基关于儿童两种发展水平的学说作为教学实验新体系的主要理论依据。维果茨基认为,儿童发展有两种水平:一是现有水平,表现为儿童能独立解决某项智力任务,它由已经完成的发展程序的结果构成;二是潜在发展水平,表现为儿童必须经过努力,或在成人的帮助下,或在与同伴的合作中才能完成某项智力任务。两种发展水平之间的区域,就是"最近发展区"。维果茨基认为,只有处于最近发展区的教学,才是好教学,才能促进发展。赞科夫通过考察后认为,"苏联传统的教学走在儿童发展的后面,严重地落后于生活的需要"。教学实验新体系追求的是走在发展前面的教学。教学不应当以儿童发展的昨天为方向,而应以儿童发展的明天为方向。所以,教学不能迁就发展,而应创造最近发展区,并不断地促进最近发展区转化为已有发展水平。简言之,真正的教学应该创造儿童的发展。赞科夫强调儿童的一般发展,但并不否定教学要传授知识技能,而是要求教学应"同时完成两种任务:既在掌握知识和技巧方面达到高质量,又在学生的发展上取得重大进步"。

(3) 教学原则

为了实现以尽可能高的教学效果促进学生的一般发展,便需要对教学过程进行改进。在长期的实验过程中,赞科夫提出了改进教学过程的五大教学原则。

① 以高难度进行教学的原则

难度,一是指教材有需要克服的障碍;二是指学生需要付出努力。只有教材有需要克服的障碍,学生要掌握它就必须付出努力,而正是在这个过程中,学生的智力、能力、情感、意志才能得到发展。正如赞科夫自己所言："以高难度进行教学，能引起学生在掌握教材时产生一些特殊的心理活动过程。"它促使学生在学习中不断展开自己的精神力量，积极进行思考，从而使整个身心都得到发展。如果教材的难度过低，就会降低学生的学习兴趣。当然，以高难度的原则进行教学，并不是说难度越高越好。从维果茨基的理论来看，教材的难度应处于现有发展水平之上，潜在发展水平之下。这样看来，难度既取决于所提供的教材自身，也取决于教师的教学方法（如适当地创造困难），还取决于教师对儿童掌握知识、技能的过程和结果的了解程度。

② 以高速度进行教学的原则

这一原则与高难度原则一致。如果教材的难度高，但教学的速度过慢，那么整个教学依然没有难度。所以，要实现教学的高难度，必须将教材的高难度与教学的高速度结合起来。赞科夫认为，传统教学为了实现掌握知识的巩固性，安排多次单调的复习，"把教学进度不合理地拖得很慢"，这不利于贯彻高难度的原则，也阻碍了学生的发展。赞科夫主张，只要学生掌握了学过的知识，就要向前进，进而教给学生越来越多的、更新的知识。教学要不断地向前运动，不断地以各方面的内容丰富学生的智慧，为学生越来越深入地理解所学知识不断地创造条件。在赞科夫的实验班里，取消了传统的为达到巩固的目的而采用的复习方法，而是"以知识的广度来达到知识的巩固性"。也就是说，不是孤立地传授知识，而是在有机联系中掌握概念，使知识纳入一个广泛而严整的体系。例如：让学生多参加科技活动、多进行课外阅读、多参观旅行等，这样做不仅能巩固知识，而且还能活用知识。这一原则对高难度原则来说是在完成一种辅助职能，但它同时也起着重要的独立作用。但贯彻这一原则并不意味着一味地追求进度，使课堂匆匆忙忙，而是说不要一味地通过单调的重复来巩固知识，而应以知识的广度和深度来达到知识的巩固。

③ 理论知识起主导作用的原则

理论知识是相对于具体的技能技巧来说的，它不仅包括各种术语和定义，而且还包括各种依存关系和规律。理论知识起主导作用，主要指让理论知识对具体的技能技巧起统帅作用，技能技巧的掌握一定要建立在学生对基本概念、原理、规律的理解基础之上。现代心理学的研究也证明，下位学习比上位学习简单，即在掌握基本原理的基础上理解实例比在具体实例的基础上归纳基本原理要简单。在当时，苏联的教学论认为小学生的认识特点主要是感性的、具体的，因而教学必须贯彻由近及远、由简单到复杂、由具体到抽象的原则，所以教材中的理论知识比较贫乏。赞科夫认为，由感性认识到理性认识要经历一个复杂的、漫长的道路，但这并不意味着必须让学生经历这一过程。他认为，在教学中学生的感性认识和理性认识是有机地交织在一起的，经验和理论不断地处在相互作用之中，不能只片面地强调一面。因而教学必须让那些说明现象的相互依存性及其内在的本质联系在小学教学中占主导地位，因为只有抽象思维才能更深刻、更准确地认识事物的本质。理论知识起主导作用，并不贬低和否定具体技能技巧的作用，而是说掌握技能技巧必须建立在对理论的理解上，必须建立在学生的一般发展上。

④ 使学生理解学习过程的原则

这一原则是针对过去教学只关心学习结果而不关心学习过程的情况提出的。通常认为，要使教学达到理想效果，必须增加教学时间。赞科夫认为，这是一种偏见，要达到理想教学效果，也可以通过让学生理解学习过程的方式来完成。让学生理解学习过程，就是要让学生掌握知识之间的联系，认识所要学会的不同技巧之间的差别。学生理解了学习过程，就知道在什么地方容易发生错误，以及如何防止错误。理解学习过程的目的是让学生学会学习和思考的方法，成为积极的学习者和独立的学习主体；是要形成学生学习的内在诱因。这一原则包括了传统教学的自觉性原则，但又丰富了它。两者的区别在于传统的自觉性原则是指向外部的，即把应掌握的知识、技能、技巧作为理解的对象；而使学生理解学习过程的原则则指向内部，即指向学习活动进行的过程。

⑤ 使所有学生包括差生都得到发展的原则

赞科夫认为，传统教学在差生的发展上毫无进展，同时也阻碍了优等生的发展，根本原因在于它没有将学生的一般发展作为一项重要的任务。而发展性教学理论明确将促进学生的一般发展作为教学的首要目的，必将有利于所有学生的发展。传统教学为差生提供的智力活动是很少的，而其补救的办法是补课和布置大量作业，这不仅加重了差生的负担，又进一步减少了其智力活动，反而扩大了他们的落后状态。而赞科夫采取的办法是“在他们的发展上系统地下工夫”。差生有三个特点：第一，在情感、情绪和意志方面有一种自我中心的倾向；第二，求知欲低，对学习、学校和教师没有好感甚至存在反感；第三，观察力薄弱。发展性教学针对差生的特点采取有针对性的措施，采取系统的方法促进差生获得一般发展。其中主要的措施有：减轻学生的思想负担，帮助学生树立学习的信心，利用一切机会引导学生观察事物，对待差生要有足够的耐心，引导学生参加课外活动和集体活动等。

（4）教学方法原理

赞科夫在他的发展性教学理论中并未谈到具体的教学方式方法。他认为，新教学方式方法与传统单一化的教学方式方法的最大区别在于新教学方式方法以儿童的一般发展为目的，“其最大特点是克服了片面的唯智主义以及与之密切联系的形式主义，这种片面化的唯智主义和形式主义乃是传统教学法的典型特征”。赞科夫所谈的教学方法原理，可以用于各学科，为具体的教学方式方法规定了方向。

① 教学方法只有触及学生的精神需要才能发挥有效作用

赞科夫指出：“我们的实验教学，越来越明显地证明教学法一旦触及学生的情绪和意志领域，触及学生的精神需要，这种教学法就能发挥高度有效的作用。”该原理要求所采用的教学方法应该能发展学生的审美情感、意志和道德品质，形成学生的精神需求，特别是要形成学生学习的内部诱因。同时，教学方法还要能激发学生独立探索的思想。总之，教学方法只有培养和调动了学生的精神需要，其智力活动的效果才会真正显现。如果教学方法只是激发了学生的智力活动，那么这种教学方法的功效将是非常有限的。正如赞科夫自己所言：“为了在教学上取得预想的结果，单是指导学生的脑力活动是不够的，还必须在他身上树立起掌握知识的志向，即创造学习的诱因。”

② 以整体的观点运用教学方式方法

赞科夫的教学实验有一个基本的假设：教育影响的整体性是一种性质，它制约着教育影响能否在发展上收到较高的效果。教育影响的这种整体性是以高级神经活动的心理学和心理学原则为基础的，而教学的原则与方法的整体性又是以发展的整体性为依据。所以，教育者必须“把未被认识的客体看做一种整体的东西，再以适当的方式安排认识它的途径”。实际上，在赞科夫看来，“教学方法体系是一个拥有一定成分的统一体，也就是拥有典型的教育学特征的统一体”。具体而言，这一典型的教育学特征有四个：多面性、过程性、冲突的利用和变式的采用。[①]

③ 教学方法依赖于所教学科的特点

赞科夫认为，没有抽象的、普遍通用的教学方法，所有的教学方法都是适用于特定内容的。如果教学内容变了，那么教学方法也应变，学科不同，所采用的教学方法也有所不同。赞科夫强调：“如果小学的教学内容已经上升到一个较高的阶段，而教学法还是老一套，那么就会阻碍正确而有效地实现新的教学大纲的要求。”根据内容决定形式的原理，必须根据不同的教学内容选择和确定不同的教学方法。

④ 强调不同教学方法的结合

教学中，在不同的时候遇到的各种条件是有差异的，而且是不断变化的，如教学内容的差异与变化、教师教学风格的差异与变化、学生个性特征的差异与变化等。根据这些差异与变化，教师不能孤立地只采用某一种方法。为了达到促进学生一般发展的目的，在教学中必须将各种教学方法结合起来使用。比如，“在……实验体系中，认识互逆的算术运算之间的联系，是与学生理解加法和乘法的交换律紧密结合的，也是跟运用代数符号概括地写出这些规律紧密结合的。我们把所有这些方法结合起来使用，完全是为了使学生尽可能比较深刻地理解和概括转化。”教学方法的结合使用，对学生的一般发展起到了较大的作用，同时也提高了教学难度和学生学习的难度。

2. 在教学中的应用

赞科夫的思想告诉我们，教学与发展不必然同步，或者说教学不必然促进发展。那么，什么样的教学能促进学生的发展呢？在此以两个教学实例来说明。

(1) 教学没有促进发展的案例

在赞科夫看来，发展与知识的掌握(或教学)不是一回事，二者之间存在“剪刀差”。以下是一则典型的教学没有促进发展的案例。

案例3-1[②]

下面是新课程实施过程中一堂数学公开课的一个教学片段，这节课的教学内容是认识乘法。教科书上有一幅彩图：一块草地中间有一条小河，河上有一座小桥，草地上零星地种着几棵小树，还有一些小白兔正在吃草，小白兔是一对一对(两只两只)在一起的，一共有6对。正是这6对小白兔蕴含了乘法这一教学内容。

教师将这幅彩图投射到大屏幕上，教学就从教师的提问开始了。

师：小朋友们，看这幅彩图，告诉老师你们都看到了什么？

生1：我看见了大树。

生2：我看见了绿草。

---

① 毕淑芝，王义高. 当代外国教育思想研究[M]. 北京：人民教育出版社，2002：75-76.

② 罗新兵. 新课程实施：挑战蕴含其中[J]. 人民教育，2003(3-4).

生3：我看见了小河。

生4：我看见了河上的小桥。

师：你们还看见了什么？（教师看到学生的注意力还没有转移到小白兔上，只好用提问的方式引导学生转移注意力。）

生5：我看见了河里面的水。

师：难道你们没有看见小白兔吗？（学生的注意力仍没有转移到小白兔上，教师看到提问的引导方式并不奏效，考虑到后面的教学，只好用反问的方式将学生的注意力强行转移到小白兔上，以保证教学能够按预期计划进行。）

生(齐)：看见了。

师：好！那你们数数看，一共有多少只小白兔？（学生开始数小白兔，不一会儿，许多学生都高高地举起了手。）

师：小强，你告诉大家一共有多少只小白兔？（教师叫起了举着手的小强回答问题。）

小强：一共有12只小白兔。

师：你能告诉大家你是怎么数的吗？

小强：我是一只一只数的。（小强的回答并不是教师所期望的回答，教师只是让小强坐下，对小强的回答没有作任何反应，而是叫起了举着手的小林。）

师：小林，你告诉大家有多少只小白兔？

小林：12只。

师：你是怎么数的呢？

小林：我也是一只一只数的。（小林的回答也不是教师所期望的回答。同样，教师也是让小林坐下，对小林的回答也没有作任何反应。事实上，教师对小强和小林的回答没有作任何反应这件事情本身就是一种反馈：小强和小林的回答不正确，至少是存在问题。接下来学生行为的变化正好说明了这一点：学生可能意识到小强和小林的回答存在问题，但小白兔确实是12只，一只一只的数法也没有什么问题，学生就在迷惘和困惑之间把他们高举的手都放了下来。）

师：你们不会两只两只地数吗？（教师注意到学生发生的变化，可能是感觉到没有学生能够回答出两只两只的数法，或者是考虑到后面的教学，又一次以反问的方式把两只两只的数法向学生和盘托出，使学生丧失了一次探索和发现的机会。）

……

作为认识乘法这一教学内容的反馈和巩固，教师又呈现了教科书上的另一幅图画：3排玫瑰花，每排5朵。

师：小朋友们，你们再数数看，一共有多少朵玫瑰花？（学生们于是低头数起来，不一会儿，有一个叫小文的学生举起了手，老师也看到小文举起了手。）

师：小文，你有什么问题吗？

小文：老师，两个两个没办法数！

……

案例中对于“3排玫瑰花，每排5朵”这一反馈和巩固习题，学生却说“两个两个没办法数”，学生的这一反馈结果告诉我们，他们在这堂课上思维没有得到应有的发展，乘法的基本原理没有掌握。如果仅就“教书”来说，该教师的做法似乎没有错，但我们似乎觉得教学中存在问题。其中最主要的问题，用赞科夫的话讲，就是学生没有理解学习过程。在教学中，教师没有让学生明白，什么地方容易出错，如何防止错误。此外，教学中教师的教学方法过于单一，缺少变式练习。变式是赞科夫教学方法体系的典型教育学特征之一。如此的教学，学生获得的发展就非常有限，甚至没有获得发展。

（2）教学促进发展的案例

下面的教学过程是“一年级学生做加减法和编制相应运算表”[①]，它比较好地反映了赞科夫的教学思想。

案例3-2

学会加减法以后，我们告诉学生：不知道的数可以用拉丁字母 X 表示，并对一些相应的例题进行解释。例如，有一道题是这样一个式子：$4+X=9$，要求学生找出未知数。解法是要将 9 减去 4。在这种情况下，孩子们要进行减法运算，但这并不是单调的重复，在这里做减法是为学习新的知识埋下了伏笔。学生做了这种减法能深入地理解加减法的关系。

另一种性质的作业也是要达到同样的目的。要求学生改变 $5+4=9$ 这个式子，使其中保留原有的这些数字，但不出现“+”号而是用“−”号。在这里又一次出现了 $9-4=5$ 的减法，但事情还不是到此为止，因为作业要求的是作出两种不同的改变。这就是说，孩子们还要把这个式子写成另一种样子：$9-5=4$。

许多作业都为认识数与数之间相应的依从关系、四则运算之间的联系提供了依据。例如，上述作业就是如此。做这个作业不要归结为叫学生写出两个式子而是要学生记住加减项的名称，例如，5 和 4 都是加数，9 是和。当将 9 减去 4 的时候，我们是用两个加数的和以及其中的一个加数，来求另一个加数。减法是加法的逆运算。

应当建议学生按上述例子编制一些其他的加法例题。在编好例题并经检查无误之后，教师要求学生将这些例题按同样格式进行改造，即要求保留原来的各个数字，但不出现“+”号而用“−”号。教师从学生编制的例题选一些不同的例子写到黑板上。大致可以写出这样一些式子：

$3+2=5$，$5-2=3$；

$6+1=7$，$7-1=6$；

$4+5=9$，$9-5=4$；

……

学生们对写着的每一行式子进行对照，对各行式子也进行对照，在这里就得出一个新的要点：“减法是加法的逆运算”。这就是说，加法和减法的关系可以用式子来表示：$A+B=C$，$C-B=A$。

由此可见，学生所重复的是过去学过的东西，但这不是机械地复习已知的东西，而是通过编制例题，通过观察它们之间的关系，以做新的作业来复习已知的东西。在学生学“10 以内的加减法”时就让其掌握加减法之间的关系，并学习用拉丁字母“X”表示不知道的数。这充分反映了“高难度”的教学原则。以做新作业的方式来复习已知的东西，实际上就是“高速度”的教学原则。

（二）巴班斯基的教学最优化理论

巴班斯基用整体性观点来分析教学过程的结构。他认为，完整的教学过程因素是社会方面的因素、心理方面的因素、控制方面的因素的统一。他创造性地把人们分别提出过的问题有机地交织成一个系统整体，完整地提出了一个包含基本环节、教学原则、教学过程规律性以及教学方法的教学体系，为有效处理各因素间相互关系，指导最优化的教

① 赞科夫. 教学论与生活[M]. 俞翔辉，杜殿坤，译. 北京：教育科学出版社，2001：72-74.

学策略选择提供了充分的依据。

尤·克·巴班斯基(1927—1987),苏联当代著名教育家、教学论专家,曾为苏联教育科学院院士、副院长。1927年1月7日生于罗斯托夫州"五一"村的一个农民家庭。1973年获教育科学博士学位,1974年被选为苏联教育科学院正式院士。1979年担任苏联教育科学院副院长,直至1987年8月9日因心脏病突发猝然去世。巴班斯基一生著述颇丰,达三百多部。其中著名的有:《教学过程最优化(预防学生成绩不良问题)》(1972)、《教学过程最优化(一般教学论问题)》(1977)、《论教学过程最优化》(1982)、《教学过程最优化问答》(1982,与M. M. 波塔什尼夫合著)、《教育学》(1983)等。

1. *教学原理*

巴班斯基将一生的主要精力和时间都花在了教学过程最优化的研究上。1972年,他在总结顿河—罗斯托夫地区克服大面积留级现象的先进经验及对各种教学论进行综合研究的基础上,出版了《教学过程最优化(预防学生成绩不良问题)》一书,探讨教学过程最优化理论。此后,他会同有关部门在学校进行了4年的教学实验,1977年又出版了另一本著作《教学过程最优化(一般教学论问题)》。从1978年起,他先后在《国民教育》、《苏维埃教育学》等杂志上发表了十多篇论文,全面而具体地阐述了他的教学论思想。1982年,他与苏联教育科学院的M. M. 波塔什尼夫合著并出版了《教学过程最优化问答》一书,系统论述了普通学校教学过程最优化问题。巴班斯基以辩证的系统方法和真理的具体性原理来研究教育现象,创建了自己的教育理论。他从理论上对教学和教学过程作了区分,认为教学是由师生、条件和教学过程组成,而教学过程又包括结构和环节两个方面的内容,其中结构是由多种要素构成的。将优化思想运用于教育是巴班斯基的创造,它包括两个方面的内容:教育过程最优化和教学过程最优化。其中教学过程最优化体系最完备,更具有独创性,堪称巴班斯基教育教学思想的核心。

(1) 教学过程最优化及其结构

"最优化不是什么特别的教学法或教学手段,而是在教学规律和教学原则基础上,教师对教育过程的一种目标的明确安排,是教师有意识的、有科学根据的一种选择(而不是自发的、偶然的选择),是最好的、最适合于该具体条件的课堂教学和整个教学过程的安排方案。"①也就是说,教学过程最优化是指选择并实施一种教学方案,它能使师生在花费最少的必要时间和精力的情况下取得最好的教学效果。具体而言,教学过程最优化有两项基本的标准,即效果和耗费。对此,巴班斯基有明确的论述:"当代学校教学教育过程最优化,就是指所选择的教学教育过程的方法,可以使师生耗费最少的必要时间和精力而收到最佳的效果。"②

要实现教学过程的最优化,关键在于合理地组织教学过程,而其前提是要弄清楚教学过程的结构。巴班斯基对教学过程结构的分析是以马克思对人的劳动过程的论述为基础的。马克思曾说过这样一段话:"劳动过程结束时得到的结果,在这个过程开始时就已经在劳动者的表象中存在着,即已经观念地存在着,他不仅使自然物发生形式变化,同时他还在自然物中实现自己的目的,这个目的是他所知道的,是作为规律决定着他的活动方式和方法的,他必须使他的意志服从这个目的,但是这种服从不是孤立的行为。除

① 巴班斯基,波塔什尼克. 教育过程最优化问答[M]. 李玉兰,译. 北京:北京师范大学出版社,1988:1.
② 同上。

了从事劳动的那些器官紧张之外，在整个劳动时间内还需要有作为注意力表现出来的有目的的意志，而且，劳动的内容及其方式和方法越是不能吸引劳动者，劳动者越是不能把劳动当做他自己体力和智力的活动来享受，就越需要这意志。”[①]巴班斯基认为，马克思的分析“是对活动最全面和最完整的解释”，它表明任何活动都是“社会、心理和控制三个方面的统一”。据此他认为，教学过程也是社会、心理和控制的统一，其中社会因素包括目的和内容，代表着社会向学校提出的要求；心理因素包括动机、意志与情感，它们是师生在教学过程中的表现；控制因素包括计划、组织与协调，这主要是教师的教学管理行为。教学过程最优化就是社会、心理与控制因素统一的最佳方案。

(2) 教学职能的整体性

教学最优化原理要求教师要对教学职能有整体的了解，要把每节课的教学任务最合理地组织起来，并突出其中最主要的、占主导地位的任务。巴班斯基同意赞科夫的理论，认为教学应该综合地解决发展问题，而不能只关注知识的掌握和智力的发展。他认为，教学有三方面的职能：教养职能、教育职能和发展职能。教养职能就是让学生掌握各种社会的、政治的、人文科学方面的、自然科学方面的、数学方面的、劳动、技术和其他方面的基础知识，培养他们各学科的专门技能。这一职能为学生科学世界观的形成奠定了基础。教育职能包括学生的思想政治教育、道德教育、劳动教育、美育和体育等。这一职能对学生科学世界观和积极人生态度的形成产生重大影响。发展职能主要是培养学习活动的技能技巧，培养知觉、注意、记忆、思维技能技巧，培养人的意志和情感，发展他们的兴趣、能力和禀赋。这一职能有助于学生一般能力的发展。

三项职能是紧密联系在一起的，具有整体性。在制订课堂教学计划和课外教学计划时，教师要将教养职能、教育职能和发展职能紧密地结合在一起，不能只顾其一不顾其二。教师在制订教学计划时，要将这三个方面统一起来，使教学任务具有全面性。此外，教师还要考虑三者之间的联系，因为不懂三者之间的关系，就无法真正将三种职能统一在教学过程之中，也无法达到教学过程最优化的效果。当然，并不要求每一个教学过程、每一节课能同时完成这三项职能。“实践令人信服地表明，在实现不同方面的教学与教育任务时，并非总是都能解决与个人心理、生理发育（智力的、意志的、情感的、动因、需要、兴趣范围等）有关的问题，因此教师应着重注意智力（例如思维、脑力劳动的能力：分析、综合、比较、总结、分类等）、意志、情感、认知兴趣、动因、需要等发展的任务。”[②]也就是说，在具体的教学过程中，教师可以侧重于某些发展任务。此外，巴班斯基还认为，教师可以在几节课上，在一组课上，甚至在一个专题的教学中组织同样的一些发展任务，因为学生的发展要比教育教学过程慢得多。

(3) 优选教学内容

教学内容的现代化是世界各国教育改革的一个重要议题，苏联在这方面也做了许多努力。在 20 世纪六七十年代，苏联更新了教学内容，把最新的科技成果纳入新教材，其广度和深度都处于世界教学水平的前列。然而，由于对教学内容现代化的标准和具体途径研究不够，致使教学内容过于庞杂，导致学生课业负担过重。20 世纪 80 年代初，苏联再次对教学内容进行调整和完善，重新编写新教材。巴班斯基从教学过程最优化的角度

① 马克思，恩格斯. 马克思恩格斯全集[M]. 第 23 卷. 北京：人民出版社，1972：189.

② 巴班斯基，波塔什尼克. 教育过程最优化问答[M]. 李玉兰，译. 北京：北京师范大学出版社，1988：58.

提出了他自己的看法，认为教学大纲和教科书所体现的教学内容最优化的标准有六条：[1]一是教学内容的完整性标准。它要求内容应反映社会主义社会对人才全面和谐发展的需要，应反映现代科学、生产、社会生活和文化的各个方面。二是教学内容诸组成部分的科学价值和实践价值的标准。它要求应划出教学内容中最有科学价值和实践价值的最主要、最本质的成分。三是教学内容符合学生年龄可能性的标准。四是教学内容符合用于学习该材料的法定时间的标准。五是教学内容符合这方面的国际经验的标准。六是教学内容符合当前教师的实际可能性和学校现有的教学物质基础的标准。巴班斯基认为，在选择教学内容时如果考虑到了这些标准并遵守它们的先后顺序，不仅能保证教学内容的完整性，而且能保证消除那些引起学生过重负担的复杂材料和次要材料。

如果国家教材贯彻了上述教学内容最优化的六条原则，在实际教学时是不是可以按部就班地进行教学就行了呢？巴班斯基指出，在具体教学过程中，教师还需要对教学内容进行优选，以具体落实教学内容的最优化。具体而言，在具体教学过程中，应采取以下四条措施来进一步优选教学内容：一是突出最主要、最本质的教学内容，因为只有这样才能节省课堂教学时间和提高教学质量，避免学生学习负担过重；二是教师要用新的科学材料补充、更新教材中陈旧的事实、实例，因为教材中的内容永远存在过时的问题；三是必须运用对于该校来说是最迫切的、综合技术的、地方志的、职业定向的材料和其他材料、实例、练习来补充教材，因为国家统编的教材不一定适合于该校；四是要让各学科相互协调，否则就会产生一系列降低教学效率并导致花费过多的不良现象。

(4) 教学规律和教学原则体系

关于教学规律与教学原则，巴班斯基的观点比前人更深入、更系统。在此，有三点需要说明：[2]第一，他坚持事物等第联系的观点，认为教学规律高于教学原则，原则是由规律派生的。巴班斯基认为，在苏联已有的诸多教学论著中，对教学原则的论述与重视超过了教学规律，并且对教学规律与教学原则之间的关系未加分析。第二，他运用系统结构的方法来研究教学规律与教学原则体系。而在苏联的许多教学论著中，虽然列举了许多教学规律与教学原则，但并未按一定的逻辑进行分析，未能形成一个体系。第三，他依据活动的观点，对教学设计、教学实施、教学评价等各阶段都提出了原则性要求，使整个教学过程都有原则可循。而在以前的教学论著中，教学原则的列举带有任意性和偶然性，显得杂乱无章。

巴班斯基运用系统结构法研究了教学过程与教学以外的社会制度，以及教学过程本身的各成分(任务、内容、方法、形式)之间存在的必然的、本质的联系，从而得出九条教学规律：第一，教学过程受制于广泛的社会进程和社会主义社会的需要。由此可引申出教学的科学性、教学与生活实践相联的原则。第二，教学过程与包括在完整的教育过程中的教养、教育和发展过程相联系。由此可引申出相互联系地解决教养、教育和发展任务为目的的教学方向性原则。第三，教学过程取决于学生的实际学习能力。由此可引申出量力性原则(可接受性原则)。第四，教学过程取决于其进行的外部条件。由此可引申出为教学创造必要条件的原则。第五，教与学的过程在完整的教学过程中是相互联系的。由此可引申出教师指导下学生的自觉性和积极性原则。第六，教养内容取决于教学内

① 毕淑芝，王义高. 当代外国教育思想研究[M]. 北京：人民教育出版社，2002：178.
② 同上书，第172页。

容，它反映了社会的需要、科学发展水平和逻辑性、学生实际的学习能力以及教学条件。由此可引申出教学的方向性、教学与生活相联系的原则，也可引申出教学的科学性、量力性、系统性和顺序性等原则。第七，激发、组织和检查学习活动的方法和手段取决于教学的任务和内容，也取决于教学目的。由此可引申出教学的直观性原则，根据教学的任务与内容配合各种教学方法的原则。第八，教学组织形式取决于教学任务、内容和方法。由此可引申出根据教学的任务、内容和方法配合各种教学形式的原则。第九，教学过程的所有成分间的相互联系能保证取得巩固的、有意识而积极的教学效果。这一规律能将前八条规律结合成一个体系。由此可引申出教养、教育和发展三方面教学成果的巩固性、效用性原则。概括起来，巴班斯基提出了十大教学原则，这十条原则也可以从以上九条教学规律中引申出来：教学的目的性原则，教学的科学性以及与生活实践相联系的原则，教学的系统性、连贯性原则，教学的量力性原则，激发学生正确的学习态度、认识兴趣、未知需要的原则，教师指导下学生的积极性、自觉性、独立性原则，各种教学方法和教学手段最优结合的原则，各种教学形式最优结合的原则，为教学创造最优条件的原则，教学成果的巩固性和效用性原则。

需要指出的是，虽然教学原则是由教学规律派生出来的，但二者并不存在一一对应的关系。某一教学规律可能衍生出一条教学原则，也可能衍生出多条教学原则；同样，某一教学原则可以由一条教学规律衍生出来，也可以由其他的多条教学原则衍生出来。总之，教学原则本身也构成一个体系，在运用它们时，不能够厚此薄彼，不能够绝对化，应该综合地、最优地加以运用。

(5) 综合运用各种教学组织形式

巴班斯基深入研究了各种教学组织形式的优缺点，并强调要根据实际情况灵活选用。他指出，全班教学形式的优点在于，教师能同时指导全班学生，对全班学生理解教材、系统复习和巩固知识进行积极的管理，与小组、个别教学形式相比，教师比较省力，还可以促进集体意识的形成。其缺点是不能充分考虑每个学生的个性特点、学习速度及他们的预习水平，学生之间的交往很薄弱。小组教学能够考虑不同学生的需求，能够协调学生的活动并组织他们进行相互监督，学生能最大限度地表达自己的创造精神、思想和愿望；能够提高学生的学习兴趣。其不足之处是过多的使用会把教学的重担压在学生身上，教师若经常使用就难以使学生处于紧张状态，而这是学生掌握知识、技能、技巧必须的，另外用这种方法学习新教材比较慢。个别教学能考虑每个学生的特点，它能实现最大限度的因材施教。其缺点是需要教师花费大量的精力和时间，所以教师在保障一个学生获得良好发展的同时会降低其他学生的学习质量。正因为每种教学组织形式都有自己的优点和弱点，故教师应有意识地选择适合该班特点的各种教学组织形式，将若干最好的教学组织形式结合使用，而不是总是使用某一种教学组织形式，这样才能达到教学过程最优化。

在综合运用各种教学组织形式的同时，巴班斯基还特别强调区别教学。区别教学，“应当不是简化教养内容，而是教师对学生进行有区别帮助。为了在学习上给学生有区别的帮助，已经编制了许多分发用的教学材料、卡片以及某些课题的答案纲要。但是生活还要求这些东西更加多样化，以便教师能及时地辅导在解决某种类型问题方面发生困难的学生。”[①]之所以要进行区别教学，是因为人们在素质基础、记忆类型、感知世界的方式、思维的主要特征等方面各不相同。此外，学生的生活经验、所处的环境、以前的成绩等也不相同。要想使每个学生得到最大限度的发展，就必须进行有区别的教学。进行有区别的教学，要求必须将全班教学、小组教学和个别教学结合进来。进行有区别的教学有三个方面的基本要求：一是必须使全体自然禀赋健全的儿童按统一的教学大纲接受中等教育，如果愿意的话还可以继续深造；二是必须采用特殊的方法来对待成绩优异的学生，教师要为他们提出发展建议，要为他们组织选修小组；三是必须逐步减少对学生的帮助，以免有些学生养成依赖心理，以培养他们的自觉能力和克服困难的毅力。

(6) 优选教学方法

选择最优的教学方法，乃是教学过程最优化的关键之一。巴班斯基按教学活动的组织、刺激、检查三个方面，把教学方法分为三大类：组织学习—认识活动的方法、刺激学习—认识活动的方法和检查学习—认识活动的方法。每一类方法又分为若干具体的方法。组织学习—认识活动的方法有四种：第一，感知法，包括口述法(讲述、讲演、谈话等)、直观法(演示、图示等)、实践法(练习、试验、教学生产劳动等)。第二，逻辑法，包括归纳法、演绎法、综合法、分析法。第三，求知法，包括再现法、探索法(局部探索法和研究法)。第四，控制法，包括教师指导下学生学习活动的方法、学生独立学习的方法。刺激学习—认识活动的方法有两种：第一，激发学习兴趣的方法，包括认识性游戏法、教学讨论、创设道德—情绪体验情境、创设引人入胜的情境、创设统觉的情境、创设认识新奇事物的情境。第二，激发学习义务感和责任感的方法，包括使学生明确学习意义、提出相关要求、完成一定要求的练习、鼓励学习上的优点、责备学习上的缺点。检查学习—认识活动的方法有三种：第一，口头检查法，包括个别提问、全班提问、口头考试、考查、程序性检查提问。第二，书面检查法，包括书面测验、书面考查、书面考试、程序性书面作业。第三，实验室和实际操作检查法，包括实验室测验作业、机器检测法。巴班斯基还指出，每一种方法都有其缺点、适用条件和范围，不存在普遍通用的万能方法。

巴班斯基认为，优选教学方法时要注意以下几个问题：一是教学方法具有多样性，要合理地组合运用。不能将丰富多彩的方法简化为几种有限的方法。教学方法的组合运用不仅表现在同一类方法之间，而且也表现在不同方法之间。二是要了解每一种教学方法的性能，每一种教学方法都是为一定的教学目的、内容服务的。“对于一套最优的教学方法的了解，总是很具体的。在一定条件下适用而有效的方法，在另一条件下，对另一课题和另一形式的教学工作可能完全不适用。”[②]同时，还必须认识到，每一种教学方法都有各自的优缺点，只有各种方法组合运用，才能实现教学方法的最大教学效果。三是要从教学任务、学生和教师实际情况出发选择最佳的教学方法。只有充分考虑到了教学的外部条件，才能为教学选择最佳的方法，以最大限度地完成教学任务。

(7) 教学效率的评价

前文已述，教学最优化有两条标准，即效果和时间。对于教学效果的评价，巴班斯基认为应注意以下三个方面的问题：一是评价要全面，即要从教养、教育和发展三个方面来衡量，而不是单从学习成绩一个方面来衡量。二是评价效果应以国家提出的任务为依据

---

① 巴班斯基.论教学过程最优化[M].吴文侃，等译.北京：教育科学出版社，1982：172.

② 同上书，第90页。

来进行。三是效果评价要看具体条件和实际可能性，即要视每个学校、班级、教师和学生的具体情况而定，比如，差生达到“及格”就算最优化，而优等生达到“良好”不算是最优化。同样，条件好的学校与条件差的学校达到最优化的标准是不一样的。对于教学标准，巴班斯基认为，教师和学生应遵守学校卫生学和相应文件规定的课堂教学和家庭作业时间定额，因为超过了规定的时间，就会影响学生的身体健康，进而影响学习成绩和发展水平。巴班斯基认为，对于教师而言，最优的工作时间是每日六小时(不包括社会工作时间)；对于学生而言，计算时间消耗不能形式主义地将优等生和差生所消耗的时间平均计算，要体现出区别对待的教学思想。

对于一堂课，巴班斯基认为应从以下六个方面进行评价：教学原则贯彻情况，课堂教学的任务和结构，分析课堂教学的内容，评价教学方法、方式和手段的选择，分析培养一般学习技能技巧的活动，分析教师所选择的教学组织形式。

2. *在教学中的应用*

(1) 优选教学方法：教学方法一定要适合具体情境

选择教学方法，不能与选择一堂课或某一专题若干堂课教学过程结构的整个程序分开。因此，在选择教学方法之前，要先决定课堂的教学和教育任务，把教材内容具体化，从中找出主要和基本成分，将教材划分为逻辑上完整的几部分，确定教育工作将要采取的基本形式。然后才开始着手选择在学习教材的每一个阶段的方法，使之最好地结合起来。下面以八年级物理课上学习“静力学”一章的过程为例，来说明教学方法的选择。

案例3-3①

大纲规定这一专题的学习共计八堂课。

第一堂课学习“静力学的概念·不转动物体的平衡”。确定课堂教学的基本任务后，教师就选择教学方法。首先，教师断定这部分教学内容要让学生在课堂上独立学习是困难的，因此教师决定采取在教师指导下组织独立学习的办法来学习新教材。其次，在对教科书的内容及学生的能力进行分析后表明，学生在解决了教师用演绎法讲授新课时所设置的问题之后，他们能够得出关于物体平衡的一系列原理和结论。这就决定了在课堂上主要采用探索法与演绎法相结合的方法进行教学(从概述作用于该物体的多种力的总和开始，到做物体平衡的个别类型的习题为止)。最后，教师具体地挑选教学方法，并作出结论：上课时最好采用问题讲述和问题谈话，但这种讲述与谈话要以学生对牛顿定律的了解为依据。综合运用选定的教学方法，可以使教师讲清楚不转动物体的平衡条件等必要知识；促进他们思维的发展，提高分辨主要问题的能力，作出演绎推断的能力以及克服认识困难的能力。由此可见，在选择教学方法时，对课堂教学任务、教材内容的特点、学生的能力以及教师本身的能力都曾有所考虑。

第二堂课是要做有关不转动物体的平衡的习题。教师重新分析教材内容和学生的程度后得出结论，认为必须在其指导下而不能让学生独自去解习题，因为习题原则上都是新的，而且也很复杂。其中一个习题可以用探索法解决(支撑架的平衡)，而另一个习题则可在复习的基础上，用平衡的一般定理来解决，即用复现法解决(斜面的习题)。

① 巴班斯基.论教学过程最优化[M].吴文侃，等译.北京：教育科学出版社，2001：98-100.

在课堂上运用演绎法，即从静力学的一般定理去分析习题里所列的具体生活情景，是很合理的。从演绎法叙述教材所具有的特点及学生的能力来看，恰好可以作出这样的选择。在解题过程中，教师还决定采用与学生谈话和在黑板上做略图的方法，但是考虑到八年级两个班的不同特点，教学方法的选择必须做些修正。在第一个班里，原有的物理学习基础较好，可以在教师的监督下组织学生在练习本上解习题，可是在另一个基础较差的班里，就要集体在黑板上解出第一个习题来，以便帮助学生熟悉同样类型的习题在解题时所用的一般方法。

第三堂课的题目是"带固定轴的物体的平衡·旋转力矩/力矩定理"。首先，教师以同样的方法进行思考，又选择了在他的指导下学习教材的方法(教材的篇幅很大，逻辑上完整，因而需要用整整一堂课的时间来学习)。其次，教师决定在基础较好的班里采用演绎法进行学习，而在基础较差的班里则采用归纳法，从杠杆平衡的个别情况讲起。在这一堂课上，教师决定用复现法来组织学习，因为教材里包括很多需要教师讲解的新概念(旋转力矩、力臂、力矩定理、旋转力矩的米制单位)，在课堂上宜采用教师讲述与学生谈话相结合，在黑板上绘图与演示实验结合等方法。教师决定用全面提问的方法检查学生知识掌握的程度。

第四堂课，是"说明杠杆平衡的条件"的实验活动。在第一个基础较好的班里，决定采取探索法；在第二个基础较差的班里，决定采用复现法，也就是让学生重复教师在演示台上做过的动作。自然，这堂课基本上是以实践方法进行的，这也是实验活动本身的特点。

第五堂课，是关于"物体平衡的稳定性"的问题。根据教师的意见，这一课题的内容比较容易懂，可以组织学生独立编写当堂应掌握的教材内容的提纲来进行学习。决定用集体讨论学生所拟定的提纲和全面提问的方法，来检查学生掌握教材的情况。

第六堂课，是"判断平面物体的重心"的问题。在两个班里都采用探索性的独立实验活动形式来上课。检查工作是通过抽查个别学生的实验做得是否正确的办法来进行。

第七堂课，是解习题和看静力学的总结性幻灯片。

第八堂课，是以考查的形式进行的，其中包括：解习题、回答教学资料中有关这一专题的考查题。此外，考查中还有找各种形状的物体的重心的实际实验题。这样，在这堂课的进行过程中，既把书面考查和实验性的实际考查结合起来，又检查了知识和技能的掌握情况。

本案例是巴班斯基专著中的一个典型案例。案例中，教师不仅对内容进行充分分析和分解，针对不同内容选用不同方法，而且十分注重根据学生的不同实际选择有针对性的方法，每一种教学方法的运用都不是孤立的，而是在特定教学背景下的合理选择。

(2) 有效教学：教学过程最优化的深化

近年来，"有效教学"这一概念非常流行，国内外许多研究者都在进行探索，还有许多学校以及教师开展了实践探索。仔细分析，"有效教学"与巴班斯基的教学过程最优化思想是一致的，某种程度上可视为巴班斯基思想的延伸。

一般认为，有效教学指教师遵循教学活动的客观规律，以尽可能少的时间、精力和物力投入，取得尽可能大的教学效果，从而实现特定的教学目标，满足社会和个人的教育价值需求。具体来说，教学的有效性包括如下三重意蕴：一是有效果，指对教学活动结果与预期教学目标的吻合程度的评价。二是有效率，教学活动本身是一种精神性生产活动，沿用经济学概念，可将教学效率表述为"教学效率＝教学产出(效果)/教学投入"或"教学效率＝有效教学时间/实际教学时间＊100％"。三是有效益，指教学活动的收益、教学活动价值的实现，是教学目标与特定的社会和个人的教育需求是否吻合及吻合程度的评价。有效教学的基本理念包括以下几个方面。[1]

第一，有效教学关注学生的进步和发展。首先，要求教师有“对象”意识，教学不是唱独角戏，离开“学”，就无所谓“教”，也就是说，教师必须确立学生的主体地位，树立“一切为了学生的发展”的思想。其次，要求教师有“全人”的概念，学生的发展是全人的发展，而不是某一方面(如智育)或某一学科(如英语、数学等)的发展。教师千万不能过高地估计自己学科的价值，也不能把学科价值定位在本学科上，而应定位在对一个完整的人的发展上。

第二，有效教学关注教学效益，要求教师有时间与效益的观念。教师在教学时既不能跟着感觉走，也不能简单地把“效益”理解为“花最少的时间教最多的内容”。教学效益不同于生产效益，它不是取决于教师教多少内容，而是取决于对单位时间内学生的学习结果与学习过程的综合考虑。

第三，有效教学更多地关注可测性或量化。如教学目标尽可能明确、具体，以便于检验教师的工作效益，但是，并不能简单地说量化就是好的、科学的。有效教学既要反对拒绝量化，又要反对过于量化。应该科学地对待定量与定性、过程与结果的结合，全面地反映学生的学业成就与教师的工作表现。

第四，有效教学需要教师具备一种反思的意识。要求每一个教师不断地反思自己的日常教学行为，持续地追问：“什么样的教学才是有效的?”“我的教学有效吗?”“有没有比我更有效的教学?”

第五，有效教学也是一套策略。所谓“策略”，就是指教师为实现教学目标或教学意图而采用的一系列具体的问题解决行为方式。教学的每个阶段都有一系列的策略。有效教学需要教师掌握有关的策略性的知识，并不要求教师掌握每一项技能，以便自己面对具体的情境作出决策。

下面是一位小学数学教师为学生设计的练习，是为有效教学设计的，但也体现了巴班斯基的区别教学的思想。

案例3-4[2]

练习设计要有梯度，为学生提供思维及想象的阶梯。学生认识事物总是要经历从简单到复杂的发展过程。同时，学生的素质不可能是一致的，有的接受能力强，有的接受能力弱，因此在设计练习时应有梯度，有阶梯性。在设计时要逐步提高对练习的要求，让学生逐步深化认识，逐级提高学习水平，这样做不仅有利于学生边练边学，学练结合，还能更好地发挥知识的迁移功能，促使学生提高探索知识的能力。

例如，在教授运用乘法分配律进行简便运算时，设计了以下几组题：

(1) $25\times(2+40)$

$(78+35)\times30$

第一组题让学生顺着公式进行分配计算，熟悉公式的意义。

---

① 崔允漷.有效教学:理念与策略(上)[J].人民教育，2001(6).

② 杨美华.小学数学有效教学的实践与思考[J].上海教育，2008(13).

(2) $45\times7+7\times55$

$33\times87+33\times13$

第二组题让学生通过练习，学会把相同的乘数提出来，逆向理解分配律的含义。

(3) $99\times65+65$

$201\times45-45$

这是第二组题的变式，让学生结合乘法的含义来理解，99 个 65 再加 1 个 65，所以可以写成 $99\times65+65\times1=(99+1)\times65$。

(4) $78\times3+78+96\times78$

$=78\times3+78\times1+96\times78$

$=78\times(3+1+96)$

$=78\times100$

$=7800$

$54+45+36+27+18$

$=6\times9+5\times9+4\times9+3\times9+2\times9$

$=(6+5+4+3+2)\times9$

$=20\times9$

$=180$

第四组题就让学生充分发挥，寻找合适的方法，在提高中巩固知识。

教学时应设计一些富有变化和能发展学生思维的练习，面向全体，让优等生能永不满足地探索研究，让学习有困难的学生也能感受成功的快乐，收到较好的效果。

本案例中，教师为不同的学生设计了不同层次的练习，并且十分强调练习之间的难度递进关系。另外，从易到难的变式练习设计紧紧围绕知识点展开，但又不囿于教材限制，在学生理解的范围内使教学难度最大化，做到了“花最少的时间教最多的内容”，是对有效教学理念的一个很好诠释。

二、课程理论：布鲁纳

布鲁纳(Jerome Seymour Bruner，1915—　)，美国教育心理学家和教育家，结构主义教育思想的代表人物之一，出生于纽约。1937 年获杜克大学学士学位。1938 年转哈佛大学主修心理学，1941 年获哲学博士学位。20 世纪 60 年代初期，积极参加美国教育改革的领导和指导工作。1960 年协助建立哈佛大学认知研究中心，并任主任。1965 年被选为美国心理学会主席。1972 年至 1980 年任英国牛津大学瓦茨实验心理学教授。1980 年返回美国任纽约大学人文学科新学院院长。布鲁纳的成名之作是《教育过程》一书，该书的中心问题是教育课程的编制中如何通过有效地组织教学内容，促进学生的智力发展。他是围绕课程改革的中心论题阐述教学理论的，因此，他的教学理论又被称为结构课程论。[①] 可以说，布鲁纳掀起了一场以学科结构为基本点的课程改革运动。

(一) 教学原理

布鲁纳教学理论中的两个核心概念是知识结构和发现学习。知识结构是布鲁纳提

① 巨瑛梅，刘旭东. 当代国外教学理论[M]. 北京：教育科学出版社，2004：31.

出发现学习的理论来源之一,发现学习则是知识结构概念在教学中应用的重要形式。

1. 知识结构的内涵

布鲁纳继承和发展了皮亚杰结构主义学派的基本观点。他认为,任何一门学科都有一个基本结构。所谓基本,是指一个概念或原理具有广泛地适用于新情况的能力,它是进一步获得和增长新知识的基础;所谓结构,则是指该学科的基本概念、基本原理以及它们之间的联系。

布鲁纳认为,人们在知觉和认识世界的过程中,采用三种方式来再现知识结构。

第一,动作性表征。即通过作用于事物的一组动作,来认识和学习表征事物。

第二,映像性表征。即通过一组简略的意象或者图像,来表现他们所认识的事物。这些表征与其所知觉的事物的关系,很像照片与现实的关系,所以被称为映像性表征。

第三,符号性表征。即通过一组符号或者逻辑命题来表征世界的一种方式。这些符号既不必是直接的事物,也不必是现实世界的复制,而可以是抽象的、任意的。其中最重要的一种符号就是语言。

布鲁纳的知识结构理论对教学最有意义之处,还在于他相信当人们达到符号性表征阶段的时候,仍然会极大地利用动作性表征和映像性表征,特别是当他们研究某种新事物的时候。比如当你刚开始学习组装一台台式电脑的时候,可能你必须连续做几次,一直到你对这个过程有一个很好的心理表征时为止。在这个过程中,你可能利用你的动作性表征来熟悉某个操作步骤,也可能研究了安装计算机的图解,利用了你的映像性表征,而最终形成的心理表征很可能是符号性的。

布鲁纳指出,教材应采用最佳的方式组织起来,形成理想的知识结构。他强调,任何知识结构都应该注意三个方面:知识结构的再现形式、知识结构的经济原则和知识结构的有效力量。即知识结构的再现形式必须与不同年龄学习者的表征系统特点相适应;要对知识进行合理的简化,达到最经济地表征知识的要求,便于学习者记忆和再现;知识结构自身的适用性要强,有利于知识的迁移。总而言之,教学中的最佳知识结构是相对于一定的学习者的学习有效性和经济性而言的。理想的知识结构是相对的,而不是绝对的。

2. 知识结构的重要性

布鲁纳认为,知识总是有结构的,是人们对客观事物构造的一种主观模式。合理的知识在于其结构能与客观事物相符,能很好地说明事物。他强调,无论教什么学科,务必使学生理解该学科的基本结构,也就是该学科的基本概念、基本原理以及它们之间的关联。

布鲁纳从以下四个方面论述了学习学科的基本结构的必要性。

第一,懂得基本原理使得学科更容易理解。不仅在物理、数学等学科是这样,在社会学科和文学中也完全是这样。

第二,结构化的知识更容易记忆和保存。他指出"获得的知识,如果没有完满的结构把它连在一起,那是一种多半会被遗忘的知识。一串不连贯的论据在记忆中仅有短促得可怜的寿命","学习普遍的或基本的原理的目的,就在于保证记忆不会全部丧失,而遗留下来的东西将使我们在需要的时候把一件件事情重新构思起来"。

第三,领会基本原理和观念是达到训练迁移的重要方法。他认为,基本的原理和结构是迁移的基础。把事物作为更普遍事情的特例去理解,不仅学习了特定的事物,还学习到了适合于理解其他类似事物的一种模式。

第四,对教材结构和基本原理的理解,能够缩小知识之间的间隙。他主张在一门课程的教学过程中,应该反复地回到那些基本概念,直到学生掌握了与这些基本概念相伴随的完全形式的体系为止。

布鲁纳认为,知识的相互联系体现在知识的整体性和层次性两个方面。从知识的整体性来看,任何学科的知识都是充满联系的有机整体,是一种经纬交织的知识网络。学习内容一旦被纳入这种知识结构,便会容易学习,也易于深化理解和记忆。从知识的层次性来看,由于学科知识在观念的抽象性、包摄性和概括性程度上的不同,因而也会呈现出类似金字塔形的结构。处在塔顶的是学科领域中的核心概念,这些核心概念是具体知识的基础,具体知识则是核心概念的特例。布鲁纳认为,教学中应该反复地回到这些基本概念,直到学生掌握了与这些基本概念相关联的完整知识体系为止。

3. 发现学习

(1) 发现学习的教学模式

发现学习就是要求学生在教师的指导下,能像科学家那样,通过自己的探索去"发现"事物变化的因果关系及其内在联系,形成概念,获得原理。具体而言,发现学习一般遵循以下几个步骤。

第一,带着问题观察具体事实。首先,由教师提出问题或建立问题情境。发现学习原则上是以掌握学科基本结构为内容的,因此教师必须精选教材,从中提炼出最基本的结构,并转化为一定的问题呈现给学生。其次,在这个环节中,教师一方面要通过演示活动把组成一般原理的基本因素展示给学生,供他们仔细观察;另一方面,还要组织学生在观察的基础上进一步认清问题。

第二,建立假设。在演示和组织提问的过程中,教师要充分向学生展示教材中的对比因素。在寻求答案的过程中提出假设,揭示各种可能。这个环节,教师要注意使学生了解各种可供选择的方法和不同的观点,诱发学生探索的积极性。

第三,形成抽象概念。组织学生针对自身在情境中的发现以及提出的假设,进行讨论和求证,并得出结论。通过这个过程,帮助学生提取问题和案例中所隐含的一般原理或概念。

第四,把学到的知识转化为能力。将学到的概念、原理"应用"到新的情境中去,这也是检验和评价所获得的概念、原理等知识的准确性、有效性的一个过程,同时也是提高学生运用知识分析解决问题能力的过程。

(2) 发现学习的意义

布鲁纳主张采用发现学习来实现其结构课程目标。布鲁纳在其《发现的行为》一文中,论述了通过发现学习,可能获得四方面的益处。

第一,更充分地开发和利用人的智慧潜力。他通过四年时间对70名在校儿童的一系列认知实验研究论证了这一观点。

第二,促使学习由外在动机向内在动机转换。他认为,发现学习在强化内在动机方面具有明显优势。靠教师奖赏或者对失败的惩罚等方法达到"出类拔萃"的儿童,在分析问题的能力方面反而比不谋求过高成绩的儿童要低。

第三，培养儿童学会发现的试探法。布鲁纳认为通过练习解决问题才能学会发现。一个人越具有实践经验，就越能把学习所得归纳和转变成一种解决问题的方式。

第四，有助于记忆的保持。亲自查明或发现的事物特性，必然具有促进记忆的效果。与此同时，如果能将这个信息适当地嵌入一个已经构成的认知结构中，会更有利于知识的检索和保持记忆。

(二) 在教学中的应用

布鲁纳有一个被多次引用的教学实例，一直被视为“发现学习”的经典案例。

案例3-5[①]

教学任务是引导学生发现二次方程式的因式分解的规律。实验教学中首先让学生熟悉扁平的积木块，学生可以玩弄这些积木，以获得知觉经验。大的正方形的边长用 x 表示；长方形的长为 x，宽为 1；小正方形的边长为 1，如图 3-1 所示。

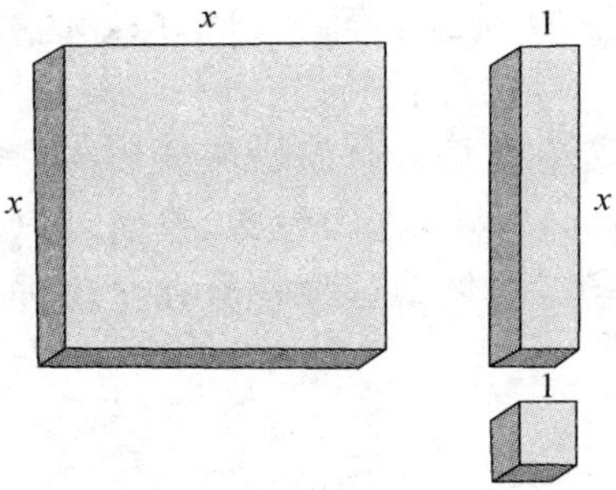

图 3-1 用到的基本教具

在学生熟悉这些积木块以后，布鲁纳问学生：你们能拼出一个比这个正方形更大的正方形吗？这对学生来说并不难，他们早已有许多搭积木的经验。学生轻而易举地拼出了另一个正方形。接着，布鲁纳要求学生描述他们拼成的图形。他们说“我们拼成的这个正方形是一个边长为 x 的大正方形加上两个长方形，再加上一个小正方形。”在此过程中，有些学生还能找到另一种表示正方形的方法，即 $(x+1)(x+1)$。由于这是表示同一个正方形的两种基本方法，所以可以写成 $x*x+2x+1=(x+1)(x+1)$。依此类推，图 3-2 中，下面两个图可分别写成 $(x+2)(x+2)=x*x+4x+4$ 和 $(x+3)(x+3)=x*x+6x+9$。

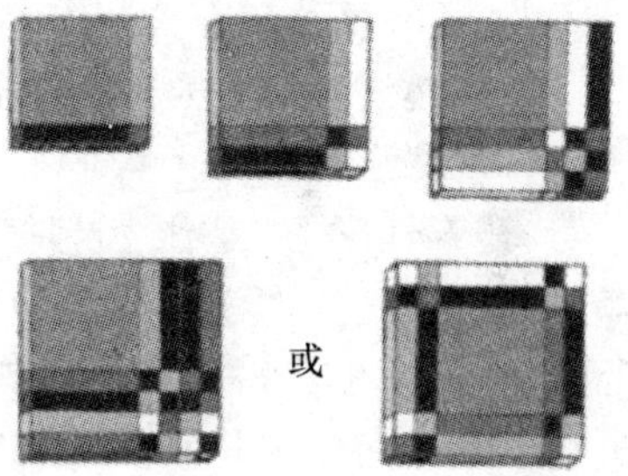

图 3-2 学生可能“发现”的拼接方法

等到学生渐渐悟出其中的规则之后，他们就无需再继续动手搭积木，而靠视觉映像就能列出方程式了。最后，当学生熟练掌握规则之后，仅凭符号就能运算了。

本案例中，布鲁纳有力地印证了他所提出的“任何学科都能够用在智育上是正确的方式，有效地教给任何发展阶段的任何学生”这一大胆假设。案例中，学生从最基本的动作性表征和映像性表征入手，一步步过渡到符号性表征，不仅是对知识结构理论的有效运用，而且证明学科的基本知识和结构通过合适的方式是可以被学生理解和掌握的。

三、教学方法理论：范例教学

第二次世界大战以后，联邦德国（当时的西德）为了消除希特勒法西斯统治和战争的

---

① 布鲁纳. 发现的行为[M]. 邵瑞珍，译. 上海：上海人民出版社，1973.

破坏给学校教育带来的创伤，政府提出了提高教学质量的要求。但由于当时策略不当，结果却使得各级学校(特别是中小学)的课程变得十分庞杂、臃肿，学生的学习负担越来越重，学生学习的主动性、积极性受到了抑制，创造精神被扼杀，教学质量不升反降。面对教学质量进一步下降的危险，1951 年秋，联邦德国高级中学与高等院校的代表们在蒂宾根会议上通过了一项决议，主张为了培养出具有真才实学的有教养的人，首先要改革教材，要充实根本的、基础的、本质性的内容，让学生得以通过同“范例”的接触，训练学生的独立思考能力和判断能力。有人评论说《决议》所要求的，“不单是教材编写的原则，或是教学方法论的原则，而且包含了对于西德教育的理想状态的深刻洞察。”在 1951 年的蒂宾根会议上，由历史学家海姆佩尔(H. Heimpel)提出的范例教学思想，之后由瓦根舍因(M. Wagenxdhein)、德博拉夫(J. Derbolav)、克拉夫基(W. Klafki)、朔伊尔(H. Scheaerl)等教育家继续发展，逐步形成了范例教学法比较完整的理论体系。

(一) 教学原理

“范例”这个词来源于拉丁语“exemplum”，意思是“好的例子”、“典型的例子”、“特别清楚的(言简意赅)的例子”。这样我们可以把范例教学法初步地解释为，“根据好的、特别清楚的、典型的例子进行教与学”。“典型例子的教学”不是为例子而教例子，而是通过典型的教学例子，让学生理解非典型事物即一般事物。学生根据一个问题领域或一门学科的若干例子去掌握一般，用已掌握的一般去理解更多的特殊事物。为此，我们可以把范例教学法界定为：使学生能依靠特殊(例子)来掌握一般，并借助这种一般独立地进行学习的一种教学方法。

1. 范例教学的含义

具体地讲，范例教学的内涵包括：教养性学习、主动性学习和发生的学习。

(1) 教养性学习

“教养性学习”是让学生通过这种学习，使自己始终处在一种不断受教育与培养的状态之中。在这样的学习或教学中，首先应当勇于对教材进行改造，以彻底性代替肤浅的全面，以使学生获得系统的认识代替记住所谓系统性的知识材料。其次，教学将追求深而不是广。它要求将某些重点的知识内容进行加深和强化，使学生学过后能在头脑中扎根。这就意味着教学将突出重点，抓住难点，而让某些枝节一带而过。范例教学论者认为，作为重点的知识内容，它们就是范例。每一个范例都具有一定的代表性，它们是反映整体的一面镜子；每一个范例都是个别，但它们不是孤立的，而是相互关联的。瓦根舍因举了一个例子来说明什么是范例：斯特拉斯堡的戈特 (Cone)教授写过一本小册子，使用了 5 至 10 种动物的例子阐明了动物学领域的全部现象、基本概念和重要规律，这 5 至 10 种动物的例子就是动物教学中的范例。

(2) 主动性学习

范例教学把学生看成是教学过程中的主体，主张在教学过程中必须调动学生的积极性，并且认为范例教学方式就是让学生主动学习的教学方式。这里范例教学不仅把发挥学生学习的主动性作为教学的一种手段，而且也把培养学生具有主动性与独立性作为范例教学的目标。主动性学习要求培养学生的独立能力和问题意识。

独立能力的培养必须具备两个条件：第一，教学必须以学生为方向，从学生的实际出发，牢牢地与学生的兴趣和学生所关心的问题紧密地结合在一起；第二，教学既不是封闭式的、定型的结构，也不是带有框框的定式，它应当帮助学生自己去发现，自己去追求。这同时也要求教给学生的是在他们“最近发展区”中能感知得到的文化财富。

问题意识的培养也必须经过不断地训练。在教学中，学生依靠范例对本质的寻找与提问，一开始往往表现为试探性与猜测性的，而不是一种由理智决定的过程。学生通过猜测产生临时性的想法，再经过严格思考的证实，一直追踪到实质性的问题的产生，这就像“试误学习”一样需要时间。因此，若要培养学生具有问题意识，教师就要耐心等待。同时，只有在学生不断地被要求提问和锻炼提问能力的情况下，他们才能养成问题意识，并使提问能力达到较高水平。

(3) 发生的学习

克拉夫基认为，范例教学涉及的教学内容始终包含着一种内在的逻辑，一种内部的概念结构。比如，一个科学的定律、一个教学公式、一种对一个社会特定发展阶段的认识、一种语言规则和一种绘画原理或音乐原则。在范例教学中学生学到了这种内部逻辑，那么其学得的东西就可以是一种“生产性的知识”或者是“能动的知识”，学生凭借这种内部逻辑可以学到更多的东西。而这种内部逻辑只有通过“发生的学习”才能为学生所了解和把握。

那么，什么是“发生的学习”呢？克拉夫基举了联邦德国基础学校四年级“家乡常识课”中学习地图知识的例子对此作了说明。克拉夫基把这个课题分为四个阶段进行教学。在第一阶段中，教师先让学生熟悉他们所居住的小镇，了解小镇的什么地方是工厂，什么地方是邮局，什么地方是他们的住宅，以及了解公路的分布与河流在小镇的位置和流向……在第二阶段教学中，教师让学生用木块和纸板制作各类建筑物的模型，用纸条制作公路与河流模型，并用这些模型代替小镇上的真正建筑物，公路与河流布置在一个沙盘上，然后让学生指出学校的位置以及各自住宅的位置。在教学的第三阶段，教师让学生用各种符号把建筑物、公路、河流以及其他城镇画在较大的铅画纸上，而把布置了模型的沙盘移去，再让学生识别小镇上各种建筑物、公路、河流以及其他城镇设施的位置，找出他们各自的住宅所处的位置。在最后一个教学阶段中，教师把用各种符号作标记的小镇图挂起来，向学生作一定的讲解，并把挂图与沙盘进行比较。这样，学生就一步步地了解了地图的形成过程，从而掌握了地图的“内部逻辑”。

这种教学把科学视为正在形成中的或已经形成的东西，并把它纳入儿童的发展阶段，让他们去经历它，或让他们追溯形成过程，把死的科学事实重新变成产生该事实的活的过程，变成创造和揭示该事实的活动。这个过程也被称做“回逆再构”过程，就是使教学回到科学的认识产生的最初阶段，重演其形成过程，重新对其作科学的归纳与概括。

2. 范例教学的原则

范例教学论者提出了实现其基本思想的各种教学原则，其中基本性、基础性和范例性原则是最重要的三个原则。

(1) 基本性原则

基本性原则强调教学应教给学生基本的知识结构与规律，包括基本概念、基本原理、基本规则、基本规律等，使学生掌握学科的知识结构。施普兰格(E. Spranger)认为，基本性指以某一内容为基础的规律性。克拉夫基则认为基本性指基本原理，要求给学生提供的基本原理不是孤立的，而是使学生在更大范围的思想联系中来认识基本原理。

(2) 基础性原则

基础性原则强调教学应从学生的基本经验出发,促进他们的智力发展。即教学应以学生的实际经验为基础,使学生在教学过程中获得更深化的新经验,一种带有能照亮心灵的闪光点的经验,或者说使他们建立一种新的思维结构。用通俗的话来说,就是在这种基础性的教学过程中使学生的抽象思维得到锻炼,使智力发展达到一个新的高度。基础性原则还要求教学从学科转向学习者,要求教师更多地在学习者精神世界方面做工作,使他们掌握各种基本概念、基本结构和基本规律之间的关系,以及人同经济、社会、政治、美学、精密自然科学与技术之间的实际关系。因此基础性是基本性的更高一个层次。

(3) 范例性原则

范例性原则就是通过精选的范例使教学达到基本性和基础性的原则,也就是要求设计一种教学结构,使教学内容与教学方法之间以及各种教学内容之间的联系结构化,通过这种教学使学生的兴趣问题、学习方法同各种教学内容的"最终结构"一致起来。简言之,即要求设计出一种教学结构使教学内容结构(学科结构)与学生的思维结构相适应、相统一。而范例就是能使两种结构一致起来的媒介,就是沟通学习者主观世界与教学内容这一客观世界的桥梁。因此,范例性就是要求教师精选的教学内容具有代表性、典型性和开导性,使学生能以点带面、举一反三、触类旁通地掌握知识,实现学习的迁移和知识的实际运用。

基本性、基础性与范例性是同一事物的不同侧面,基本性和基础性是范例教学、的实质,而范例性则是基本性和基础性的最重要的形式。

基本性和基础性在不同的学科教学中,其形式是不同的。克拉夫基把这些不同的形式概括为狭义的范例性方式、典型性方式和经典性方式三种。狭义的范例性方式中"一般与特殊"的关系犹如方法与运用的关系,因此这种方式主要适用于数理学科。在典型性方式中,"一般"可以在"特殊"情况下看出来,但这种"一般"不是规律,而是一种图式或结构,因此这种方式主要适用于经济、地理和生物的教学。在经典性方式中,"一般"总是作为有效的、起示范作用的、使人感到亲切的、表现出来的一种人的态度和行为,并完全在独特中反映出来,所以这种方式主要适用于历史、政治、文学和哲学的教学。

3. 范例教学的实施模式

施滕策尔(A. Stenzel)把范例教学的过程分为四个阶段进行。

(1) 范例性地阐明"个"

这一阶段要求教师通过个别的典型特征来说明其整体。例如在历史教学中,通过一定的历史事件来说明一定的历史时期。通过这一阶段的学习,学生抓住事物的本质特征,并把这些特征牢固地印刻在脑海里。

(2) 范例性地阐明"类"

这一阶段主要是对在"个"的阶段获得的知识进行归类。例如在历史教学中,从一个革命事件的例子来归纳同类革命的特征,使学生从"个"的学习迁移到"类"的学习。

(3) 范例性地掌握规律和范畴的关系

在前两个阶段所得知识的基础上,进一步探究并归纳出规律性的认识来。例如在历史教学中,通过了解历史人物在革命中的作用,获得历史人物在历史发展过程中的地位和作用的有关规律性知识。

（4）范例性地获得关于世界与生活的经验

这一阶段进一步强调了"教育过程是使主客观统一的过程"的观点。好的教学不但要能阐明基本知识，同时也要起到开发受教育者精神世界的作用。例如，在历史教学中，要使学生认识到"人是一种历史存在"，学生在此过程中，不仅了解了客观世界，也认识了自己，将所学知识与自身融合起来，获得"切身经验"，提高行为的自觉性。

4. 如何进行基于范例教学的教学设计

为了更好地实施范例教学，克拉夫基提出了以教学论分析作为备课核心的主张。以往人们把备课归结为这样一个公式：备课就是设计一种或若干种卓有成效的将一定的教学内容教给一定儿童的方法。克拉夫基认为，这个公式存在着一定的危险性，原因在于人们把备课仅仅看做方法的准备，而事实上备课的关键是应当对教学内容进行教学论的分析。教师在备课时，一方面要领会教学内容，吃透教材，把自己作为一个教材编写者，去明确所编教材的目的、要求、本质、结构、各部分的关系；另一方面要把自己当成一个学习教材的学生，去发现教材中对于一个学生来说可能存在的难点与问题。

克拉夫基认为，对教学内容的分析可以从以下五个方面进行。

（1）基本原理的分析

基本原理的分析主要分析"本（教材）内容表示和阐明了什么样的重要的或者带有普遍性的意义和实际的关系？对它的探讨可以使人'范例性'地掌握哪些基本现象或基本原理，掌握哪些规律、标准、问题，掌握哪些方法、技能或态度？"

对此问题可从两方面进行思考：一是对于准备教的课题，哪些范例具有代表性？哪些具有典型性？只有当教师选择好课题的范例，才有利于学生在教学中举一反三，并进行学习的迁移。二是明确本课题的教学与今后的教学有什么联系？起怎样的作用？教师对所教课题与今后的教学内容的关系了如指掌，就会重视某些重要的基本概念、基本原理与基本方法，从而努力使学生掌握这些重要的内容，这种分析确实是必要的。

（2）智力作用的分析

智力作用的分析主要分析本课题的教学内容对学生的智力活动应该起什么作用。这样在教学时就可以突出重点，有的放矢地采取必要措施，强化学生的智力活动。

（3）未来意义的分析

未来意义的分析主要分析本课题的教学内容与学生今后的生活和前途的发展有什么关系？起什么作用？教师应当采取相应的措施，启发学生认识这些内容对他们未来的意义，从而调动起他们的学习积极性。

（4）内容结构的分析

内容结构的分析主要分析本课题的教学内容是由哪些要素组成的？这些要素之间有什么联系？内容的层次如何？难点是什么？重点在哪里？

（5）内容特点的分析

内容特点的分析主要分析本课题的教学内容有哪些特点、现象、状况、人物、事件、形式等。通过怎样的"直观"可以帮助学生尽可能独立地回答针对事实的本质提出的问题；布置怎样的作业可以使学生用其通过范例取得的对原则和结构的认识去有效地进行练习和加以应用，从而进一步调动学生学习的积极性。

（二）在教学中的应用

范例教学的提出旨在解决教学中存在的内容烦琐、零碎、与学生实际脱节等诸多问题。下面用两个案例说明范例教学在实际中是如何应用的。

案例3-6[①]

《鸭——适宜于水中生活》是联邦德国基础学校三年级“家乡常识课”的教学内容,下面的案例系听课实录。

上课了,教师拿出一只塑料泡沫做成的鸭子,放在一只玻璃的大水槽中(在讲台上),孩子们看到一只大白鸭悠然自得地漂浮在水上。教师请一位同学用彩色笔在白鸭身上沿着水面划线,然后教师把这只“鸭子”拿出水槽让孩子们观察,并提出问题:鸭子身体在彩色线以下部分(即鸭子在水中的部分)像什么?

孩子们一眼就看穿了,许多孩子争着回答,“像一艘船”。

教师又取出一块与鸭子一样宽的木板,用手推着木板在大水槽中前进,问在水槽旁边的孩子们,你们看到了什么现象?一位孩子立即答道:“当木板推进时,在水槽中掀起了波浪。”教师又将塑料鸭放在水槽中同样推着前进,孩子们奇异地发现,水槽里没有看到波浪,只见水流平衡地向后面流去。接着教师提示,鸭子的内脏集中在身体的后半部分。

上课才五分钟,教师简练地做了两个演示实验,在孩子们的脑海中却掀起了波澜。鸭在水中的部分像艘船,原来船的形状是人对鸭这类动物长期观察得到的启示,鸭在水中抬头挺胸自由自在地游荡的形象,加上教师的提示,鸭的内脏集中在身体后半部分……孩子们马上想到,江河湖海中行驶的快艇为什么要把发动机装在船的尾部,而翘起船首?是否这样才能使快艇飞快地航行?……一系列的问题不断地涌现,孩子们很快得出了一个结论:鸭子身体的形状特别适合在水中生活。

接着,教师让各小组的孩子们拿出教师早已准备好的鸭脚(这是教师从鸭身上斩下来的),两手拿着鸭脚在小组的水槽中来回学着鸭子划水。很快孩子们就发现了一个奇怪的现象:当拿着鸭脚向前运动时,鸭脚趾间的蹼自动地收拢;当拿着鸭脚向后划水时,鸭脚趾间的蹼会自动张开。这不是一个孩子偶然的发现,而是全班同学实验发现的共同规律。

教师问:“谁能说说人们怎样利用鸭脚结构的这一特点的呢?”一个孩子回答说:“划船时,我们用桨向后划水时,总是使桨和水的接触面积尽量大,这样能使船划得快些;当把桨向前挪动而插入水中时,总是将桨侧着入水,这样可减少阻力。”另一孩子答道:“我游泳(自由泳)时,手向后划水时总是手指并拢用力向后划,这样可游得快些;当手往前挪动插入水中时,总是侧转了手插入水中,这样可减少游泳时的阻力”……教师要孩子们再用鸭脚在水中划动,体验一下鸭是怎样前进的,怎样转弯的……很快孩子们又得出一个结论:鸭子脚的结构很适合它在水中行动。

然后教师又拿出一个纸袋,里面放着几片鸭子的羽毛。他要求孩子们把羽毛放入水槽中,然后再取出,仔细观察发现了什么。孩子通过实验观察到,羽毛放在水槽中都飘浮在水面,有时可以看到羽毛上有一颗颗小水珠,当把羽毛拿出水面,小水珠都滚落下来,羽毛仍然是干的。针对孩子们的疑惑,教师又提出一个问题:“你们能使这些羽毛沉入水中吗?需要什么材料和工具,老师可向你们提供。”孩子们开始用手把羽毛按入水中,当松开手,它又浮了起来。再试一次,仍然一样,拿出水面一看,一点也没有潮湿感。一个孩子自言自语道:“羽毛上好像涂了一层油脂。”孩子们马上得到了启发,准备用实验证实一下。于是孩子们向老师要来肥皂和洗洁剂,并用它们在羽毛上进行擦洗,擦洗完再放进水槽,结果发现这些羽毛全都沉入了水中。

---

① 刘宏武.课程改革教师岗位培训资源包:新课程的教学方法选择[M].北京:中央民族大学出版社,2004:149.

通过这一实验，孩子们证实了羽毛上确实有一层油脂。教师又问："这油脂是从哪里来的？"这时孩子们思索着，却很难找到答案。教师启发道："你们平时看到鸭在水面上休息时，总喜欢用喙去整理羽毛，其实，这时鸭并不是在梳理自己的羽毛，而是不停地在给自己的羽毛涂上一层油脂。油脂是从哪里来的？原来在鸭的尾部长着一个脂肪腺，鸭在水中休息时不停地用喙从它尾部的脂肪腺中取得油脂，涂在羽毛上。这就是鸭子整理羽毛的实质。"接着教师拿出鸭的标本，让孩子们仔细观察鸭的羽毛是怎样排列的，这样排列有什么作用。孩子们观察后答道："羽毛的排列像鱼的鳞片一样，像屋顶上瓦片的排列一样，……这样的排列能防止水浸湿身体，游动时能减少阻力。"……这又使孩子们想到，原来屋顶瓦片的排列方法也是从羽毛的排列上得到启示的。

然后教师又拿出另一只装着羽绒的纸袋，要求孩子们用手去抚摸，并提出以下问题："你有什么感觉？这些羽绒放入水槽中将有什么现象发生？这说明了什么？羽绒长在鸭子的什么部位？有什么作用？"

通过实验，孩子们发现这些松软的羽绒投入水槽后下沉了，这说明羽绒上没有油脂。经过一系列的讨论，他们明白了为什么在大雪纷飞的冬天，人们穿着厚厚的冬衣还觉着冷，而鸭子还能逍遥自在地在水中游荡。原来是这层长在鸭子贴身处的羽绒为它保暖。现在人们也利用鸭绒制作过冬的衣被。

随后教师又给每个小组发了一只鸭头（从鸭身上斩下的），要求孩子们对鸭的嘴和舌进行仔细观察。孩子们扒开了鸭嘴，看到鸭舌两边的排列像梳子的形状。教师又提出了问题："鸭舌这样的形状有什么功能？"孩子们进行了猜测，但不能得到完美的解答。这时教师放了一段鸭在水中觅食的录像，鸭张大了嘴不加选择地把水、沙、食物等全部装了进去，当它把嘴合拢时，水和沙就从梳子状的空隙中流出，而把食物留在口中。多巧妙的结构啊！

一系列的实验后，孩子们得出了鸭子从外形、脚、羽毛、羽绒、长长的头颈以及嘴、舌的构造都适宜于水中生活的结论。

教师最后总结道："鸭子完美的结构与大自然和谐的配合是鸭子长期以来对大自然适应的结果。因此，我们每个人对大自然的美、和谐都要珍惜，而且要很好地保护。同时，我们还可以用这样的方法去研究其他的生物，它们的外形、构造、习性是怎样的？为什么是这样的？我们从中可以得到哪些启示？哪些能为我们所利用？"

本案例中教师没有教给学生零碎、烦琐的知识内容，而是围绕着"鸭子为何适宜于水中生活"这一问题，带领学生展开了一系列的探索和分析。整个学习过程具有三个显著特点：一是内容接近学生生活经验和实际；二是注意发挥学生的积极主动性开展探究；三是在围绕问题探究的过程中使学生形成了系统而非零碎的知识。

案例3-7[①]

范例教学的权威人士之一——施藤策尔曾以地理课"乌克兰的防风林地带"为例，说明范例教学的四个阶段。这一教学的目的是让12—13岁的学生了解草原景观的特征，但教学并不从系统、全面地说明这种景观入手，而是从乌克兰防风带这个个案开始。

1. 在课题性教学中，以个别事实和对象为例来说明事物本质特征。本课题以乌克兰的防风林地带作为特例，说明南俄罗斯地区的草原景观。

① 李其龙．范例教学论述评[J]．外国教育研究，1986(4)．

2. 从个案出发探讨"类"的现象，通过对"个"所获得的认识，推导出"类"的特点。对乌克兰防风林地带的教学不仅使学生获得了南俄罗斯草原景观的知识，而且可以使他们认识一系列类似景观的本质特征，如美国中西部草原景观等。

3. 在把"个别"抽象为"类"的基础上，进一步挖掘"类"的背后隐藏着的更本质的规律性的东西。通过我们对各种草原景观的归类，就可以了解草原化的过程，认识人类在特殊气候和地理条件下干预自然所造成的结果以及如何弥补这种结果。

4. 使学生获得关于世界的经验和生活的经验。在上述地理课教学中，可以在学生对规律认识的基础上，使他们进一步认识到人为地干预自然不可能不造成一定的后果，人还不能彻底地支配自然。而在历史教学中，可以使学生认识"人是一种历史的存在"，在自然科学教学中，可以使学生了解"自然可以数学化"等。这些认识对于学生来说都是一些基本经验。学生掌握了它们，不仅可以更深刻地了解客观世界，而且可以加强自己行为的自觉性。这个阶段把教学的重点从对客观内容的教学转移到开拓学生的精神世界方面，这一阶段的教学目的才是真正的教学目的，只有使教学达到这个程度，教学才可以认为是成功的。

本案例不仅全面呈现了范例教学的基本过程，而且反映了范例教学"教养性学习"、"发生的学习"的基本内涵。学生通过学习范例不仅掌握了基础知识，而且形成了关于自然、社会、历史等的规律性认识，也训练和提升了独立思考和判断的能力。

四、教学评价理论：布卢姆

布卢姆(B. S. Bloom，1913—1999)，美国著名的教育学家与心理学家，芝加哥大学名誉教授，西北大学教育学教授。布卢姆在芝加哥大学的老师兼同事拉尔夫·泰勒(Ralph Tyler)是研究课程和评价的著名学者，他非常重视教学目标问题，认为课程、教学、评价都离不开目标的制定。布卢姆站在泰勒的肩膀上达到了新的高度，率先建立了教育目标分类系统。布卢姆认为制定教育目标不是为了表述理想的愿望，而是为了便于客观地评价。评价不在教学过程之外，其本身就是教学或学习过程的一个有机组成部分。布卢姆侧重过程性的评价理论，与他的教育目标分类理论相辅相成，共同构成了"掌握学习"的理论基础。布卢姆的主要著作有：《教育目标分类学：第一分册，认知领域》(1956)、《掌握学习》(1968)和《人类特性与学校学习》(1976)等。

(一) 教学原理

布卢姆把教育目标分类和教学评价密切结合起来，对其进行了有效研究。布卢姆认为应该用外显的行为来陈述教育目标。制定教育目标不是为了表示理想的愿望，而是为了便于客观地评价。

布卢姆把认知领域的目标分为六大类，依次是识记、领会、运用、分析、综合、评价。

布卢姆的分类重视行为发生由简单到复杂的序列层次，后一类目标只能建立在前一类目标已经达到的基础之上，因此也就形成了目标的层次结构。

布卢姆的教学评价理论侧重于对学习过程的评价，这种评价与他的教育目标分类理论相辅相成，并且共同构成掌握学习的理论基础。

布卢姆认为教学评价应以掌握为目的，测验不只是弄清楚学生的掌握情况，更重要的是作为一种矫正性的反馈系统的组成部分，以便及时了解教学过程中的问题与不足，并采取针对措施予以改善。

布卢姆曾针对掌握学习的策略提出了四方面要求：第一，必须对掌握有明确的界定，并确保能搜集证据来判定是否掌握；第二，要有有效的教学操作程序，即把一门学科分成较小的学习单元，每单元分解成由简到繁排列的若干要素，再运用形成性测验找出哪些要素掌握与未掌握；第三，要有可供选择的学习资料，学生依靠自己或同伴的帮助来解决问题，为学生准备的学习材料由学生选择采用，以满足学生的个别化需求；第四，要真正形成有效的结果，结果不仅包括认知结果，也包括情感结果。

（二）在教学中的应用

掌握学习的教学实验一般过程如下。[①]

第一，选定实验对象。选两个班，两个班内学生的年龄相同，水平相近，以同一教材进行教授。其中一个定为实验班，一个定为控制班。

第二，讲清实验目的。对实验班的学生讲解实验的目的在于使全班90％的同学得到优良成绩。

第三，将教材划分单元。将一本教材划分为若干单元，一般在1周或2周内教授一个单元，在实验班教授。

第四，形成性测试。在实验班每教授完一个单元的内容之后，进行诊断性的成绩测验，查清学生的问题所在。

第五，矫正性措施。对未掌握教材的学生进行课外辅导及组织小组学习或个别辅导。当学生用某一种方式无法学会时，采用另外的方式进行学习。也可以发动家长、兄弟姐妹帮助学生进行学习。经过矫正性教学后，再进行第二次形成性测验。对已经掌握的学生进行表扬。当矫正了多数学生的错误之后，转而进行下一单元的教学。一般不进行第三次形成性测验。

下面是一个在课堂中应用掌握学习的教学案例。

案例3-8

“长方体和正方体的体积”教学设计

一、教学目标、重点和难点（略）

（实施掌握学习教学，应在单元教学目标基础上，制定直接指导课堂教学的课时目标。它既是每节课教学的方向，又是检查课堂教学成败和学生掌握与否的标尺。）

二、教学过程

（一）根据长方体和正方体体积计算必需的基础知识或从属技能，进行学前诊断、反馈和矫正

1. 体积概念与体积单位基础知识诊断、反馈与矫正

（1）什么叫体积？

（2）常用的体积单位有哪些？

2. 计量物体体积方法基础知识、诊断、反馈与矫正

（1）请同学们拿出一个边长是1厘米的小正方体，想一想它的体积是多少？

---

① 冯克诚.布卢姆目标分类和掌握学习思想与论著选读[M].北京：中国环境科学出版社，2005：63.

(2) 请同学们拿出5个1立方厘米的正方体，一个接一个摆成一排，看一看摆成一个什么样的形体？它的体积是多少？你是怎么知道的？

(3) 这样的4排拼成的又是一个什么形体，它的体积是多少？你是怎么知道的？

(4) 把这样的一层摆成3层，这个长方体的体积是多少？你是怎么知道的？

(在运用掌握学习教学法时，教师必须让学生为学习新知识作好必需的基础知识准备。对此教师可通过学前诊断性测验，了解学生知识准备情况，并及时反馈矫正。在学前诊断与反馈矫正中，教师还应通过积极的鼓励和支持，使所有学生都对新的学习充满信心，在认识和情感等方面具备良好的学习准备状态。)

(二) 引入新课，明确目标

1. 引入新课

教师出示两个长方体模型，提问：这两个长方体，哪一个体积大？大多少？(板书：长方体的体积)

2. 揭示学习目标

这节课要用动手操作等方法来探求长方体体积计算公式，并能运用公式计算它的体积，以及解决一些简单的实际问题。

(运用掌握学习教学法，在课堂教学开始时，教师即要告诉学生学习目标，介绍学习方法，提示学习要领。这里，教师通过巧妙提问设疑，引导学生认真观察思考，明确学习目标，激发求知欲，自然引入新授内容。)

(三) 长方体和正方体体积公式探索和计算

1. 动手操作，初步感知

(1) 实验一：让学生拿出12个体积是1立方厘米的小正方体，问：这12个小正方体的体积一共是多少？你能用这12个小正方体摆成一个长方体吗？想一想，怎么摆？

同桌合作研究，然后分别让4名不同摆法的同学汇报，说一说是怎样摆的？你摆的长方体长、宽、高各是多少？体积是多少？(学生口述实验操作过程和结果，教师投影出示图，依次作如下板书。)

体积(立方厘米)	长(厘米)	宽(厘米)	高(厘米)
12	4	3	1
12	6	2	1
12	3	2	2
12	12	1	1

(2) 引导学生观察以上4个长方体，它们的长、宽、高相同吗？什么相同？

(体积相同)为什么体积相同？

(3) 实验二：同桌2人用小正方体摆出一个长4厘米，宽3厘米，高2厘米的长方体，学生实验操作后，说一说怎么摆的？用了多少个小正方体？大家摆出的长方体的形状和体积都一样吗？为什么？(教师把有关数据对应板书在黑板上)

2. 探索规律，概括公式

引导发现：请同学们仔细观察这些实验数据，你发现长方体的体积与什么有关系？有怎样的关系？让学生充分发表意见并概括指出：

长方体的体积＝长×宽×高

如果用V表示长方体的体积，用a表示长，b表示宽，h表示高，你能说出长方体的体积公式吗？($V=abh$)

（以教学目标为导向，通过各种长方体的实际摆放，让学生感悟、领会、探究体积与长、宽、高的内在联系，概括长方体体积公式，既教知识，又教方法，教得生动，学得有趣。教学中，教师不断了解学生的反馈信息，调控教学过程，变换教学手法，及时补救矫正，使学生的认知结构不断发展完善。）

3. 运用公式，理解掌握

（1）（教师出示引题时的长方体）现在你有办法知道这个长方体的体积吗？请一名学生测量出长方体的长、宽、高，全体学生计算它的体积。

（2）计算下面四个长方体的体积。

（教师通过课堂巡视、个别辅导、参与学生讨论等途径进行反馈和矫正，若出现的错误具有普遍性，集体讲解，个别问题则个别矫正。）

4. 集体教学与个别化反馈矫正相结合，探求正方体体积公式

（1）“比较上述四个图形，你认为哪个比较特殊？”（第四个正方体）

（2）“你认为正方体的体积可以怎样计算？为什么？”（课题中补上“正方体”）

（正方体体积＝棱长×棱长×棱长）

（3）如果用 V 表示体积，用 a 表示棱长，上面的公式还可以怎样写？

$V=a\cdot a\cdot a$

$V=a^3$

（4）判断练习

判断下面结果是否正确，把错的改正过来。

$2^3=2\times3$（　　）　$4^2=4\times4$（　　）

$3^3=3\times3$（　　）　$a\cdot a\cdot a=3a$（　　）

（在长方体体积计算中加入特殊情况正方体，引导学生概括出正方体体积计算公式，引出长方体和正方体体积公式的内在联系，有利于学生构建良好的认知结构。长方体体积计算“扶”得得法，正方体体积计算公式推导“放”得适度，为学生参与知识探究、培养数学思维能力创设了良好条件。教学中，教师运用集体教学与个别化的反馈矫正相结合的办法，有效地解决了集体教学和个别需要之间的矛盾。）

5. 知识巩固与运用

（1）一个长方体长 9 厘米，宽 5 厘米，高 4 厘米，它的体积是多少？

（2）一块正方体石料，棱长 6 分米。这块石料的体积是多少立方分米？如果 1 立方分米的石料重 2.74 千克，这块石料重多少千克？

（3）光明小学修一个长 60 米，宽 40 米的长方形操场，先铺 10 厘米厚的石碴，再铺 4 厘米厚的煤渣，需要石渣、煤渣各多少立方米？

（练习设计注重培养学生解决实际问题的能力，富有层次的练习便于充分反馈各层次学生的学习情况。在反馈与矫正中，学生不断感受成功的喜悦，一次次从教师那里得到鼓励，从而学习的积极性越来越高，兴趣越来越浓，师生始终保持乐观积极的心态。运用掌握学习策略进行课堂教学，教师要注意把握课堂教学脉搏，进行即时性课堂评价。通过观察学生表情、态度的变化、举手发言状况和评判作业等作出即时反馈，调控教学过程。）

（四）看书内化，总结教学目标达成情况，布置课题形成性测验作业（略）

（掌握学习策略的一个重要环节是在每一学习内容结束，进入下一内容学习前，教师要通过简短的形成性作业练习，诊断学生的学习情况，提供教学反馈信息，了解达到或未达到教学目标的学生人数及具体原因，并及时补救矫正。这样，有利于提高今后单元形成性测验的通过人数和掌握学习教学的有效性。）

本案例是依据掌握学习的原理来设计的，该案例体现了掌握学习与形成性评价相辅相成的主要特征。测验与练习不只是为了弄清楚学生对教学内容的掌握情况，更重要的是作为一种及时发现教学过程中问题与不足的手段。但是在传统课堂教学环境中要实现个别化、有针对性的掌握学习还存在一定难度，而信息技术的教学应用为掌握学习目标的实现提供了一种新的可能。有兴趣的同学可以查找或者自己动手设计一个信息技术环境下掌握学习的案例。

拓展阅读

巨瑛梅，刘旭东．当代国外教学理论[M]．北京：教育科学出版社，2004.

思考题

1．简述赞科夫的教学与发展理论。
2．简述巴班斯基的教学最优化理论。
3．简述布鲁纳的结构主义教学理论。
4．简述德国的范例教学理论。
5．简述布卢姆的教学目标和评价理论。

参考文献

[1] [苏]赞科夫．教学与发展[M]．杜殿坤，等译．北京：文化教育出版社，1980.
[2] [苏]巴班斯基．论教学过程最优化[M]．吴文侃，等译．北京：教育科学出版社，1982.
[3] 布鲁纳．教育过程[M]．邵瑞珍，译．北京：文化教育出版社，1982.
[4] L. W. 安德林，L. A. 索斯尼克．布卢姆教育目标分类——40 年的回顾[M]．谭晓玉，袁文辉，等译．上海：华东师范大学出版社，1998.
[5] 田本娜．外国教学思想史[M]．北京：人民教育出版社，2001.
[6] 王天一，等．外国教育史(下册)[M]．北京：北京师范大学出版社，1993.
[7] 王逢贤．学与教的原理[M]．北京：高等教育出版社，2000.
[8] 杨小微，张天宝．教学论[M]．北京：人民教育出版社，2007.

中篇

学与教的方式

第四章　研究性学习

学习目标

1. 能说出研究性学习的含义、特点、目标；
2. 能说出研究性学习的理论基础，并分析这些理论是如何指导研究性学习的；
3. 能说出研究性学习的实施过程及选题和教师指导方面应注意的问题；
4. 能应用研究性学习的不同模式开展教学，并分析各模式的优缺点；
5. 能应用不同评价方式对学生的研究性学习活动进行评价；
6. 了解当前开展研究性学习的误区。

知识概览

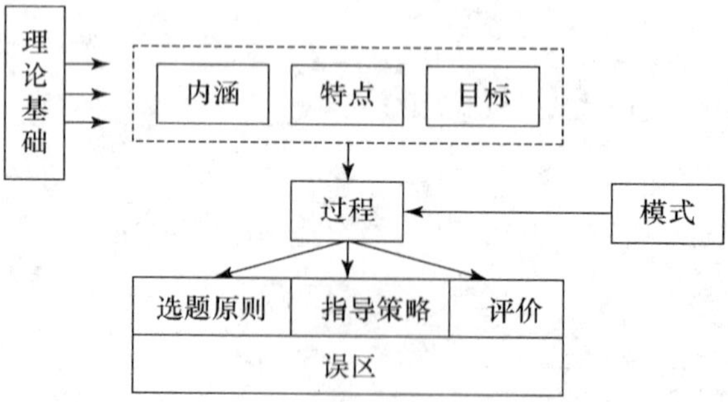

本章导学

美国纽约的布朗理科高中学校，自20世纪40年代以来，先后出现6位诺贝尔奖获得者，除此之外，每年都有人获得美国的西屋科技奖金奖。这是偶然现象吗？恐怕不是。该校最成功的经验之一，就是在重视基础知识的同时，非常重视学生研究能力的培养。在我国，我们将这种学习方式称为研究性学习。本章从研究性学习的基本概念与理论依据谈起，分别介绍研究性学习的选题原则、实施过程、模式、策略、评价等关键问题。

第一节　基本概念与理论依据

什么是研究性学习？研究性学习的由来和特点是什么？研究性学习的目标是什么？它依托的理论依据又是什么呢？本节会对如上问题进行一一解答。

一、研究性学习的由来

1916年，美国教育学家杜威在《民主主义与教育》一书中提出："探究作为人的本能和兴趣是提供学习活动的心理基础和动力。"他强调科学探究在教育中的意义。1998年，美国国家教育经济中心为基础教育学校制定了一套新的基础课指导标准，明确"探究"的教学策略和方法在英语语言艺术、数学、科学和应用学习四个领域的地位，关注研究性学习对科学探索精神的培养。目前，研究性学习在美国的大、中、小学正成为一种积极自主的学习方式。

在我国，"研究性学习"作为基础教育改革的一种尝试始于世纪之交。1997年，《外国中小学教育》刊发《劳伦斯中学"自主研究"课程的设置》一文，介绍美国长岛的劳伦斯中学(Lawrence Middle School)为七年级学生开设"自主课程"(Self Regulate Curriculum)的情况，这种新颖的教学方式引起我国学者们的关注。1999年6月，《中共中央国务院关于深化教育改革　全面推进素质教育的决定》提出素质教育的两大重点：培养学生创新精神和实践能力，创新和实践归根结底离不开"探究"。1999年初，上海教育科学研究院普通教育研究所正式提出"研究性学习"这一概念。同年6月，上海市教委召开"上海市中学研究性课程研讨会"，对研究性学习予以充分肯定。2000年1月31日，教育部颁发《全国普通高中课程计划》，新设综合实践活动课，该举措的核心就是研究性学习。2001年，教育部印发的《基础教育课程改革纲要(试行)》指出："从小学至高中设置综合实践活动并作为必修课程，其内容主要包括：信息技术教育、研究性学习、社区服务与社会实践以及劳动与技术教育。"至此，"研究性学习"作为综合实践活动课程的一部分走进我国的中小学，研究性学习作为一门课程的地位被正式确立。

二、研究性学习的内涵

教育部颁布的《普通高中"研究性学习"实施指南(试行)》指出："研究性学习是学生在教师的指导下，从自然、社会和生活中选择和确定专题进行研究，并在研究过程中主动地获取知识、应用知识、解决问题的学习活动。"也就是说，研究性学习是学生在教师指导下，以类似科学研究的方式去获取知识和应用知识的一种学习方式。这一概念包含师生关系、学习形式和学习内容三层含义。

1. 师生关系

研究性学习是在学校集体教学环境中进行的学习活动，它有别于个体自发的探究学习活动。在师生关系中，教师的主要职责是创设一种有利于研究性学习的学习情境，对学生的探究活动进行引导，而不是直接"传授"，这对教师提出了更高的要求。

2. 学习形式

在研究性学习过程中，学生可以采取模拟科学家的研究方法和研究过程，通过假设、想象、实证、逻辑等方式来提出问题并解决问题。比如，专题讨论、课题研究、方案设计、模拟体验、实验操作、社会调查等，都是常用的学习形式。学习形式上的变化是研究性学习与传统教学方式最明显的差异。

3. 学习内容

研究性学习的知识来源是多方面的，除了课本知识，学生还要学习如何收集、处理和提取信息；如何运用有关的知识来解决实际问题；如何在研究过程中与人交流和合作；如何表述或展示研究的结果等。可以说，与学习知识相比，锻炼能力、培养创新精神是研究性学习中更为重要的内容。

研究性学习本质上是一种学习方式,与传统的接受式学习方式相对应。倡导研究性学习绝不是为了取代接受式学习。接受式学习是教师向学生呈现定论形式的学习内容,学生获得间接经验。研究性学习则强调教师不把现成的结论告诉学生,而是要求学生自主发现问题,运用已有的知识分析和解决问题,强调“探究”和“创新”。我们并不反对接受知识,而只是建议教师让学生以一种更能发展其思维能力的方式获取知识。采用何种学习方式,应当取决于学习内容的性质,比如,事实、符号类知识适合用接受式学习方式,规则、态度类知识适合用研究性学习方式。研究性学习主要是强调学生自己发现问题并进行探究,在探究过程中体验知识的发生过程,培养问题意识,掌握研究方法,增强对周围世界的兴趣和参与程度,学会学习。研究性学习的引入将改变长期以来传统教学过多倚重接受式学习的现状,使两种方式可以相互补充,相互促进。

在学校教育中,一种教学方法的实施离不开课程的支持,需要教材、教学进度、评价方式等多个方面的配合。在《国家九年义务教育课程计划(实验稿)》和《全日制普通高级中学课程计划(实验稿)》中,“研究性学习”与社区服务与社会实践、劳动与技术教育、信息技术教育并列,成为综合实践活动课的一部分。从我国目前中小学的教学改革来看,除了渗透于各学科课程的教学中,“研究性学习”也作为一门独立的课程形态存在。作为一门课程的研究性学习,为研究性学习方式的充分开展提供了相对独立的课程体系,实质上是一种基于项目或课题的研究性学习活动,有学校本土化的教育目的、教学目标和教学内容,有独立的学时安排和师资配备,是一种全新形态的实践性课程。

研究性学习不仅给当前的教学改革带来突破性的进展,有利于提高民族创新素质,增强综合国力,对于课程与教学理论的丰富和发展、教师专业化和学习终身化也有很强的推动作用。

三、研究性学习的特点

研究性学习是师生共同探索新知识的过程,是师生围绕着解决问题,共同完成研究内容的确定、方法的选择以及为解决问题相互合作和交流的过程(教基[2001]6号)。具体来说,研究性学习不同于其他学习方式的特点有如下几点。

1. 自主性

研究性学习以学生的自主学习为基础,学生掌握学习的自主权,在学习活动中有很大的自由度。这种自主性主要表现在:学生是课题研究的提出者、设计者、实施者,学生对自己的课题研究负责,必须能主动规划和安排自己的学习。研究性学习将学生的需要、动机、兴趣置于核心地位,是一种自我导向、自我激励、自我监控的学习过程,可以充分培养学生的自主意识和自我教育能力。

2. 开放性

研究性学习是一种开放性的学习,这在学习内容、学习时间和地点、组织形式和研究结果等方面都有所体现。研究性学习的课题可以由老师提供,但大多数还是学生根据自己的兴趣、经验和能力进行选择。研究性学习所选内容的范围非常广泛,既可以是学科内课本知识的延伸,也可以是学科之间知识的综合;既可以涉及自然科学领域,也可以涉及社会科学领域;既有对科技的探索,也有对人生的思考。研究性学习的学习时间不受课堂45分钟的限制,学习地点也不囿于教室,实验室、工厂、农田、矿区都可以成为研究性学习的场所。另外,网络和计算机也为研究性学习提供了丰富的学习资源。学生可以根据研究的需要,进行观察、分析、调查、实验、制作、讨论等丰富多彩的活动,既可以独立研究,也可以小组合作。研究性学习不追求唯一正确的答案,学习成果的形式既可以是论文、调查报告,也可以是模型、图片、声像、多媒体课件等,这有利于鼓励学生去探索,充分发挥个体潜能。

3. 实践性

研究性学习的课题往往具有一定的实际价值,有可供研究的空间,有利于学生获得多方面的情感体验。随着活动的开展,新的目标和主题还将不断生成,研究内容经常会被修改,甚至有可能大部分被否定。但在这个过程中,学生一改往日被动接受知识的习惯,他们敏锐地发现问题,主动地提出问题,积极探求解决问题的方法,逐步建构起更加丰富的研究空间,得出自己的结论和体验。虽然这一切尚显稚嫩,但学生"做"的能力得到了锻炼,体会到了将所学知识真正地运用于生活的过程,这才是最有意义的。

4. 过程性

过程性即强调学生的学习过程及在学习过程中的感受和体验。研究性学习重在学习的过程、思维方法和思维水平的提高。研究性学习的"成果"不一定是"具体"而"有形"的成品,也可能只是提出一种见解、产生一个方案、设计一种产品、策划一次活动。学习者是否掌握某项具体的知识或技能并不重要,关键是能否通过诸如设计课题、查找资料、动手实验、社会调查、撰写研究报告等亲身实践,掌握科学研究的一般流程和方法,学会与他人交往和合作,并对所学知识有所选择、判断、解释、运用,获得丰富的非结构性的知识。换句话说,研究性学习的过程本身也就是它所追求的结果。

5. 合作性

研究性学习的组织形式,是自主学习与合作学习的结合,其中合作学习占有重要的地位。由于研究性学习是问题解决的学习,学习者面临复杂的综合性问题,因此需要学习伙伴集中集体智慧和分工协作。在这里,合作既是学习的手段,也是学习的目的。通过合作学习和研究,学习者可以取长补短,取得高质量的学习成果。研究性学习中的人际关系,由传统的师生之间单向或双向交流,转变为师生、生生之间的多向交流。

四、研究性学习的目标

研究性学习强调学生学习兴趣的满足和能力的提高,重视学生对所学知识和技能的实际运用、能力的形成和经验的获得,关注学生情感体验,意识态度和意志品质的培养,特别重视培养学生的创新精神和实践能力,系统基础知识的传授不再作为追求的主要目标。研究性学习的具体目标应根据学生的认知、心理现状和需求,在小学、初中、高中等不同的学段有所不同。在基础教育阶段,组织不同年级的学生开展研究性学习要求达到的水平各不相同,对小学生要求低些,对中学生要求高些,但主学习目标是相同的,主要有以下几点。

1. 掌握学科知识

美国教育家菲利普(P. J. Philip)研究发现,对于阅读过的内容,学生仅能记住 10%;对于只听过的内容,能记住 20%;对于只看过的内容,能记住 30%;同时看过听过的内容,记忆程度可达 50%;而自己说过的可以记得 70%;在做一件事情时所说过的竟然达到90%。这说明了学生的主体投入对掌握学科知识的重要性。掌握学科知识不是研究性学习追求的唯一目标，但这并不意味着研究性学习反对学习学科知识。掌握相关学科知识仍然是研究性学习的目标之一，只不过这个目标是在学生的研究活动中潜移默化地达到的。隐性的知识往往比显性的知识记得更牢固，迁移起来更容易。

2. 获得亲身参与科学研究的体验

在小学阶段，研究性学习的体验主要是对自己身边生活中的自然现象、社会现象进行观察、发现和思考，以及通过不太复杂的探究活动，体验自主探究成功的愉悦，由此激发对科学和社会问题探究的兴趣，初步养成好观察、好提问、好探究的心理倾向；在初中阶段，研究性学习则是让学生亲身参与问题探究的过程并获得相关体验，激发起思考社会、自然、人生问题和探索创新的兴趣与欲望，基本形成善于质疑、勤于思考并在自主探究中获取新知的心理品质；在高中阶段，研究性学习更加类似于科学工作者的课题（项目）研究，目标在于进一步丰富学生从事科学研究的体验，产生积极的情感变化，从而形成比较持久的科学探究的志趣和较强的实践、探索、创新的欲望，巩固和发展科学研究所必需的良好心理素质。

3. 提高发现问题和解决问题的能力

在研究性学习中，小学生学会的往往只是仔细观察比较明显的事物现象，发现问题，并具备解决一些简单问题的能力；初中生应当具备从生活的观察与思考中提出有探究价值的问题，并通过适当探究解决有一定难度的问题的能力；高中生则要求具备一定的发现或提出与生活相关的科学、技术、社会发展方面的新问题，并通过有计划的探究解决比较复杂的问题的能力。在成果与心得交流方面，小学生主要要求口头表达语言清晰，中学生则还要求运用撰写论文、报告、制作多媒体等方式表达，对高中生的要求更高。

4. 学会合作与分享

小学开展研究性学习的目标主要在于培养学生合作的意识和态度，克服依赖心理；初中开展研究性学习的目标在于发展学生与伙伴合作的团队精神，遵守合作规范，正确认识自己在集体中的角色地位和作用；高中开展研究性学习的目标则需要学生进一步形成民主素养、合作意识和团队精神，自觉维护伙伴间平等协作关系。如何在集体中工作，如何进行人际沟通和人际合作，是需要学生在整个学习生涯中逐渐学习的，中学生通常比小学生更懂得自律和沟通，更懂得尊重和欣赏他人的思想和成果。

5. 培养科学态度和科学道德

在研究性学习中，小学生要初步养成尊重科学的意识和认真负责的态度，包括观察事物要仔细，凡事要认真思考，说话和行动都要有理有据，遇到困难不轻易放弃等；初中生应当确立"崇尚真理、尊重科学"的意识，不盲从、不迷信，实事求是，不弄虚作假，认真踏实，善始善终，成不骄败不馁；高中生则应当确立"实践是检验真理的唯一标准"的科学态度，坚定执著、持之以恒的科学探究精神，培养敢于不断求新的创造精神和一定的科学批判的能力。

6. 培养对社会的责任心和使命感

在研究性学习中，小学生要初步形成个人对于社会的责任意识，注意个人行为对于自然和社会环境的后果，懂得自己是国家与社会的小主人，将来要为社会进步尽责的道理；初中生要养成基本的社会责任心和使命感，形成对个人成长与社会进步关系的正确认识,关注科学和社会的发展与进步,并形成维护社会进步、承担社会义务、服务社会的公民意识;高中生要形成较强的社会责任心和使命感,形成关心科学的发展和社会的进步,自觉维护社会进步、敢于承担社会义务、服务社会、造福人类的积极人生态度。

五、研究性学习的理论基础

研究性学习的兴起与发展并非偶然,而是有着久远的思想渊源和深厚的理论基础的。它的理论框架是在广泛吸取不同理论的基础上不断发展和完善的。

(一) 研究性学习的思想渊源

在西方,研究性学习的思想可以追溯到古希腊的苏格拉底时期。苏格拉底一生收徒讲学,以求提高学生的知识和道德水平。他的教学一般通过讨论、问答或者辩论的方式来揭示学生认识中的矛盾,让学生承认无知,最终在导师的引导和暗示中得出他认为正确的答案,这就是著名的"产婆术"。这种方法虽然在形式上类似于研究性学习,但其"研究"实质上是不彻底的,它所追求的是研究的外在价值或工具价值。

在中国古代教育家充满睿智的思想中,也显示出研究性学习的智慧。孔子在教学中提出"学而不思则罔,思而不学则殆"的学思结合、学疑结合的学习思想。他的学生子夏提出了"博学而笃志,切问而近思"的学习方法,把"学—问—思"统一为一个有机的整体。孟子说:"尽信书,则不如无书。"宋代理学大师张载指出:"有可疑而不疑者,不曾学;学则须疑。"古代学者这种在教与学中培养学生的问题意识和质疑精神,带有浓重的研究性学习的色彩,只是这个过程囿于对书本的学习,难免狭隘。

在近代,研究性学习思想至少被倡导过三次。第一次可以追溯到18世纪的欧洲。与启蒙运动相适应,法国教育家卢梭提出了发现学习法。发现学习源于教育中对儿童的发现,视探究为儿童的自然天性,以培养儿童的独立人格为根本目的,围绕儿童的生活和实践展开,关注探究对儿童发展的内在价值,洋溢着浓郁的人文主义气息。第二次可以追溯到20世纪初。当时,针对脱离儿童生活经验、纯知识灌输的美国传统教育,著名实用主义教育家杜威提出以儿童为中心、从做中学的主张。第三次发生于20世纪50年代末至70年代的美欧诸国以及亚洲的韩国、日本等国,主要倡导者为美国的布鲁纳、施瓦布、费尼克斯等人。他们开展了课程改革运动,在理论上系统论证了"发现学习"、"探究学习"的合理性。但运动所倡导的"发现学习"、"探究学习"的内容主要是理科的学科结构,影响的领域有限。

(二) 研究性学习的哲学基础

哲学是"时代精神的精华",一定的课程必然以一定的哲学精神为基础。人性理论是教育的起点,创造性是人的本质属性。千百年来,人类一直把德尔菲神庙中阿波罗的神谕"认识你自己"作为人的基本职责和最高智慧。教育面对人,探索"人是什么"这一"斯芬克斯之谜",成为一切教育活动的基础。人性并不是一种实体性的东西,而是人自我塑造的一个过程:真正的人性无非就是人无限的创造性活动。研究性学习是学生自主选择探究主题,亲历社会实践,不断查问、审视和批判其生存环境和存在状态的过程。因此,研究性学习的理论基础构建必然要以对人性论的探讨为起点。

人类个体的存在是一个整体性的存在,亦即人是一个身体、情感和精神和谐发展的有机整体。当与环境发生相互作用时,有机体是作为一个整体做出正确反应的。人的完整性根植于生活的完整性,人生活在世界中,人与世界的其他构成——自然、社会亦是彼此交融的有机整体。因此,个体存在的完整性不仅需要个体通过丰富多彩的生活体验和个性化创造,表现丰富生命的内涵和质地;而且还需要个体以宽广的胸襟面向整体的生活世界,同自然、社会和自我作真实的对话和交流。而研究性学习的追求恰恰与此相吻合,它通过对知识的综合运用,不断探究世界和自我,从而实现学生整体的发展和人格的完善。

当今时代的知识观把知识看做行动或过程,看做个体在处于各种目的而试图理解所生活的社会或自然环境的过程中的认知建构或创造的过程。它至少表明两点:其一,知识是一种行动,意即"求知",即"探索知识";其二,个体的参与。面对新的知识观,学校教育将呈现崭新的面貌。首先,课程知识不只是具有普适性的简单规则和既定结论,学生生活及其个人知识、直接经验已成为课程内容的有机组成部分。其次,教学已不再是教师面对知识的独白过程,而是师生在对话中共同参与知识创造的过程。再次,学习作为建构新知识的活动,将成为学生不断质疑、不断探索、不断表达个人见解的过程。研究性学习作为一种充满探究意味的学习方式,与新知识观的需求相契合。

(三) 研究性学习的心理学基础

当代心理学理论的发展为研究性学习的开发与实践奠定了心理学基础,特别是多元智能理论、建构主义和人本主义的发展,使研究性学习在基础教育课程结构中获得了与学科课程同样的地位。

20 世纪 80 年代,美国哈佛大学心理学教授加德纳提出了多元智能理论,并在《心智的结构:多元智能理论》一书中,对"智能"的概念作了全新的界定:智能是在某种社会或文化环境的标准下,个体用以解决自己遇到的真正难题,或生产及创造出有效产品所需要的能力,多元智能理论指出:首先,个体智能以多元的方式整体存在,亦即每个人都同时拥有相对独立的九种智能。其次,个体智能的组合具有差异性。再次,个体智能是在某一特定文化或特定环境中的表现。最后,个体智能的实质是个体的实践能力和创造能力。多元智能理论指导下的教育追求全面而富有个性的发展,重视学生与现实生活的关联,注重培养学生的实践能力与创造能力,这与我国当前广泛开展的素质教育改革,特别是基础教育课程改革的精神高度契合。基础教育课程改革倡导的研究性学习是指,学生根据自身的兴趣和优势选择学习主题,以自己的学习方式投入学习活动,展开积极的探索和实践,并以各种方式展现研究成果。由此可见,多元智能理论为研究性学习的开展奠定了坚实的心理学基础。

建构主义认为,每个学生都有自己的经验世界。不同的学习者可以对同一问题形成不同的看法,通过合作解决问题、小组讨论、意见交流,学生可以看到问题的不同侧面和解决途径,从而对知识产生新的领悟。因此,建构主义主张"在问题解决中学习"。教师要积极地创设问题情境的问题空间,引发学生的认知冲突,学生则积极地搜索旧有的认知结构,查阅有关信息资料,分析解释当前的问题,形成自己的假设和解决方案,建构起与问题解决相应的知识经验,实现冲突过程的同化和顺应。教师可以在此基础上进行提炼和概括,使学生建构的知识更明确、更系统。

人本主义心理学是继行为主义和精神分析之后,西方心理学的第三次思潮,它关注人的潜能与价值问题,其主要理论是"自我实现论"。按照人本主义心理学的观点,"自我实现”(self-actualizing)是人类的一种本能需要,教育遵循人的本能需要,必须以人的自我实现为目的,即培养人成为一个知情合一的,有充分独立和创造性的,充满真实、信任和移情性理解的“完整的人”。关于“完整的人”的研究,为在教育中恢复“完整的人的学习”提供了必要的理论基础。研究性学习于此有着共同的价值追求,人本主义心理学逐渐成为研究性学习重要的心理学理论支撑。

(四) 研究性学习的教育学基础

伴随着课程概念的重建,课程价值观发生转变,课程中人的地位得以凸显。这些变化在显著地改变课程形态的同时,也期盼与之相适应的学习方式的诞生。

在 20 世纪下半叶,概念重建主义者以崭新的思想重构了课程领域。概念重建主义课程范式秉承有机论与整体论的世界观,所开发的课程在本质上属于生成性课程。生成性课程视课程为转化的过程。具体而言,这一转化过程表现为:教师与学生通过主体性的探究生成课程,并通过探索提升自己的生活品质与生命价值,从而在转变课程的同时也转变了自身。课程统一人与人的本质——创造性,成为人的本质力量的显现。知识在这一转变过程中不再被视为需要确切把握的真理,而是创生新意义的素材和资本。这样,由于生成性课程指向对未知领域的探索,指向新意义的创生,因此,它在本质上是探索的、开放的。

教学理论的思维取向指导着教学实践的重点。当代教学理论的发展强烈地冲击着传统的教学观念与教学规范,并逐渐改变了教师与学生的行为。作为与教学理论相对应的学习方式,研究性学习的兴起亦是教学理论革新的必然结果。

20 世纪 80 年代以来,建构主义教学理论的兴起引发了教学理论的深刻变革。建构主义认为,知识不是外在于人的心灵的存在,而是具有认知能力的个体在具体情境中,通过与情境的相互作用建构生成的。学习过程是主动的建构过程,是对事物和现象不断解释和理解的过程,即对已有的知识体系不断进行再创造、再加工以获得新的意义和新的理解的过程。教学的本质是交往的过程,是师生通过对话在交往与沟通活动中共同创造意义的过程。学习不再只是对既有知识的接受,而是个体对意义创生的不断追求。这一寻求是以学生自主探究为主要方式的。因此,研究性学习成为革新的教学理论对学习方式的必然选择。

第二节　学习原理

研究性学习的基本原理主要包括研究性学习的选题原则、基本过程与实施,研究性学习的模式与教师的指导策略,以及研究性学习的评价等内容。本节的最后还将介绍研究性学习的一些误区。

一、研究性学习的选题原则

研究性学习是从问题的确立开始的。问题是研究性学习的核心,也是确立课题的基础,课题是由一些有价值、有创造性的问题形成的。一个科学而有价值的问题,往往可以激发学生的兴趣,激活学生的研究思维,从而培养学生的科学研究能力。强烈的问题意识和探究精神,是现代社会独立健全人格的体现。

研究性学习的具体内容一般是学校根据各自的实际情况确定的，选题的时候主要考虑研究的实用性、科学性和价值性，同时尊重学生兴趣，贴近学生生活，并特别注意选题的可行性。具体来说有以下几条原则。

1. 贴近学生生活

中小学生缺乏科研的实际经验，不知道该选什么样的课题进行研究，开始阶段的盲目性是不可避免的。可以从学生身边熟悉的、感兴趣的方面入手，选题不提倡大，关键在于有实际意义，研究结果能解决实际问题。看到自己的劳动有价值，也更能激发学生的兴趣。比如，“克服考试焦虑的方法”、“从服饰品位看中学生的文化修养”、“上街记录街口每分钟的流量来调研城市道路交通状况”等选题，范围适当，可操作性强，经过学生的努力，可以完成。而“中国水污染问题”、“太阳能的利用”、“当代诗歌研究”等选题就太大、太空泛了。另外，选题可以体现学校和社区特色。

2. 适应学生的认知和心理发展特征

基于中小学生身心发展的特点，充分发掘适合于中小学生年龄特点和能力水平的探究题材，是有效地选择和组织研究性学习内容的一个重要原则。过于抽象的选题一方面学生理解可能有障碍，另一方面也难以激起学生的研究热情。比如，小学生以形象思维为主，言语较身体活动发展滞后，抽象思维能力差，因此，选择角色模仿、游戏竞争、小制作、观察动植物、养育动植物等活动无论在内容和形式上都比较适宜。初中生是心理障碍的多发年龄，可以设计诸如认识自己、控制自己等心理健康方面的研究活动。高中生逻辑思维能力已经接近成人水平，尤其是运用语言的能力，因此，可以考虑开展人类学、伦理学、新科技等方面的研究。随着学生自主学习能力的提高，计算机工具和网络资源在研究性学习中的作用也将日益增强。

3. 体现与各学科的联系

在新的基础教育课程体系中，研究性学习与各学科领域是一个有机整体，学科知识可以在研究性学习中得到延伸、综合、重组与提升；研究性学习所发现的问题和获得的成果可以在各学科领域拓展和加深。因此，研究性学习特别应在选题上下功夫，注意创设各种情境和条件，加强与各科知识内容的联系，促使学生从不同角度去观察和思考问题。比如，“今日西藏”涉及地理、历史、政治、语文等多个学科；“中小学营养餐调查”涉及生物和数学方面的知识；“武汉三日游方案设计”则不仅需要数学、地理、历史领域的知识，还带有浓厚的本土化色彩。

4. 客观条件允许

研究性学习的内容来自学生的生活实际，研究过程也是学生动手实践的过程，需要结合校内教学活动，组织各种校外的实践活动，包括班级或团队活动、文体活动、参观访问和社会服务等。因此，在选题之初就应该考虑到学校的实际情况，是否有相应的器材、资金、场所、人力和信息等资源来支持。其实，研究性学习的本质是探究和体验，而生活中充满了问题，就地取材，废物利用，只要善于发现，无论什么样的客观条件都无法阻挡学生探索的脚步。

二、研究性学习的实施过程

研究性学习的基本过程一般要经历构建问题情境、实践丰富体验和评价研究成果三个阶段，这三个阶段并不是截然分开的，而是经常相互交叉、交替推进的，具体如图 4-1 所示。

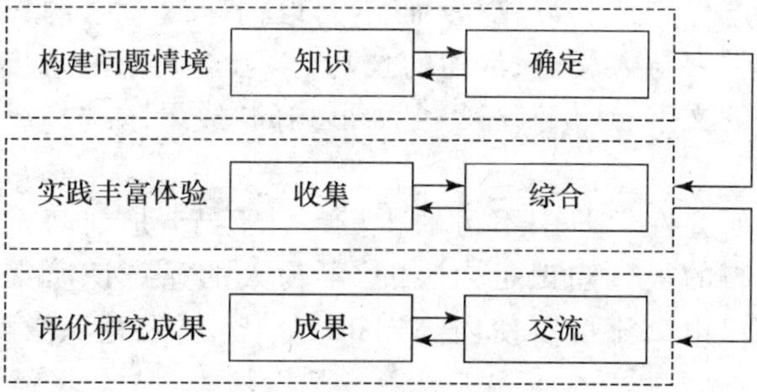

图 4-1　研究性学习的基本过程

1. 建构问题情境

研究性学习的过程本质上是一个问题解决的过程，首先要求学生在教师的指导下建构问题情境，也就是问题解决的空间。良好的问题空间将为问题解决奠定坚实的基础。虽然研究性学习尊重学生的主体性，但任何知识的获得和能力的发展都不是在真空中进行的，都必须以一定的知识和技能为基础。因此，学生在基础知识、课题信息、学习观念、研究方法等方面必须做好准备。比如，可以开设讲座、组织参观访问、进行信息交流活动、介绍已有的研究性学习案例等，使学生尽快适应研究性学习的环境和方式，激活学生原有的知识储备，提供研究范围，诱发探究动机。

教师要鼓励学生从多个角度分析和思考问题，指导学生建立研究性学习小组，邀请校内外指导教师共同参与研究活动，为学生的研究性学习活动提供帮助。小组及小组之间开展讨论，发现问题、提出问题并提出解决问题的初步想法，然后确定围绕解决问题所要进行学习的内容，制订出解决问题的具体方案。研究方案一般包括研究的目的和意义、研究的方法和步骤、研究的时间安排、明确小组分工等，方案的制订应由课题小组成员通过共同讨论自主完成，教师可分析学生的初步方案并查漏补缺，引导学生制订出切实可行的研究方案。教师只是作为一名参与者平等地与学生讨论，对选题的社会价值、研究的可行性和课题的可研究性进行论证判断，共同确立具体题目，形成具体的研究方案。

2. 实践丰富体验

这是充分体现学生自主学习的阶段。学生开始收集解决问题的相关信息时，教师要给学生提供必要的帮助与指导，如获取信息资料的基本方法、如何筛选信息资料并作价值判断等，避免学生产生过强的挫折感。学生可以通过图书目录、统计年鉴、书籍报刊、广播电视、互联网等多种媒体查找他们最想知道的信息，逐步构建起自己的知识体系，并形成自主思考的能力与习惯。根据小组预先确定的研究内容和分工，通过多种形式收集资料、信息或进行实验、实践并总结经验。具体可以采用查阅文献资料、做实验、搞调查、走访专家、实地考察等方法，然后分析处理相关的、有价值的信息和数据，通过论证得出对所研究的课题有价值的结论。

经过信息收集的自主学习阶段之后，学生重新回到学习小组中，利用所学到的新知识重新对问题作出评估，通过设疑、质疑、交流、合作、研讨等，使问题得到解决。这个阶段，学生不是简单地说说自己已经学到什么，而是要应用所学到的新知识，解决现实中的问题。学生通过解决现实中的问题，将所学知识进行外化，新知识在原有知识的基础之上，得到巩固与应用，产生广泛的联结，从而牢固地构建起自己的知识体系。另外，学生在实践的过程中逐渐学习与人交流、沟通的技巧，学习以科学的态度来解决实际问题，最终形成记录实践过程的文字、音像制品等多种形式的"成果"。

3. 评价研究成果

评价研究成果是研究性学习中不可缺少的一个环节，是前两个阶段的延伸和概括。研究性学习中学生获得的很多知识是内隐的，不为人的显意识所察觉和控制，而语言的总结提炼和与他人的讨论交流可以使内隐知识①外化，进入意识学习，加速学习进程，巩固学习效果。

研究成果的表达手段有多种，各小组可以利用小论文、图表、模型、影像等形式，来展示和汇报研究结论及得出结论的过程。将研究过程中有价值的信息与数据进行归纳、综合、分析、提炼，找出有规律性的成果，按理论与实践相结合的原则，形成书面和口头报告材料，撰写成研究论文或调查报告。还可以通过开辩论会、研讨会、搞展板、出墙报、编刊物(包括电子刊物)等方式来表达。当研究成果以各种各样的形式呈现时，评价者会提出多方面的、层次不一的问题，迫使学生深入思考，当学生经过思考表达出自己的观点时，也就完成了对成果的延展性、生成性的体验。通过交流、研讨与他人分享成果，学生将学会如何欣赏和发现他人的优点，学会认真对待他人的意见和建议，学会客观地分析和辩证地思考。

为了进一步提高学生解决问题的能力，教师还应该引导学生讨论相似的问题，对整个研究过程(课题的价值性、研究方案的制订、研究方法的科学性、研究成果的质量、研究过程中学生的参与度、合作意识、体验感受及其他方面的得失等)进行全方位的反思，并对自己或他人的表现作出评价，教师也可以适当作一些关键环节上的点评。评价和反思有助于发展学生的元认知能力。

研究性学习是一个系统工程，在实施过程中需要多方面统筹兼顾、支持和保障。

校长。如果教育一线主管领导的教育理念不变革，那么研究性学习永远不可能得到充分发展。

教师。如果教师缺乏创造性思维、不善于研究和合作，要让学生进行有效的研究性学习会有一定的困难。

家庭。研究性学习的阻力常常来自学生的父母，因为他们不了解这种学习方式，只看到了外在的"混乱"，没有看到内在的"收获"。

资源。研究性学习的资源支持包括资金、设施、时间、空间、网络、社区资源等。工作负担沉重、缺乏时间备课和规划、班级人数过多、教学辅助材料不足等是一线教师普遍面临的问题。

差异。一个研究性学习的选题并非适合所有学生，学段差异和城乡差异是研究性学习在开展过程中必须考虑的。小学生和中学生研究兴趣和能力是不同的，城市和乡村的

---

① 内隐知识：尚无明确定义。一般是指高度个体化的、难以形式化或沟通的、难以与他人共享的知识，必须通过个人亲自去体验、实践和领悟来获得，通常以个人经验、印象、感悟、团队默契、技术诀窍、组织文化、习惯风俗等形式存在，对一个人价值目标的实现起着至关重要的作用。

孩子由于所处的生活环境不同，关注的问题也不一样。

三、研究性学习的模式

正如研究性学习本质上是自由的和个性的一样，研究性学习的模式也种类繁多、不拘一格，比如基于问题的学习（Problem-based Learning）、基于项目的学习（Project-based Learning）、角色扮演（Role Play）、自主学习（Self-directed Learning）、案例研究（Case Study）等。它们都以培养学生的问题意识、批判性思维、独立学习能力和团队合作品质为宗旨，以问题情境为导向，要求学习者的主体参与。

1. 基于问题的学习模式

基于问题的学习模式（Problem-based Learning）是一种以问题为驱动的学习。学习者首先遇到一个问题，要解决这个问题需要学习一些新知识。当问题解决所必备的知识掌握之后，学习者也就解决了目标问题。而且，在解决问题的过程中，学习者还往往整合了原有的知识，并在此基础上发展了新知识。有时候，一个问题的解决又引发了另一个或一些问题的出现，于是，循环往复，学习者的知识与能力也在不断出现的问题解决过程中螺旋式地提高。20 世纪 60 年代，美国的医学院校首先使用了基于问题的学习，因为一些医学生虽然掌握了大量的医学知识和信息，但却缺乏批判性的技能来科学地运用信息。基于问题的学习以问题作为开始，通过创设真实的问题情境，让学生在问题解决的过程中掌握有关知识和培养关键技能。解决问题的途径往往不是单一的，答案是开放式的。

基于问题的学习模式旨在培养学生解决问题的思维方式，因此，问题不在大，关键要实用，要具有独创性。比如，“如何避免在擦黑板时粉笔末到处飞舞”、“校园里的花坛种什么植物更好”、“如何解决行人乱穿马路的问题”等。

基于问题的学习模式实施的基本环节如下。

第一，提出问题。教师创设多种环境，激发学生的好奇心和探索愿望，提出或诱发学生提出问题。

第二，界定问题。问题提出后，教师要用问答的方法帮助学生分析问题，使学生认清问题所在。有时一个大问题可以分解成若干个小问题，便于研究和解答。

第三，解决问题。教师鼓励学生运用推理和观察的方法提出假设的问题解决方案。由于学生经验有限，解决问题的假设不一定一次就正确，教师不要立刻驳斥，而应由全体学生共同讨论，指出错误的地方，寻求更好的方案。如果问题很复杂，或是涉及的范围很广泛，学生往往感到无从着手，提不出解决方案。这时教师就要帮助学生分析问题，并提供参考文献。

第四，选择解决方案。用批判的态度来考核学生提出的问题解决方案，直到找到合理的方案为止。在指导学生评价假设的时候，教师要指示学生用分析、推论、比较、组织等方法，以训练学生的思维能力。

2. 基于项目的学习模式

基于项目的学习模式（Project-based Learning）也称“项目研究”或专题学习，是通过安排围绕项目的真实学习任务，综合各学科已学的知识，在合作学习的环境下，设计并实施一系列的探究活动，并把探究成果进行表达和交流的学习方式。提出问题，分析问题，解决问题是项目学习的核心。项目学习是一种教和学的实践型模式，强调运用学科的基本概念和原理，旨在把学习者融入有意义的任务完成的过程之中，让学习者积极地进行探究与发现，自主地进行知识的整合与建构，目标是学生生成新知识和提高完成项目任务的能力。项目学习也是一种生成模式，要求研究者明确创造的目的和最终产品的形式，并将研究结果以作品或产品形式表现出来，而这种产品可能是有形的物质形态，也可能是一种无形的精神产品。

基于项目的学习模式中的“项目”可大可小，可以是跨学科的，也可以是某个学科内的，小到班级或小组内部的研究项目，大到校际、省际甚至国际的“研究项目”。比如“确定400米比赛起跑线”、“遨游汉字王国”、“人类活动对东湖自然环境的影响”、“全球不同地区水的沸点研究”等。

基于项目的学习模式的基本环节如下。

第一，选定项目。学生根据教师的要求和自己的兴趣，讨论决定研究项目。必要时教师可以对学生选择的项目进行适当的调整，或建议学生对项目进行重新选择。

第二，制订计划。项目小组对项目研究的时间和过程做出具体安排，比如需要的资源、人员的分工、研究进度等。

第三，开展项目。这一环节是项目研究的主体。学生借助一定的研究方法和技术工具来收集相关信息，并处理和加工收集到的信息，再修改最初方案而得出最终方案。

第四，制作成果。学生运用在项目过程中所获得的知识和技能来完成项目的最终作品，比如调查报告、数据分析报告、图片、网站、模型作品等。

第五，成果交流。由教师组织各学习小组进行互相交流、成果展示，并相互分享在实验过程中的经历，一般以作品观摩和小组报告的形式出现。

第六，活动评价。结合一定的评价量表对项目小组本次研究活动进行评价。评价内容涉及项目选题、学生在小组学习中的表现、计划、时间安排、成果表达和成果技术水平等方面。

3. 角色扮演模式

角色扮演模式(Role Play)是让学生扮演情境中的一个角色，更真实地融入情境任务，从局外人变成剧中人，亲身经历某种角色的心理变化过程，进行换位思考，学会站在他人立场思考问题。角色扮演模式强调的与其说是完成任务，不如说是让学生弄清楚情境任务的实质，并在完成任务的过程中学会合作，学会学习。

角色扮演模式的基本环节如下。

第一，提供素材。由学生自己学习或由教师向学生讲述要演出的内容。

第二，分配角色。一个角色可以由多名学生扮演，一个学生也可以扮演多个角色，重演时更换，这样可以给学生更多的参与机会和角色体验。一般采用自愿报名的方式确定扮演者，也可以由教师指定或同学推荐。

第三，理解角色。扮演者通过阅读、观察、调查、访问等形式了解情境和角色，明确自己所扮演的角色性格，理解角色在情境中的观点立场。

第四，进行表演。这种演出不同于戏剧，不需要事先排练，而是每个角色的参与者直接阐述自己的观点，反驳他人的观点，或者去体验自己所扮演的角色在这种情境中的感受。

第五,讨论总结。让学生扮演某种角色的目的是使他们通过角色扮演加深对问题的理解。角色扮演得成功将会增加学习者的成就感和责任感,激发学习者掌握知识的兴趣和积极性。教师可以组织学生分析演出中的问题,反复进行表演、讨论、评价,直至达到预期目的。

角色扮演与课本剧表演是两回事。角色扮演不要求表演,只要求做角色该做的工作。比如"学生充当律师角色,根据法律为虐待儿童案件做辩护"、"学生分别扮演建筑学家、历史学家、政治学家,对圆明园是否该重建进行论证"、"学生以作者身份续写一篇小说"等。

4. 自主学习模式

自主学习模式(Self-directed Learning)是学习者按照自己的学习进度、在自己规定的时间内、自己学习所选定的课程。因为学生往往能够在没有压力的学习环境中维持正常的学习,所以该模式有利于学生学会如何自主学习,勇于承担自己学习的责任。目前,全世界的学校都面临的最大问题是,如何开发有效的策略来培养学生的独立学习品质。开展研究性学习需要一定的自主学习能力,而研究性学习的成功开展反过来又可以极大地促进学生自主学习能力的提高。

自主学习模式没有一定的程序,但有几点需要教师特别注意。

第一,自主学习不是放任自流。教师最初的引导是非常必要和关键的,让学生明白独立探索的必要性,明确自己的学习目标,懂得自主学习的方法,以确保学生自己可以做出合理的学习计划。

第二,自主学习不是"独自"学习。在学生独立学习的过程中,教师作为顾问和监督,应该保证对学生的请求给予及时的反馈,让学生感觉到教师随时都在身边。定期组织学习交流活动也很有益处,学生可以通过与同伴、教师及其他与学习相关人员的交流,获得灵感和动力。

第三,自主学习并非不要"考试"。评价是任何学习不可或缺的,它可以使学习者对自己的学习状态有一个清晰、客观的判断,从而对后续的学习活动奠定基础,并帮助学习者进行自我调整,改进学习,而且,评价本身也是在学习。在进行适当外部评价的同时,更重要的是引导学生进行自我评价,这对于学生学会学习、肯定自我、增强自信是大有裨益的。

5. 案例研究模式

案例研究模式(Case Study)是教师在教学中选择基础的、本质的知识作为教学内容(即范例),通过"范例"的讲授,使学生掌握同一类知识的规律,并能举一反三,提高和发展他们学习迁移的能力。案例研究的关键是如何选择"案例"。总体来说,案例应该言简意赅、系统连贯,能够起示范作用,透过它可以反映出与此有关的知识的全貌,并有助于学习迁移和实际运用。案例研究的案例可大可小,小到单学科概念运用的案例,大到跨学科的综合问题案例,学生在分析案例的过程中,不知不觉地将案例所体现的知识技能与现实运用联系起来,达到学以致用的效果。

教师引导学生进行案例研究的一般步骤是:根据教学目标选好"案例";教师讲解"案例"的类型和种属关系;学生练习;引导学生说出"案例"所体现的知识或规律;由点到面,联系实际,提高学生创造性运用知识的能力。

除了上述几种模式，还有人将研究性学习的模式分为调查研究型、综合表达型、社会参与型、策划实践型、合作交流型，从学生所从事活动的外在表现形式上进行归类，也是值得借鉴的。

四、研究性学习的指导策略

研究性学习既强调学生的主体作用，也重视教师的指导作用，教师指导的内容和形式与以往的学习指导相比有了很大的变化。研究性学习是教师和学生共同活动的过程，是教师引导下的学生学习的过程。

1. *在不同学段，教师指导的学习内容和方法应该有所不同*

由于小学生的社会活动能力不强，思想单纯，缺乏处理实际问题的经验，因此，活动范围应以校内、家庭和所在社区为主，在教师的带领下集中活动，或者在教师的有效监控范围之内分组活动，还可以邀请家长适当参与。中学生较小学生思想成熟，独立性也较强，因此，活动的范围可以逐渐扩大，开展更多的独立活动。在解决实际问题时，学生往往会碰到各种困难，小学生和初中生兴趣变化快，探究活动往往不能持久，需要得到教师的及时关心、鼓励和督促。

2. *在研究性学习的不同环节，教师指导的侧重点应有所不同*

研究性学习是一种全新的学习方式，打破了以往以课堂、教材和教师为中心的传统教学模式。但由于旧模式根深蒂固，面对新模式，学生往往不能很快适应，不能明确研究性学习的目的和意义，也不知如何来计划安排这种形式的学习。所以，在研究性学习的开始阶段，教师应注重对学生学习方法的指导。

在选题阶段，教师应该给学生较大的自由空间，尽量不划定范围，以免限制学生的创造性和想象力。教师不应直接对选题做出正误判定，应充分尊重学生的意见，引导他们对选题加以论证，发现问题时与学生共同分析，共同完善。

由于选题的内容和难度不同，学生花费的精力也不同。有的学生一开始热情很高，但随着研究性学习的不断深入，特别是遇到困难和挫折，研究进度比较缓慢的时候，学生研究的积极性就会大大降低，有时甚至凭想象出的结果敷衍了事，科学精神和科学态度的培养就成了一句空话。因此，教师在学生进行研究性学习的过程中要加强督促检查。比如，定期深入小组了解课题的进展情况，定期举行课题阶段性成果交流会，对学生进行形成性评价，在鼓励的同时引入适度的组间竞争。另外，教师还应参与小组的课题研究，帮助学生解决研究过程中遇到的具体问题。

尽管研究性学习强调的是过程而非结果，但写好规范的结题报告仍是非常必要的。学生需要运用归纳、提炼等方法将研究性学习中获取的大量感性材料去粗取精，向全班展示自己的学习成果。教师应注重在汇报形式上对学生进行指导。比如，让学生明确应提交的材料有哪些（如开题报告、研究活动记录、收集的资料、总结性成果和个人的体会等），并提供材料样例，对每项内容的撰写格式加以指导。在研究性学习成果展示之后，教师还可以鼓励学生将自己认为有价值的学习成果（如有关建议、调查报告等）上报有关部门，以培养学生的社会责任感。

3. *注意唤起学生的兴趣*

爱因斯坦说过，兴趣是最好的老师。研究性学习重视自主和创新，而学生的主动行为和积极思考都有赖于兴趣的支撑。关注学生的长远发展，就应该注意对学生学习兴趣的培养。比如，鼓励学生说出自己的观点，不轻易否定学生的想法，允许学生突发奇想，允许学生犯错误，给学生创造展示自己的机会，给学生创造一个和谐、民主、平等、宽松愉悦的班级环境等。

4. 发掘研究性学习中的人文价值

教师应具有敏锐的洞察力，善于“借题发挥”，不仅要把目光定位在那些有形成果之上，还要从无形的成果中发掘出其中的人文价值。比如，通过回顾解决困难的过程和感受，让学生获得成就感，同时，引导学生养成通力协作的精神，学会欣赏他人的优点，培养其承受挫折的能力；通过让学生总结自己曾经犯过的错误和走过的弯路，使学生吸取教训，并学会反思……研究性学习中的人文价值决不亚于学生在学习活动中所获知识本身。

5. 组建研究性学习教师指导小组

研究性学习的综合性比较强，教师个体往往由于受自身知识背景和思维方式的限制，不能很好地胜任对学生的指导。组成教师指导小组是个很现实的应对办法，可以在一定的程度上解决指导教师在知识结构上的局限性问题，有利于提高研究性学习指导工作的效率。同时，联络社会团体、个人，想方设法请各行各业的专家来做兼职指导教师，把指导教师队伍从学校扩大到社会，才能更好地对学生进行指导。

另外，各中小学还应加强校际间的联系，实现资源共享。同时加强与高等院校的联系，以方便从高校获取资源及专家的指导。除此之外，还可广泛联络社会团体，比如文化馆、博物馆、科技馆等，与他们建立长期联系，建立实验基地，充分利用社区资源，以确保研究性学习有充足的资源。

五、研究性学习的评价

1. 评价的原则

从本质上来说，评价是一种价值判断，研究性学习的评价反映的是研究性学习的理念。研究性学习的评价遵循以下基本原则。

(1) 过程性评价与结果性评价相结合

结果固然重要，但研究性学习更重视学生在学习过程中的表现性评价[①]。

(2) 管理性评价与激励性评价相结合

评价对师生都是一种督促和约束手段，监督虽然必需，激励更加重要。

(3) 自我评价与他人评价相结合

所有参与研究性学习活动的人（学生、教师、家长、社会团体等）都是评价的主体，但以学生的自我评价为主，学生在学习过程中的动态体验和反思才是研究性学习所追求的。

2. 评价的内容

按照加德纳多元智能理论的观点，人至少有七种智能：语言智能、数理逻辑智能、音

① 表现性评价（Performance Assessment）：通过可直接观察的实际行为表现来考查一个人掌握有关知识、技能或具备某种态度的程度。这种评价重在考查一个人将知识、理解转化为实际行动的能力或者使用有关知识、技能解决问题的能力，而不是重在考查一个人对有关知识信息的积累和占有程序。

乐智能、空间智能、身体运动智能、人际交往智能和自我认识智能。不同的人形成了不同的优势智能和弱势智能的组合，从而表现出不同的学习个性。研究性学习是一种重探究、重实践、重合作的个性化综合学习方式，因此，应从多个方面展开评价，这样才能比较科学合理地评判出学生的学习效果。具体来说，研究性学习要对学生知识理解、方法运用、情感培养方面的发展状况进行评价。

（1）知识与理解

知识与理解包括学生在研究性学习过程中所获取的与研究对象有关的知识信息、基本概念和基本原理，以及所了解的从事科学探究应具备的科研基础知识、对科学探究过程和性质的理解。

（2）技能与方法

技能与方法包括学生的研究能力、创新和实践能力、研究方法的运用能力等。表 4-1 可作为技能与方法评价的参考依据。

表 4-1　研究性学习技能与方法的评价要素

资料收集与处理	·倾听的技能 ·发问的技能 ·观察的技能 ·记录的技能 ·访谈的技能 ·调查的技能 ·文献检索的技能
分析和推理	·寻求合理证据的技能 ·辨别事物异同的技能 ·识别给定材料的逻辑要素及其相互关系的技能 ·对给定材料的有效性、可靠性、相关性进行鉴别的技能 ·对材料进行分类整理、归纳概括的技能 ·针对所要解决的问题提出假设并验证假设的技能 ·对各种备选方案的合理性进行评估的技能 ·对调研所获得的数据资料进行解释的技能 ·能正确地运用逻辑原理进行推理和预测的技能
实际操作	·动手制作 ·使用、保管和维护工具仪器 ·实施精确测量 ·实验设计的技能与方法
传达与交流	合理运用各种方式，向他人有效地传达和交流研究成果的技能与方法

（3）情感与态度

情感与态度包括学习态度、合作精神、反思程度等。比如，追求知识的求知态度；不迷信权威，不迷信自我，既能独立思考，又能虚心听取他人意见的开放心态；从实际出发，尊重事实和证据，只问是非，不计利害得失的科学精神等。

（4）研究成果的质量

虽然研究性学习反对过分强调有形的学习结果，但对学习结果的评价仍是研究性学习评价中不可缺少的部分。由于作为学习结果的研究成果表现形式不拘一格，因此，评价的内容也不尽相同。比如，如果学生的研究成果是一份调查报告，需要看抽样、问卷、数据处理和结论推断的科学性，以及文字表达是否流畅等；如果是一个小组主页，则需要考察网页的界面是否美观，结构划分是否合理，内容是否翔实且与研究主题相关，个性化和新颖性如何。

3. 评价的方法

研究性学习的评价方法很多，应根据学生的年龄特点和研究性学习的模式选择操作性强的评价方法，并充分考虑学生的表现性指标，以美和艺术欣赏的角度看待学生的每一次表现。

(1) 档案袋评价

档案袋是学生研究性学习的档案记录，可以包括开题报告、研究计划、活动记录、观察日志、讨论过程、访谈记录、收集到的资料、文章等研究成果，还可以包括学生的学习体会、他人的评价、修改方案等。档案袋记录了学生在一段时间内的学习情况，体现了学习的全过程，反映了学生的个别差异。档案袋评价是以档案袋里的内容来判定学生学习质量的评价方法。

(2) 作品评价

作品评价是通过反映学生研究性学习最终成果的作品来评价学生的学习效果，把作品视为学生态度、能力、合作与创新精神的集中体现。有时通过对学生同一作品前后几次完成情况的考察，可以发现学生的思路和创新能力，评判学生的进步情况。

(3) 展示性评价

展示性评价即学生在向他人呈现研究性学习成果的过程中展示自己获得的知识、技能与能力。这种方法一般要求学生具备广泛的能力，允许个性化表达，在与他人分享研究成果的过程中获得成就感和自我价值的实现，在培养学生的自主性方面具有独到之处。

(4) 口头演说

通过让学生口头演说，反映其研究性学习的过程和结果，展现其多方面的综合能力，让学生充分展示自己。

(5) 研讨式评价

研讨式评价是把学生在研究性学习中的发言多少作为学生学习成绩评定的依据，其目的是让学生学会思考和论证的方法。通过与他人探讨，学生可以发现和交换各自想法，从中可以看出学生提出问题、研究问题和解决问题的能力。在讨论中，往往需要学生有较好的口才，这有赖于他们对知识掌握的广度和深度。

(6) 答辩会

答辩会即通过质疑和追问，让学生充分展现其思考的深度和广度以及知识的灵活运用能力和灵活变通能力，并引发学生进一步的反思、探索。

无论上述哪一种方法的运用或多种方法的综合使用，教师和学生都应注意，研究性学习的评价要与学生的学习密切结合，与教师的指导密切结合，必须重视学生在学习过程中的自我评价和自我改进，使评价成为学生学会实践、发现自我、欣赏他人的过程。

另外，评价的表达方式也要多元化，除了采用常规表达方式外，还可以采用"奖励学分"认定、特长认定、鼓励性评语，颁发奖状和证书等方式。

虽然研究性学习的评价与传统评价有很大不同(如表 4-2 所示)，但这并不意味着研究性学习是随意和毫无原则的。研究性学习的评价也有标准，只不过评价标准趋于多元，采用的是非标准化的评价工具。研究性学习的研究内容和成果形式直接决定着具体的评价标准，如何理解和运用标准，有待于我们在理论和实践方面进一步地探索。

表 4-2 传统评价与研究性学习评价的区别

传统评价	研究性学习的评价
提供标准化的教学和测验	个性化的教学和评价
使用纸笔测验	运用多种评价技术
将学生进行比较	提供学生合作的机会
可以由机器阅卷	人工评判
学生再现限定范围的知识	学生解决现实生活的真实问题
要求选择一个答案	要求学生生成一个答案
所有学生同时测试	个别化的测试
要求学生选择一个正确答案	要求学生解决开放性的、复杂的问题
要求学生从已经获得的知识中寻找答案	让学生投入主动建构知识、产生新的知识中去
在教学前对内容提供概述	在教学前提供给学生标准、程序、评价内容，以便让他们知道自己将如何被评价，怎样做才是成功的

六、目前开展研究性学习的误区

在我国，虽然研究性学习目前受到各中小学校的普遍重视，受到学生和教师的广泛欢迎，但是研究性学习在实施过程中还存在不少问题，有的甚至完全背离了研究性学习的初衷。当前开展研究性学习的误区主要有以下几方面。

1. 孤立认识

在有些学校，课堂教学和“研究性学习”常常是泾渭分明，各行其道。他们认为，课堂教学是传授学科知识的场所，“研究性学习”则是“课外活动”。因此，人们往往倾向于在时间与空间上将这两种活动彼此单独安排，在内容、方式乃至评价等诸多方面没有实质性的联系，出现了课堂教学与研究性学习“两张皮”的现象。

2. 矫枉过正

有些教师对研究性学习与传统的接受式学习认识不清，把两种学习方式完全对立起来，存在着重研究性学习轻接受式学习的倾向。一些教师片面地理解研究性学习，认为只要是学生提出的问题都要研究；本来是可以直接告诉学生的简单问题，却偏让学生去研究，浪费大量宝贵的学习时间。研究性学习不能只重形式，更要注重实效，积累知识和培养能力是同等重要的。研究性学习与传统学习方法的关系不是取代，而是各有侧重。

3. 疏于管理

部分学校片面理解研究性学习的开放性特征，对研究性学习放任自流，缺乏组织机构和规章制度的约束，导致学生在整个活动中毫无目标，混乱无序，更不用说从研究性学习中收获知识和体验。正常的学习秩序是学生学习的基础，也是研究性学习的前提。因此，学校应加强对学生研究性学习的管理，对访问专家或调查研究等非课堂活动进行统筹安排，利用周末等课余时间有序地进行。

4. 忽视指导

有些学校过分地强调学生在研究性学习中的自主性，而淡化教师的作用。这样，在研究性学习实施的过程中，一些教师害怕“穿新鞋走老路”，干脆放手让学生去做，对学生的研究课题一概不闻不问，任其自由发展，真正地成了一个旁观者。有些教师对课程的指导力度不够，对课题的整个进程不了解，对课题的进展情况了解得不及时，对课题涉及的相关知识不熟悉，对学生学习和研究的方法、技能掌握的情况不清楚。研究性学习强调学生的主体作用，并不是要教师撒手不管，相反对教师提出了更高的要求。教师的指导作用主要体现在帮助学生提高理论水平、梳理研究思路、指引研究方向、推荐研究方法。这门课程是否成功、是否收到预期的效果与教师对课程的态度和认识有很大关系。

5. 形式主义

有的教师把研究性学习等同于科学家们进行的成熟的、正规的科技发明，这种认识使得要么只重结果而急功近利，要么怀疑水平而丧失信心。还有的教师由于对研究性学习的意义、性质、特点认识不到位，把研究性学习等同于课题研究，在实施过程中，出现了形式主义，学生和教师把很多精力花在课题上，远离教材，贪大求远，脱离实际，无法实现研究性学习应有的价值。研究性学习的核心在于学习而不是研究，它以学校和教室为主要空间，以教材为主要载体。与其舍近求远寻找课题，不如把研究精神和方法与日常学习相结合，这样更方便有效。

6. 排斥后进

不少教师认为，研究性学习是一种要求很高的学习形式，学生只有具备扎实的基础知识、宽广的知识面才能适应，而中等生和后进生能完成基本的学习任务就可以了。这种认识上的偏差，导致教师在实施研究性学习时，其范围、对象仅限于少数优秀学生。由于学生的个性和能力各有差异，在具体的研究过程中，个体参与的情况不一。活动能力较强、兴趣较浓的学生，对课题研究较为热心，他们会积极搜集资料，深入研究，承担课题研究的绝大部分任务，有的甚至包揽了全部任务；而部分性格内向、学业成绩较差、自信心不足的学生，他们对课题研究兴趣不浓，参与不够，他们各方面的能力就很难得到充分的体现和锻炼。研究性学习要求面向全体，尊重个性，发展个性，搞"精英化"教育有悖于研究性学习的教学理念。研究性学习强调合作，必须发动全体学生，扬长补短，共同参与。

7. 急功近利

有些学校为了显示自己研究性学习搞得好，往往是由教师指定题目让学生去做，却不管学生对此有没有兴趣。有些学生随便到图书馆找一些资料，到网络上下载零星片段资源加以拼凑，根本没有静下心来阅读甄别，更谈不上用自己的观点进行分析、提炼。有些教师急于求成，不给学生充裕的研究时间，只关注预定的进度或研究的结论，看学生调查记录有没有填写，图片资料有没有搜集，研究报告有没有完成，而不关注学生在研究性学习过程中的学习态度、过程与方法、交流与合作、动手实践和体验。这背离了研究性学习的初衷，不仅无助于学生能力的发展，而且导致学生养成浮躁的学习态度和思维习惯，对他们将来走上工作岗位是非常有害的。

第三节 活动和课堂应用案例

前文已经介绍过，研究性学习的模式有多种，无论作为一种教学方法，还是一门独立的课程，研究性学习都不会局限于某一学科，通常是跨学科的。教师作为引导者，在学习之初并不能预见所有细节，可以这样说，研究性学习的"教案"是由教师和学生共同完成的，我们无法给出一个标准的"教案"，也无法穷尽所有的"课型"。因此，下面所举的例子希望能给广大教育工作者一些启发,起到抛砖引玉的作用。

一、研究型的课堂

在课堂上,研究性学习主要表现为一种教学(学习)方式,选取的研究课题通常比较小,且紧紧围绕着教材内容。

案例4-1

数列在分期付款中的应用①

教学内容:等比数列

教学对象:高二学生

(一) 创设情境

"分期付款"在现实生活中的应用日渐广泛,如新型"负翁"、买车、按揭住房、学生贷款上大学等。分期付款虽然解了当下的燃眉之急,但将来分期还款的时候会不会负担太重?多付给银行作为利息的钱会不会太多,反而不划算?

·背景知识·

(1) 分期付款是一种新的付款方式,可以不一次性将款付清,就使用商品或贷款,还款时可以分期将款逐步还清。

(2) 分期付款一般规定每期付款额相同。

(3) 每期利息按复利计算,即上期利息要计入下期本金。

(4) 分期付款中,贷款或商品价值与每期付款额在贷款全部还清之前,会随着时间推移而不断增值。

例如,某银行设立了教育助学贷款,其中规定一年期以上贷款月均等额还本付息,如果贷款1万元,分期付款两年后还清,月利率0.4675%,那么每月应还多少钱?

如果你是银行工作人员,计算1万元贷款两年增值到多少钱。

如果你是贷款人的参谋,计算每一期应付给银行多少钱;贷款还清时实际共付给银行多少钱。

(二) 探究规律

学生分组,各组独立解决问题。每完成一步,由教师提出相应的质疑,不断追问,引导学生进一步探索。

【问题1】1万元贷款两年增值到多少钱?

【学生讨论】1万元两年后产生利息即"增值",由于两年共24个月,每月的本息之和是等比数列,即第1个月总和为$10000\times(1+0.4675\%)$,第2个月总和为$10000\times(1+0.4675\%)^2$,…,第24个月总和为$10000\times(1+0.4675\%)^{24}$,公比为$(1+0.4675\%)$。很显然,两年后1万元的贷款本息之和为$10000\times(1+0.4675\%)^{24}$。

【问题2】是不是把$10000\times(1+0.4675\%)^{24}$除以24即得每月应付款呢?

① 改编自:邱祝玉. 例谈数学研究性学习——《数列在分期付款中的应用》课后札记[J]. 教育革新 2007(12).

【学生讨论】只要存入银行的钱就会产生利息，即前一期的已还款到了下一期也会增值。比如，第1个月还的 x 元，到两年还清的时候，相当于已经在银行存放了23个月；第2个月还的 x 元，存放了22个月……所以贷款人每月所还款及利息应为：$(1+0.4675\%)^{23}x,(1+0.4675\%)^{22}x,\cdots,(1+0.4675\%)x,x$，也是等比数列。这一等比数列的和应与两年后的贷款增值 $10000\times(1+0.4675\%)^{24}$ 相等。教师个别辅导，并与学生交流计算方法。

·解方程式·

$(1+0.4675\%)^{23}x+(1+0.4675\%)^{22}x+\cdots+(1+0.4675\%)x+x=10000\times(1+0.4675\%)^{24}$

【集体讲解】（解题过程略）解得 $x=440.9$，故每月应付款440.9元，付款总额为 $440.9\times24=10581.6$ 元，与当初的1万元相比，多付给银行581.6元利息。

（三）拓展思路

【问题3】还会有其他解法吗？

【提示】1. 将每月的付款额折算成贷款时的值考虑；

2. 从每月所欠款值的角度来考虑。

【学生讨论】将每月的付款额，折算成贷款时的值考虑：设每月偿还 x 元。

第1个月偿还的 x 元相当于贷款时的 $x\div(1+0.4675\%)$ 元；

第2个月偿还的 x 元相当于贷款时的 $x\div(1+0.4675\%)^2$ 元；

……

第24个月偿还的 x 元相当于贷款时的 $x\div(1+0.4675\%)^{24}$ 元。这些值的和等于贷款时的1万元。

·解方程式·

$x\div(1+0.4675\%)+x\div(1+0.4675\%)^2+\cdots+x\div(1+0.4675\%)^{24}=10000$

解得，$x=440.9$，故每月应付款440.9元。

【学生讨论】从每月所欠款值的角度来考虑，还清贷款意味着24个月后的欠款为0元，那么逐月考虑：

1个月后的欠款为 $10000\times(1+0.4675\%)-x$ 元；

2个月后的欠款为 $10000\times(1+0.4675\%)^2-(1+0.4675\%)x-x$ 元；

……

23个月后的欠款为 $10000\times(1+0.4675\%)^{23}-(1+0.4675\%)^{22}x-\cdots-(1+0.4675\%)x-x$ 元；

24个月后的欠款为0。

·解方程式·

$10000\times(1+0.4675\%)^{24}-(1+0.4675\%)^{23}x-\cdots-(1+0.4575\%)x-x=0$

解得 $x=440.9$，故每月应付款440.9元。

【提示】以上三种解法的方程实为同解方程的变形。

（四）引申思考

【问题4】分期付款的总款额与1万元的差额是多少？为什么会有一个差额？怎样理解这种现象？

【学生讨论】略（实际上是对“利息”这种社会事物的认识。）

【总结】善于推理，勤于思考，数学与我们的生活息息相关。

二、研究型的课程单元

对某个课程单元内容的研究性学习，通常是跨学科的。这个过程体现各学学科之间的联系，同时也是对学生综合能力素质的一次提升。对这一内容的设计，需要教师本身具有较强的综合能力素质。

案例4-2

丝绸之路①

教学内容：丝绸之路

教学对象：初中生

（一）课题由来

丝绸之路沟通了西域各国人民的友谊和联系，成为促进东西方文化交流和科学技术进步的纽带和桥梁，曾对世界文明的进步和发展起到不可估量的作用。教科书上对于丝绸之路的介绍比较简单，学生学了以后只是了解了西汉张骞出使西域的原因、经过、意义及丝绸之路的简单路线，东汉班超为重新打通丝绸之路所做的努力。但总体上对丝绸之路的印象还是比较模糊。为此，我们策划了这次关于“丝绸之路”的研究性学习。

（二）实施过程

由于对象是初次涉足研究性学习领域的初中生，所以课题的内容由老师预先设计好，并提供一定的活动建议和活动提示（如下）。以后可以根据学生的能力差异，逐步减少指导，直至完全由学生自主地提出并完成课题。

1. 初识丝路

【活动建议】

◆与同学们一起讨论，谈谈大家所知道的“丝绸之路”。

【活动提示】

◇“丝绸之路”名字的由来？它兴起于什么时间？至今还存在吗？

◇“丝绸之路”最初的作用是什么？后来的呢？现在的呢？

◇“丝绸之路”都要穿越哪些省市、自治区？沿途要经历哪些关卡、重镇？

◇试着想象、描述一下在古时候，人们走“丝绸之路”的情形。所用的交通工具有什么？运送的货物又有哪些？

◇“丝路”曾经是那样的繁荣与辉煌，你是否能把它和现在的“西部开发”联系起来呢？

◇“丝绸之路”是否只有一条？你知道还有一条海上丝路吗？它们在各朝历代的发展有所不同的原因是什么？

2. 丝路初创

【活动建议】

◆和同学们一起查找相关资料，了解丝路开通前西汉的政治、经济、文化状况。

◆与大家一起讨论：张骞出使西域的原因和艰难历程、丝路的贯通在当时起到了怎样的作用？

◆可以分组开一个辩论会：把收集到的资料加以分析并联系现实，看看当时所用的战略计策在今天是否适用。

◆可以编排一幕张骞出使西域的小话剧，以加深同学们对丝路初创艰辛的理解。

【活动提示】

◇丝路的起点是当时西汉的都城“长安”，请问它是今天的哪座城市？

◇当时的西汉与哪些“国家”比邻？其中对中原威胁最大的是哪个？

◇“秦皇汉武”一句中的汉武是指谁？他一生中都有哪些功绩？他为什么要派张骞出使西域？

---

① 改编自：http://www.being.org.cn/practice/hisiq.htm

◇张骞的成功出使给当时的西汉王朝带来了什么？对后世又有怎样的裨益呢？

◇张骞把中国的美丽丝绸、瓷器等工艺品和铸铁、凿井等先进生产技术传到西域和欧洲，那么他从西域为中国带回了什么呢？比如我们现在经常吃的水果，有哪些是在那时才刚能吃到的？其他的，你还能想到什么呢？

3．丝路古道

【活动建议】

◆与有兴趣的同学一起沿地图线路做一次模拟丝路旅游，看看哪条路线最近？哪条路线最艰难？沿途都有哪些重镇？

◆查看地图，找找当时像“车师”这样怪怪的地名都是今天的哪里？

◆可以上网查找资料，指出当时历史上的丝路重镇都有哪些，并联系现实，和同学们一起讨论在西部大开发中它们所处的地位。

◆运用你所知道的地理、历史知识，列出通过丝路与中国结好的国家。

◆把对丝路的浓厚兴趣融入实践中，自己动手设计一条现代的“丝路之旅”。

【活动提示】

◇著名的“河西走廊”是指什么？汉王朝在“河西走廊”上先后设置的“河西四郡”又指哪里？

◇丝路上，中原出入西域的门户在哪里？有哪位诗人曾作诗以使它声名远播？

◇在罕无人迹的沙漠中居然有一泓碧水，那就是“月牙泉”。想一想，为什么在黄沙肆虐、水源干涸的沙漠中会有“月牙泉”存在呢？

◇与神奇的“月牙泉”齐名的还有“鸣沙山”，当游人下滑的时候它就会发出嗡嗡隆隆的响声，古人难以理解，只能用传说解释，那么在科学发达的今天，你有什么好的解释呢？

◇古道上的一个重镇摇身一变却成了今天我们发射卫星的重地，你知道是哪里吗？那么你又是否知道它被选中的原因呢？

◇丝路的发展使往来的国家越来越多，那么请你猜一猜唐代西南路的出现又是与哪个国家交好的产物呢？

4．丝路史话

【活动建议】

◆可以和几个喜爱表演的同学一起把感兴趣的故事情节排成小短剧，既可以加深对丝路人物的认识，也可以引起更多同学对丝路的好奇与向往。

◆向长辈求助，请他们把知道的丝路故事讲来听听。还可以去图书馆查阅相关的故事书。从而了解到更多的人物以及他们为丝路所作出的贡献。

◆开辟一个小栏目——“丝路花雨”，利用每天课前几分钟，把自己知道的丝路人物和故事讲给大家听。

【活动提示】

◇皇室为什么会出现“和亲”现象？究竟什么是“和亲”？这种做法为什么会一直延续下去？“和亲公主”的远嫁最终换来了什么？她们从中原带去的先进技术如何促进西域发展的？

◇当时各少数民族的婚俗是怎样的？与汉族有什么不同？

◇班超投笔从戎的原因何在？他是如何斗智斗勇地斡旋于西域各国间，使它们最终归于汉朝的？

◇唐朝时都有哪些宗教盛行？占主流的是哪种？佛教是什么时候传入中国的？他在中国的流传范围有多广？

◇“天竺”是今天的哪里？玄奘为什么非要到那里去取真经呢？玄奘取得真经并得到皇帝的赏识，这对佛教的发展起了怎样的作用？对中国的社会有了什么样的影响？

5. 丝路文化

【活动建议】

◆丝路开通后，中原各地开始盛行胡服、胡饭、胡笛、胡舞等，同学们可以进行一次小范围的调查，看看周围的人对这些“胡”物有何了解。

◆根据收集的资料和同学们自己的理解，安排一次小型的时装秀，将当时的胡服、华衣进行展示。原料可用廉价的布匹或废旧的报纸、塑料。

◆敦煌不只是丝路上的璀璨明珠，还是我国文化宝库中的瑰宝，同学们可以采访一些历史方面的学者，然后以“小小新闻发布会”的形式把自己的“成果”介绍给大家。

◆以主题班会、演讲、贴宣传画等方式，号召同学们一起参加保护我们珍贵的历史遗产的行动。

◆查阅资料，列举出经丝路由西域传入中原的乐器。并与同学们一起讨论：至今有哪些已销声匿迹？哪些依旧活跃于乐台之上？在现代音乐中，我们可以常听常见的有哪些？

【活动提示】

◇西域的艺人在南北朝时大量涌进中原，为什么会出现这种现象呢？

◇为什么以“敦煌”为名？你知道“敦煌”是什么意思吗？

◇丝绸之路迢迢数千里，为什么非要在敦煌开凿佛教洞窟呢？佛教不就是奉佛拜佛，盖上寺院供奉就行了吗？那么为什么石窟寺却开凿于悬崖绝壁、人迹罕至的偏远地方呢？

◇你听说过震惊中外的藏经洞吗？知道里面珍藏的经卷写本有什么用吗？那些英国人、法国人、日本人、美国人为什么不远万里、历经千难万险来搜集这些东西呢？

◇这些重要的文献资料还在社会科学领域形成了一个新的专门学科，它使得历史、语言学、社会经济、宗教、文学、艺术等多种学科的研究，都获得了新的发展，你知道是什么吗？

◇从北魏到元代，包括了整整10个世纪的作品，代表了我国民族艺术重要发展时期佛教艺术的全貌，同学们可以了解一下雕塑、壁画艺术在不同朝代的不同演变。

6. 海上“丝绸之路”

【活动建议】

◆与同学们一起讨论“海上丝路”出现的原因。

◆瓷器，在英语中与中国是一个词，也可以说是中国的代名词，查阅资料，了解一点关于它的知识。

◆将郑和下西洋的壮举与世界航海家哥伦布、达·伽马、麦哲伦的航行进行比较。

【活动提示】

◇海上丝路的兴起，进一步促进了贸易的往来，那么它的繁荣发展可以带动哪些行业呢？

◇根据你的想法，当时有“华侨”吗？听说过“昆仑奴”吗？你知道他们是怎么被运来中国的吗？

◇当时中国的一项伟大发明使全世界的航海事业都有了飞速发展，你知道是什么吗？了解一下它是如何“问世”的。

◇到了明朝初期，海上的“丝绸之路”慢慢被“陶瓷之路”取代，你能猜出其中的原因吗？

◇郑和下西洋的故事大家肯定听说过，但有谁知道在航程如此遥远，访问国家如此众多的情况下，他是怎样完成的呢？

7. 丝路贡献

【活动建议】

◆ 把我国同西域相互交流的结果列表总结，并分析其产生的深远影响。

【活动提示】

◇ 丝路在维护中原王朝的统治上发挥了什么样的作用？

◇ 丝路对于中西各国经济的发展起到了怎样的推动作用？

◇ 中西的文化是如何通过丝路进行交流的？

◇ 丝路所开辟出的路线对后世的交通产生了怎样的影响？

（三）评价方案

活动成果及要求。

1. 一份小报

要求：(1) 4开大小(一张“解放日报”大小)。

(2) 要有主副标题，主标题为“丝路专刊”，副标题根据所探索研究的内容自定。

(3) 小报中的文章至少有一篇是自写的，其余可以摘录，但摘录文章必须注明出处。

2. 一袋研究档案

要求：(1) 活动中搜集的所有相关资料。

(2) 一份活动小结。至少回答以下三个问题：“我们小组的小报有哪些特色”，“如果重新做，我们在做法上会有什么不同”，“活动前后，我在哪些地方比过去有了进步(每个小组成员都要回答此问题)”。

3. 一次表演

要求：把活动中所探索研究的内容，用一次独具特色的表演介绍给大家。具体评价标准如表4-2所示。

活动评价标准

	一般	好	很好
小报文章数	有四篇以上的文章，但没有一篇是自己写的	有四篇以上的文章，其中有一篇文章是自己写的	有四篇以上的文章，其中至少有两篇文章是自己写的
小报文章质量	小报有副标题，但所选文章与副标题不符	小报有副标题，所选文章与副标题基本相符	小报有副标题，所选文章与副标题完全匹配
美工	有美工，但插图数不足三幅	有美工，有三幅以上的插图，但无自己创作的图	有美工，有三幅以上的插图，至少有一幅是自己创作的图
信息道德	研究档案中搜集的资料没有注明出处，小报引用的文章也没有注明出处	研究档案中搜集的资料及小报引用的文章中有一处没有注明出处	研究档案中搜集的资料及小报引用的文章中都注明了出处
表演	表演形式一般，所介绍的内容观众没有看懂	表演形式一般，所介绍的内容观众看懂了	表演形式独特，所介绍的内容观众也看懂了

拓展阅读

[1] 邹尚智. 研究性学习理论与实践[M]. 北京：高等教育出版社，2003.

[2] 惟存教育. http://www.being.org.cn/.

思考题

1. 什么是研究性学习？研究性学习有什么特点？
2. 结合本章第三节介绍的案例，分析开展研究性学习的目的。
3. 研究性学习有哪些理论基础，这些理论是如何指导研究性学习开展的？
4. 分别就同一内容设计至少两种不同模式的研究性学习，并说明两套方案的优缺点。

5. 可以纯粹利用网络开展研究性学习吗？为什么？

参考文献

[1] 邹尚智. 研究性学习理论与实践[M]. 北京：高等教育出版社，2003.
[2] 王升. 研究性学习的理论与实践[M]. 北京：教育科学出版社，2002.
[3] 张华，李雁冰. 研究性学习的理想与现实[M]. 上海：上海科技教育出版社，2004.
[4] 季芳，程继武. 中学学科教学中的研究性学习案例专题研究[M]. 杭州：浙江大学出版社，2005.
[5] 安桂清. 研究性学习：作为理念、方式与领域[J]. 山东教育科研，2002(3).
[6] 张文周. 关于研究性学习的目标[J]. 上海教育科研，2001(5).
[7] 曹长德. 对研究性学习的再认识[J]. 课程·教材·教法，2007(12).
[8] 方展画. 研究性学习：姓“学”不姓“研”[J]. 教育发展研究，2004(3).
[9] 刘永春. 研究性学习：不良倾向与应对措施[J]. 中小学教师培训，2007(8).
[10] 石中英. 试论研究性学习的性质[J]. 课程·教材·教法，2002(8).
[11] 张朋. 研究性学习的认识误区[J]. 教育探索，2004(10).
[12] 钟启泉. 研究性学习："课程文化"的革命[J]. 教育研究，2003(5).
[13] 钱旭升. 我国研究性学习的研究综述[J]. 教育探索，2003(8).
[14] 易凌峰. 研究性学习的心理学基础[J]. 上海教育科研，2000(1).
[15] 林初锐，胡瑜. 教育心理学的研究性学习观[J]. 心理科学，2003(1).
[16] [EB/OL]. http://www.fromeyes.cn/oblogUP/user1/12/archives/2005/87.html，2008-10-22.
[17] 文可义. 研究性学习的内容选择[J]. 教育探索，2002(12).
[18] 张肇丰. 研究性学习的课程内容[J]. 上海教育科研，2001(5).
[19] 周献文. 研究性学习中选题的几点体会[J]. 教育革新，2007(8).
[20] 曲铁华，梁清. 论研究性学习中的教师指导策略[J]. 东北师范大学学报(哲学社会科学版)，2002(4).
[21] 胡庆芳，程可拉. 当今美国中小学研究性学习的模式研究[J]. 教育科学，2003(10).
[22] 胡兴宏. 研究性学习活动实施中的操作问题[J]. 上海教育科研，2001(5).
[23] 赵明仁，黄显华. 西方研究性学习的研究综述[J]. 教育理论与实践，2008(5).
[24] 张肇丰. 研究性学习的社会学意义[J]. 教育研究，2004(2).
[25] 安桂清. 多元智能理论关照下的研究性学习[J]. 外国教育研究，2004(10).
[26] 彭寿清. 研究性学习的组织与评价[J]. 教育研究，2005(4).
[27] 李子建，尹弘飚. 研究性字习实施论纲[J]. 课程·教材·教法，2004(3).
[28] [EB/OL]. http://jpkc.ccnu.edu.cn/gjj/2008/xxjsykczh/zwy/08/02/11wangyanli.doc，2008-10-26.
[29] 夏正江. 关于研究性学习评价方式的构想[J]. 课程·教材·教法，2003(11).
[30] 沈之菲. 研究性学习的评价[J]. 上海教育科研，2001(5).
[31] 廖大海. 略论研究性学习评价的三个问题[J]. 上海教育科研，2000(1).
[32] 邱祝玉. 例谈数学研究性学习——《数列在分期付款中的应用》课后札记[J]. 教育革新，2007(12).
[33] [EB/OL]. http://www.being.org.cn/practice/hisiq.htm，2008-10-30.

第五章　合 作 学 习

学习目标

1. 能说出合作学习的含义、要素、特点；
2. 能说出合作学习的理论基础，并分析这些理论是如何指导合作学习的；
3. 能说出合作学习的实施过程及选题和教师指导方面应注意的问题；
4. 能应用合作学习的不同模式开展教学，并分析各模式的优缺点；
5. 能应用不同评价方式对学生的合作学习活动进行评价；
6. 了解当前开展合作学习的误区。

知识概览

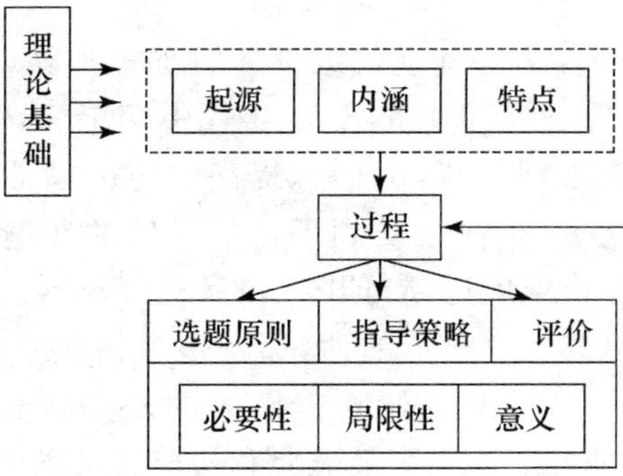

本章导学

合作学习是指学生为了完成共同的任务，有明确的责任分工的互助性学习。它是目前世界上许多国家普遍采用的一种富有创意和具有实效的教学理论与教学策略体系，被人们誉为“近十多年来最重要和最成功的教学改革”。

第一节　基本概念与理论依据

合作学习是指学生为了完成共同的任务，有明确的责任分工的互助性学习。合作学习鼓励学生为集体的利益和个人的利益而一起工作，在完成共同任务的过程中实现自己的理想。

学生之间通过建立积极的相互依赖的关系来进行合作学习。所有的小组成员通过一个共同的目标紧密联系起来，每个成员都承担了一定责任，成员之间面对面地接触，以不断加深了解的方式进行交谈，非常亲近。他们能够大胆发表意见，显得自信，无忧无虑，他们相信自己，视自己为有价值的人，值得尊敬的人。整个学习过程，学生们都在积极主动地忙碌着、参与着，自愿学习，没有被逼迫的感觉；整个学习过程都是通过学生互相发言、互相鼓励、互相帮助、互相理解、耐心聆听、积极探讨来完成的。因此，成功的合作不但培养了学生人际交往的技能，使学生学会交往、学会参与、学会倾听、学会尊重他人，而且还培养了学生的团队精神。

一、历史渊源

1. 历史背景

回顾以往合作学习的发展历程可以发现，合作学习的理念并非近代社会的新思潮。很早以前，人类已经开始重视学生互动学习与团体合作学习，比如：西元一世纪，古罗马时代的昆体良便主张“学生可由相互教学中获益”；中国伟大的教育家孔子主张“独学而无友，则孤陋而寡闻”等。然而，直到1900年前后，才有学者提出有关合作学习的教学理论基础。其中，美国教育家帕克(Parker)是最早在公立学校倡导合作学习的学者。至于合作学习开始真正受到人们重视并实际应用在班级教学且有系统地发展成教学法，则应回溯至1970年前后。

20世纪70年代初，合作学习作为一种现代意义上的新的教学策略兴起于美国，在德国、以色列等国家也有试验和推广，并于20世纪70年代中期至80年代取得了实质性进展。由于它在改善课堂内的社会心理气氛，大面积提高学生的学业成绩，促进学生良好非智力品质的发展等方面效果显著，很快就受到了世界各国的普遍关注，并成为一种主流教学理论与策略。美国教育评论家埃里斯(Ellis)和福茨(Fouts)指出，“如果让我们举出一项真正符合‘改革’这个术语的教育改革的话，那就是合作学习。如果合作学习不是当代最大的教育改革的话，那么它至少也是其中最大的之一。”美国教育学者沃迈特(Vermette)则认为：“合作学习是近十几年来最重要和最成功的教学改革。”《国务院关于基础教育改革与发展的决定》中专门提及并倡导合作学习——鼓励合作学习，促进学生之间的相互交流，共同发展，促进师生教学相长。目前，合作学习已成为我国新一轮基础教育课程改革的一个重点。与此同时，如何把握合作学习的实质与教学理念，有效地提高教学效率也就成为广大教育工作者所面临的一项重要课题。

2. 社会背景

合作学习起源于美国的20世纪60年代，因社会上认为传统教育反映着社会上、经济上与文化上的不平等，因此发展出反隔离运动，而反映在教育上的反隔离运动就是合作学习的教学策略。具体而言，合作学习源自杜威“教育即生活”的民主教育理论，强调教室应该是民主生活的缩影，学生在民主教室里的关系是荣辱与共、休戚相关及互助合作。合作学派的倡导者们认为在学校中要根除种族歧视现象，必须通过不同种族、文化背景、社会经济地位、能力水平的学生的合作性接触才能实现，让学生在交往中进行合作，在合作中学会交往，以此改善种族关系，创造良好的课堂社会心理气氛。

在合作学习的教室里，学生依不同性别及能力，混合编成若干合作学习小组(每组3～6人)，小组成员共同合作，互相指导，一起学会老师每节课指定的内容，并达到预期的学习目标，小组成员只允许大家一起成功，只要有组员无法达到学习目标，该小组即需努力再努力，否则所有成员都得承担失职之责。合作学习的目的是精熟学习与促进人际关系。透过小组成员的反复练习与相互指导，可以达到多元文化教育，提升学业成就的目标；而透过不同背景学生的接触与合作，可以使学生化解偏见，产生互赖与尊重的态度。简而言之，合作教学主要利用小组成员之间的分工合作，共同利用资源、互相支援来进行学习，并利用小组本位的评核及组间的比赛，制造团队比赛的社会心理气氛，以提高学习的效果，一方面使学习机会更为平等，一方面使学习动机更为强烈。

3. 观念来源

合作学习的观念来源主要有两个方面，分别是建构主义学习观和社会心理发展学说的学习社会化理论，这两种观点分别从不同角度对合作学习观念的形成产生影响。

建构主义学习观认为学习绝非将老师所讲的内容照单全收，学生的脑子也不是一片空白等着老师来涂抹或填塞。学习是一个累积的过程，学生先以其原有知识去了解老师讲授的知识，再以自身认为有意义的方式建构自己的知识。而社会心理发展学说的学习社会化理论的观点则是：一个人的学习发展必定介于个人独自解决问题及经人诱导、与人合作之间。最佳发展状态是出现在团体活动中，而非单独的表现。表现在合作学习观念中是：老师不是课堂中的主角，只是在学生学习的过程中诱导、协助及提供意见；学生必须主动参与，承担其学习责任。学生在小组讨论中主动探讨发掘自己的见解，并以适当的措辞讲给同组的伙伴听，再通过他人的建议逐步修正自己的见解，学习在这样持续的互动过程中完成。学生必须注意倾听他人的意见，努力思考消化，适时纠正他人的错误，诚恳接纳建设性的批评，同时也要提出证据来为自己的论点辩护。

二、合作学习的理论基础

合作学习的理论基础包括动机理论、知识建构论、社会互赖理论、认知精细化理论以及接触理论等。

1. 动机理论

动机理论分为“需求理论”、“内在动机”两个部分。

人们有“与人互动”、“归属感”的本能需求以及“成就”、“权力”的内在需求。在合作学习的环境下，组员彼此分享与互动，可适时地提供组员个人的基本需求，同时也强调个人责任承担与小组互依性，借由小组组员间彼此在共同目标、资源、任务、奖赏等方面有其正相关与互赖性，进而促使同伴间互动，并满足人们的心理需求，从而吸引与维持组员的学习动机，有效地增进组员的成就与表现。

马龙(Malone)和莱普(Lepper)认为，内在动机架构主要包含四个要素，分别为“挑战性”、“好奇心”、“操控性”与“假想空间”，这四要素是提升活动参与组员内在动机的主要驱动力，其中又以“好奇心”与合作学习最为相关。若能供由新信息的提供而让参与的学生体会到本身原有的知识体系是不完整的或是不一致的，将可有效地诱发其好奇心。在合作学习过程中，组员对其他人不同的想法会产生质疑，与其讨论一些错误观念或不佳的认知策略，进而重新审视原有知识体系的一致性与合理性。

2. 知识社会建构论

知识社会建构论中与合作学习最相关的理论是维果茨基的“最近发展区”理论和“文化历史建构论”。

维果茨基所谓的“最近发展区”指的是个体实际发展能力与潜在发展能力之间的距

离。实际发展能力是指个体独立自行解决问题的能力;潜在发展能力则指个体在成人的指引或在其他能力较强的同学的协助下,解决问题的能力。维果茨基的"文化历史建构论"则强调,个体学习者并不是一个孤立的探究者,而是一个社会的人。知识是特定的社会群体为解决特定情境下的问题而被发明出来的,因此知识存在于特定的社会共同体或者实践共同体之中。个体的心理发展受社会历史文化的影响。

当个人在环境中与他人合作完成任务时,可能会产生社会认知上的冲突,进而形成认知不平衡的现象,此现象反过来可以激发个人认知上的发展。知识具有社会性,经由合作的学习、讨论以及思考的过程有助于提升学习者的认知水平。在合作学习情境中,组员彼此之间不同的知识内容会被挑战,不适当的逻辑推理策略会被质疑,经沟通、协调后,参与合作的各个组员都会对学习主题有更深层的理解。

3. 社会互赖理论

社会互赖理论强调团体中每个成员之间合作目标达成的互动经历,其发展过程分为以下的四个阶段。

社会互赖理论源于20世纪初的格式塔心理学。作为创始人之一的考夫卡(K. Kafka)认为,群体是成员之间的互赖性可以变化的动力整体,各成员之间的互赖有其差异性,强调以合作目标作为达成学习的诱因。

20世纪30年代,勒温(K. Levin)主张团体的本质是成员基于共同目标而形成的互赖,使团体成为一个整体。若群体中任何成员或次群体的状态发生改变,将会影响其他成员或其他次群体产生改变;群体成员内在的紧张状态能够引发完成共同目标的动机。

20世纪40年代晚期,道奇(M. Deutsch)以目标结构来区分团体的组成,并界定三种目标结构:合作、竞争和个人。其中,合作的目标结构为个人的目标取向努力可以协助他人达成目标。竞争的目标结构为个人的目标取向努力会妨碍他人达成目标。个人的目标结构为个人的目标取向努力与他人达成目标无关。

其后,约翰逊兄弟(Johnson, D. W. 和 Johnson, R. T.)扩展道奇的理论,并最终形成社会互赖论。该理论认为,积极互赖(合作)产生促进性互动,群体成员会彼此鼓励和促进学习上的努力;消极互赖(竞争)产生对抗性互动,群体成员会彼此不鼓励学业上的努力,而且会相互阻碍;在缺乏互赖的情况下,个人之间彼此便不会有互动,个人都是独立工作而不受干扰。

从社会互赖理论的角度来看,合作学习理论的核心可以用很简单的话来表述:当所有的人聚在一起为了一个共同目标而工作的时候,靠的是相互团结的力量。相互依靠为个人提供了动力,使他们互勉,愿意做任何促使小组成功的事;互助,力求使小组成功;互爱,因为人都喜欢别人帮助自己达到目的,而合作最能增加组员之间的接触。

4. 认知精细化理论

认知心理学的研究证明,如果要使信息保持在记忆中,并与记忆中已有的信息相联系,学习者必须对材料进行某种形式的认识重组或精制。认知精细化的最有效方式之一即是向他人解释材料。个体必须将信息进行认知重构或精细的处理,而最有效的方法便是向同伴解释或教导,在这个过程中,不仅对接受者有利,更有利于指导者本身。长期以来,关于同伴互教活动的研究发现,在学业成绩方面,教者与被教者均能从中受益。丹赛罗(Dansersau)认为,从合作学习活动中学得最多的是对他人提供精细化解释的人。

5. 接触理论

接触理论着眼于社会互动关系的研究，提倡不同种族、民族、性别的学生在学习上的互动与交流，由此达成群体关系的和谐。接触理论的代表人物阿尔波特(Allport)认为，人际间的合作能提高小组的向心力及友谊。他还强调，单纯机械的接触，尚不能形成促进性学习，提高学习效果，只有发展成为合作性的关系，才能形成有效学习。另外，斯莱文(Slavin)提出，在不同学生中采用接触理论，以异质性分组方式进行合作学习，能够有效促进学生之间的互动。

就接触理论而言，它不但适用于不同的种族，也适用于不同的年龄、性别、社会经济地位或能力的学生在一起学习。值得关注的是，合作学习的各种理论观点之间存在着互补性，彼此虽各有侧重，但并不相互矛盾。合作学习采用异质分组，是为了增加学生接触不同学生的机会，以便在团体中分享不同的观点。

三、合作学习的概念与内涵

(一) 什么是合作学习?

国内外学者对合作学习的定义的主要论述如下。

1. 国外学者对合作学习的定义

帕克认为合作学习提供一种合作的学习环境，且指出学生在异质小组中与同伴一起学习，从中彼此互相帮助，提供资源，批判并修正、分享彼此的观点及成果。

斯莱文(Slavin)认为合作学习是一种有结构、有系统的教学策略，依学生能力、性别、种族背景等因素，分配学生到异质小组中，鼓励同伴之间互相协助，提高个人学习效果及团体目标。

沙伦(Sharan)提及合作学习是学习活动的再设计，鼓励儿童在小组内分工与合作，结合教师的学习活动及社会互动等认知与情意两层面的学习，在互相沟通、互动之下，提升小组作业进度，共同分享学习的喜悦。

约翰逊兄弟认为要了解合作学习，首先应厘清学生学习时的目标结构，目标结构将决定学生欲达成学习目标时，同学之间的社会互赖关系，当个别的学生所要达到的学习目标与其他同学之间存在正向积极的互赖关系时，则可定义此为合作性的目标结构，该学习情境即为合作学习。

2. 我国学者对合作学习的定义

黄政杰提出合作学习采取异质性分组的方式，将不同民族、种族、能力、经验、性别、阶级等背景的学生组合在一起彼此合作来学习，这种学习方式可以增进他们之间的互动、理解和友谊，对于未来生活中即将面对的人际关系，如工作、婚姻、家庭、社区、公民等，应该是比较容易胜任的。

王坦认为，合作学习是一种旨在促进学生在异质小组中互助合作，达成共同学习目标，并以小组的总体成绩为奖励依据的教学策略体系。

王红宇认为，合作学习是以现代社会心理学、教学社会学、认知心理学、现代教育教学技术等为理论基础，以开发和利用课堂中人的关系为基点，以目标设计为先导，以全员互动合作为基本动力，以班级授课为前导结构，以小组活动为基本教学形式，以团体成绩为评价标准，以标准参照评价为基本手段，以全面提高学生的学业成绩和改善班级内的社会心理气氛、形成学生良好的心理品质和社会技能为根本目标，以短时、高效、低耗、愉快为基本品质的一系列教学活动的统一。

林生傅先生在论及合作学习时指出："合作学习乃是一种创新的教学设计，目的在于使学习活动成为共同的活动，其成效关系到团体的荣辱。"

纵观世界各国有关专家对合作学习概念的认识，合作学习的概念至少涉及以下几个层面的内容：

第一，合作学习是以小组活动为主体进行的一种教学活动。

第二，合作学习是一种同伴之间的合作互助活动。

第三，合作学习是一种目标导向活动。

第四，合作学习是以各个小组在达成目标过程中的总体成绩为奖励依据的。

第五，合作学习是由教师分配学习任务和控制教学进程的。

（二）合作学习与其他相关概念的比较

1. 合作学习与竞争学习、个人学习以及小组学习的比较

我们通过表5-1来对合作学习、竞争学习、个人学习和小组学习四种不同类型的学习进行比较，从而能较为明显地看出合作学习与另外三种学习之间的区别。

表5-1　四种不同学习类型的区别

合作学习	竞争学习	个别学习	小组学习
具有构成合作学习关联的要素	学习者之间的目标是消极的相互依赖关系，即别人的胜利则意味着自己的失败，反之亦然，这是一种"利己损人"的交互方式	学习者彼此独立的学习，他们的成功取决于各自的努力与目标间的关系，而其他学习者的成败并不影响自己的成绩，这是一种"利己不利人也不损人"的交互方式	任务较简单、目标比较单一，组员间无分工、无依赖关系。必须基于一定的条件，才能构成合作学习关系

表5-1只是粗略地从特点的角度对四种学习的区别加以介绍，除此之外，约翰逊兄弟还对合作学习和小组学习的区别从九个方面进行了详细的叙述，具体内容可以参照本章的参考文献。在对合作学习与竞争学习以及个人学习之间的区别和联系上，约翰逊兄弟在他们的论著中专门进行过分析和总结。

2. 合作学习与合作教育的比较

有关合作教育的研究比较重要的有两个：一个是苏联的合作教育，指的是相对于传统的权利主义教育的一种新的人道主义教育理论和实践，是由处于教学第一线的教师共同倡导的；另一个是德国的交往教学流派，是针对当时德国教育的危机提出的，侧重于探讨师生交往，在理论形成过程中受到了法兰克福学派的影响。

苏联合作教育中的合作是指教师、学生、家长、校长、领导两两之间的合作。合作是相对于对立和冲突提出的，含义相当广泛。而德国的交往教学流派侧重于师生交往关系的探讨，开发具体的教学策略较少，故影响非常有限。

合作学习与上面提到的两种合作教育相比，存在着以下几点区别[①]：首先，"合作"的含义不同，合作学习中的"合作"主要指学生之间的合作，而合作教育中的"合作"主要是

① 王永田.合作学习与合作教育之比较[M].当代教育科学，1996(6).

指师生之间的合作。其次，合作学习在教学组织形式上别具一格，合作教育在教材处理等问题上独树一帜。合作学习以班级授课为基础，以小组活动为基本教学形式。合作教育则主张对教材进行综合处理，把分割得很零碎的教材结合成大单元进行教学，同时还主张让学生讲解教材难点，在教学过程中不能单纯由教师“教”，在学生的“学”中也能渗透“教”、“自教”、“互教”的因素，教师还应给学生自由支配的时间。再次，合作学习是以各个小组在达成目标过程中的总体成绩为奖励依据的。小组成绩的计算不是以原始测验的分数而是以每个小组成员的提高分为依据的。而合作教育则主张不给学生计分。

3. 合作学习与传统学习的比较

合作学习与传统教学相比，它们有着许多质的不同。合作学习有以下特征：有明确的小组讨论，或需解决的教学任务；小组内成员面对面互动；小组内有相互合作帮助的互动的气氛；小组内人人参与，每人都有自己的职责。教师不再是信息和知识的唯一来源，师生、生生共同学习。表 5-2 所示的是盛群力等人提出的关于合作学习和传统学习的若干特征的比较。

表 5-2 合作学习和传统学习的若干特征比较

		传统学习（学生参与水平低）	合作学习（学生参与水平高）
教学本质论		教学是一种特殊的认识过程	教学是特殊的认识过程和交往过程
目标		强调学术性的目标	学术性目标和社会交往目标并重
内容		教师向所有的学生呈现相同的内容 学生在选择任务时没有发言权	不同的学生承担内容的不同部分 学生在选择任务时有发言权
施教对象		一般面向中等学生	面向所有学生
组织形式	基本特点	大班教学为主，小组学习为辅	大班教学为辅，小组学习为主
	小组学习内涵	分组随意散漫，倾向于同质分组 指定一名小组领导者 不注重互赖 忽略小组合作技能的培养 计算个人成绩	分组程序严密科学，大多为异质分组 角色轮换，分享领导 强调积极互赖 直接教给合作技能 不计算个人成绩
角色	教师	知识的权威，知识的传递者	学习的指导者，促进者、咨询者
	学生	消极被动的知识接收器	积极地参与学习
互动		有限的师生互动	强调师生、生生、师师等多边互动的统一
知识	教的方式	从教师单向地传递给学生	从教师、学生等多种渠道传递给学生
	学的方式	侧重于记忆	侧重于意义建构
学习情境		过分强化竞争或是个人单干	强调合作，并合理利用竞争和单干
评估		强调常模参照评估	强调标准参照评估
文化观		统一性	多元性

四、合作学习的要素和特点

（一）要素

合作学习的倡导者艾尔菲（Alfie）在《不要竞争》一书中针对合作学习提出了三要素

理论，即3C理论：① 控制权。学生才是学习过程中的主人，学习的控制权应交到学生手中而不是掌握在教师手中。不应该由教师(供应商)来决定学生(顾客)的需求。② 课程。课程要编排得能引起学生的兴趣和好奇心，进而使学生主动去探索并付诸行动，学生通过课程也得以学习合作精神。③ 共同体。学生要彼此积极互赖，在学习的过程中更要培养出社会交往的技巧。

艾尔菲上述三要素是从较广泛的意义上讲的，而美国明尼苏达大学合作学习中心约翰逊兄弟俩则是基于合作学习在课堂教学中的具体实施而提出的，因而具有更强的实际指导意义。约翰逊兄弟提出了合作学习的五个基本要素，该观点对我国的合作学习基本要素的研究产生了广泛的影响，这五个基本要素是积极互赖、直面互动、责任到人、社交技能、小组反思。

积极互赖，即要确保学生知道只有当自己和同伴都取得成功时，才算真正的成功，他们之间是"荣辱与共"的关系。

直面互动，教师应最大限度地提供机会使学生互帮互助、互相支持、互相鼓励，并对彼此为学习而付出努力的行为给予赞扬。

责任到人，是指每个学生都必须承担一定的学习任务，并为自己的学习负责，防止"搭便车"。其目的在于促进每一个学生都积极地、独立地学习，获得最大限度的提高。

社交技能，是学生进行高质量合作学习的前提，也是合作教学的目标之一。

小组反思，合作小组必须定期地评价合作活动的情况，保持小组活动的有效性。这样能促使学习小组维持良好的工作关系，有利于合作技能的学习，保证学生在元认知水平上也进行思维，并为强化小组成员的积极行为和小组的成功提供支持。

(二) 特点

在合作学习的发展过程中，针对合作学习的特点，不同学者分别提出了自己的观点。

1. 斯莱文的观点

斯莱文认为，不同的合作学习方式各有差异，可以从以下六个主要特征加以比较。

第一，小组目标。大多数合作学习都确定了一定形式的小组目标。比如成绩分阵法、游戏竞赛法、小组辅助个别化、读写一体化、切块拼接法等都采用小组奖励的方式鼓励达成小组目标。

第二，责任到人。责任到人通过两种形式来体现：一种是在小测验中先给出个人成绩，然后再统计小组平均分；另一种是在小组调查法等方法中分配给每个人特定的任务，要求其承担特定的责任。

第三，公平的成功机会。即根据每个人的实际水平承担相应的任务的方式，为每一个学生都获得成功并为小组作贡献创造了平等的机会。

第四，小组间竞争。采用组间竞争，作为激励学生开展组内合作的手段。

第五，任务专门化。即将子任务分配给每一个小组。

第六，适应个别需要。大部分合作学习都运用常规的班级群体教学情境，但是小组辅助个别化和读写一体化则主要根据学生的个别需要来展开教学指导。

2. 俄罗斯季亚琴科的观点

集体公益论的倡导者季亚琴科把苏联类似于西方合作学习的教学组织形式称为集体教学。他认为集体教学工作形式的一般特点应当包括以下几点。

第一,教学工作的所有参加者有共同的目的。

第二,劳动、职责和义务的分工。

第三,合作和互相帮助。集体是指互相合作的一组人,没有合作和帮助就没有集体可言。

第四,有吸引学生参与检查、考核和管理的组织。

第五,所有学生的活动都带有公益性质。

第六,整体大于部分之和。集体完成的工作大体上总是多于每个人个别完成的或集体部分成员完成的工作量。

第七,人人关心集体中每一个人,每一个人关系其他所有的人。

第八,客观条件均等。

与此对应的是集体教学组织形式,其特点包括以下几点。

第一,在每一种交往场合,一半学生叙述,一半学生听,学生人数最多为 4 人。

第二,每个学生轮流当学生和教师。每个学生的最近目的是教其他学生知道自己学习的东西。

第三,每个学生的活动是公益的,他不仅自己学习,而且不断地、经常地教其他学生。

第四,教学工作的基本原则——人人轮流教每一个人,每一个人也轮流教大家。集体在教师的领导下教集体的每一个成员。

第五,每一个学生不仅对自己的学业和学业成绩负责,也对同学的学业和学业成绩负责。

第六,通过每个人的轮流工作,每个成员都能给其他成员叙述每一个学习的课题,使其达到完全、牢固和全面掌握的程度。

第七,教师最重要的任务是培养学生教的技巧、艺术,否则,集体的课业就不能成为高效的教学工作形式。

第八,集体和个人的利益完全吻合一致。

3. 盛群力等人的观点

盛群力等人认为合作学习的特点有以下几方面。

(1) 组内异质,组间同质

建立合作学习小组是学生在课堂中开展群体合作的基本手段。由于在每个合作学习小组内体现了合理差异,全班各小组之间形成了大体均衡、可资比较的小组联合体。组内异质为互助合作奠定了基础,而组间同质又保证了全班各小组之间能够展开公平竞争。

(2) 共同发展,善用差异

合作学习所遵循的一个基本理念是:以学生的发展与学习需要为宗旨,让每一个学生都能在群体中找到自己的位置,都能够得到发展。合作学习顺应了现代教育更公平、更民主、更包容、更多样和更充分的趋势。共同发展,就是让每一个学生在他原有的基础上有所进步,大家协同向着教育目标前进,彼此之间不是受制于横向比较,不是沉迷于输——赢的关系,而是每个人都能抬起头来走路,构筑一种赢——赢的机制。

所谓关注差异、善用差异,是指既要承认差异存在的合理性,又要将差异作为一种重要的资源和建设性力量。不同的学习者有不同的学习需要,在共同发展的道路上,每一个学生的发展起点、发展速度、发展水平和发展潜力都是有差异的。

(3) 价值重建,聚焦意愿

人们经常将合作学习看成是一种创新教学策略,但是创新不仅体现在策略或方式上,更体现在价值重建上。合作学习在价值重建上的贡献主要体现在:首先,将交往的丰富程度与心理发展和个性完善的程度联系起来;其次,人际交往能力本身已经成为一种重要的生存、学习、劳动和生活的技能。

聚焦意愿,是指合作学习在激发学生的学习兴趣方面有独特功效。合作学习倡导者认为,对绝大多数学生来说,学习不佳的主要原因是动机和意愿问题,很少涉及大脑功能性的缺陷,关键在于如何使每个学生在合作小组中获得归属、自尊、自由和愉悦,感受到自己不可替代的存在价值与个性尊严。

(4) 利益一致,责任明确

合作学习的目标是要让小组的每一个成员都能够取得学习进步,所以小组成员有着共同的期望和目标。个人的目标同小组的目标是彼此依赖的,甚至在有些合作学习方法中小组的目标同全班目标也是紧扣在一起的。由于小组中的学习关系实际上是一个"利益共同体",所以共同的目标引导着大家齐心协力共同获益,形成一个"学习共同体"。

合作学习之所以体现出强有力的优势,一个主要的原因是解决了传统的小组学习存在的"责任不清"等弊病。明确的责任体现在三个方面:首先,每个人都要对自己的学习负责,学习成效如何同个人是否尽责直接联系在一起;其次,在有些合作学习中,通过把小组任务分解到个人,或者将全班任务先分解到小组,再分解到个人的方式,使得每个人都承担小组子任务中的特定责任;再次,在单元检查或学业小测验中,不能再依靠互助合作来证明每个人掌握学习内容、达成教学目标的程度。每个人都必须依靠自己的力量独立完成测验,统计分数时先要计算个人成绩,所以"责任到人"被认为是合作学习小组的一个基本特征。

(5) 参与度大,沟通面广

参与度是教学活动能否收到预期效果的一个重要指标。在合作学习小组中,由于"责任到人"和"公益互惠"原则的提出,课堂上学生不仅在教师讲解和小组讨论中要积极参与,同时还要参与其他工作,这是参与度最大的一种学习方式。

从沟通面这一角度来看,合作学习小组同传统的组织方式相比也有较大差异,首先它改善了师生之间的双向信息沟通和情感沟通,更重要的是它拓宽了学生与学生之间的沟通网络,形成了立体的、动态的沟通途径。

(6) 角色轮换,分享领导

在合作学习小组中,最大的角色转换是当"小先生",学生既学又教,而角色轮换体现在小组学习时某一特定角色的定期轮换。合作学习小组也需要领导,即通常的"小组长",在这里小组长主要是做引导、促进和协调工作,原来的领导责任部分地由大家共同承担,而且每个人都分享着领导角色。

(7) 既有"帮助",又有"协同"

合作学习的各种具体方法大体上可以分为"帮助型"和"协同型"两大类。斯莱文曾对这两类合作方式的若干特征做过比较,一般来说,协同型合作学习设计的学习任务更复杂,共同合作的时间更长,学习结果的评价更综合。

(8) 过程评议,注重实效

合作学习要经常开展有关小组合作活动的质量及效果方面的评议活动,这一活动在教师的指导下进行，实际上体现了学生对小组运作状况进行“执行监控”和“反思总结”的过程。通过这一活动，可以充分增强“群体动力”效应，改善小组学习的效果。

(9) 交往对话，学习自主

合作学习的一个重要创新在于：它实现了教学的本质从“认识过程”向“交往与认识相统一过程”的转变。而合作学习最重要的特征在于学生主体和小组同伴的协作，大家都有义务对进入学习活动作出承诺，这些都是自主学习的生动体现。

(10) 公平竞争，奖励集体

合作学习把竞争看成是“竞赛”，将个人间的竞争改为小组间的竞争，以此鼓励原来竞争中缺少合作这一局面。同时，将形成性评价的重心落到每一个人都努力达标上，而不是分数排名。另外，合作学习通过合理换算，使得每个人都在自己的起点上开展竞赛，然后合理地比较其进步程度。合作学习小组还采取了“集体奖励”办法，为小组中“拉后腿”的成员提供鼓励和切实有效的帮助。

第二节 学习原理

合作学习的主要理论基础是心理学的诸多理论，建构主义学习理论是其重要的理论来源之一。建构主义认为，学习的根本目的不是掌握知识，而是运用所学知识去解决真实的问题。围绕这一目的，研究者们对合作学习展开了全方位的分析。

一、合作学习的主要模式

下面从对合作学习实施过程中的分组方式、运作方式和评价方式三个方面的内容分析来介绍七种主要合作学习模式。

(一) 拼图法

拼图法(Jigsaw)要求每个学生有责任学习和练习一定比例的内容，然后向其他组员传授他所掌握的内容。在拼图法中有强烈的积极相互依赖性，每个学生需要依靠其他人获得信息。实施中，教师给小组学生安排易于分解的教学内容，每个小组成员学习和练习自己被安排的那个部分，然后向小组其他成员传授所安排的内容，最后整个小组一起练习，完成学习任务。具体来说，拼图法的内容分析如表 5-3 所示。

表 5-3 拼图法内容分析

分组方式	全班学生依不同性别、社会背景、种族及学习能力等混合编成若干合作学习小组，每组3～6人
运作方式	老师：事前必须将学习单元内容，按小组人数平均分配给每位组员 学生：(老师学习单元 ＝ 每组学习单元 ＝ 组员 1＋组员 2＋…) 1. 每位小组成员上课时，负责学会课程单元的一部分，并尽全力了解自己负责的部分 2. 做小老师之前，不同组负责同一单元内容的同学先集合讨论，以确定每个人均已充分了解老师指定的教材 3. 扮演小老师，设法教会同组的其他同学

续表

评鉴方式	学生成绩依个别的考试成绩为准
备注	强调合作技术，老师通常在采用之前，要教导学生一些基本的合作技巧，让学生充分练习；小组讨论进行时，老师仍须随时提醒同学注意合作方法及态度

(二) 小组调查法

小组调查法(Group Investigation)主要依据学生的兴趣使其自己选组。在小组中学生可运用合作性探究、小组讨论和合作性设计展开学习活动。在这一方法中，学生们组成2～6人小组，再从总括性的主题中研讨确定出一个子课题，各小组再将子课题分割成个人任务，落实到每个学生身上，并开展必需的活动以准备小组报告。最后，每个小组做一个介绍或展览，向全班交流他们的成果。小组调查法的内容分析如表5-4所示。

表5-4 小组调查法内容分析

分组方式	主要依学生兴趣自己选组(鼓励学生按不同性别、能力编组)	
运作方式	过程简述	实施步骤
	老师：每次上课，指定全班研究一个总括性的主题 学生：研究主题 ＝ 小组1＋小组2＋…＝(组员11＋组员12)＋…＋(组员21＋组员22)＋…) 1. 每个小组再负责研讨跟主题有关的小子题 2. 小组成员共同决定调查方法及分配工作；为了方便学生搜集资料，教室里安排了好几个学习站 3. 资料搜集完，各组上台报告调查结果，每位同学都要学会所有的教材	1. 提示问题或设计问题情境 2. 学生自愿分组或被指定分组 3. 学生确定问题所在 4. 学生把问题结构化或明确化 5. 学生分工合作搜集资料 6. 学生尝试提出不同见解 7. 小组内的成员或讨论、或批判、或协调 8. 提出小组报告 9. 讨论与检讨
评鉴方式	1. 除了学生个别学习成绩外，建议教师也要观察并评价学生的研究过程 2. 依据小组报告的品质及其他相关的团体表现进行评价	
备注	1. 将教学单元分为几个主题，每一小组负责一项主题，向全班其他小组报告 2. 强调小组成员间的合作，也重视小组与小组之间的合作	

(三) 学生团队学习法

学生团队学习法(Teams-Games-Tournament，简称TGT)要求在分组的时候必须设法使各组的实力、性别、种族及社会背景相当。团队成员之间高度互赖互存，通过共同的学习愿景、分享信息资源、角色扮演，以对话、讨论、协商等方式，共同建构知识的意义。学生团队学习法强调小组内合作，小组间竞争。学生团队学习法的内容分析如表5-5所示。

表 5-5 学生团队学习法内容分析

分组方式	必须设法安排各组实力、性别、种族及社会背景，使其均相当			
运作方式	一般方式	小组游戏竞赛法(TGT)	学生小组成就区分法(STAD)	拼图法第二代(Jigsaw II)
	学生：课堂进行中，小组成员都要努力把教材学会，该小组的总体分数才能累进。每次小考或竞赛后，得分最高的小组名字会被刊登在班刊上，以资鼓励。除此之外，还有其他形式不同的奖励	1. 全班教学或阅读 2. 分组学习 3. 游戏竞赛 4. 学习表扬	1. 全班教学或阅读 2. 分组学习 3. 学习评量 4. 学习表扬	1. 全班教学或阅读 2. 专家小组学习(平行教材才可，有先后顺序者不可用) 3. 异质小组学习 4. 学习评量 5. 学习表扬
评鉴方式	1. 学生成绩以个别的小考得分计算 2. 由异质团体共同学习后，个别接受测验，将成员测验得分相加形成小组成绩，并作为每一位成员的成绩			
备注	1. 强调小组内合作，小组间竞争的方式 2. 强调共同研读、共同分享个别努力的成果			

(四) 小组协助个人法

小组协助个别教学法(Teams-Accelerated Instruction，简称 TAI)，又称为小组辅助个别化学习。此模式是让异质团体共同学习后，个别接受测验，并将学生测验得分形成小组成绩，作为每一名成员的学习成绩，强调小组共同学习，共同分享个别的学习结果。小组协作个人法的内容分析如表 5-6 所示。

表 5-6 小组协助个人法内容分析

分组方式	1. 分组：4～5 名学生为一组，如 STAD 2. 安置测验：根据前测的表现分组
运作方式	1. 每一组内再以 2～3 人为一个检查小组 2. 学生阅读说明页，必要时向组员(或老师)求助，然后开始第一个习作页的练习 3. 每一名学生先作习作的前 4 题，然后请组员核对答案页，核对的结果反过来写在下边，若 4 次检验都正确就做下一页；若有不对的，就做下一个 4 题的题组，直到有 4 题的题组做对为止。这个阶段中若有问题，在问老师之前应先问同一组的组员 4. 学生做完习做页最后一页且过关后，就单独做形成性测验甲卷(与习做类似的 10 题小考)。若答对 8 题以上，就由组员在考卷上签名，以示他够资格做单元测验；若没有答对 8 题就针对问题求助于老师，老师这时会叫他做某些习做的题目，然后再做形成性测验乙卷(与甲卷的内容/难度相当)，也可直接做单元测验。每名学生均须组员认可他已通过形成性测验后才做单元测验 5. 学生拿签名的形成性测验到别组的检核员处才可评分。每天由不同的人来当检核员
评鉴方式	1. 每周结束时老师计算小组成绩 2. 依学生的学习程度分为超强、强、好组，每组的标准均异，若达上一层标准就有奖状 3. 小考：2 次/周，3 分钟/次。发 facts sheet 回家研读(如乘/除法)以预备考试 4. 全班单元教学：(教几何/集合/解题策略…)每 3 周后暂停个别化教学，进行全班单元教学

续表

备注	1. 教材内容：大部分是个别化教材 2. 老师每天与每一小组中的 2 人组(或 3 人组)用 10～15 分钟介绍单元的主要观念，将教学与实际生活结合起来。

（五）合作法

合作法强调全班一起来决定要研究的题目，再将题目细分。学生按照自己的兴趣来选择题目并形成学习小组。小组内部再继续将题目细分，并让每位组员负责一个子题目，并通过组内报告、小组汇报等过程完成研究。合作法的内容分析如表 5-7 所示。

表 5-7　合作法内容分析

分组方式	1. 开始的时候，全班一起讨论决定要研究的题目 2. 再将题目细分为若干子题目 3. 学生可依个人兴趣，按各子题组成合作小组 4. 老师如觉必要，也可以按学生的不同性别、能力混合编组
运作方式	1. 正式研讨前，老师要带领同学作团队合作的活动，培养学生人际沟通的技巧 2. 各小组再把自己的子题分成更细的小子题目 3. 每位组员即负责一个小子题目 4. 组员研究完成后，即向小组提出报告 5. 小组再把大家的意见综合成为小组讨论结果 6. 派代表向全班报告
评鉴方式	类似“小组调查法”，但比较有系统
备注	学生个人的奉献、努力、书面报告、口头报告均须评分给成绩，学生也可以提供评分的建议

（六）学习圈法

学习圈法(Circle of Learning)是由老师按学生不同能力、性别及种族混合编组。同一小组的同学围成圆圈面对面坐着，学习材料分发给每个小组，而非个人，组员必须分享资讯及教材，彼此帮忙学习。小组与小组之间有可能是竞赛，也可能是合作，完全看老师的安排与设计。学习圈法的内容分析如表 5-8 所示。

表 5-8　学习圈法内容分析

分组方式	最常见的分组方式是由老师按学生的不同能力、性别及种族混合编组，有时甚至将智障的同学穿插安排在一般的学生之中。每组 2～6 人不等
运作方式	同一小组的同学围成圆圈面对面坐着，学习材料分发给每个小组而非个人，组员必须分享资讯及教材，彼此互助学习。小组与小组之间有可能是竞赛，也可能是合作，这要看老师的安排与设计 学生考试成绩个别计算，如果小组整体表现不错，小组可获奖或加分。如果小组成员都能达到老师设定的标准，每位组员也可能获得加分
评鉴方式	有弹性，可以随不同的学习环境作适度的改变
备注	

二、合作学习的设计过程

结合教学设计的一般过程，以构建学生间积极交互作用的结构为主线，将合作学习的基本要素贯穿于教学设计过程中，从而得到合作学习设计的全过程。在这里我们借鉴了盛群力等人在《合作学习设计》一书中提出的合作学习运行程序模型，如图5-1所示。

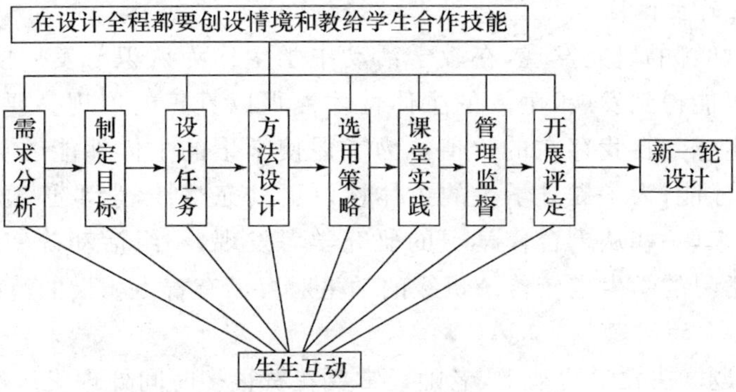

图 5-1　合作学习的运行程序

结合合作学习的运行程序图，围绕着课堂教学准备、实施和评价这一教学主线，构建出了合作学习系统设计模型。该模型可相应地分为系统准备设计、系统实施设计和系统评估设计三个阶段，同时每个阶段又包括了不同的部分，每个部分包括多种可能的解决方案，详细内容如图 5-2 所示。

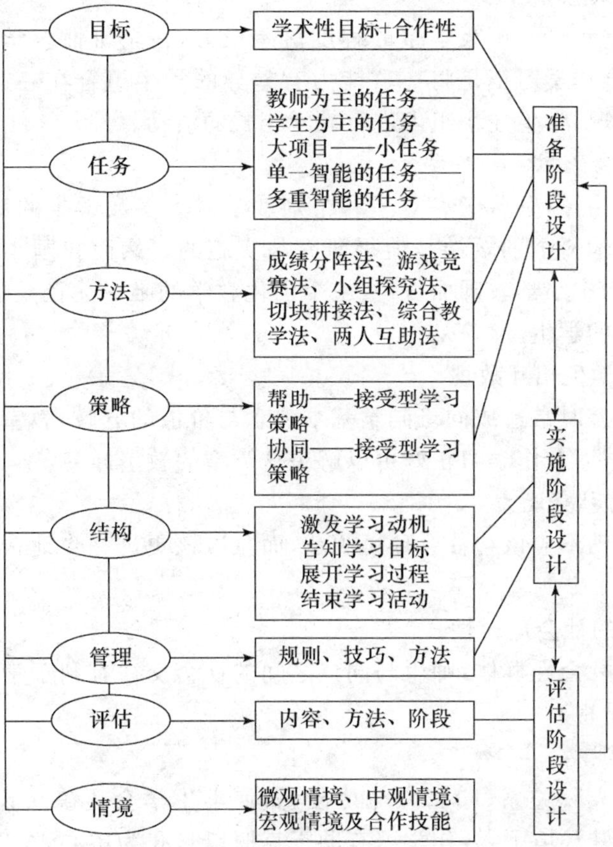

图 5-2　合作学习系统设计模型图

三、合作学习设计的必要性

1. 发展学生的主体性

我国学者裴娣娜的研究发现，在教学活动中学生作为认识与发展的主体，只有通过交往，自身才有可能得到发展，个人的主体性才能得以真正的展现。要提升学生的主体性，必须先让学生感到自我存在的价值。为了促使学生的主体性能够更具特色，必须引导学生充分发挥才能；为了提升学生的主体性以更具完整性，学生必须具备“自尊”这项人格特质。近年来，一些从事合作学习的研究学者发现，小组活动确实能够提高学生的自尊，进行合作学习的学生也较传统班级的学生对自己有着更积极的情感。

2. 解决教室中的问题

班级吵闹问题：在教学活动中，老师经常要花费很多时间处理班级纠纷与维持秩序。合作学习正是利用同伴力量进行教学活动，大部分的纠纷与秩序问题都可以在学生之间得到排解，老师也可以用更客观的角度解决教室问题。

（1）只有一位第一名

合作学习的教学评价是以学生今日的表现与昨日的表现相比，每个人都有优胜的机会，而且每次至少都有一群优胜的学生。

（2）程度相差太悬殊

在正常编班的情况下，班级学生的程度落差极大，在全班性教学中时常造成老师顾此失彼的情况，而合作学习正是将一群能力有差异的学生组合在一起，老师负责整个小组的进度与学习状况，学生在小组内进行教学相长的活动。

（3）老师的分身乏术

杨坤堂的研究指出，有鉴于一对一和个别教学对大多数学生的助益良多，因此对于特定学生实施特定学科个别教学是值得研究与实施的。然而我国小学班级却是采取包班制度，对于忙碌的中小学教师而言，实施个别化教学的唯一途径是运用社会资源，其中来源之一就是班上的学生。

（4）不同背景学生相互敌视

家庭环境的落差时常造成同班同学基本观念与价值的分歧，教室中多数的冲突也都源自于观念的差异，而合作学习正好可以解决这类型的教室冲突。

3. 培养学生的社会能力

学校的教学活动不应该与社会环境脱节，而且应该更进一步地帮助学生做好进入社会的准备。

（1）提升学生的社会适应性

学校作为一个社会性群体，师生与同伴之间的社会交往有利于学生社会适应性的发展，因此应该受到重视。

（2）培养群体观念

合作学习中的人际关系、归属感与认同感，使学生学会正确认识自己和评价他人。其在独生子女的特殊环境下，合作学习有助于克服以自我为中心，可以培养学生自尊、自信、自强的自我意识，还能培养合群性、利他性和社交技能，这正是当代社会对良好公民的要求。

(3) 提高学生的沟通品质

有研究指出,在合作学习中,扮演操作者角色的个体借着向对方说明自己的理解或推理过程,将自己的思维、认知和理解过程表达出来,这使得操作者更明确、有效地组织自己的学习内容,也使得对方更清楚地观察到他的思绪和观点。

(4) 减少害羞的行为

有研究表明,合作学习为学生创造了互相认识、交流与了解的机会,从而培养了他们的合群性,培养了学生善于倾听别人意见和帮助他人共同提高的品质,消除了一些学生惧怕与别人交往的心理,培养了学生主动与人交往的能力。

(5) 增加学生交往的多元性

合作学习是一种有系统有结构的教学策略,在合作学习中,教师将不同能力、性别、种族的学生分配在同一小组共同学习,这种方法能适用于不同学科及不同年龄学生的学习。社会是由众多阶层与族群组成的,学生不只要能体验这样的事实,更要具备与各种阶层和族群相处的能力,这种能力必须从小开始培养,在教学环境中也应该有这样的安排。

4. 培养学生的团体意识

(1) 合作意识

在合作学习中,学生所追求的结果不但有益于他自己,而且也有益于小组的其他成员,合作的努力将每一位学生都带入了一种互利的活动过程,学生们深信所有组员都会从别人那里受益,学生们会认识到所有组员有一个共同的命运。

(2) 竞争意识

合作学习并非只求合作不求竞争。竞争与合作经常是一体两面,对内是合作,对外就是竞争,为求对外竞争成功,所以小组内部就会激励合作。合作学习鼓励个人间的合作与团体间的竞争,竞争使人的潜力充分发挥,使社会加速进步。

(3) 集体观念

有研究指出,在合作学习过程中,学生通常分成若干小组,各小组的成员针对特定的学习单元,按照自己的能力去完成自己的学习责任,再经由成员之间不断地交换意见、互相支持,所有成员共同努力朝向小组的学习目标迈进。

(4) 社会性流程

教学过程不应该只是一个设计完善的认知过程,还应该具有社会性。但是长期以来,传统教学经常忽视了教学认识的社会性,教学中教师没有为学生设计社会交往的教学内容,没有将人际关系、合作与竞争作为推动学生学习和认知发展的学习动力。裴娣娜的研究指出,合作学习产生的认知具有社会性,集中表现在:认识对象的选择性;认识目的的确定性;认识的内容;认识发展的形式;认识发展的方向;认识成果的评价与解释。

(5) 相互满足归属感

研究发现,在合作学习的环境中,成员彼此间不时地分享与互动,适时提供参与者"与人互动"和"寻求依归"等个人的心理需求。而传统教学情境,不论是竞争还是个别的教学方式,在学习过程中明显忽略了人们对"归属感"的本能需求。

5. 扩大学习角度

(1) 亲身体验

学习的内容要能持久有效,唯有学习者依靠自己对知识的亲身体验才能做到。合作学习的教学活动进行在学生的小组互动中,学生相互沟通、辩解并讨论,最后归纳出小组结论,在这样的活动过程中,学生亲自体验出知识形成的过程。

(2) 学会如何学习

联合国教科文组织在1972年出版的《学会生存——教育世界的今天和明天》一书中指出,“未来的文盲不再是不识字的人,而是没有学会怎样学习的人”。合作学习的小组共同学习方式为学生提供更多的机会认识不同的学习对象,听取不同的看法、分享彼此的经验,让学生学会结合多元的观点形成学习经验,最终达成学习目标。

(3) 培养创新思维

约翰逊兄弟的研究发现,合作学习中的小组成员较独自工作的学生在处理复杂问题时表现得更好。教师在合作学习的情境中,利用学生好胜心强的特点,鼓励学生多想、多做、多说,使学生在合作学习的过程中,反复锻炼自己的思考能力,引导学生摆脱传统的束缚意识,以培养学生的创新意识、创新思维及创新人格。

(4) 增强学习动机

学者张斌认为,合作学习的组员之间是一种平等互动的关系,会依个体在团体中的表现而有所改变,这样的关系属于一种变动中的平衡,这既可促进学习者进行积极、主动的思维活动,也可以增强学习者的动机。

(5) 改善学习态度

有研究发现,合作学习法可以缔造出活泼、主动的学习气氛,逐渐改善学生的学习态度,是一种值得尝试的教学方式,学生对合作学习的态度趋于正向。

四、合作学习设计的意义

1. 学生人格健康发展的需要

合作学习的倡导者们把学习看做是满足主体内部需要的过程。在合作学习小组中,成员之间互相交流,相互尊重,同时也充满了竞争和互助。小组成员通过对他人提供帮助满足了自己影响他人的需要,同时又通过互相关心满足了归属的需要,这有利于其人格的健康发展。

2. 全面认识课堂功能的需要

班级(课堂)、学校是学生天然的交往场所,有着家庭所无法取代的地位。教学交往功能是实现教学认知功能的前提和条件,起着推动或制约作用。也就是说,课堂教学除了传授给学生知识外,还必须在师生之间、生生之间展开和实现不同层次、多种类型的交往。

3. 新课程改革与学习方式转变的需要

新一轮课程改革的重点之一是促进学生学习方式的转变。当前我们所倡导的学习方式应当是自主学习、合作学习和探究学习。合作学习为多元化教育价值的实现提供了适当的方式和途径。在课堂中开展合作学习能够突出学生的主体地位,培养学生主动参与的意识,激发学生的创造潜能,有利于学生交际能力的培养,以及自我意识的形成和发展。

4. 着眼整体、系统有序运用的需要

首先，国内对合作学习设计的研究只是零星的、边缘的，尚未形成专门的研究阵营。其次，从合作学习和教学设计学科的发展趋势来看，两者的交叉与融合可能是各自学科进一步发展的新生长点。

第三节　活动和课堂应用案例

近年来，随着新一轮课程的改革，合作学习在各科教学中显得愈来愈重要，使用也愈来愈广泛。教师往往把全班分成若干个小组，合作学习时把任务交给每个小组实施。小组内精心的分工、合作、组织将保证学习任务在规定的时间内完成。教师在整个过程中始终以引导者、支持者、鼓励者的身份出现，巡视各个小组的合作情况，作启发性的引导，满足学生的需要，帮助学生解决一些学习中遇到的问题。

一、合作型课堂

在具体的教学课堂中，教师事先根据教材要求和本班学生的实际情况，设计好前置问题。学生根据前置问题研究的要求，逐一研究和总结出结论和规律。当学生总结出规律或方法时，教师设计的总任务也就迎刃而解。

案例5-1①

下面给出的是国外一个采用小组合作学习进行教学的案例。

《饥荒，饥饿的真实面目》

1. 说明

通常人们经常会觉得饥饿，比如在学校学习了一天或者跟朋友出去玩之后，不过人们很快就会得到食物补充。

当你的确饿了而食物供应又告竭的时候，最初饥饿带给你的感觉是痛。随着时间的推移，就不觉得痛了，你逐渐开始消耗储存在身体和肌肉内的脂肪，在这一过程中你会发生某些变化，比如情绪低落，对什么都不感兴趣等。你周围的人们尤其是儿童开始死去。你的体重下降，四肢瘦弱无力，而且你的性格也发生很大的变化，经常发火，失去理智，不能自控，随着死亡的逼近，你几乎变得毫无感情。饿死是一种最难受的死亡方式。

悲惨的是，世界上的贫困国家和偏远地区，约有8亿人正在每天遭受着饥饿。仅在美国就约有3000万人营养不良，每年有1500万～2000万人的死亡与饥饿有关，其中包括死于营养不良而导致的疾病，死亡的人当中3/4是儿童。没有什么理由能够解释人们为什么应该缺少食物。要维持人们的正常活动，每人每天只需要4.3磅的食物。那么为什么会有这么多人在挨饿呢？

2. 任务

联合国粮食与农业组织成立于1945年10月16日，其目的是提高世界居民的营养水平和生活水平，使粮食和农产品的生产和分配状况得到改善。1996年11月，186个国家通过了《罗马宣言》和《世界粮食最高行动计划》，该计划确立的目标是2015年之前，要把营养不良的人数减少一半，世界各国应该采取各种措施达到这个目标。

---

① http://www.wustudy.com/jiaoan/50094.htm

现在为了实现这一目标，联合国FAO成立了调查研究小组(假设你就是小组成员)，找出遭受饥荒的地区发生饥荒的根本原因，要把这方面的信息概括总结以后，向世界粮食最高会议提交一份报告。在开始做这项工作之前，你必须对下列问题有基本的了解：什么是饥饿，什么是营养不良，真正的饥荒是什么以及它们对身体产生什么影响。你的研究小组必须收集关于指定的处于饥荒的国家或地区的信息。首先阅读“资源”部分中列出的文章、参考书和网上资源，翻阅能够找到的参考书，然后回答下列问题：

· 明确什么是真正的饥饿。

· 有三种类型的饥饿，它们都是什么又是如何定义的？

· 什么是营养不良，在哪几个国家营养不良正呈上升趋势？

· 列出由于营养不良导致的疾病，指出是哪种营养成分导致了这些疾病，简要说明这些疾病的表现和症候。

· 陈述饥饿的三个阶段。

· 分别在五大洲中列出一个处于饥荒的国家。

· 导致沙漠化的原因是什么？

· 对发展中国家的援助有三个主要来源，它们都是什么？

你可以通过电子邮件把答案寄给老师。

3. 资源

主要有相关的文章、参考书、网上资源。

4. 调查过程

把学生分成小组，每组4个人，其中有一个小组负责人。每个小组选择一个国家或地区，调查产生饥荒的原因、饥荒带来的影响和改善这种状况应采取的措施。小组中的4名成员的角色分别是历史学家、营养家、政治家、记者，分别从四个不同的方面对上述问题进行调查研究。

当你与研究小组成员在一起时，分析评价到目前为止你们对世界粮食危机的大体了解，然后从五大洲中选择一个洲，再从这个洲中选定一个国家或地区进行更详细的调查(要想获得更多信息，请参看资源部分)。你小组中的每一个成员应该根据指定的角色，集中精力从不同方面研究所选国家发生的粮食危机。下一步是各小组成员召集在一起讨论你们所获得的知识。

你们小组将有两次机会与其他同学共享你们所获得的知识，先是与全班同学共同分享你们所发现的问题，然后再与全校共享。要陈述的第一部分内容，是所有参与世界粮食危机调查活动的小组成员的对话，这一部分内容也要提交给世界粮食峰会。你们小组要负责一份10～15分钟的讲述，内容也要包括你们所调查国家粮食问题的概况和你们提出的改善该国家的饥饿和受灾状况的具有创造性的解决方法。要保证你们的陈述中包括分别从历史学家、政治家和营养学家的角度进行的分析，还有从记者的角度报道该国目前正在发生的事情。举行世界粮食高级会谈的目的，是使每一位学生都能了解熟悉其他危机的国家进行比较和对照，记录它们的相似和不同之处。

在你递交报告的时候还需要说明以下问题：

· 营养不良人数最多的洲是哪一个？

· 《罗马宣言》关于获得食品这一问题的立场是什么？

· 为了减少世界上遭受饥饿的人口，能够采取哪些具体的措施？

· 食品危机对话结束后，每一个小组要在食堂里张贴海报向全校学生展示调查发现。你们的海报应该包括图片、标题、引语、事实和统计数据、引人入胜的小故事以及所调查国家食品问题的简明扼要的书面介绍。

5. 评价

评分时，分成三大部分来进行，每一部分的分数所占的比例是相同的：第一部分是你们这一小组对任务中列出的问题的回答，第二部分是在会议上提交的报告，第三部分是你们的剪报。

其中，在每一部分中又按不同比例从若干个方面进行评价。

对任务中所列问题的回答：

· 句子是否完整，是否有拼写和语法错误。

· 显示对于主题的了解。

· 显示个人对这一问题进行思考的深度。

小组报告：

· 陈述主题时是否有新意。

· 在世界食品峰会所提出的问题解决办法是否具有创造性和实用价值。

· 对研究资料的理解水平。

· 与小组成员之间的合作水平。

剪报：

· 对该国食品问题的陈述是否具有创新性。

· 剪报的信息量如何。

· 剪报是否让人信服。

6. 结论

调查的结果，你要清楚处于饥饿和生态破坏危险边缘的国家或地区，要知道导致这种状况的根本原因，你还要明白由于贫穷所导致的饥饿远远大于由于灾荒所导致的饥饿，每天有 4 万儿童死去，然而，要阻止饥饿是可能的。因为饥饿不是由于食物短缺而导致的，而是由于缺乏民主、政治上的不平等、罪恶感、逆来顺受而导致的。既然你了解这些信息，那么就来回答下面这个问题：你如何采取不同于他人的措施来帮助饥饿给人们带来的灾难？

7. 查询网页

关于设计调查网页的其他建议如下：

(1) 联合国粮食和农业组织于 1981 年宣布每年的 10 月 16 日是世界粮食日。如果你非常关心贫穷的问题，你可以在 10 月 16 日提交这部分内容，也可以在临近感恩节和圣诞节的时候提交。

(2) 3 月是国家营养月，了解国内外正在采取的救济行动。

(3) 让学生开展一场学校和社区共同参与的食品活动，并联合其他的致力于贫穷问题的组织，这样学生可以看到他们的努力结果。

(4) 让学生参观处于饥饿和贫穷中的人们的食品储藏和避难所，使他们直接感受到饥饿和贫穷的悲惨状况。

(5) 列出向美国和发展中国家提供救济的组织名单，制作一张表格描述它们的任务和当前正在进行的活动。

(6) 点击全球饥饿问题、非洲饥饿问题、亚洲饥饿问题，可以另外获得工作表，学生可以用它来对相关问题进行更深入的研究。

二、合作型的课程单元教学

《金字塔探秘》是浙江教育出版社《信息技术（八年级下）》第二单元“科学之谜”中第四课的内容。

《金字塔探秘》

【教材分析】

《金字塔探秘》是《信息技术(八年级下)》第二单元"科学之谜"中第四课的内容。本节课内容承接第二单元幻灯片一些最基本、最常用的操作(包括图片、文本框的插入与设置、幻灯片的切换效果设置等),进一步学习如何通过对"金字塔探秘"幻灯片的完善,使学生掌握自定义动画的设置方法,改变启动动画的方式,调整动画对象的播放顺序。

【学生分析】

教学对象是农村初中二年级学生,学生经过一年半时间的学习,对计算机知识已有一定程度的了解,也具备了一定的上机操作能力,但考虑到学生的差异水平较大,教师根据"组间同质、组内异质"的原则,对学生进行分组,设立小组长(小老师),以任务驱动为主线,通过小组合作的形式鼓励学生进行自主探究。

【教学设计】

一、教学目标

(一) 知识与技能目标

1. 会设置幻灯片中图片、文字等多媒体元素的动画效果。

2. 能根据需要,调整动画的顺序。

3. 会设置启动动画的方式。

(二) 能力目标

根据任务的要求,协调幻灯片中各元素的关系,树立全局观。

(三) 情感目标

通过审美、创美的内心体验和积累,增强学生的文化意识和审美情趣。

二、教学内容分析

教学重点:自定义动画设置。

教学难点:根据不同的题材、对象设置合适的动画效果。

三、教学设计思想

创设情境,给出任务→第一轮小组分工,自主探究(寻找金字塔知识宝藏图)→第二轮分工,合作探究(寻找金字塔宝藏)→展示作品,评价交流。(在作品陈列室中展现各小组取得的宝藏)→延伸课外,意犹未尽。(金字塔宝藏引发的思考)

四、教学准备

1. 作品评价表。

2. LanStar7.0 电子教室。

3. "金字塔漫游者"机器人对金字塔进行探秘的视频。

4. 事先在FTP的文件夹中准备好金字塔的一些素材。

【案例描述】

1. 创设情境,激情导入

教师:同学们,你们知道人类历史上最大的谜是什么吗?

学生:纷纷发言,得出:金字塔。

教师:金字塔作为世纪之谜,留给我们非常多的遐想。大家肯定也对金字塔之谜充满了好奇,你们想不想做一回探秘者去寻求金字塔的宝藏呢?

学生:一片欢呼,充满了兴奋与期待。

教师:看来,大家都希望去找到金字塔的宝藏,但要找到金字塔的宝藏,我们首先应找到金字塔的藏宝图,我们怎样才能找到这个藏宝图呢?(故意设疑)

学生:纷纷猜测。

教师:下面我们分十二个探秘队来寻找金字塔的藏宝图。

2. 第一轮小组分工，自主探究

教师：组织分配12个小组(4人一组)，每个小组为一个探秘队，每个小组的组长为探秘队的队长，开始进行寻找金字塔的藏宝图的准备。

学生：积极投入探秘队的组建当中，课堂气氛一片热烈。

教师：下面，我们首先总结一下前人探秘所取得的成绩。介绍"金字塔漫游者"机器人及其探秘行程。(播放视频)

学生：仔细观看视频，全神贯注。

教师：给学生展示探秘行程的资料(一组幻灯片)。设问：为什么那些人没有取得最后的宝藏呢？就是因为这些宝藏图(一组幻灯片)的机关没有找到？那么机关在哪里呢？(给学生几秒钟考虑)机关就在书上。

学生：恍然大悟。

教师：下面我们来破解藏宝图(给定的幻灯片)的第一个机关——设置动画效果。布置学生根据课本进行小组探究。

学生：根据组长的第一次分工任务开始探究动画效果的设置。

(1) 选中一张幻灯片，在"幻灯片放映"菜单中单击"自定义动画"。

(2) 在"自定义动画"对话框的"检查动画幻灯片对象"处，显示了当前幻灯片的所有对象，选中将要设置动画效果的对象。

(3) 单击"效果"标签，将"动画和声音"的"不使用效果"设置成需要的动画效果。

(4) 单击"预览"按钮，观看设置的效果。

在探究过程中，组长协调组员的探究任务分层，并由较快的组员进行金字塔探秘资料的整理(幻灯片的制作和调整)。其中包括：为艺术字对象设置动画效果；为其余的幻灯片对象设置自定义动画的效果。

教师：哪个探秘队来破解第一个机关？

学生：各小组纷纷举手，最后第二探秘队完成了机关的破解，即成功演示了动画效果的设置。

教师：很好，第一个机关已经顺利地被我们勇敢的第二探秘队给破解了，我相信，其余的探秘队也同样做得很好。下面，我们开始来破解第二个机关——改变对象出现的顺序。

学生：根据组长的第二次分工任务开始探究改变对象出现的顺序。

(1) 选中一张幻灯片，在"幻灯片放映"菜单中单击"自定义动画"。

(2) 在"自定义动画"对话框中，单击"顺序和时间"标签，在"动画顺序"对话框内选中要改变的对象。

(3) 单击右侧的移动箭头，使其在列表中移动到需要的位置。

在探究过程中，组长可以安排本组的组员进行其他幻灯片的对象顺序的调整。

教师：哪个探秘队来破解第二个机关？

学生：争着欲破解，最后第四探秘队的代表完成了机关的破解——成功演示了改变对象出现的顺序。在破解过程中，第四探秘队由于操作速度太快，出现了一个令人捧腹的小插曲，使课堂出现了一些喜剧化的色彩。

教师：我们探秘队员们，已经成功地破解了两个机关，下面，我们还剩下最后一个机关，大家有没有信心拿到最后的宝藏图。

学生：有。学生兴致高涨。

教师：最后一个机关就是(故意停顿)……

学生：一些学生已迫不及待。设置启动动画的方式(一学生嚷出)。

教师：好，下面我们去破译。

学生：在组长的第三次分工下开始探究最后一个机关——设置启动动画的方式。

(1) 在"顺序和时间"标签中，选中有关对象。

(2) 在"启动动画"选项处，单击"在前一事件后"单选按钮。

(3) 在时间设置中，输入两个对象之间希望等待的时间。

教师：组织学生破解第三个机关，由于有了前两个机关的破解经验，学生的兴趣和热情更浓，所有的小组都举手了，最后由第六探秘队进行了破解演示，在破解过程中还对另外的一张幻灯片进行了设置，从而让学生达到了举一反三的效果。

3. 第二轮分工，合作探究

教师：前面，我们十二组机智而又勇敢的探秘队员们已经成功地破解了三道机关，拿到了金字塔的藏宝图，下面我们就要开始取宝了。看我们的哪一个探秘队能够取得尽可能多的宝藏，并且速度最快。

学生：兴致勃勃，跃跃欲试。

教师：提出任务——根据教师给定的金字塔的材料（需要学生进行组织），根据刚才破解机关的知识（设置动画效果、改变对象出现的顺序、设置启动动画的方式）来取得金字塔的宝藏。

学生：在组长的分配下，进行金字塔“取宝”的分工，在分工的驱动下进行“取宝”任务的探究。

教师：巡视、指导、帮助解决学生取宝（作品制作）过程中的问题。

学生：组长充分发挥队长（小老师）的作用，协调本小组的成员操作，并帮助本小组较弱势的学生进行作品的制作。

学生：在进行作品制作的过程中，队内的学生进行合作性讨论和探究。

4. 展示作品，评价交流

教师：请各探秘队的同学将自己所寻得的宝藏（作品）利用 FTP 上传至教师机上的指定文件夹中，以便作为宝藏博物馆（教师机上指定的文件夹中）进行收藏和展示。

学生：各探秘队（小组）纷纷将自己探得的宝藏（作品）进行上传。

教师：下面请我们各队的代表来进行宝藏（作品）的介绍，请各评委作好准备。

小组代表：展示自己小组的作品，边讲边操作。

评委：根据作品评价表进行评分。（表 5-9 为作品评价表）

表 5-9　作品评价表

<table>
<tr><td colspan="2">作品主题</td><td rowspan="2">具体指标</td><td colspan="3">组员</td></tr>
<tr><td colspan="2">评价指标</td><td>小组自评</td><td>小组互评</td><td>教师评价</td></tr>
<tr><td rowspan="11">作品评价</td><td rowspan="3">作品主题</td><td>主题突出，在创意中体现（主题符合任务的要求，体现了与活动要求相关的思想情感和价值观）</td><td></td><td></td><td></td></tr>
<tr><td>主题表现出科学的想象力，且符合科学性</td><td></td><td></td><td></td></tr>
<tr><td>主题表达完整</td><td></td><td></td><td></td></tr>
<tr><td rowspan="4">作品的表达力</td><td>采用的表达方式符合主题的特点和潜在听众的特点及要求</td><td></td><td></td><td></td></tr>
<tr><td>（表达方式）具有想象力和个性表现力</td><td></td><td></td><td></td></tr>
<tr><td>内容、结构设计独到</td><td></td><td></td><td></td></tr>
<tr><td>素材获取及其加工突显主题</td><td></td><td></td><td></td></tr>
<tr><td rowspan="2">艺术性</td><td>作品美观、和谐，构图完整、页面布局合理</td><td></td><td></td><td></td></tr>
<tr><td>作品具有艺术表现力和感染力，能调动受众的感知觉器官</td><td></td><td></td><td></td></tr>
<tr><td rowspan="3">技术性</td><td>技术运用合理准确</td><td></td><td></td><td></td></tr>
<tr><td>能准确、灵活运用自定义动画设置技术</td><td></td><td></td><td></td></tr>
<tr><td>运用了其他必要的技术</td><td></td><td></td><td></td></tr>
</table>

续表

小组协作	小组分工明确、合作默契			
	创作规划科学可行			
	作品达到预期目标			
评价交流	积极参与小组自评、互评、态度认真、评价客观			
总评				
你认为作品最具特色之处				
作品还有哪些有待改进的地方				
该小组(介绍的活动过程)有哪些值得你借鉴的地方				

等级评定：A—优秀　B—良好　C—及格　D—还须努力

教师：综合小组自评、互评和教师评价，我们评出了本次探秘活动的优秀代表队三支，分别为第一队、第三队和第六队。他们的作品将收藏于精品室中(优秀作品的收藏室)，另外几队的作品将在宝藏博物馆中展出。

学生：热烈鼓掌，兴致盎然。

5. 延伸课外，意犹未尽

教师：经过对金字塔的探秘、寻宝活动，我们感觉到世界之大，无奇不有，世界之谜令我们叹为观止，下课以后我们各个探秘队可以继续探秘活动，探究除金字塔之外的其他世界之谜，形成幻灯片作品，并可在博客中就今天的探秘活动发表日志。

学生：纷纷表示下课后将继续探秘。

拓展阅读

[1] 盛群力. 合作学习设计[M]. 浙江：浙江教育出版社，2006.

[2] 惟存教育. http：//www.being.org.cn/.

思考题

1. 什么是合作学习？合作学习的特点是什么？

2. 结合本章第三节介绍的案例，分析开展合作学习的目的及意义。

3. 合作学习有哪些理论基础，这些理论是如何指导合作学习开展的？

4. 分别就同一内容设计至少两种不同模式的合作学习方案，并说明不同模式方案的优缺点。

5. 通过合作学习方案设计练习，探究当前在我国开展合作学习仍存在哪些问题？

参考文献

[1] 盛群力. 合作学习设计[M]. 浙江：浙江教育出版社，2006.

[2] 杨宁译. 合作学习的教师指南[M]. 北京：中国轻工业出版社，2005.

[3] 伍新春. 合作学习[M]. 北京：北京师范大学出版社，2004.

[4] 郑淑贞. 在合作学习中促进生生互动的有效策略[J]. 浙江教育学院学报，2002(4).

[5] 王坦．合作学习——一种值得借鉴的教学理论[J]．外国教育研究，1994(1)．
[6] 刘吉林，王坦．新课程学习方式专题之一——合作学习的基本理念[J]．人民教育，2004(2)．
[7] 马兰．新课程学习方式专题之三——大班额条件下的合作学习[J]．人民教育，2004(6)．
[8] 盛群力．新课程学习方式专题之二——什么样的教学任务适宜合作学习[J]．人民教育，2004(5)．
[9] 盛群力．什么样的教学任务适宜合作学习[J]．江西教育，2008(1)．
[10] 高艳，陈丽．合作学习的内涵、特质及教学设计[J]．当代教育科学，2004(3)．
[11] 田丰．基于合作学习的教学模式研究[J]．继续教育研究，2007(4)．
[12] 王坦．论合作学习的教学论贡献[J]．课程・教材・教法，2003(8)．
[13] 王坦．论合作学习的基本理念[J]．教育研究，2002(2)．
[14] 王坦．合作学习简论[J]．中国教育学刊，2002(2)．
[15] 高艳．合作学习的分类——研究与课堂应用初探[J]．教育评论，2001(2)．
[16] [EB/OL]．http://www.fromeyes.cn/oblogUP/user1/12/archives/2005/87.html，2008-10-22．
[17] 王坦．合作学习的教学理念析要[J]．中小学教材教学，2004(3)．
[18] 宋玮．多媒体和网络环境下的合作学习探索[J]．四川外语学院学报，2007(11)．
[19] 孙卫华，高丹阳，肖广．促进青少年全球性交流合作学习的案例研究[J]．中小学信息技术教育，2007(8)．
[20] 陈建洪．合作学习中教师的调控功能[J]．教学与管理，2007(12)．
[21] 蒋波．论高效合作学习的教学策略[J]．课程・教材・教法，2007(7)．
[22] 谢幼如．网络环境下课堂合作学习的现状分析与深化研究[J]．中国电化教育，2007(10)．
[23] 刘荣飞．合作学习应重视教师权威的发挥[J]．当代教育科学，2007(22)．
[24] 张丽霞．走出合作学习的误区[J]．电化教育研究，2007(8)．
[25] 乐敏芬．“小组合作学习”在新课程教学中的作用[J]．教育探索，2006(7)．
[26] 陈旭远．贝里的合作学习观及其启示[J]．外国教育研究，2005(9)．
[27] 徐晓川．从传统学习到合作学习[J]．教育理论与实践，2002(22)．
[28] 王凯．合作学习的局限性[J]．香港教师中心学报，2004(2)．
[29] [EB/OL]．http://www.thjy.edu.cn/hanhan/UpFile/20061017145352663O.doc，2008-10-30．
[30] [EB/OL]．http://www1.nkps.tp.edu.tw/9years/file/234.doc，2008-10-31．

第六章　混合式学习

学习目标

1. 能说出混合式学习的含义、特点、目标；
2. 能说出混合式学习的理论基础，并分析这些理论是如何指导研究性学习的；
3. 能说出混合式学习的设计过程和系统架构应注意的问题；
4. 能应用混合式学习的不同模式开展教学，并分析各模式的优缺点；
5. 能应用不同评价方式对学生的混合式学习活动进行评价；
6. 了解当前开展混合式学习的误区。

知识概览

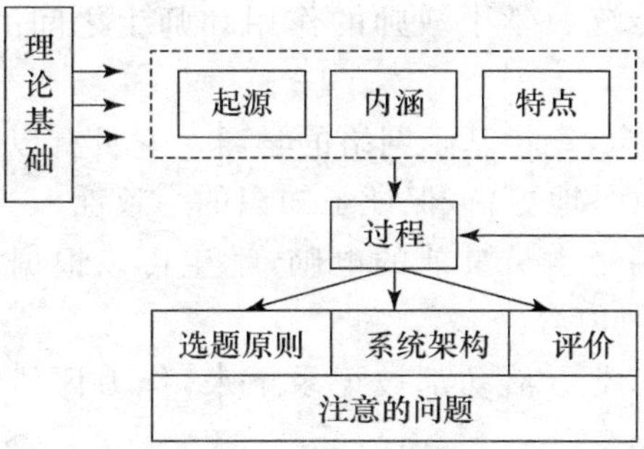

本章导学

随着计算机和网络技术的迅速发展，基于此类技术的数字化学习或网络化学习(e-Learning)在西方乃至全球日益盛行，有人甚至认为 e-Learning 这种前所未有的学习方式是人类最佳的学习方式。但事实上，e-Learning 本身也存在着一定的局限性，并不能完全取代传统的教与学方式，两者存在很强的互补性。将 e-Learning 和传统面对面学习的优势有机整合而形成的混合式学习(Blended Learning)便应运而生。

第一节　基本概念与理论依据

所谓混合式学习是把传统教与学方式的优势和 e-Learning 的优势结合起来，简而言之，就是既要发挥教师引导、启发、监控教学过程的主导作用，又要充分体现学生作为学习过程认知主体的主动性、积极性与创造性，从而获得最佳的学习效果。

一、混合式学习的由来

在传统教学中，混合式学习已经存在。随着教育技术的发展，混合式学习的方式变得越来越丰富。20世纪80年代初，随着计算机技术与网络技术的迅速发展，一股e-Learning的浪潮席卷全世界，它采用大量的现代媒体和通信技术，打破了时间和空间的限制。与传统教学相比，e-Learning更能发挥学生学习的主动性，更能满足学生的个性化需求，有的学者甚至认为"没有围墙的大学"会取代传统的学校教育。然而，人们在应用e-Learning的过程中逐渐体会到它的局限性，不同的问题需要用不同的方案来解决，而e-Learning不可能提供解决所有问题的完美方案。国际教育界和培训界逐渐达成共识：只有将传统教学和e-Learning结合起来取长补短，才能达到最佳的学习效果。在这样的新的技术条件和历史背景下，"混合式学习"被赋予了新的含义。

（一）e-Learning的概念

e-Learning是指通过因特网或其他数字化手段进行学习与教学的活动，它充分利用现代信息技术所提供的具有全新沟通机制与丰富资源的学习环境，以实现一种全新的学习方式，这种学习方式将改变传统教学中教师的作用和师生之间的关系，从而根本改变教学结构。

目前通行的e-Learning概念，专指基于网络的学习。它具有以下三大特点。

第一，网络化。知识可以及时地更新，保证了知识的一致性。

第二，个性化。学习的终端是学员桌前的电脑，学生可以根据自己的时间安排学习进度，根据自己的需要安排学习内容。

第三，可跟踪。学生的所有学习活动都被记录下来，作为评估学习效果和分析培训需求的依据。

从根本上说，e-Learning的目标是通过现代信息技术(特别是多媒体和网络通信技术)所提供的数字化学习环境，实现一种全新的学习方式，彻底改革传统的教学结构，从而培养出大批21世纪所需的创新型人才。

（二）从e-Learning到混合式学习

e-Learning在教育领域虽然得到了迅速的应用与发展，推动了教育革新，但是并不能完全取代传统教育。2000年12月，《美国教育技术白皮书》提出，"e-Learning能很好地实现某些教育目标，但不能代替传统的课堂教学；e-Learning不会取代学校教育，但是会极大地改变课堂教学的目的和功能"。

"混合式学习"融合了传统学习和e-Learning的优势，将在线学习和传统面对面学习有机整合，使学习方式更加灵活多样，既强调发挥教师的主导作用——引导、启发、监控教学过程，又强调体现学生的主体地位——在学习过程中发挥他们的主动性、积极性和创造性。

二、混合式学习的概念

和许多学科问题一样，目前国内外学术界对混合式学习(Blended Learning)的定义还没有统一的界定。

(一) 国外学者的定义

印度 NIIT 公司于 2002 年发表在美国培训与发展协会网站上的《Blended Learning 白皮书》中,教学设计专家们提出,“混合式学习应被定义为一种学习方式,这种学习方式包括面对面、实时的 e-Learning 和自定步调的学习。”大多数时候,混合式学习也被用来描述多种传输媒体、智能学习导师和多种技术的混合应用。这些技术有 e-Learning、电子绩效支持(EPSS) 以及知识管理实践等。

美国培训所(The Traning Place) 认为,混合式学习是关于学习者如何掌握并提高个人学习工作绩效的学习方法,是以下几个方面的协调统一:① 商业与绩效目标。② 小组学习者共同学习最优化的学习方法。③ 学习内容最好地个性化展示以及学习的各种方法。④ 支持学习、培训、商业以及社会活动的各种资源。⑤ 最大化地提高与人接触、交流及处理社会关系能力的方法(从小组学习的角度定义)。

学者迈克尔·欧瑞(Michael Orey)认为,应该从学习者、教师或教学设计者以及教学管理者三者的角度进行定义。从学习者角度来看,“混合式学习”是一种能力,指从所有可以得到的并与自己以前的知识和学习风格相匹配的设备、工具、技术、媒体和教材中进行选择,帮助自己达到教学目标;从教师或教学设计者角度来看,是组织和分配所有可以得到的设备、工具、技术、媒体和教材,以达到教学目标,即使有些事情有可能交叉重叠;从教学管理者角度来看,是尽可能经济地组织和分配一切有价值的设备、工具、技术、媒体和教材,以达到教学目标,即使有些事情有可能交叉重叠。欧瑞还指出,这些设备、工具、技术、媒体和教材包括书籍、计算机、学习小组、教师、教室、虚拟教室、非传统教室、教学指南等。

玛格丽特·德里斯科尔(Margaret Driscoll)认为,混合式学习指的是四个不同的概念:① 结合(combine) 或混合(mix) 多种网络化技术(如实时虚拟教室、自定步调学习、协作学习、流式视频、音频和文本) 实现教育目标。② 结合多种教学方法(如建构主义、行为主义、认知主义),利用或不利用教学技术产生最佳的学习成果。③ 将任何一种教学技术(如录像带、CD - ROM、网络化培训、电影)与面对面的教师指导的培训(ILT,Instructor-led training) 相结合。④ 将教学技术与实际工作任务相混合或结合,以使学习和工作协调一致。

(二) 国内学者的定义

何克抗教授认为,所谓混合式学习就是把传统学习方式的优势和数字化或网络化学习的优势结合起来。也就是说,既要发挥教师引导、启发、监控教学过程的主导作用,又要充分体现学生作为学习过程主体的主动性、积极性与创造性。

黎加厚教授则把混合式学习翻译为“融合性学习”,他认为“融合性学习”是指对所有的教学要素进行优化选择和组合,以达到教学目标。同时他还强调,“融合性学习”意指教师和学生在教学活动中,将各种教学方法、模式、策略、媒体、技术等按照教学的需要娴熟地运用,达到一种艺术的境界。

结合以上国内外学者的定义,我们可以认识到,混合式学习是基于这样一个前提的学习方式:学习不是一个一次性的过程而是一个连续的过程,混合比用单一的传递方式有优势。简单来说,混合式学习的最本质的核心就是,对特定的内容和学习者用适合教学内容传输和学习者学习的技术手段来呈现与传输,并利用合适的技术环境和手段来有力地支持师生之间、学生与学生之间的交互和交往。混合式学习追求的是，在学习过程中综合运用合适的学习内容呈现方式、学习（教学）模式以及学习活动方式，即采取一种合适的学与教方式。

虽然有关混合式学习的理论最先是在企业界的 e-Learning 研究中得到扩展的，但其将学习与工作协调一致的思路，使得它对学校教学也同样适用。混合式学习理论在指导我们当前的教育研究、教学改革以及教育信息化的过程中，正发挥着越来越重要的作用。

三、混合式学习的内涵

结合国内外混合式学习方式的研究成果，我们总结出混合式学习中的“混合”主要体现在以下几个方面。

1. 混合“自定步调实时协作”学习

自定步调的学习是指完全基于个人学习需求的、学习步调自我控制的学习，而实时协作学习是指在多个学习者之间动态交流、共同分享知识的学习。

2. 混合“结构化与非结构化”学习

不是所有形式的学习都需要一个提前考虑好的、结构良好的或者需要像课本上的章节一样按一定顺序组织的正式的学习程序。事实上，许多工作中的学习是通过会议、聊天以及电子邮件等非结构化的形式发生的。良好的混合式学习课程都应该注重积极地获取在非结构化学习活动中的对话与文档资料，并把它们存入知识库，可以让知识工作者分享。

3. 混合“学习、实践和绩效支持”

最好形式的混合式学习是能够利用实践（用工作任务或任务过程模拟模块）和可以及时地辅助合适的工作实践的绩效工具来补充支持学习。

4. 混合“多种教学资源”

多种教学资源可以是购买的标准化的教学资源，也可以是自己开发的适合学习者特殊需求的资源，包括良构的教学资源和劣构的教学资源，可以培养学生较强的信息素养，有助于其形成终身学习的能力。

5. 混合“多种学习环境”

传统教学中，学习一般都发生在传统教室、师生面对面的情境之中。信息技术的发展催生了新式的网络学习环境，这种学习环境支持教室内的在线学习、远程的在线学习等多种方式的学习。混合学习则是将各种学习环境的优势整合起来，不仅融合了面对面学习和在线学习的优势，还可以融合工作或实践现场环境与在线学习环境的优势，将学习与实践应用进一步结合起来。

6. 混合“多种学生支持服务”

由于远程教育以及 e-Learning 自身的特殊性，学生支持服务是现在这两个领域中高度关注的问题，可以说，混合式学习的思想在学生支持服务方面有自己独到之处。混合式学习充分体现了人本主义思想，从学习工具、学习环境、学习者之间的交互以及学习内容的制定、学习步调的制定等方面都是以学习者自身的条件决定的，既有共同接受讲解的要求也有自己个别化学习的机会，可以说，学生支持服务方面的多元化是其重要特色之一。

总的来说，混合式学习是各种学习方法、学习媒体、学习内容、学习模式以及学生支持服务和学习环境的混合。但是，混合式学习并不是仅仅把这些相关的成分混合起来。里克瓦迪兹(Rick J . Valdez)在他的论文《混合式学习：将整合方法的影响最大化》中提出，像化学一样，混合式学习就是将各种元素混合而得到一个预期的反应。然而，这两种活动都不是简单地包含各种元素而是如何更好地融合它们，实际就是在合适的时间混合合适的元素，进而得到预期的反应。在这个反应中各个元素的混合顺序和元素本身一样是很重要的。我们可以得出这样的结论：混合式学习的重点不在于混合哪些事物，而在于如何混合，其目的在于达到最优的学习效果和经济效益。混合式学习所要做的工作是在适当的时间，为适当的人，以适当的传输媒体，通过适当的学习方式，提供适当的学习内容。

就混合式学习概念的组成元素来看，这的确是一个"旧瓶装新酒"的新概念。它的组成元素和基础理论都已经存在，现在我们所要研究的是如何使用混合式学习方法来更好地组织这些发生"反应"的元素，从而得到最好的结果和投资回报。黎加厚教授指出，关于混合式学习的学习和研究，主要是要针对具体的教学活动提出解决问题的具体的对策，而不是泛泛议论，在混合式学习的方法论层面，正像美国专利局局长说的那样，"该发明的都已经发明了"。

四、混合式学习的特点

传统课堂教学和数字化学习在教学形式、环境、资源、活动和师生关系等方面各具特色，而混合式学习结合了两者之间的优势，把传统的课堂教学与数字化学习很好地融合在一起。我们通过对传统课堂教学、数字化学习与混合式学习的比较分析进一步了解混合式学习的特点。

1. 传统课堂教学(C-Learning)

教学形式：课堂讲授与课堂辅导、实验、示范观摩、练习、课堂讨论、角色扮演等相结合。

环境：学生和教师在指定的教室中按照排定的时间进行面对面的教学。

资源：学习材料限于平面呈现模式；资源较直观、感性，较有针对性；教材大众化，缺乏互动性；需要安排教室、教师、教学管理人员、教学设备或教材，致使学习成本较高。

活动：学习节奏为同步教学，课后需要另行安排教师进行辅导；教学互动临场感较高，学生和教师之间的关系较直接，容易实现互动；教师可以全程导航，给予充分指导，师生之间在课堂上易于沟通答疑；师生或生生之间通过口头语言、情绪情感和肢体动作进行互动。

主体：以教师为中心；学生处于被动位置，按教师的要求安排学习，可培养操作性技能或要求反复熟练的技能。

2. 数字化学习(e-Learning)

教学形式：网络讲授、在线辅导、虚拟实验、演示、在线练习与测试、网络协作。

环境：上课时间地点方便、开放、没有时间和空间的限制；师生之间分离，利用网络或多媒体技术进行交流与沟通。

资源：多为网上资源，以多媒体的形式呈现，生动灵活；资源更新快；教材的互动性强；经筛选后的教材具有个性化；学习成本低，学生必须会应用信息技术；教学过程中，需要开发教学课件、构建网络、创建教学平台和技术支持；师生之间、生生之间通过电子邮件、讨论区、网络视频、IP 电话、MSN 等网络平台互动。

活动：学生可自行安排练习、测试时间；学习节奏多以异步为主、可辅以同步，自行制定、可快可慢，也可不断重复学习；课后学习可随时上网学习，遇到疑问可在线发问；学生和教师之间的关系较间接，师生之间互动的条件较高，通过电话、传真、电子邮件、留言板等网络技术进行交流互动。

主体：以学生为中心；学生处于主动地位，有利于培养学生独立思考、创新和探索的精神。

3. 混合式学习

教学形式：传统课堂教学与数字化学习的混合。

特点：把传统课堂教学和数字化学习两种学习模式的优势有机地整合，可以提高教学绩效；在适当的时间，为适当的人，以适当的传递媒体，通过适当的学习方式，提供适当的学习内容；是各种学习方法、学习媒体、学习内容、学习模式以及学生支持服务和学习环境的混合；既要发挥教师的引导、启发、监控教学过程的主导作用，又要充分发挥体现学生作为学习主体的主动性、积极性和创造性。

(1) 重视面授学习的机会

面授学习的重要性似乎怎么强调都不为过。首先，它几乎能够容纳从传递到接受再到自主探究的任何教学过程。群体交流、动态生成、全身心地参与等特点使得面授学习机会对于远程学习者而言，是极为“奢侈”的，应分秒必争。其次，大量混合式学习属于专业教育，心理学关于各领域专家专长的研究表明，专家知识具有默会性、情境性等特点，其形成和获得不仅仅是信息获取的过程，面授过程中专家的示范、点评对专业者实践能力的提高更有帮助。

(2) 教学资源的丰富性

网络教育平台中适合学生自主学习的教学资源已达到一定的规模，可以是标准化的教学资源，也可以是自己开发的适合学习者特殊需求的资源，包括多媒体电子教材、课程的知识点库、重点和难点讲解和演示、电子讲稿、试题库和作业题库、模拟实验或实验演示、网上资料室等。

(3) 学习环境的多重性

在传统的教学中，学生参与教学实践，自己动手操作已经得到了肯定。在数字化学习中，由于缺乏这样的条件，学生很少有机会参与，但是结合混合式学习中的多种现场绩效工具，学习者或者接受培训者可以在工作现场结合实际工作得到如 EPSS 的现场指导。

(4) 学习模式的多样性

采用在线 + 面对面学习形式。面对面的学习模式包括课堂教学、小组讨论、实验、作业与测验；在线学习模式包括课堂直播、网络课程、在线协作学习、虚拟实验、在线作业与测验。

(5) 学生支持服务的人性化

在混合式学习中，充分体现了人本主义的思想，考虑教与学双方的经济效益，从学习工具、学习环境、学习者之间的交互以及学习内容的制定、学习步调的制定等方面都由学习者自身的条件决定，具有明显的个性化教学倾向。

五、混合式学习的理论基础

（一）学习理论

由于教学组织形式的多样性，混合式学习在实施时，应根据实际教学情况和教学内容，采用不同的学习理论指导学习。各种学习理论之间不是替代的关系，而是继承和发展的关系，是相互补充的关系。它们既有合理的一面，也有局限性的一面，都是针对不同程度与内容，以及不同的学习者群体的学习，而各自发挥着重要的作用。

现阶段主要采用的学习理论有行为主义、认知主义、建构主义和人本主义等。在混合式学习中，人本主义理论所起的作用最重要。

人本主义思想在创设媒体观时充分考虑处于教学主导地位的教师的经验、情感与自我实现创新的愿望，这对改变建立在行为主义心理学上的忽视了人的社会性与复杂心理过程的技术作用观是一大进步。

人本主义思想的杰出代表罗杰斯认为，个人以自己独特的方式去感知世界，这些知觉就构成了每个人自己的现象场。罗杰斯根据现象学的理论指出，要求自我实现的力量存在于每个人之中，但个人的自我观念都有其独特性，存在于每个人之中的自我观念是有差别的。每个人都在其生活经验中发展出自己一套独特的价值系统，其核心就是他对自己的估价、态度，也就是他的自我观念。

人本主义思想是以“学”为中心的学习模式的重要理论支持。罗杰斯认为，“教学方法就是促进学生学习的方法”。“教师要教好学生，必须有适当的教学方法”。适当方法是指：第一，好教材。目的是使教学的内容适合于学生已有的知识水平、学习兴趣和特长，便于学生自学。第二，要善于辅导。他认为，教师不应该一味地讲解，而是应为学生提供有效的咨询和辅导。第三，提供必要的学习材料，包括书籍、参考资料、实验工具、教具等。第四，要创造一切条件让学生自己学习。

人本主义的自我实现以及为学生提供适当学习方法的观念，为混合式学习提供了理论支持。混合式学习在强调把技术作用于学生时，也强调了教师和学生的经验，通过对教师、学习者及教学媒体的分析，将有助于技术对教学支持作用的顺利实现。

（二）传播学理论

混合式学习可以看做面对面的课堂学习传统教学和数字化学习两种方式的有机整合。混合式学习的核心思想是根据不同问题、要求，采用不同的方式解决问题，在教学上就是要采用不同的媒体与信息传递方式进行学习，而且这种解决问题的方式要求付出的代价最小，取得的效益最大。这种思想有重要的传播学理论依据。

1. 马歇尔·麦克卢汉（Marshall Mcluhan）的“媒体是人体的延伸”的理论

1964 年，加拿大学者马歇尔·麦克卢汉在《媒介通论：人体的延伸》一书中，论证了人类在进入电子时代的同时，对媒体的性质、特点、作用和分类提出了许多新的概念，其中一个重要的观点认为：媒体是人体的延伸。例如，无线电广播、扩音系统相当于耳朵的延伸；摄影机、摄像机相当于视觉的延伸；电影、电视相当于视听觉的延伸；录像机、录音机的信息存储功能、计算机的逻辑运算功能相当于人脑部分的延伸等。“媒体是人体的延伸”这一性质,给教育带来了多方面的影响:媒体的延伸,扩大和提高了人的感觉和思维能力;媒体的延伸,打破了感官的平衡,可使某一感觉器官凌驾于其他感觉器官之上。

因各种媒体的延伸方向有所不同,媒体的延伸意味着媒体功能具有互补性,任何媒体都是有所长,也有所短。媒体之间可以互相补充,但很少能够互相替代。因此,世界上不存在万能的媒体。媒体的延伸,也促使媒体自身向深度广度发展。媒体之间的互为促进,迫使媒体不断改变形式,使“延伸”更深更广,以求生存。例如,电视由模拟电视向数字化方向发展,网络传输信息由超文本向超媒体、流媒体方向发展,延伸能力向更深更广的方向发展。

2. 施兰姆(W. Schramm)的媒体选择定律

美国著名传播学家施兰姆曾提出媒体选择定律,用来解析影响人类选择接触或使用媒体的行为的依据,定律可用方程式表达为:

预期选择概率=可得到的报酬/需要付出的代价

这里需要付出的代价包括制作媒体所需要的费用(设备损耗、材料费用、人员开支等)以及所付出的努力程度(难易程度、花费时间等),这些统称为成本。可得到的报酬是指能完成教学目标的程度,即学生通过媒体能获得多少新的知识,是否获得能力培养的效果等因素。

公式表示,需要付出的代价越小,可能得到的报酬越大,则媒体的预期选择的概率也就越高。从媒体选择定律中可以得到启示:媒体的选择和使用,应以提高报酬与代价之间的比值为目标。混合式学习就是期待以付出最小的代价,得到最大的报酬。在设计混合式学习方案时,可以采用如下的途径:

(1) 教学效能不变,尽量降低成本。

(2) 保持成本不变,尽量提高效能。

(3) 尽量降低成本,努力提高效能。

(4) 成本略有提高,更大提高效能。

(5) 效能略为下降,但大幅度降低成本。

(三) 活动理论

活动理论的基本思想是:人类行为活动是人与形成社会和物理环境的事物以及社会和物理环境所造就的事物之间的双向交互的过程。人的意识与行为是辩证的统一体。也就是说,人的心理发展与人的外部行为活动是辩证统一的。

具体来说,活动理论的内容包括以下四点。

第一,基本的分析单位——活动及活动系统。活动理论中分析的基本单位是活动。活动系统包含有三个核心成分(主体、团体和对象)和三个次要成分(工具、规则和劳动分工)。次要成分构成了核心成分之间的联系。活动理论认为人类的任何行为活动都是指向对象的,并且人类的行为活动是通过工具作为媒介来完成的。

第二,活动具有层次结构。活动理论认为,活动(Activity)受动机支配,它由一系列动作(Action)组成,每个动作都受目标(goal)控制。动作是有意识的,并且不同的动作可能会达到相同的目标,动作是通过具体操作(Operation)来完成的。操作本身并没有自己的目标,它只是被用来调整活动以适应环境,操作受环境条件的限制。

第三，活动的内化和外化体现了行为活动发展与心理发展的辩证统一。活动理论区分内部行为活动（即心理操作）和外部行为活动。它强调如果将内部行为与外部行为隔离开来进行分析是不可能被理解的，因为内部行为和外部行为是相互转化的。

第四，活动是发展变化的。人类的行为活动不是固定不变的，行为活动的构成会随着环境的变化而变化。同时，人类的行为活动又影响着环境的变化。

以“学习活动”作为基本设计单位的优点是在设计理论上可以做到全面关注学生的个体差异和性格培养。以学习活动为中心的教学设计理论其核心理念强调教学皆可活动化。混合式学习强调根据学生的个体差异设计适合学生学习的活动，从而达到发展学习者心理机制的目的。

六、混合式学习的支持环境

虚拟学习环境（Virtual Learning Environments，VLEs）是一种基于计算机网络，用以支持网络学习的内容传递、师生交互的学习和管理系统。目前，它已经发展成为网络教育和很多高校教学、学习和管理中不可或缺的支撑平台。绝大多数的 VLEs 并不是以简单地在网上重现课堂环境为目的，而是以为学习者提供促进学习的各种新工具、满足学习者相对广泛的学习风格和学习要求、鼓励协作学习和基于资源的学习、并允许资源的广泛共享和重复使用为目的。

目前常见的 VLEs 主要有 WebCT 、WebCL 、BlackBoard、WebMentor LMS、Moodle 等网络平台。根据混合式学习的基本特征，VLEs 应该具有如下功能。

1. 有序的资源管理

混合式学习的一个特征是教学资源的丰富性。丰富的教学资源是学生开展综合实践的物质基础。在实践活动中，学生根据需求从网络中获取的资料，以及在实践探索中生成的各种学习资源，都需要进行有序的管理。网络平台把师生积累的学习资源根据活动主题的需要进行分类管理，让更多的人即时分享。经过整理、筛选的网络资源，对综合实践的实施会更有针对性；学生在实践中的体会、总结的经验以及活动的反思会给其他同伴更多借鉴。通过网络平台对学习资源进行有效管理，为综合实践活动课程深入发展提供保障。

2. 大容量的教学信息储存

混合式学习模式的多样性特征要求网络教育平台要有大容量的信息存储能力。网络教育平台能储存大量的音频、视频教学文件。通过宽带和在线学习平台的结合，教师可以通过双向视频与学生进行面对面的互动，也能通过在线学习平台进行直播；实时教学教研活动可以被录制下来（或进行一定的后期制作）形成流媒体视频资料片，可上传到在线学习平台的点播系统中，供学生随时在线学习。在线学习平台全面管理、传输网络教学信息，使宽带网教学与互联网教学能有机地融合，扩大了功能范围。

3. 高效、稳定的宽带教学网络

要保证网络教育平台能正常运行，组建一个高效、稳定、多功能的计算机网络是十分必要的。采用 OSPF（Open Shortest Path First，开放式最短路径优先）动态路由协议，可快捷、方便地对网络进行扩展，保证网络运行的稳定性。建立网络传输的质量保证体系，在各种设备上设置 QOS（Quality of Service，服务质量），确保教学活动正常开展。宽带教学网络主要用于直播授课、召开各类教学研讨会、开展实时音频、视频教学答疑等；同时，利用宽带教学网络还可以进行各种教学资源、教学管理、自动化办公等一系列的数据通信。

4. 及时的教学信息传输

学生在课后可以通过网络登录到学校的网络平台，继续学习或预先学习，这对于学生来说是一种很好的学习方式。在传统教学中，教师不可能一再重复地教授相同的内容，但这却是网络学习环境的特色，它提供一个双向互动的学习环境，让学习者在保有隐私的情况下，不断重复练习，以达到学习目标。对于教师而言，借助网络平台可以重复利用预先设计完成的网络化多媒体互动教材，为学生提供自我学习环境。

5. 完整的功能模块

基于混合式学习的网络教育平台应具备以下主要功能模块。

(1) 教学资源管理：课程教学资源发布和管理、IP资源管理。

(2) 学生学习支持：学习计划、学习笔记、留言、收藏夹。

(3) 网上交流：课程讨论、小组讨论、教学研讨、课程答疑。

(4) 班级管理：校本部班级管理、学生管理员管理、课程辅导教师管理。

(5) 行为记录：学生在线学习行为记录、教师在线教学活动记录。

(6) 评价系统：对本部学生学习行为评价、对教师在线教学活动评价。

(7) 统计系统：教学资源、学生学习、教师网上教学活动、系统运行情况。

(8) 用户权限管理：用户身份管理、用户权限管理。

第二节 学习原理

混合式学习的基本原理主要涉及混合式学习的模式、混合式学习的设计过程、混合式学习的评价以及在混合式学习中应该注意的一些问题。

一、混合式学习的模式

混合式学习的模式，是指用来清晰地展示混合式学习过程，明确混合式学习的各个环节的一种描述方式。混合式学习的模式有多种，下面主要介绍普尼玛(Purnima Valiathan)提出的技能驱动型模式、态度驱动型模式、能力驱动型模式三种类型的混合式学习模式。事实上，人们可以根据需要，并结合自己的教学经验，设计与形成特定的混合式学习的模式。

1. 技能驱动型模式(Skill-Driven Model)

技能驱动型模式是将自定步调的自主学习同教师的在线指导相结合。在这种模式中，学习者同教师之间主要通过电子邮件、论坛与自定步调的学习者进行交互。在线学习者往往会感到孤单和枯燥，因此需要得到教师或支持者的帮助。根据马斯(Masie)中心所做的一项调查显示，88%的学习者和91%的管理者认为，在自定步调的在线培训中，培训者(教师)的指导作用十分重要，是有效学习的活跃的组成部分。调查结果认为，培训者(教师)监督学习进程并同学习者接触、培训者(教师)通过对在线项目工作的评价、为课程学习者建立和促进在线社区形成以及利用电子邮件或者论坛处理学习过程中的问题等指导方式是获得评价最高的方式。由此可见，自定步调的学习(自主学习)同培训者的指导(教师主导)结合在一起，是一种有效的混合式学习的模式，它有利于消除学习者的孤独感，促使学习者圆满完成自定步调的学习。

技能驱动型模式的学习计划如表6-1所示。

表6-1　技能驱动型模式的学习计划

内容	基于技术的技巧	非技术支持的技巧
公告	LMS(学习管理系统)、电子邮件	广告传单、信件和电话
总揽部分	邮件、网络研讨会	传统课堂
自定步调的学习	基于Web的指南、电子书、电子绩效、模拟	文章、书籍、工作助手、在职培训
咨询决议	电子邮件、常见问题解答、即时信息	面对面集会
示范	网络会议、模拟	传统课堂
实践	模拟	练习本作业
反馈	电子邮件	面对面聚会、打印报告
结束部分	电子邮件、网络研讨会	传统课堂
证明	基于Web的测试	打印测试

2. 态度驱动型模式(Attitude-Driven Model)

态度驱动型模式是传统的课堂学习和在线协作学习的结合。这种模式是通过面对面方式先把协作学习中的内容、属性以及期望成果(形成态度与行为)以及如何通过网络技术进行协作的有关事项向学习者交代清楚。这种模式要求学习者在无需冒险的环境中，利用在线协作的方式尝试学习某种新的行为。例如，进行角色扮演并要对其绩效做出评价。

态度驱动型模式的学习计划如表6-2所示。

表6-2　态度驱动型模式的学习计划

内容	基于技术的技巧	非技术支持的技巧
公告	LMS、电子邮件	广告传单、信件和电话
总揽部分	邮件、网络研讨会	传统课堂
自定步调的学习	基于Web的指南、电子书、模拟	文章、书籍、具有“If-Then”判定的练习簿
咨询决议	电子邮件、常见问题解答、即时信息	与专家一起的面对面集会
评价	模拟	打印测试
协作部分	网络研讨会、聊天	同伴之间的角色扮演
实践	模拟	同伴之间的角色扮演
反馈和结束部分	电子邮件、网络研讨会	传统课堂

3. 能力驱动型模式(Competency-Driven Model)

能力驱动型模式是学习者与专家共同活动并通过在线方式进行互动以获取隐性知识的一种学习模式。这种隐性知识的获得，主要通过在工作中对专家的观察和同专家的交流中获取。决策过程部分受基本事实和工作原则指导，但还需要具有通常专家才具备的隐性知识(Tacit Knowledge)。

能力驱动型模式的学习计划如表6-3所示。

表 6-3 能力驱动型模式的学习计划

内容	基于技术的技巧	非技术支持的技巧
分派向导或导师	电子邮件	电话
建立一个社区	Internet 或 Intranet 中的空间	学习小组
实践	电子邮件、论坛、模拟	面对面聚会、研讨会、电话
控制讨论	论坛、聊天	面对面聚会、研讨会、电话
解决疑问	电子邮件、即时信息	面对面聚会
获取学习	知识库中故事与数据的编译(LMS/LCMS)	白皮书

二、混合式学习的设计过程

乔西博森认为,混合式学习过程主要包含四个基本环节。

1. 识别与定义学习需求

学生的学习需求具有多样性,因此,在混合式学习中需要对学习需求进行识别与定义。

2. 根据学习者的特征,制订学习计划和测量策略

学习者的特征包括多方面内容,如学习风格(如场依存或场独立等)、原有知识及技能结构、智力水平(IQ)等。混合式学习需要根据学习者的特征,制订具有适应性的学习计划以及确定的测量策略。

3. 根据实施混合式学习的设施(环境),确定开发或选择学习内容

混合式学习的基本形式是面对面与在线学习的混合,基本设施通常指实现在线学习的设施,由开展混合学习的单位建设。建设中应考虑如下问题。

第一,带宽。有些学习者不能进行远程高带宽接入,因此有些内容不能在他们的机器上运行。

第二,标准。每台电脑可能使用不同的操作系统、不同的浏览器版本和不同的插件,因此,应针对浏览器版本、插件、带宽、内存、所需的 CPU 速度等设置内容标准。

第三,LMS(学习管理系统)的限制。一般 LMS 系统的价格较高,而且使用烦琐,因此,许多单位在购买 LMS 时,倾向于省略其中的某些功能。

第四,时间约束。如果在短时间内完成一个比较大的计划,那么必须具有足够高的效率作保证。

第五,度量标准。如果在学习过程中没有明确的度量标准,那么将难以测量学习的效果。目前大多数的 LMS 在非定制报告系统方面仍然缺乏灵活性。

4. 执行计划,跟踪过程并对结果进行测量

该过程是混合式学习的最后阶段,主要是执行学习计划,跟踪学习过程,并对学习结果进行测量,以确定是否达到预期的目的。依据上述的过程描述,我们可以把混合式学习设计分解为八个环节。这八个环节形成一个不断完善的循环过程,如图 6-1 所示,各步骤的任务如下。

步骤一:确定组织目标。确定开展混合式学习的目标。

步骤二:确定预期绩效(业绩)。确定通过混合式学习应取得什么样的绩效。

步骤三:选择传递渠道和媒体。需要考虑两个方面的内容:一是可供选择的传递手

段，包括学习方式与媒体，主要有在线、课堂、视频、技术支持、PDA（掌上电脑）、电子绩效支持、组合、自我指导、教师指导、协商、同步、异步和实况 e-Learning；二是要考虑同传递手段有关的效能和成本因素，如存取、成本、教学模式、交流、用户友好、组织授权、新颖性和速度。

步骤四：学习设计。邀请课程专家、教育专家和技术专家，制订并形成混合式学习计划。

步骤五：支持策略。确定完成混合式学习需要什么样的支持策略。

步骤六：计划实施的行动观察。设计在实施计划过程中需要观察记录的项目（表格）。

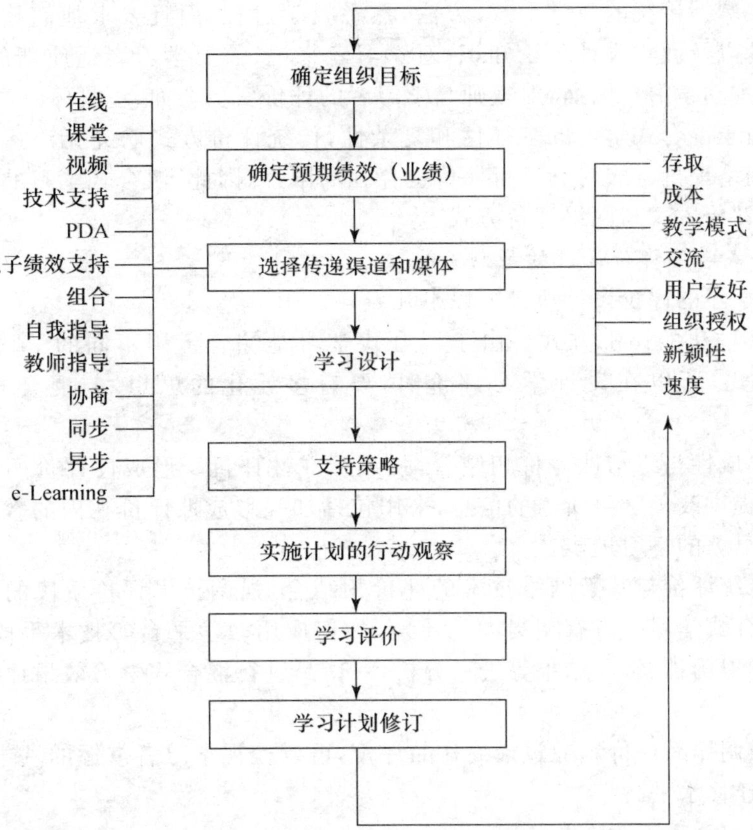

图 6-1　混合式学习的设计步骤

步骤七：学习评价。对学习的效果进行评价，包括诊断性评价、形成性评价和总结性评价。

步骤八：学习计划修订。根据学习评价的结果，对学习计划进行修订，然后进入下一轮学习。

三、混合式学习的评价

教学评价是对教学过程和结果进行的价值判断。由于教学过程是由教师的教和学习者的学所组成的双边活动或互动的过程，所以教学评价的主要对象是教师的教学活动与学习者的学习活动。教师运用一定的方法手段来处理和运用教学内容，发展学生的智能、品德、个性；学习者则运用一定的方法和手段进行学习、吸收和应用教学内容以实现自身的发展。所以教学评价既包括对学习者的学习过程与学习成果（成绩）的评价，又包括对教师的教学过程与教学效果的评价。

由于混合式学习综合了多种学习（或教学）活动，它的多样性和复杂性使得学习过程更为具体与细致，对它的评价也更为重要。首先，混合式教学是以知识分类来划分学习单元的，不同知识类型的学习单元，其学习活动形式存在较大的差异。这使得混合式教学的教学目标更具体、更明确，掌握知识的手段相对更为有效，对混合式教学的评价也需要更加细致和具体；其次，混合式教学模式对教师与学习者提出了新的要求，对教师而言，不仅需要掌握传统的教学形式、方法，熟悉教学过程，而且要求他们具备现代教育技术、网络技术以及教学设计理论知识；对学习者来说，需要学习者适应新的学习模式，改被动学习为主动学习。因而，对教师与学习者的评价要更全面、更具体。

另外，由于混合式学习的多样性和复杂性，传统评价方式已经无法达到它的评价要求，而使用网络评价方式对它进行评价也存在局限性，因此，混合式学习的评价方式需要整合传统的评价方式与网络评价方式。

1. 混合式学习评价设计的原则

混合式学习的评价设计应遵循以下几点。

第一，多样化的评价方式。由于混合式学习是综合运用不同的学习理论、技术手段和学习方式，所以在设计学习评价时，要有多元化的思想，与混合式学习的宗旨一致。

第二，形成性与终结性评价相结合，强调形成性评价。形成性评价的策略可以为教师和学生们提供改善学习所需的信息，采用包括加强形成性评价在内的教学实践的创新将能够促进显著的学习进步。

第三，传统评价与基于网络技术的评价相结合，强调技术评价手段的应用。由于网络学习在混合式学习中占有相当大的比例，如何应用教学平台等技术手段，为学习者的学习行为、学习历程、学习结果等进行分析评价，是进行混合式学习效果评价成功与否的关键。

第四，强调作品评价。通过最终作品评价，可以检视学习者掌握的基本知识、技能与相应的知识迁移水平。

2. 混合式学习评价的内容

(1) 教师评价

在混合式学习中，教师是课程设计的主要参与者和课程教学的主要实施者，因而，教师评价是混合式学习评价的重要组成部分。要开展学习评价，必须合理地确定评价的内容，这样才能更好地发挥评价作用，激发教师不断提高自身素养，不断改进课程教学。教师评价内容的确定有两方面的依据：社会发展对教师提出的要求，以及教师工作本身所固有的特点和规律。概括起来，教师评价主要包括以下内容。

基本素养评价：是指对教师信息技术素养、学科知识、教育知识等方面的评价。

业务能力评价：是指对教师的系统化教学设计能力、教学实施能力、社会能力及教学研究能力的评价。

工作表现与绩效评价：是指对教师备课、上课、辅导、答疑、批改作业的评价。

(2) 学习者评价

对学习者的评价是混合式学习评价中最重要的一部分，也是最基本的教学环节质疑。狭义地讲，对学习者的评价就是在学习者学完课程后对学习者进行考核(考试)，并尽量客观地给出每一位学习者的课程成绩。在传统教学中，课堂讲授是最基本的教学活动，学习者的成绩主要来自于该课程的期末考试(考查)，这是一种总结性评价。

在混合式学习中，学习者的学习活动不再是单纯的课堂听课，其形式多样，过程复杂，单纯的期末考试不能反映学习者的学习成绩。因此，混合式教学要全面关注学习者在知识、技能、情感、态度、价值观和学习过程与方法的变化，这就需要综合使用形成性评价、总结性评价和诊断性评价。

形成性评价：是指在学习过程中对学习者掌握知识的过程所做的评价，这种评价的内容不同于平时的练习，如教材上的习题等，而是强调对知识的理解、掌握、应用的过程，其带有一种思辨性质。

总结性评价：是指整个教学过程结束后对学习者所掌握的整体性知识进行的评价。评价的内容包括对所有知识点的测评，这种评价类似于我们平时的期末考试。

诊断性评价：是指在教学过程中对学习者容易出错的地方进行诊断与评析，这种评价类似于平时进行的错误分析。

(3) 教学设计评价

教学设计评价包括对课程教学活动设计的评价以及对教学安排的评价。

课程教学活动设计是混合式教学特有的，它以知识类型来设计活动安排，根据不同的知识类型与教学目标来划分不同的活动类型，主要包括课程单元的划分、活动的安排与设计以及相对应的考核的确定。课程教学活动设计评价是对一门课程的教学目标、教学内容(或知识点)、教学活动设计、教学活动安排等方面的恰当性做出判断。

教学安排是根据课程实施的时间要求来合理地安排教学进度，教学安排评价是对这种安排是否合理作出判断。

(4) 教学过程评价

教学过程评价是混合式教学评价中最重要的内容之一，既与学习者评价密切相关，又是持续开展和改善混合式教学的重要手段。如果对教学过程的评价很低，而对学习者学习的整体评价很高，则会质疑学习者评价的可信性；反之，若对教学过程的评价很高，而对学习者学习的整体评价很低，则同样会质疑该课程教学过程的效果。从教学过程来看，混合式教学与以课堂讲授为主的传统教学方式和以自主学习为主的数字化学习教学方式相比，都要复杂得多，即使最有经验的教师也需要有一个很长的适应过程才能将混合式教学开展好。

一门课程的实施实际上是通过安排与组织一个个具体的教学活动(学习活动)来执行教学计划的。因此，对教学过程的评价比较复杂，需要对教师的课堂讲授进行细致的观察，征求教师和学生对教学过程的意见，收集相关的信息与数据，从而对教学过程做出准确的评价。同时，教师要不断诊断教学活动中的问题，及时调整和改善教学(学习)活动，从而使教学过程更为有效，以达到改善教学的目的。

(5) 教学媒体评价

教学媒体包括文字教材、音像教材、计算机教育软件(如多媒体教学课件)、网络课程、课外阅读材料、教具等。媒体是决定课程目标能否有效达成的重要因素。充分利用现有的教学媒体，积极开发新的资源，是深化教学改革、提高教学效益的重要途径。考虑到教学媒体的组合原则，对教学媒体的评价主要从以下几个方面考虑。

媒体的丰富性。即完成教学所必需的媒体是否齐备，是否进行了媒体的开发和扩展。

媒体的合适性。即媒体是否切合课程教学的需要，是否满足教师和学习者的实际需求。

媒体的有效利用性。教学单位在拥有合适的、丰富的媒体后，师生能否充分利用这些媒体；为了方便师生利用媒体，教学单位是否创造了各种条件等。

媒体的可持续发展性。为了媒体的可持续发展，就需要提高教师参与媒体开发的意识和能力，吸纳各方面的参与与支持，以此来促进媒体的不断丰富。

四、混合式学习需要注意的问题

实行混合式学习，首先要扭转观念，不仅教育机构和部门自身要扭转观念，更要帮助学生和教师扭转观念。对学生来说，接受混合式学习面临的最大的挑战是“如何正确地按照混合式学习模式完成学科学习”，避免穿新鞋走老路，影响学习效果。这就是要学生意识到自己是整个活动的中心。

第一，学生要树立明确的学习目标与学习计划，然后利用各种学习资源与教学服务支持。而教师要从传统的“传道授业”的角色中解放出来，紧随学生的需要，作为学生的陪练，并随时解决学生的疑难。

第二，在混合式学习实施模型中，如何真正实现“在线课堂＋教师面授”的有机结合、确定两种课堂的教学功能定位并合理分解教学内容，进而实行严格有效的管理、确保每个环节的教学质量，是一个极其庞大、复杂的过程。如果没有一个组织合理、高效运作的营运队伍，不利用系统的力量，教学活动将很快陷入瘫痪。

第三，在“在线课程”环节，要实现随时跟踪数以千计学生的学习过程，提供学习监管并给予个性化指导，开发一个功能强大的软件支持平台。如果依靠人工，将面临无法想象的人力资源成本压力。一个合格的智能化、自动化软件平台至少需要包括在线学习系统、培训管理系统(TMS)、弹性教学支持系统(booking&scheduling)、学习控制与监管系统(counseling)、学籍管理系统(registration)等。一个普通的培训机构根本无力研发出这样一个强大的软件支持平台。

第四，任何教学理论只有在不断的实践中才能逐步得到改进乃至完善。先行的培训机构，由于具有更多的体验与心得，因而能及时发现并纠正具体教学活动随时可能出现的偏差。

只有真正解决这些问题，才可能充分发挥技术的潜力和优势，实现“在线课程＋教师面授”的完美结合，才可能真正做到以“学生为中心”的教学。

第三节　活动和课堂应用案例

本节介绍两个混合式学习的案例,《车过枋寮》课程案例面向的对象是中学生,课程采用课堂教学和网络教学相结合,很好地实现了传统教学与在线学习的融合;"《红楼梦》研究"课程案例的教学对象是在职成人学习者,该课程完全基于网络实施教学,采用的是以课题探究与远程协作为主的混合式教学形式。这里仅列举了两个典型的案例,希望能起到抛砖引玉的作用。

一、混合式课堂教学

下面是混合式学习环境下一堂语文课的教学设计案例。[①] 内容为余光中先生所作的一首现代诗《车过枋寮》。

案例6-1

1. 分析学习者的需求

本研究的实施教学对象,是台北市某中学一年十一班的43位学生,课程内容为余光中先生所作的《车过枋寮》。该课是现代诗体裁,对中学一年级学生而言,是极为陌生的。为使学生能在课堂上了解新诗的体裁、意象,教师在教学时采用多媒体光盘与朗读CD等媒体作为教学辅助资源。但是由于中学每一节课只有45分钟,而该课文需要在六节课时内完成教学,对教师而言,在这短短的几堂课中实在难以让学生对现代诗的背景、写作方式以及极其复杂的意象系统等有更深入的认识。因此,教师采用教学网站作为辅助教学工具,试以网络教学的特性延伸学生的学习时间。

为了能让网络与课堂的教学得以顺利结合,第一堂课即先告知学生们该课程的学习大纲、网络接口操作的方式以及如何加入讨论区、发表文章等网络学习的基本技能,使其对于课程网站的接口更为熟悉,能顺利融入教学环境。

2. 界定网络学习的目标

为使学习者了解现代诗的自由性及丰富的意象系统,该课程安排学生在学习告一段落之后来开展"诗的声光秀"验收学习成果,作为评价的重要依据;另外,要求学生在欣赏现代诗之余,通过集体的力量着手创作现代诗作,增加学生们在生活中对新诗的喜欢。但是,上述"诗的声光秀"活动,不易在课堂中抽出时间练习,只有让学生透过网络作为同伴讨论、影片观摩、解决问题的延伸学习。因此,在这套课程的规划中,网络学习扮演着资料补充及线上讨论与分享的虚拟空间的角色。

3. 界定学习内容

这门课程采用教室及网络双轨的混合式教学进行。其中,教师在课堂教学中的教学内容如下。

(1) 新诗朗诵CD赏析讲解:以罗门《麦当劳午餐》为例。

(2) 新诗团朗诵VCD观摩:透过VCD的播放,让学生知道"诗"除了读诵之外,还可以用肢体、舞台呈现。

---

① 改编自连育仁:http://www.quanwen.com.cn/doc/1069758/.

(3) 介绍辅助教学网站的使用与操作方式，便于学生在课后上网学习。

(4) 安排两节课做新诗的作文教学及习作。

(5) 最后，利用班会时间让同学发表“诗的声光秀”的练习成果，并请同学在活动中互评各组的表现。

在教学网站的内容建置方面，则以辅助课堂的教学为主。教师把课堂上所有教材都放在网站上，让学生便于在课后上网聆听、观看、复习。网站的建设采取渐进式，依每堂课的进度不同而有所增加，在课程结束后达到最完整的状态。站内有讨论群组的设置，提供同学在课后讨论网站的内容配置架构如图 6-2 所示。

(1) 首页——标示课程名称、教师介绍及 E-mail 链接等，并明确告知学生本课程的学习目标与课程大纲。

(2) 作者介绍——详列本课作者余光中先生的照片、个人介绍及大事年表。

(3) 诗稿处理——此部分将课文的讲解与诗歌朗诵的技巧合并呈现。学生可在课后参考教师处理后的朗诵诗稿，并在诗朗诵的展演中活用。

(4) 现代诗的“声光行动”——本区收集数篇和现代诗吟朗有关的文章，供学生于课后参考之用。

(5) 团朗技巧练习成果——此区放置数个教师的朗诵录音链接供学生聆听参考。采用 FLASH 内嵌的串流播放技术，控制版面较为美观，声音品质与流畅度亦不会太差。

(6) 学习单——每堂课后新增该堂课的学习单，供学生线上填答。

(7) 互评表——该表详列了“诗的声光秀”活动所应注意的事项，提供学生作为参照之用，使其在展演时不至于偏离方向。

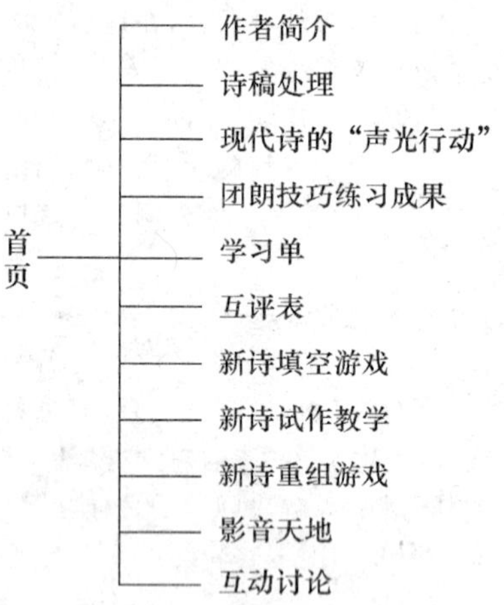

图 6-2 网站配置架构图

(8) 新诗填空游戏——利用 Macromedia course builder 设计新诗填空游戏。该游戏用于课堂教学，随机点选学生上台作答。由于有立即回馈的功能，答对或答错都能激起台下同学的反应，效果良好。

(9) 新诗试作教学——教师规定每位学生在第二次上课后，至少想一句“诗化”的句子，贴在这个版面上。待作文教学时，请学生随机抽取版面上的句子，将之拼凑成诗。当然，课堂上大家一起“凑”出来的诗句，也立刻贴到网上，供学生们欣赏讨论；除了新诗的拼贴之外，教师也在改完作文簿之后，从高低分的分布中，各摘录几篇具代表性的作品，并加以改写，放到网站上供学生参考。学生不但可观摩同伴的作品，同时还能看到教师修改后的诗作，对于新诗素质的养成及提升，很有好处。

(10) 新诗重组游戏——教师将郑愁予诗作《寂寞的人坐着看花》打散，规定所有学生至少需利用这系统一次，将重组成果通过网站传给教师，评估学生的创意与语感。

(11) 影音天地——本页面利用 Microsoft Media Server 串流影音技术，放置团朗演示成果，供学生课后观摩欣赏。

(12) 互动讨论——短短的一个月内，网站留言高达 300 多篇，可见中学生对于网络教学有着高度的新鲜感。除了新鲜感外，到了教学活动后期，关于新诗写作及朗诵的讨论渐渐产生，发挥了网站讨论区所应有的功能。

4. 资源设备分析

本网站对系统要求不高，只需要 IIS 搭配 ASP 做数据库的存取即可。另外，在频宽条件允许下，也可利用流媒体服务器，将诗朗演出转为影音流媒体格式，供学习者线上浏览。该校的服务器恰好满足这样的要求，因此，在讨论区及新诗创作区上的数据库存取相当顺利。

5. 选择教学策略

在课后学习的过程中，学生可在讨论区上提出与课程相关的问题，让教师或同伴线上响应，达到交互式教学的功效。特别的是，在混合式教学过程中，教师可于线上发现在课堂中未被提及讨论的问题，将之汇整后在课堂上做解释。同时也可以发现某些在课堂上较少互动的学生，在网络上有活跃的迹象，扩展了师生间的互动层面。

6. 网页设计

该网站利用 Dreamweaver 作为主要的网页排版工具，并以 PhotoImpact 做网页的美化工作。所有的基础设计（如版面风格、导览列形式、讨论区等）皆在课前设置完毕并经由其他教师测试完成。

7. 网络速度考量

该辅助学习社群网站利用 TANET 的资源。由于包含 streaming 的流媒体，因此在课堂讲述时，即请家中没有宽带的学生多利用教室的计算机观看影片。

8. 发展网络学习活动

网站内设计了“新诗填空游戏”、“新诗重组游戏”、“新诗试作”等几项活动，以搭配课堂的教学，并突显新诗自由化的特色。

9. 评鉴与修正

网站本身的评鉴，历经同事的前测及建议后，稍事修饰了界面及字号等部分。在实际运作时，未遇到较难处理的困难。另外，在学生方面，学生在网络上所完成的文字作品或游戏过程，皆记录在数据库中，作为评价的依据。

二、混合式学习的课程设计与实施

下面是对一门课程进行的混合式学习的设计与实施案例。课程实施以网上学习为主，辅以面授学习。

案例6-2

课程基本情况：“《红楼梦》研究”是中国人民大学网络教育学院开设的面向在职成人的继续教育课程。此课程完全基于互联网开展，学习以课题探究和远程协作为主。该课程为小学分课程（2 学分），学习时间为 1 学期（约 4 个月）。

1. 课程导入

课程导入环节包括教师准备、学生准备及资源建设 3 项内容。

（1）教师准备

教师准备一般包括明确教学目标，了解课程资源，补充教学材料，选择适当的教学方法、组织形式与教学手段等。在研究性学习课程中，课程导入阶段的教师准备内容包括如下内容。

① 根据培养目标与教学方式，确定研究课题

在开始教学前，教师必须事先明确课程培养目标和教学方式，“《红楼梦》研究”的目标是，一方面

让学生了解和熟悉《红楼梦》的文化底蕴、艺术手法、内容、人物及其时代的关系等；另一方面希望培养学生的批判性思维、科研态度和协作能力等。根据培养目标，教学小组采用远程协作方式开展研究性学习，以课堂为载体，以任务为驱动，以精心设计的问题或挑战作为学习激励的关键。

在“《红楼梦》研究”课程中，课程由师生共同协商确定。具体操作是：授课教师首先根据课程内容和培养目标提出5个研究课题向学习者公布，听取学生的反馈信息，以确定修改意见。最终教师提出的5个研究课题受到学习者的认可。而有的学习者根据课程内容，结合自己的专业、职业和兴趣，提出了一个“管理”方面的新课题，教师认真分析后确定该课题具有研究价值，遂进行了详细设计并向学生发布。所以，“《红楼梦》研究”课程共有6个研究专题。

这种师生共同协商确定课题的方式：一方面由于教师的审核保证了学生的探究不偏离课程培养目标，使学生探究更“专”而非“散”；另一方面给了远程学习者充分的学习主动权，能够引导其积极参与，并使学习者结合自身的生活、工作实际和兴趣发现问题、提出问题，使学习者不再被动地接受教师灌输，而是一开始就参与到学习中去，成为学习的主人。

② 创设问题情境，引导学生参与

为激发远程学习者的探究兴趣，问题情境创设是非常必要的。针对每一个具体课题，教师需要介绍问题背景，创设问题情境，然后巧妙引出要研究的问题。教师可以通过PPT问题、视音频资料、某一红学专家的一句评论等巧妙地引出要研究的问题，然后帮助学习者研究任务分解，指导学习者按照基本步骤进行调研和分析，以防学生偏离探究主题。

这种课题情境的创设在研究性学习课程中是极其重要的，逼真的情境能够很容易地激发学习者的好奇心和探究欲望，在这种兴趣的指引下学习者才能更好地围绕探究专题步步深入研究。“《红楼梦》研究”课程基本以静态页面形式呈现课题情境，不能很好地激发学习者的研究兴趣，这是在学生调查反馈中对平台的情境创设给分较低的原因之一，需要改进。

③ 创设学习环境

学习环境是影响学习者进行知识建构的重要外因。中国人民大学网络学院花费大量人力物力开发了研究性学习网络支撑平台，旨在创设逼真的探究氛围，引导学生进行探究与协作。平台采用模块化的设计方案，主要包括电子学档、课题探究、小组交流、研究成果展、课程资源、帮助等模块，能够为个体探究、作品共享、交流讨论、学习评价等提供支持。

这种学习环境以网络为依托，集教、学、辅导、评价、管理于一体，为远程学习者创设了一个功能完备的虚拟学习社区，该学习社区充分支持学习者的课题研究、基于网络的交流与远程协作，可以将分散的远程学习者联系起来，消除学习者孤独感并通过探究进行深入学习。在学习者调查反馈中，平台功能、系统性能及界面设置得分基本上都在4分左右(5分制)，这说明该学习环境得到了学员的认可。

④ 向学生说明课程要求及安排

对于课程内容、教学目标、学习方式、考核方式、时间安排等课程信息，如果不向学生说明，学生就会产生困惑或诸多不确定感，会反复咨询这些信息，影响学习的正常运行。中国人民大学网络学院在研究性学习课程的最重要位置，以图片等形式展示了该类课程信息，同时还附有教师信息及学习方法指导等，学生只要登录课程页面，首先浏览的就是课程相关要求与时间安排等信息，从而对课程学习有整体把握。这种呈现方式与安排也是本课程中学习者较少对学习方法感到困惑的原因之一。

(2)学生准备

① 知识储备与前测

学生准备包括两部分，一是前测，二是补充基础知识。“《红楼梦》研究”课程要求学习者必须事先掌握《红楼梦》巨著、红学、曹雪芹生平等相关知识。针对此要求，教师设计了20道基础知识测试题，均为客观选择题，要求学习者在初次登录课程页面时必须完成此测试(前测)才能进行后续学习。

教师按照 0～40 分,41～60 分,61～80 分,81～100 分这 4 个分数段给出了不同的学习评价与建议,并链接了学生需要加强学习的知识界面。结果表明,学习者对此前测表现出了极大的兴趣,积极认真地参加测试,并根据教师评价找出自己的薄弱点,接受教师建议以便克服这些不足之处。

前测与基础知识的补充具有极其重要的意义。首先因为中国人民大学网络学院多数的在职成人学生基础知识薄弱,基于此不足之处学生可有针对性的补充有关知识以满足学习需要。另外,针对不同的学生,教师给出不同的评价与学习建议,可实现"因材施教"。同时,教师不仅可依据前测,揭示学生的薄弱环节,建议其学习相关的基础课程,以便学生查漏补缺,也可根据其基础知识掌握程度指导选题。

② 选择课题

课程开通 20 天内,学习者必须登录网站选择课题。学习者主要根据自己的兴趣、爱好或职业、专业背景,从师生共同确定的课题中进行选择。本门课程学习者只需完成一个综合课题的研究即可取得学分。课题选择在前测之后。

课题由师生共同协商确定,这样可充分发挥学习者的学习自主性,促进其积极参与。课题选择有严格的时间限制。这种约束是有道理的,一是远程写作小组的成立是以同一课题研究为共同任务的,为保障学习期限内的协作畅通,必须尽快选择课题,方便系统智能分组;另外,课题研究是需要一定时间的,为保证学习效果,教师要求学习者尽快选题以开展研究,并对研究过程实施监控。时间限制不仅可以提高学习效率,还可以培养远程学习者的时间管理观念与技能。同时,根据受欢迎程度,课题可能会深入开展,也可能会逐渐淘汰。

当然,考虑到成人学习者的工作生活等特点,中国人民大学网络学院并不要求其同一时间上网选题,而是给了 20 天的时间范围,这样能满足不同学习者的实际情况。

③ 协作学习模式中参与分组

本课题采用的远程协作学习模式中的分组具有以下特点。

智能分组在相当程度上降低了教师的工作量,为小组写作探究节省了宝贵时间。因为在基于网络的协作学习中,学习者和老师很难面对面地接触,这样教师很难全面了解学生的各种情况,而智能系统可以根据学习者对这些问题的回答自动测量出其学习风格、知识背景及其他情况,然后给出一个分组建议,这样就可以实现教学工作的高效率和准确性。而小组调配、组长改进等功能又使其具有一定的灵活性,满足了分组的各种要求。

协作过程监督:中国人民大学网络学院规定由组长在小组协商一致后提交开题报告,其中必须涉及任务分工,系统自动认定各阶段负责人,只有各阶段负责人才有权限提交或修改本阶段作品,系统自动识别负责人身份。这种自动化组织与管理方式一方面方便了学院对协作过程的监督和考察,另一方面使学生明确了学习的方向和任务。这种方式可操作性极强,学生不至于产生困惑或迷航。

小组管理:小组管理采用自动管理与手工管理相结合的方式,其中修改任务分工、改选组长等操作都可以由系统自动完成,并且系统保留了历史记录以便于教师考察协作情况。而改选组长、将组员调配小组可由教师在管理端手工修改,既实现了自动管理的高效率又保证了人的参与,实现了系统的灵活性。

(3)资源建设

资源是探究学习的必需要素,在基础教育领域中是制约研究性学习成功与否的关键因素。在网络远程教学中,资源可以用"海量"来形容,然而网络资源庞杂而无体系,要想为学习者有效利用,必须加以整理。"《红楼梦》研究"课程中,教师通过流媒体课件以专题知识的形式呈现课程内容,打破了传统的章节知识划分的形式,促进了知识的综合运用。另外,教师还补充了相关的参考书目、参考网址、参考论文、视音频资料等,并建立了资源索引,提供了搜索引擎,学习者可随时查询收集到的资料。

2. 网上学习活动组织

网上学习活动组织是网络教学过程的主体，它是由教学小组组织的一系列“学习活动”单元组成，在这个过程中，教师需要采用一定的方法和手段使学习者深入学习，另外需密切关注学习者的学习进度。中国人民大学网络学院以课题探究的基本程序（课题准备、课题实施、反思总结）为依据，以时间为轴线，采用小组协作的组织方式，结合小学分课程要求，将整个课题研究过程划分为4个阶段，即开题报告、阶段汇报、研究成果、研究总结。各阶段学习小组需提交一份作品，各阶段学习期限基本为一个月。以下介绍各阶段的教学活动。

（1）开题报告阶段

该阶段的目的是要研究者形成一份研究方案（或称开题报告），对整个课题研究全面规划，对研究的各项主要工作合理安排。中国人民大学网络学院规定，学习者选定课题并接受分组后，应在一个月内以书面形式提交开题报告，一般要求报告内容必须清楚阐述课题目的、意义、研究方法、研究步骤、各阶段任务分工、时间安排、计划使用资源和访问专家等内容。开题报告必须由组长提交，其中必须指定各阶段的具体负责人，只有课题报告指定的各阶段的负责人才有权限上传和修改后序所负责阶段的作品。

实践表明，开题报告的提交与公开对小组的后续研究与协作起了很好的指引作用，而由组长负责提交开题报告，系统认定各阶段负责人等强制规定与自动化管理方式有利于提高分工协作的效率，有利于网络监控各组成员协作任务的完成情况，并使小组成员明确各自职责，自觉各司其职。

（2）阶段汇报阶段

网络环境下的学习者是进行分布式自主学习，自主学习过程不易控制，那么，如何保障学习过程质量呢？中国人民大学网络学院制定了强制性措施，要求学习者在课题探究过程中必须定期汇报近阶段学习情况。就“《红楼梦》研究”课程来讲，学习小组只需汇报1次，并在提交开题报告后的1个月内汇报。汇报的内容有：阶段任务完成情况；专家访问情况；资料的搜集与整理；研讨活动的记录；遇到的困难及解决办法；小组协作如何，对本阶段研究有何感想；是否需要调整研究计划，如何调整等。按照小组3～8人的规模及阶段作品数量，中国人民大学网络学院规定各阶段作品由1～3个负责人协同完成，其中一个负责人进行上传，其他负责人可以在线修改或删除，平台为此协同写作提供了支持。

（3）成果汇报阶段

课题研究小组通过前期的资料收集、查阅、整理等工作，奠定了研究基础。研究成果就是要在前期工作的基础上，对资料进行筛选、总结，根据研究的任务和要求，提供研究的详细成果。研究性学习的开放性也表现在成果形式多样性上，如实验报告、调查报告、研究论文、网页、实际作品等。成果汇报是教师衡量小组学习成效的重要依据。学习者的创造性、批判性思维都可以从作品中反映出来。

“《红楼梦》研究”课程是文科课程，研究方法以文献调查为主。教师要求学生课题探究的结果写成一篇5000字以上的学术论文。学习者的语言表达能力、知识综合应用能力、批判性思维等都可以在论文中体现。另外，通过论文还可评价学习者的主题论点是否明确、内容陈述是否具体等。本课程中学习小组的研究论文平均得分为13.5分，占总分16分的84％，总体成绩优良。

成果汇报一方面可以直接考察学习者及小组的学习成效，考察小组问题的解决情况及研究性学习目标的实现情况；另一方面，基于网络的成果提交与展示也有利于学习者的相互学习、交流与借鉴，取长补短，促进学生共同提高。

（4）研究总结阶段

课程要求学习小组在提交研究论文后的20天内必须提交研究总结，要求总结中阐明以下问题：课题研究任务的完成情况、小组协作分工及成员各自任务的完成情况、研究中存在的不足、不足之处的改进方法、是否需要进一步的研究、后续研究展望、心得体会等。综合表明,学习者总结深刻,对各自研究过程进行了全面回顾,明确了自身不足和以后努力的方向,体验丰富。总结是研究者对所获取的各类知识的再度升华,总结也是学习者反省的过程,是科学探究的必要步骤,可促进学习者进行深入学习。

开题报告、阶段汇报、研究成果、研究总结这四个步骤构成了"《红楼梦》研究"这门研究性学习课程的网上学习活动单元。

3. 学习支持

网络教学过程中的学习支持,是为解决学生在学习过程中遇到的各种困难所提供的学术性和非学术性的帮助。具体来说,包括支持工具的提供、支持人员的配置及问题的答案与内容的辅导。在"《红楼梦》研究"课程的教学中,中国人民大学网络学院组建了由研究人员、辅导教师、技术人员和学务管理部门人员组成的辅导小组,使用BBS、QQ、E-mail、聊天室4种不同的交流工具,对学习者从方法、专业、技术和日常咨询等方面提供了帮助与辅导。具体支持内容有如下。

(1) 专业知识的答疑与辅导,引导学习者的探究方向。

(2) 学习方法的指导,包括探究方法的指导与交流协作的管理,可使学习者尽快适应这种新型学习方式,尽快转变观念。

(3) 技术问题的解决,处理网络学习及协作过程中遇到的各种技术故障或难题。

各阶段学习任务的友好提醒。探究性学习以课题探究为主,课题的选择与确定以及课题探究的各个阶段都有严格的起止时间,这需要教师提醒和督促。

(4) 心理、情感等问题的咨询、帮助与解决。

本课程主要从以上几个方面对远程学习者提供支持。实践表明,各方面支持工作均比较到位,根据学习评价部分的数据,两学期有85%的学习者学习进展顺利;80%以上的学生按时完成了课题研究任务,协作与探究进展顺利;学生调查反馈中针对系统性能一项,第二个学期的学员评分比第一学期高,也反映了研究性学习平台在技术性能方面的不断完善。网院两个学期未收到任何关于教师辅导工作的投诉,且BBS中众多学生留言表达了对教师帮助的衷心感谢,这都反映了学习支持服务是良好的。

4. 教学评价

教学评价是对课程教学质量的检验。传统教学一般采用总结性评价,以一次期末考试成绩来判断教学的质量。而研究性学习关注学习者的学习过程,强调形成性评价与总结性评价相结合。

在课程的评价设计中,已详细列出了针对该研究性学习课程的评价设计方案,中国人民大学网络学院实施过程中完全按照该设计实施,该评价方案很好地坚持和体现了以下评价原则。

(1) 采用电子学档有效监控学生的学习过程

课程为每个学习者及学习小组建立了电子学档,详细记载了学习者及小组学习过程的一切活动及成果,包括登录课程次数、在线学习时间、资源点击频率、交流次数及交流内容、提交的作品及提交时间等,为评价提供了依据,且有利于教师了解学习进度,有意识强化或调整教学行为,改进教与学。

(2) 诊断性评价、形成性评价与总结性评价相结合

课程要求学习者第一次登录课程时必须参加前测。在学习过程中有电子学档监控记录学生的学习表现,课程研究各阶段结束时需提交相应作品,由教师、同学和自己进行评价给分,将诊断性、形成性及终结性评价充分结合。这种结合发挥着积极的作用。课前测试时,根据学生的前测结果可了解学生的知识储备情况并给出具有针对性的学习建议,为学生提供需补充的课程知识。在学习过程中,用档案袋记载学习者学习行为,师生可随时了解学习进度与成效,发现存在的问题并及时予以纠正,调整教学。在学习结束时,对学习成果进行评价。这种针对学前、学中、结束状态的评价有利于网院及教师了解学习者的整体学习情况,科学评价其学习进步,及时诊断存在的问题,采取有效的纠正措施,真正发挥评价的诊断、反馈、改进和鉴定功能。

(3) 多种评价主体相结合

针对课题研究每一阶段的作品,教学小组都提供了评价指标及评价标准,学习者个体、同学和教师根据这些评价项目和标准对作品进行审核、打分,每一个作品得分依据一定比例计算而成,即:

作品得分=教师评分×60%+同学互评平均分×20% + 作者自评分×20%

这种评价方式是将教师、同学和学习者自身的多种评价主体相结合。自我评价有利于学习者成就感的形成、目标的明确和个性化的培养,使其由评价客体转化为评价主体,提高学习的参与性,网络集成化的学习环境为这种自主性的发挥提供了强大的支撑平台。同时,教师的评价有利于正确引导探究方向,保证评价的公平和公正,而同学互评实际也是全体学生相互交流、学习、协商和思想碰撞的过程,有助于取长补短,共同提升。三者的结合使评价更科学、合理。

有关三个评价主体评分的比例分配问题,目前并没有统一的说法,60%,20%,20%的比例是中国人民大学网络学院教学小组在多次讨论基础上,结合形成性评价相关理论协商而定的。实践表明,这样的比例分配比较合理,因为在知识评价部分,通过对自评、教师评价和同学互评得分情况的对比能够看出,远程成人学习者自我意识较强,学习功利性较强,自我评价偏高,同学互评给分较低,而教师给分一般比较客观、公正,因此,三者给分需要控制。而有关各自比例分配问题需要在实践中进一步检验和更正。

(4) 根据评价目的制定评价指标体系,多维度多层次开展评价

针对课题研究的不同阶段,课程都制定了相应的具体化的评价标准。这些评价项目不再依据传统的单一评价参考标准(比如考试或操作技能),而是从知识、能力、批判性思维、兴趣、积极性、情感体验、协作等多项指标去衡量学习小组和个体,每一条评价指标都采用李克特量表的5分制。这种多维度、多层次的评价策略,一方面可以对学习者的学习情况做出全面、综合的评价;另一方面也可以发挥评价的导向功能,使学习者不再局限于知识获取,而是从更广泛的角度发挥自己的积极性、主动性和创造性,进行各种情绪体验,达到研究性学习的知识、能力和态度等培养目标。

(5) 定性评价和定量评价相结合

利用数据库跟踪技术对学习者及学习小组的学习过程进行监控,并依据管理端设置的评价指标、评价标准、评价权重,由系统自动统计评价。另外,针对作品还要求教师、同学及学习者自身进行评分,系统根据各自比例及阶段作品总分自动计算各作品的最后得分。除了这些量化的评价,课程还强调教师在评分的同时指出作品的成功之处、存在的问题及需要改进的地方,以评语形式表现。学习者也可对各个作品写出自己的评价,在作品评价部分或BBS等处发表。另外,中国人民大学网络学院还对学习者展开调查,在让学生对教学效果、平台功能、系统功能、人机界面评分的同时,发表自己的看法、意见和建议,并对教师也进行了访谈。这些评价方法的结合不仅考察了研究性学习中可以量化的指标,还对学习态度、情感体验等不能量化的内容进行了评价,从而综合反映了研究性学习的效果。

思考题

1. 什么是混合式学习?混合式学习有什么特点?

2. 结合本章第三节介绍的案例,分析开展混合式学习的目的。

3. 混合式学习有哪些理论基础,这些理论是如何指导混合式学习开展的?

4. 分别就同一内容设计至少两种不同模式的混合式学习,并说明两套方案的优缺点。

5. 如何更好地进行混合式学习?探究目前混合式学习仍存在的问题。

拓展阅读

[1] 罗明东，何学仁，李志平．解继丽．教育技术学基础—现代教学理论与信息技术整合的探究[M]．北京：科学出版社，2007．

[2] 黄荣怀，周跃良．混合式学习的理论与实践[M]．北京：高等教育出版社，2006．

参考文献

[1] 罗明东，何学仁，李志平，解继丽．教育技术学基础—现代教学理论与信息技术整合的探究[M]．北京：科学出版社，2007．

[2] 黄荣怀，周跃良．混合式学习的理论与实践[M]．北京：高等教育出版社，2006．

[3] 田世生，傅钢善．Blended Learning 初步研究[J]．电化教育研究，2004(7)．

[4] 何克抗．从 Blending Learning 看教育技术理论的新发展(上)[J]．电化教育研究，2004(3)．

[5] 何克抗．从 Blending Learning 看教育技术理论的新发展(下)[J]．电化教育研究，2004(4)．

[6] 刘繁华，邓文新．促进学生组网能力的混合学习模式研究[J]．中国电化教育，2007(5)．

[7] 扈志洪，吴海霞，冯伟．构建混合式学习(B-learning) 模式的策略探讨[J]．重庆教育学院学报，2007(5)．

[8] 吕森林．混合式学习对信息技术与课程整合的启示[J]．中国远程教育，2004(10)．

[9] 李克东，赵建华．混合学习的原理与应用模式[J]．电化教育研究，2004(7)．

[10] 程秀丽，戴心来，周萃．浅析混合式学习网络教育平台的特征[J]．中小学电教，2008(1)．

[11] 伍志刚．混合学习理论及其对计算机网络实验教学启示[J]．中国教育技术装备，2007(11)．

[12] 易维．混合式学习系统的设计、开发和应用[J]．开放教育研究，2005(8)．

[13] 柯清超．混合学习的评价方法—以中小学教师教育技术能力培训课程为例[J]．中国电化教，2008(8)．

[14] 程雁．混合学习理论对教育技术的重要意义—对学习理论的再认识[J]．中小学电教，2005(6)．

[15] 杨彩菊．混合学习在教师继续教育中的应用[J]．中小学电教，2006(8)．

[16] 吴东醒．网络环境中面向混合学习的教学模式研究[J]．中国电化教育，2008(6)．

[17] 谢非，余胜泉．中学混合式学习的教学实施模式[J]．现代教育技术，2007(11)．

[18] 孔维宏，高瑞利．基于 Moodle 的混合式学习设计与实践研究[J]．中国电化教育，2008(2)．

[19] 高卓．混合学习在大学英语教学应用中的效果分析[J]．现代远程教育研究，2007(4)．

[20] 柯清超．面向混合学习的教师教育技术能力培训模式研究[J]．电化教育研究，2008(2)．

[21] 张庆秀，韩清献．师范生教育技术能力培养模式初探[J]．中国电化教育，2006(7)．

[22] 吕森林．混合式学习对信息技术与课程整合的启示[J]．中国远程教育，2004(10)．

[23] 余胜泉，路秋丽，陈声健．网络环境下的混合式教学——一种新的教学模式[J]．中国大学教学，2005(10)．

[24] 彭慧，朱敬东．基于混合学习原理的高校教师教育技术培训[J]．电化教育研究，2007(2)．

[25] 何一茹．教师信息技术应用培训混合式学习环境的构建[J]．中国教育信息化，2008(8)．

[26] 张志祯，齐文鑫．提高混合学习有效性的策略[J]．中国远程教育，2007(4)．

[27] Harvey Singh. Building Effective Blended Learning Programs[J] . Educational Technology, 2003(6).

[28] [EB/OL]. http: //blog. wxedu. net/user1/247/archives/2006/2006514161858. html，2006-05-14.

下　篇

信息技术环境下学与教的实践

第七章　卫星 IP 资源支持下的学习

学习目标

1. 理解卫星 IP 资源定义、分类及作用；
2. 了解卫星 IP 数据接收技术；
3. 掌握卫星 IP 资源的建设和管理基本方法；
4. 掌握卫星 IP 资源的教学应用原则；
5. 掌握卫星 IP 资源的教学设计方法；
6. 掌握卫星 IP 资源的课堂教学应用模式。

知识概览

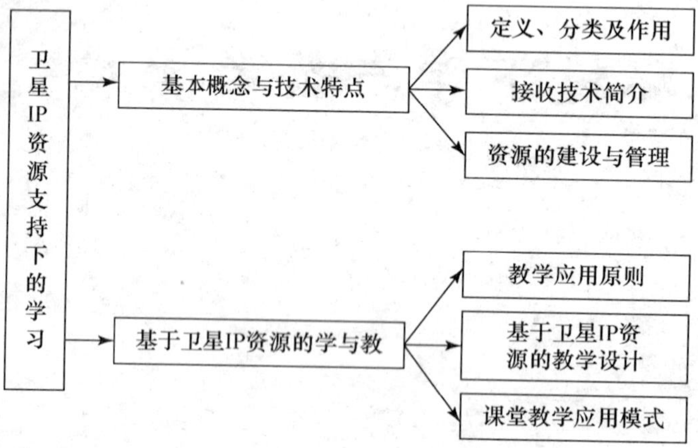

本章导学

实施现代远程教育工程，运用信息化手段把最优秀的教育资源通过卫星 IP 资源的形式送到西部偏远农村、山区学校和广大农村地区，无疑是现阶段改变欠发达地区教学质量、推进欠发达地区教育跨越式发展的一条有效途径之一。本章首先介绍卫星 IP 资源的相关概念和技术特点，包括卫星 IP 资源的定义、分类及作用；卫星 IP 资源的接收技术以及卫星 IP 资源的建设及管理。其次，介绍了如何有效地在实际的教育教学中利用卫星 IP 资源，包括卫星 IP 资源的教学应用原则、利用卫星 IP 资源进行教学设计的步骤以及卫星 IP 资源在课堂教学中的应用模式。最后，以实际的案例说明如何将卫星 IP 资源应用于实际教学。

第一节　基本概念与技术特点

随着农村中小学现代远程教育项目工程(简称“农远工程”)的实施,越来越多的农村中小学开始使用卫星 IP 资源。卫星 IP 资源的接收与管理成为“农远工程”的基础,卫星 IP 资源的优劣也直接关系着“农远工程”的实施绩效。本节主要介绍卫星 IP 资源的基本概念与技术特点。

一、卫星 IP 资源定义、分类及作用

(一) 卫星 IP 资源的定义

IP 资源是一种基于计算机网络的、由流媒体和超文本构成的媒体资源。作为一种新型的数字化学习资源和教学资源,IP 资源因其不受空间的限制,图、文、声、像并茂等显著特点,已在开放教育课程资源配置中处于重要的地位,被置于紧居教材之后的一种媒体资源,并在开放教育总结性评估中得到了足够的重视。

“IP”是“Internet Protocol”的缩写,意为“网际协议”。在因特网中,它是能使连接到网上的所有计算机网络实现相互通信的规则集。2000 年,我国正式开通 K 波段的卫星频道,可以提供二十几个数字卫星频道数据广播。通过卫星传输大数据量的多媒体课件信息可以克服网络带宽现存的瓶颈问题。“卫星 IP 资源”这一名称正是来源于我国广播电视大学系统最早通过卫星的通道来传输数据量较大(包括视频内容)的课件信息这一事实。而现在我们把基于 Internet 传输的、包括流媒体格式视频信息的网络资源统称为 IP 资源。卫星 IP 资源是指通过卫星广播的形式传送的 IP 资源。

(二) 卫星 IP 资源的分类

目前教学应用中的卫星 IP 资源主要包括备课资料、媒体素材和能力训练。备课资料主要包含教学目标、教学建议、典型例题、教学设计示例、扩展资料等;媒体素材主要包含动画类素材、图形图像类素材、视频类素材、音频类素材、课件类素材等;能力训练主要包含习题精选、探究活动等。卫星 IP 资源的组织形式主要有以下几种:文字＋图片、文字＋图片＋多媒体动画(多以 Flash 为主)、文字＋图片＋视频(流媒体、其他格式)、文字＋图片＋多媒体动画＋电子讲稿。

(三) 卫星 IP 资源的作用

IP 资源作为一种新型教学资源在西部及广大农村中小学应用后,对教学理念和教学方式都产生了极大的影响。其主要的功效如下。

1. *丰富农村学校的教育教学资源*

IP 资源的使用,改变了原来农村学校“一支粉笔、一块黑板、一张嘴、一本书”的教学局面,极大地充实了课堂教学内容,给学校教学融入了新理念、新内容、新教法。学校教学面貌焕然一新。

2. *缓解师资的严重不足*

由于经济基础薄弱,师资不足的问题在边远贫困地区比较普遍。配备了卫星教学接收设备之后,每个学校等于多了一两名教师,为其开足、开齐、开好课程创造了前提条件。

3. 促进基础教育课程改革

利用远程教育设备和 IP 资源，可以便捷地实现对教师进行新课程的培训，组织教师听专题讲座，观看课堂实录与点评以及课改优质案例等。教师们还可以结合 IP 资源开展问题研讨、集体备课等活动，使新课程的理念在边远贫困地区尽快传播并应用于课堂。

4. 提高教育教学质量

IP 资源的应用不仅为欠发达地区中小学直接输送了优质的教学资源，同时也促进了农村学校教师教育思想、教学方法和教学手段的转变。在教师的影响下学生的学习态度、学习方法都会发生变化，学习的质量和效益得以提高。

二、卫星 IP 数据接收技术简介

卫星 IP 数据资源具有覆盖地域广、传输量大、通信质量高的优点，又能够与互联网通信协议互通，因此利用卫星 IP 数据广播，在实时传输卫星电视节目的同时，传输教育、娱乐等内容的多媒体信息，是一种高效率、低成本的传播模式。它不仅能够满足 IP 数据对宽带的要求，还可以不受接收站点限制，实现快速传播。

（一）系统组成

卫星 IP 资源接收系统由卫星接收天线、卫星数据接收、计算机、电视机等设备组成。卫星接收天线要求用直径 1 米以上的抛物面天线，卫星数据接收为内置式带 PCI 接口的卫星数据接收插卡或带网络接口的外置卫星数据接收机，要符合《中国教育卫星宽带多媒体传输网技术要求和规范（暂行）》。具体包括：接收天线 1 套（含高频头）、功分器 1 只、卫星数据接收卡 1 块、卫星数据接收计算机 1 台、数字卫星接收机 1 台、电视机 1 台、调制解调器 1 只、UPS 电源以及带 TV 接口的显卡或外置 TV 转换器，系统组成方框图如图 7-1 所示。

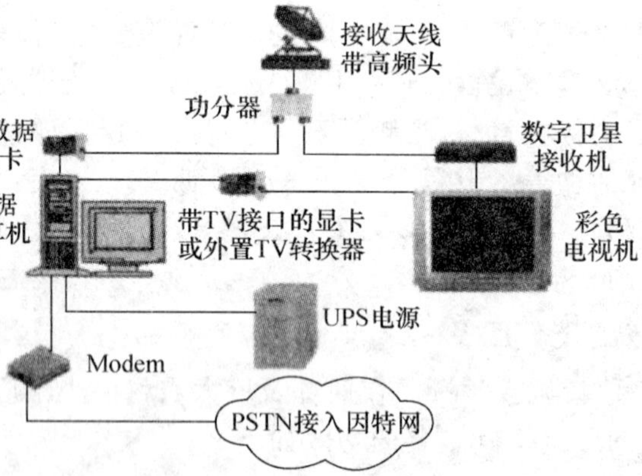

图 7-1 卫星 IP 资源接收系统组成原理

（二）系统工作原理

从卫星上转发下来的电视信号、广播信号和多媒体 IP 数据信号，通过卫星天线接收进入天线前端的馈电系统，由高频头将接收到的卫星下行频率信号进行放大降频后，通过馈线进入卫星接收机或接收卡。数字卫星接收机将来自高频头微弱的第一中频信号进行低噪声放大、变频和解调处理后输出视、音频信号和 IP 数据信号，电视机与接收机相连接后就能观看到卫星电视节目。计算机与接收机或接收卡相连接后利用相应的接收软件就能将卫星 IP 数据下载到计算机的硬盘上或在计算机上观看流媒体节目，也可利用相应的软件通过卫星接收卡在计算机上直接观看卫星电视节目。整个系统工作原理如图 7-2 所示。

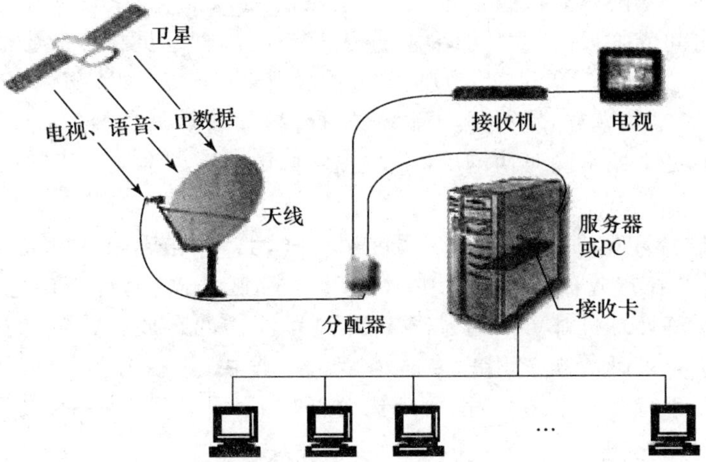

图 7-2　系统工作原理

（三）IP 数据资源接收注意事项

为了保证 IP 数据资源的正常接收，我们需要注意以下几点。

第一，做好室外接收天线的维护，确保信号接收不中断。室外接收天线能正常接收到卫星信号是远程教育卫星接收点接收教育资源的基础，因此要做好接收天线的维护。如防止天线遭受雷击；如果高频头雨衰较大，需及时给高频头加防雨罩；定期检查馈线是否固定好，接头是否松动等。

第二，做好计算机系统的维护，确保 IP 资源无计算机病毒感染。为了保证接收的资源能正常使用，要避免资源感染上计算机病毒。因此卫星接收点的计算机系统要安上杀毒软件，不要从互联网上下载不安全的资料，在使用移动硬盘、U 盘等外接存储器时要先杀毒。

第三，做好接收软件的维护，确保 IP 资源的完整接收。IP 资源的接收，要先启动 IP 数据接收卡控制系统，并点击 IP 按钮状态，然后启动 IP 数据接收系统软件。因此，要做好这两个接收软件的维护。

三、卫星 IP 资源的建设及管理

（一）IP 资源的整理和发布

根据学校的计算机设备和网络条件，资源整理发布可分为单机和网络两种方式。

单机方式指学校只有远程教育项目提供的 1 台计算机，除用于资源管理外，还可以用于开展教师培训、资源应用、办公自动化等工作。在这种条件下进行资源的整理和发布，主要以文件方式为主，管理员将筛选出来的资源内容，按照学科和年级分类存放，教师可以直接到存放地点去观看、打印或共享浏览、转存资源。

网络方式指学校将接收资源的计算机与其他计算机连成网络，接收资源的计算机只承担资源接收和管理任务，利用网络对资源进行整理发布，实现资源共享，扩大资源的受益面。根据学校计算机数量的多少，可以采取以下两种方式进行资源的整理和发布。

1. 共享方式

共享方式适合联网计算机数量较少（一般在5台以下）的学校采用。学校可以将计算机放在一个房间或临近的几个房间内，连成对等网。管理员将存放资源的计算机逻辑盘（如E盘）属性设为共享和只读，教师可以通过网络访问存放资源的计算机，打开共享盘浏览、下载资源。共享方式的优点是简便易行，教师以复制文件方式下载资源，速度较快且无限制。不足之处是同时访问的人数较多时，访问速度会明显下降。

2. Web方式

Web方式适合计算机数量较多（一般在5台以上）并连成局域网的学校采用。利用Web服务器功能，在资源存储计算机中设置WWW服务器，通过指定地址和访问路径，使局域网上的所有计算机都可以通过WWW浏览器访问存放在指定计算机上的教育资源。此方式的优点是计算机的用户多时速度也比较快，不受环境限制，浏览资源方便。不足之处是需要进行较复杂地设置，管理比较复杂。

（二）IP资源再创作

在具体应用过程中，如果只是将下载的资源照搬到课堂就会出现问题。首先，中央电教馆提供的教学设计示例与课件并不一定配套，有的教师没有作任何修改就照搬到课堂中，结果适得其反。其次，这些多媒体课件分布不均，对于某一节课可能同时包含有几种形式的课件，而对于另一节课又可能很单一。如何做到资源与教学内容统一，如何做到资源的合理组合，这就涉及资源二次创作的问题。

再创作的方法主要包括两个步骤：一是对IP资源的多媒体元素进行提取；二是运用课件制作工具进行整合。对于PPT类课件内的多媒体元素，可以采取“复制＋粘贴”或者“另存为”的方式直接提取。对于已经打包无法修改的课件来说，可以通过录音软件（如Windows自带的录音机工具或者Audio Recorder）获得其中的声音，通过抓图软件（如Hyper Snap-DX）获取其中的图片和文字，通过录像软件（如屏幕录像专家）获取其中的动画。对于Flash课件来说，Flash Mx/2004的“文件”菜单下有“导入”命令，执行此命令下的子菜单可以将SWF文件导入到指定位置，如导入到舞台、导入到库等。一般情况下，当我们要使用某个Flash课件中的素材时，不是直接导入到要使用的课件中，而是重新创建一个Flash文件（如命名为“临时”），然后选择菜单“文件→导入→导入到库”，稍等后按“Ctrl＋L”打开库，再切换到课件并打开课件的库，最后直接将“临时”库中需要的素材拖放到“我的幻灯片”库中，从而实现素材的再利用。提取多媒体元素后，就可以根据实际需要选择合适的课件制作工具对素材进行整合。

从制作工具来看，主要有PowerPoint、Authorware、Dreamweaver、Flash四大制作软件。从辅助工具来看，一些图形处理工具，如Photoshop也是非常必要的。对于初学者来说，可以从最简单的PowerPoint开始，简单易学、制作快速是它的最大优点。Authorware适合制作比较大、有交互性的课件，网页的兼容性最好，但用它制作课件的效果和效率中等。Flash制作的动画容量极小、运行快速、效果好、兼容性好、应用范围广，而且还在不断地快速升级，目前已成为网页动画的实际标准。

第二节　基于卫星 IP 资源的学与教

卫星 IP 资源是由教育专家、专业技术人员根据西部边远贫困地区学校的教育教学需要，专门为农村中小学现代远程教育工程的项目学校制作的，其中有的是为教师提供的，有的是为学生提供的，也有为教育管理者、农民、农村党员干部等其他人员提供的。卫星 IP 资源可以帮助教师及时了解国内外最新教育、时事信息，学习先进的教育理论，提高教师技能，还可以帮助教师获得大量的学科教学资源，更好地完成学科的授课、教研任务。同时卫星 IP 资源也为学生提供大量的自主学习课程，以及针对学生综合素质培养的专题教育、少年文化等栏目。因此要使卫星 IP 资源在教学应用中真正发挥作用，教师必须熟悉卫星 IP 资源每一个栏目的具体内容并合理利用。本节将系统阐述 IP 资源在教学应用中的原则、基于卫星 IP 资源的教学设计以及卫星 IP 资源在课堂教学中的应用模式。

一、卫星 IP 资源教学应用原则

教师在利用卫星 IP 资源进行教学时，应该遵循以下基本原则。

(一) 目标性原则

卫星 IP 资源只有符合教学目标的需要，才能发挥其提高教学效率的作用。坚持目标性原则，教师要深入钻研新课程标准，深刻理解教材，认真分析学情，全面了解学生的需求。教师课前要反复观看卫星 IP 资源，着重领悟和体会资源中的优秀教师是如何解决重点、难点问题的，并先做出课堂教学预案，然后根据教学内容和学生实际设计好资源的播放方式，或浏览，或反复观看，或同步模仿等。

(二) 适时性原则

卫星 IP 资源具有形象、直观、生动的特点，使用时要把握导入时机。有些资源必须在固定的时机来播放。如为新课所设计的教学资源，就应该在前面的新授时间段播放；为课堂小结或课后拓展所设计的教学资源，就应该放在后面的巩固、练习时间段播放；有些教学资源的应用具有一定的灵活性，可能放在几个时间段都是可行的，这就要求教师精心设计，使其发挥最大效用。播放时机还有另一层含义：教师在播放某一个教学片段时，不能一口气把它全部播完，要把整个播放过程融入教师讲解、学生活动、师生互动、师生与资源互动等多种形式的活动之中，使它们成为一个完整的统一体。

(三) 主体性原则

突出主体性原则，充分发挥远程教育资源在激发学习兴趣、帮助理解、优化训练、提高能力诸方面的作用，是远程教育资源价值的核心体现。卫星 IP 资源凝聚了专家和优秀教师的智慧，但资源本身无法避免的客体化和单向性特点，决定了资源不能对课堂组织、进度控制、效果反馈等方面全程调控。换言之，资源只能保证输出内容的高水平，无法保证学生学习的高效率。另外，对课堂必要的训练以及切合实际的课后活动与拓展、作业、复习、测试、评价等环节，资源本身也无法涉及，这就要求教师在资源运用过程中切实转变观念，扮演好组织者、指导者、参与者、促进者的角色，把运用资源的过程变为提高学生学习品质和学习效率的过程，切实保证学生得到发展。

(四) 创造性原则

创造性原则有两方面的含义：一方面，要求教师以新颖的教法，创造性地应用教材以及卫星 IP 资源；另一方面，要求教师重视课堂生成，创造性地驾驭课堂，继而培养学生的创新能力。许多教师怀着对计算机多媒体的满腔热情，完全寄希望于一个可供效仿的多媒体课堂教学模式，殊不知这恰恰违背了创造性原则。

(五) 适度性原则

卫星 IP 资源因具有图文声像并茂的动态传播特点，所以它能有效地激发学生的学习兴趣，启迪思维，创造一个直观的学习环境。但是，如果不加整合地让各种资源充斥于课堂教学的全过程，看似热闹，结果使学生长期束缚于被动接受的教学情境中，学习效率自然很低。远程教育资源的运用必须把握好"度"，避免步入泛用或滥用的误区；应根据教师、学生的实际选择较合适的资源，变泛用为精选细用，这样才有利于学生增强主体意识，并在愉快的合作学习活动中主动探求知识。

二、基于卫星 IP 资源的教学设计

教学设计是运用现代教与学的心理学、传播学、教学媒体论等相关的理论与技术，来分析教学中的问题和需要、设计解决方法、试行解决方法、评价试行结果，并在评价的基础上改进设计的一个系统过程。系统化的过程包括如何编写目标，如何进行任务分析，如何选择教学策略、教学媒体等，这些操作是必要的，也是最基本的。它既具有设计的一般性质，又必须遵循教学的基本规律。在利用 IP 资源进行教学设计的过程中，既包括教学设计的一般步骤，又要在 IP 资源教学应用原则的指导下，根据教学目标对资源进行选择和再加工，具体的步骤如下。

(一) 理解课程要求

教师应仔细钻研教材，明确每一单元总体的能力目标、知识目标等有关目标，尽可能全面准确地理解、分析教材，把握每一课的教学目标与要求，找出教学的重点和难点，正确理解课程的要求。具体要求有以下几点。

第一，理解本学科的课程标准。

第二，理解选用教材在落实课程标准上的特点。现在中小学教材有多种版本，每种教材都有自己的特色。在使用中应了解本教材的特色以及教材适用的对象等基本情况。

第三，理解本节课在教材中的作用。这里所讲的本节课在教材中的作用是指本节课与其他课的关系及相互影响。

第四，在以上步骤基础上，教师依据所选用教材的教师用书，对教材目标进行细化，也就是将抽象化的教学目标转化为可操作的目标。例如，初中语文《天上的街市》的教学目标是：知识目标——了解诗歌的联想和想象及其作用；能力目标——提高阅读和欣赏诗歌的能力，培养对诗歌的爱好；情感目标——理解诗中表现的追求光明和理想的思想感情。其中的能力目标可转化为能说出特定诗歌的写作特点并给出合理理由。

(二) 分析学生知识背景

分析学生知识背景是指了解学生已有的知识，以及学生的兴趣、需要、思想状况、智力发展水平、学习方法、学习习惯等。它具体包括以下几点。

第一,分析学生现有的知识水平与教学目标的差距。在大部分课程中,知识结构是递进的,因此要分析学生现有的知识水平,决定怎样为学生理解新知识“搭脚手架”。

第二,分析学生心理发展规律对教学的影响。学生的学习是受学生的生理和心理发展影响的。应尽量将抽象的和空间感较强的事物形象化,减少教学难度,便于学生理解。

第三,分析地域对学生学习认知的影响。农村地区的学生可能对外界的信息了解较少,对城市日常生活中常见的事物不了解,这很容易引起学生学习理解的障碍。这个问题在教师备课中需要注意。

第四,分析学生的学习规律和兴趣。如何引起学生的学习兴趣和维持学生的学习动力,这是教学是否成功的重要标志。需要注意的是,这里提到的引起学生兴趣,不是指让学生高兴就可以,而是指要让学生有欲望去了解和探索知识。维持学生的学习动力是指学生得到和掌握知识后仍保持继续学习的动机。激发和维持学习兴趣的关键就是成功感或自我效能感,也就是让学生在学习中付出努力并感到成功的快乐。

(三) 准备资源

教师要选择合适的媒体资源,无论是视频、音频、动画、课件还是智力游戏,都是辅助教师教学的手段,哪些内容要以播放为主,哪些资源的应用需要学生的同步参与,教师都要在备课时进行设计。

首先,根据对课程要求以及学生知识背景的分析,查找资源中提供的教学案例并进行分析,将资源内容本地化。在卫星 IP 资源中提供了很多优秀案例,在理解课程要求和分析学生知识背景的基础上,对比优秀案例,吸取优秀的设计,初步确定自己的教学设计方案,有针对性地解决实际教学中的问题。

其次,查找卫星 IP 资源中的相应素材,选择适用素材。如《天上的街市》,在 IP 资源课程中可找到本课的资源包,包括演示文稿课件、拓展资源和习题精选,此外在教师发展中还可找到本课的录像课例(光盘资源),有条件接入互联网的学校还可在网上搜集一些补充的资源。选择资源的策略是把资源按教学活动内容重组,整合成本节课用于教学的资源。

准备资源步骤是对卫星 IP 资源的选择过程,也是为资源的再创作提供必备的素材。

(四) 设计教学活动

在明确教学方案后,需要细化教学步骤,结合实际情况确定教学活动。

1. 选择教学媒体

选择教学媒体要尽量做到物尽其用。例如讲授为主的课以多媒体教室环境为最佳,大屏幕多媒体投影可以很好地吸引学生注意力,比较容易管理教学。

2. 设计教学活动

教师活动和学生活动是教学活动的主要组成部分,其中学生活动是激发学生思考、培养学生能力的重要途径。对学生活动的设计无论采取哪种方式,都要注意教学效率,不要为学生活动而设计学生活动,活动一定要有目的性和针对性。

(五) 整合教学课件

教师应学会使用、组织和整合课件以应用于教学。在实际应用中,每个课件都有一定的针对性,很多时候需要教师依据自己的教学实际对课件进行取舍和重新组合,形成符合自己实际和需要的课件。这一步是对卫星 IP 资源的再创作过程。

(六) 选择评价方式

1. 评价是对教学效果的检验,也是改进教学过程的依据

(1) 设计评价目标

评价目标的设计主要依据教学目标,但在教学过程中为了解和监控学生的学习过程,也可设定阶段性目标及相应测试点。

(2) 选择评价方式

评价方式分为诊断性评价、形成性评价、终结性评价。由于评价的时间、目的、方式不同,产生的作用也不同,需要根据实际的教学需要,有针对性地进行选择。

2. 在评价过程中应用 IP 资源的具体方式

(1) 向学生提供必要的练习

卫星 IP 资源中每课都有相应的练习材料,教师可以将这些练习材料打印出来发放给学生当堂完成;也可以选取这些练习中比较有价值的题目制作成交互式试卷,让学生在局域网上下载并自主完成;同时还可以做成交互式的 PPT 文件,点个别学生上台操作,题目类型主要以选择、判断、填空为主。此外有些课程还提供了游戏型的 Flash 课件,这些课件中往往以游戏的形式组织了很多测试题,也可以在局域网中让学生练习。

(2) 成果展示

成果展示主要用于对协作活动或探究式活动的评价中。协作小组以小组名义展示研究成果,并汇报小组完成任务的情况,包括小组各成员的贡献的描述。具体内容包括:小组成果展示、小组活动的计划任务安排、小组各成员如何完成自己任务、小组怎样开展协作活动。成果形式可以是书面的、口头的,也可以是电子作品。可以采取各协作小组对自己小组完成任务情况做出自评,各协作小组之间对小组完成任务情况做出互评,最后由教师引导学生或教师本人对总的学习活动情况进行总结性评价三者相结合的形式来完成。

三、卫星 IP 资源的课堂教学应用模式

目前将卫星 IP 资源应用在中小学课堂教学主要有五种常见方式(见表 7-1)。

表 7-1 卫星 IP 资源在中小学课堂教学中的几种常见应用方式

类型	基本操作流程	适用模式
直接借鉴	选择内容、资源下载、学习模仿、实践应用、实践反思	适用传统课堂教学
辅助讲解	情境构建、资源呈现、展示过程、任务实践、学习反思	适用于多媒体教学
对比反思	确定目标、自我设计、内容实践、对比分析、修订设计、再实践、专家建议、归纳提炼、反思提高	多媒体辅助教学、辅助备课
探索发现	浏览资源、发现问题、选择策略、尝试探索、解决问题	基于网络的自主或协作学习
构建网站	确定专题、搜集资源、分析加工、构建网站、网络学习	基于网络的学习、信息技术与课程整合学习

(一) 直接借鉴式

1. 选好课题,确定要借鉴的科目和相应的章节

2. 资源(实例)下载

在资源库中查询相关讲解内容,并将查找到的教案示例、典型例题、媒体展示、探究活动、习题精选、拓展资料等资源下载,建成所需的教学资料包。其他资源如媒体展示、拓展资料、典型例题、探究活动、习题精选等虽然不是教学必需的,但对解决农村教学资源贫乏的现状、丰富教学内容、激发学生的学习兴趣有帮助,可适当考虑选用。

3. 学习模仿

教师认真学习相关资源,体会资源中的教学设计、媒体展示、练习设计等内容及其要求,内化资源内容。

4. 实践应用

将下载的教案示例、媒体展示等资源直接运用到课堂教学中。

5. 实践反思

教学后,反思资源应用的得与失,改进原来的教学思路,逐步形成自己的教学新方式。

(二) 辅助讲解式

对于难度比较大的原理和规律,可通过使用卫星 IP 资源中的小软件或媒体演示,分析重点、突破难点,来帮助教师完成教学任务。辅助讲解式主要用于以教师讲解为主的课程内容。

(三) 对比反思式

这种应用类型是以远程教育资源中的范例为对比物,由教师选择相同课题,以自我教育教学行为与范例进行对比,再通过分析、评议、实践、提炼、反思等过程,让教师从范例中接受新理念、新方法和新知识,以解决课堂教学中存在的问题。这种方式主要用于辅助备课,也可用于多媒体教学中个别知识点不同方式的对比呈现。

(四) 探索发现式

探索发现式学习的实质就是教师引导学生开展以“学”为主的学习。探索发现式具体包括浏览资源、发现问题、选择策略、尝试探索、解决问题这几个步骤。浏览资源就是教师指导学生在远程教育资源中先浏览资源概况,激发学生的网络探究意识;发现问题就是学生在浏览资源的过程中就其感兴趣的事情或事件产生疑问,教师指导学生记录事情或事件,确定疑问点;选择策略则是教师根据确定的疑问点,与学生共同选择探究的方法与步骤、时间与程序等,为学生实施网络探究活动奠定方法、程序的基础;尝试探索就是学生在教师的指导下,根据确定的探究方法与程序,进行个别化或小组探究学习;解决问题则是通过探究学习活动,学生初步解决疑问。在解决问题的同时,学生又可能发现并提出新的问题,故而又可进入下一轮的探究学习。

(五) 构建网站式

学习网站是一个基于网络资源的专题研究性、协作式的学习系统。师生共建专题型学习网站,不仅可以学习丰富的知识,同时能提高师生利用信息技术开展学习的能力。确定专题就是教师根据学生情况及已有资源情况,确定学习专题;搜集资源主要指在远程教育资源中收集,有条件的学校也可以通过互联网搜集或制作部分资源;分析加工就是根据课程内容及目标,对搜集到的资源进一步分类整理,进行二次加工,形成个性化、

本地化的教育学习资源；构建网站就是利用网络工具把整理好的资源，制作成适合当地学生学习情况的专题学习网站；网站学习就是教师指导学生开展网络化、个别化学习。

第三节 学习案例

要使卫星 IP 资源在教学应用中真正发挥作用，真正促进教师的“教”和学生的“学”，必须将资源应用与教学进行有效整合。下面用两个案例来说明如何利用卫星 IP 资源辅助学生的学与教师的教。其中，第一个案例是以第 10 册《放弃射门》一课为例，介绍如何利用卫星 IP 资源进行教学设计；第二个案例是以初二物理《磁生电》一课为例，介绍如何利用卫星 IP 资源进行实际的课堂教学。

一、基于卫星 IP 资源的学与教案例——义教版第 10 册《放弃射门》教学设计

下面是运用卫星 IP 资源进行教学设计的一个案例，设计的课程为义教版第 10 册《放弃射门》，介绍如何利用卫星 IP 资源进行教学设计。

案例7-1

具体的教学设计步骤如下所示。

1. 查阅资源，领会精神实质

(1) 查看教案示例

整个教学设计分为两课时：一课时重在整体把握全文；二课时重在让学生从福勒的体育道德和风范中受到感染和教育。从读的角度看，一课时重在读通顺、了解文章梗概；二课时强调通过读，让学生设身处地地去感悟文中重点句段的含义，通过读，反馈学生的理解层次，感受文中包含的人性美。这种设计显然是比较科学的，是符合新课标理念的。

首先，中国几千年传统的语文教学最大的经验是“诵读”，“熟读唐诗三百首，不会做诗也会吟”，“书读百遍，其义自见”……让学生整体把握文章需要读，体会其中蕴含的人性美需要读，品味作者遣词造句的精妙更需要读。可以说，读是整体推进学生语文素养形成和发展的基本方法和基本途径，读也是简化语文教学的最基本的手段，读更是区分语文课是否有“语文味”的一个标准。因此，本案例设计的“读”的程序教师必须倍加重视。诸如：以自己喜欢的方式读全文→分自然段读→再读全文(可默读)把握整体→自由读，提不懂的问题→有感情地朗读指导。

其次，关于个性化解读与价值取向。设计中有这样一个环节：自由读文，记录下不懂的问题，这是给孩子实现个性解读提供时间和空间，教师没有规定想什么，怎么想，学生得凭自己的阅读经验、生活经历、认识水平去思考、发现。第二课时中“你认为福勒这样做值吗？为什么？”说“值”，因为这是一种高尚的体育风范；说“不值”，因为比赛毕竟是竞技的，是残忍的，所以这是一个没有确定答案的讨论。当然，作为教师，我们应该极力地推崇福勒这种崇高的人性美，赞美他的无私与纯洁，这是价值观的取向问题。设想一下，如果教完本文之后，大家都认为福勒作为一名球员，应该不顾对手死活而射门的话，无疑是一种悲哀。

(2) 查看媒体展示

本课例为我们提供了一个 ppt 课件，三段视频。

ppt 课件分三部分组成：一是用图片引入课题；二是初读课文，读准字词，整体把握全文；三是细读文章，交流讨论，体会高尚体育风范。三段视频中有一段是球赛实况及配文解说，另两段则是小班化教学的课堂实录。

(3) 查看探究活动

探究活动提供了北京青少年研究所调查后撰写的《北京市青少年社会公德现状》。让学生阅读,并提出两个讨论题目:如果你遇到这些问题,你会如何处理?谈谈你对这些问题的看法,有什么好的建议吗?再结合本班情况和身边实际,组织一个类似的社会调查,向全校少先队员提出倡议。

不难看出,这是一个非常有价值的活动方案,可用于充实语文活动课材料。

(4) 查看习题精选

习题从拼音、改错别字、词义理解、动词的比较、阅读等多个方面设计,基础性强。特别是阅读材料与课文有相似之处,值得一用。

(5) 查看拓展资料

拓展材料收录了著名作家冯骥才的《公德》,著名作家陈祖芬的《警察和小孩》,还摘录了《球衣上有号码始于哪一年》的小知识,两篇学生习作《一节生动的环保课》、《踢毽子》。

材料非常充实,可供学生课外阅读。

2. 筛选整合,制订优化方案

拥有了如此大量的信息,到底怎么用于课堂教学之中,这必须有一个筛选、整合的过程。IP资源用于课堂教学,最关键的在于教案设计和课件修改两个方面。为此,谈谈对本课筛选整合的一些意见。

(1) 本教学设计的不足在哪儿?读的形式多种多样,读的内容并非每次都是全文通读。在第二课时,人们往往是抓几处重点句子进行反复品读,教学设计中有三个交流要点:一是在什么情况下,福勒跌倒?二是在这种情况下,福勒为什么请求裁判改回处罚并放弃射门呢?三是你认为这样做值吗?这三个问题显然非常精彩,构成了课堂主旋律。然而,若能从读三处相关句子去体会,效果会更好,即抓住① "就在这一刹那间,福勒猛地将脚收了回来。由于出脚太猛,又收得太疾,身体失去平衡摔倒在地。""为了避免对手受伤,他放弃了一次成功的辉煌。"② "可福勒却向裁判再三解释,西曼并没有碰着他,他是自己倒下的,请求裁判收回处罚。""点球由福勒主罚,福勒却认为不应该得到这个点球,主罚时显得漫不经心,故意将球正正地踢向西曼胸前,任何一个守门员都能毫不费劲地接住这个'温柔'的点球。"③ 国际足联秘书长写信给福勒:"这是一种保持足球运动团结的举动。在这场如此重要的比赛中,你表现出来的风范,将成为所有运动员学习的榜样。"通过品读上面三处句子,结合上下文,深刻体会第一次他为什么放弃射门,第二次他为什么再次放弃,最终把重心落在高尚的体育道德和风范的品味之上。这样设计更为具体,更突出了人文性与工具性的统一。

(2) 资源提供的ppt课件有两点不足:一是静态图片缺乏动感,很难调动学生情绪;二是偏重于问题,忽视了文章文本片断的展示,因此,可做如下调整:① 用现场球赛录像替换图片,既让学生初识全文,又让他们感受到在比赛现场,破门对球员是何等重要,为后阶段教学打下伏笔。② 将讨论的几个问题换成前边提到的三段文字,教学中引导学生反复品读这三处句子,谈体会,通过读好三处句子表达自己的内心感受。

在本案例中,教师使用的卫星IP资源包括教案示例、媒体素材、探究活动、习题精选以及拓展材料,几乎涉及了卫星IP资源的所有资源种类。众多优质的资源为教师的教学设计提供了便利,丰富了教学手段和教学内容。不过,卫星IP资源并不一定能够完全适合教学实际,教师在使用资源时,对其进行筛选和整合,以期达到最佳教学效果。本案例可以为教师如何利用卫星IP资源进行合理的教学设计起到很好的示范作用。

二、基于卫星IP资源的学与教案例——初中物理《磁生电》课堂教学

下面是运用卫星IP资源组织探究式课堂教学的一个案例，设计的课程为初二物理《磁生电》，介绍如何利用卫星IP资源进行实际的课堂教学。

案例7-2

第一部分：备课

1. 理解课程要求

(1) 知识和技能

① 知道电磁感应现象；知道产生感应电流的条件。

② 知道发电机的原理，能说出发电机为什么能发电；知道什么是交流电；知道发电机发电过程是能量转化的过程。

③ 知道我国供生产和生活用的交流电的频率是50Hz；能把交流电和直流电区分开来。

(2) 过程和方法

① 探究磁生电的条件，进一步了解电和磁之间的相互联系。

② 观察和体验发电机是怎样发电的。

(3) 情感、态度与价值观

① 认识自然现象之间是相互联系的，进一步了解探索自然奥秘的科学方法。

② 认识创造发明的基础是科学探索的成果，初步具有创造发明的意识。

2. 分析学生知识背景

(1) 学生已经了解了磁现象和电生磁的基础知识。

(2) 知识抽象性较强，学生理解困难。

(3) 学生理解水平不同，需关注学习困难的学生。

3. 准备资源

(1) 查找卫星IP资源中关于本节课的教学示范教案(如图7-3所示)

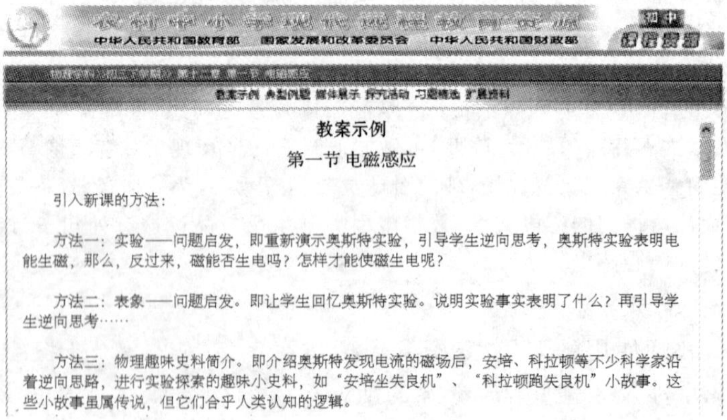

图7-3 卫星IP资源所提供的教案示例

(2) 查找卫星IP资源提供的课件

4. 确定教学活动

(1) 选择教学媒体

利用计算机网络教室既可以更好地展示教学资源，也可以方便学生进行个别化学习。

(2) 设计学生活动

物理现象需要必要的实验来证明，不能仅仅通过电脑来演示，所以在上课时，在教师讲台处准备两套实验器材，让学生在观看动画演示后，自己亲自动手操作，以验证实验的真实性。在学生自主学习的基础上，安排必要的测验，了解学生自己伴随课件学习的情况。

(3) 整合课件

将自学课件以 Web 的方式放入服务器中，通过浏览器查阅，或以单独文件夹的方式发送到每台学生机的桌面。

5. 选择评价方式

以形成性评价为主，在教学过程中观察学生，并给予必要的指导；通过自测题检验学习结果，评定学习成绩。

第二部分：教学实施

1. 新课引入

物理趣味史料简介。这些史料主要介绍奥斯特发现电流的磁场之后，安培、科拉顿等不少科学家沿着逆向思路，进行实验探索的趣味小故事，如“安培坐失良机”、“科拉顿跑失良机”等。这些小故事虽属传说，但对于激发学生兴趣、实现情感目标大有帮助。

2. 探究什么情况下磁可以生电

要求学生利用自学课件学习什么情况下磁可以生电。学生操作计算机，点击课件，进行自学。通过游戏(如图 7-4 所示)简单了解学习内容。

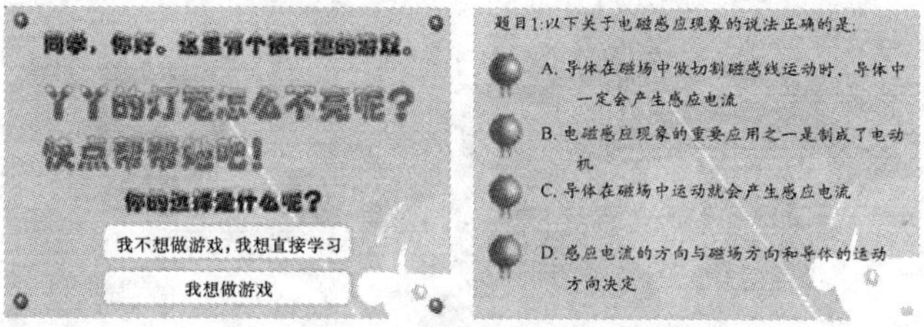

图 7-4　游戏引入

依据课件进行知识学习。

① 点击图 7-5 中“知识复习”按钮。

② 点击图 7-6 中“电能生磁”的按钮，进行实验模拟操作。在图 7-7 中，点击电键，观看图中金属棍的运动方向，分别点击“转变正负极”和“转变磁极”，观察金属棍的运动变化。

③ 点击图 7-6 中“磁能生电”的按钮，进行实验模拟操作。在实验的基础上，运用逆向思维的方式，了解“磁能生电”的实验。

④ 用鼠标点击图 7-8 中的箭头，观察电流变化。通过演示得出结论。

⑤ 学生自学后可轮流到讲台操作实验，以加深认识。(如图 7-7、图 7-8 所示，如没有实验条件的学校，可让学生点击实验录像按钮观看实验录像)

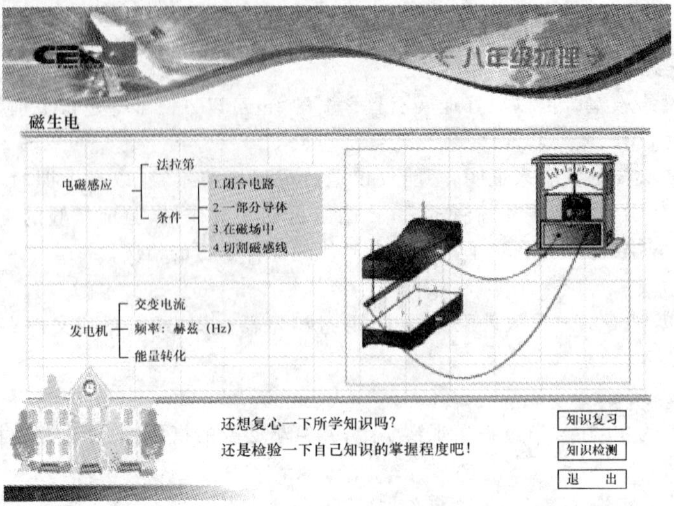

图 7-5　知识框架

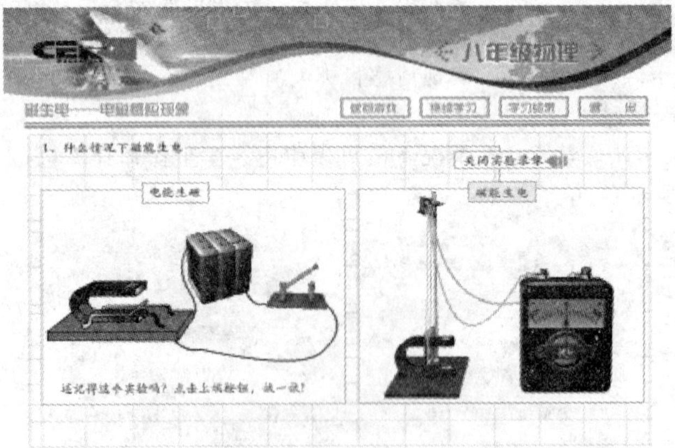

图 7-6　什么情况磁能生电

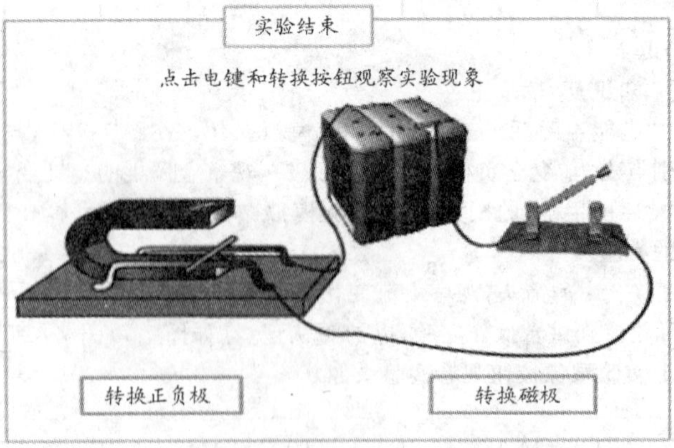

图 7-7　电生磁的实验

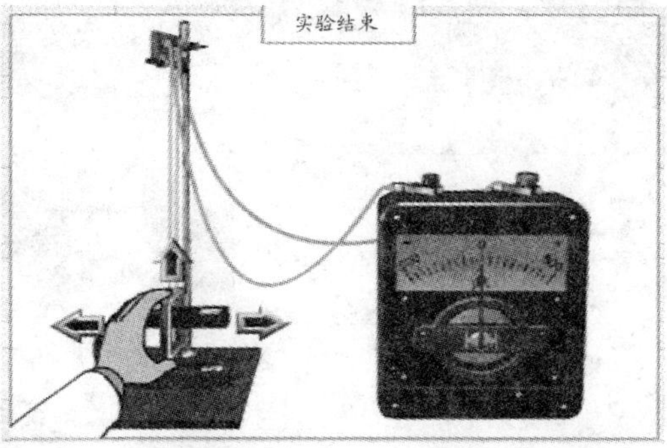

图 7-8　磁生电的实验

3. 阶段检查

提问学生，请学生回答实验结论和实验的条件。

4. 观察和体验发电机

① 要求学生继续自学。

② 学生通过课件(如图 7-9 至图 7-12 所示)继续学习。

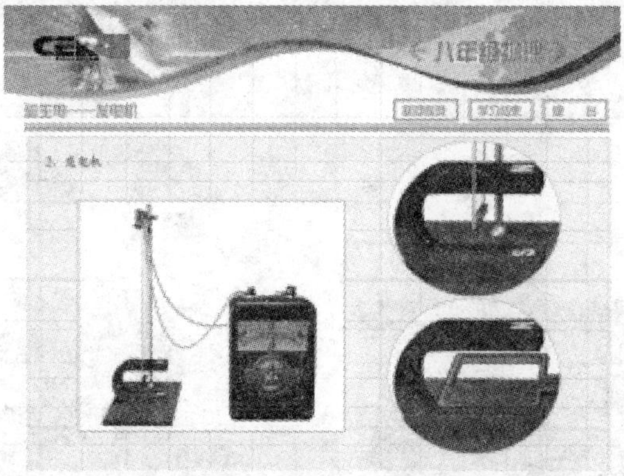

图 7-9　发电机原理实验

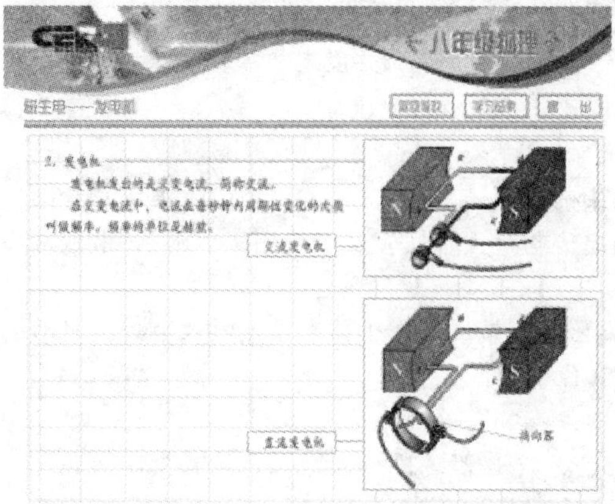

图 7-10　发电机原理图

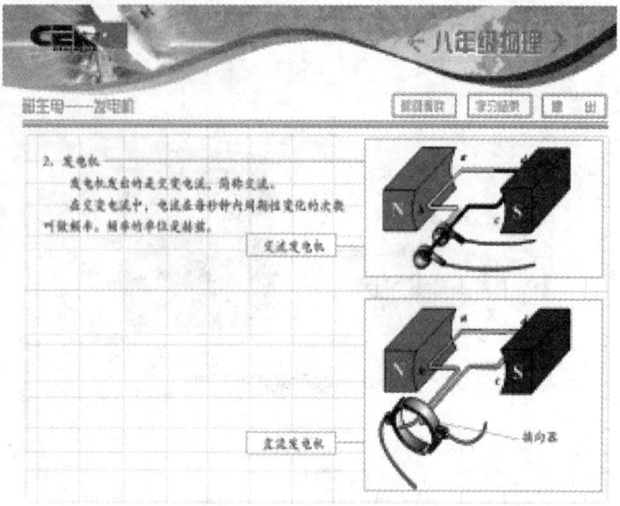

图 7-11　发电机原理

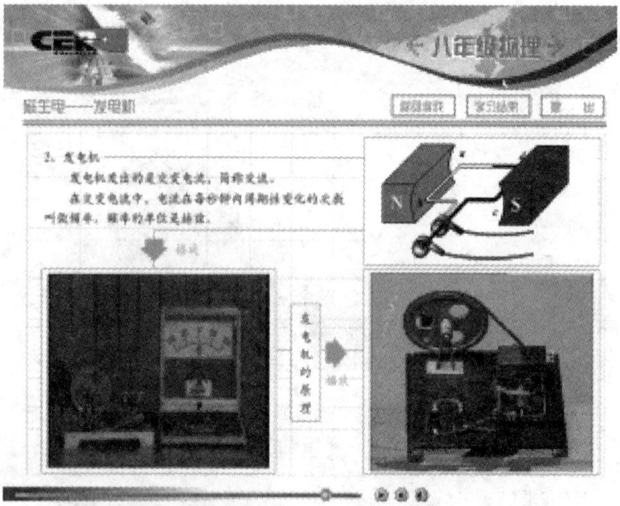

图 7-12　发电机模拟实验

5. 阶段检查——提问

当摇动转柄带动磁场中的线圈转动后，接在电路中的电流表指针会怎样运动？

思考通过电流表中的电流与过去在实验室里使用干电池、蓄电池输出的电流有哪些不同，明确交流电的概念。

提问学生，方框线圈在磁场中转动会产生什么现象？这一现象具有哪些特征？我国供生产、生活用的交流电，其频率为 50Hz 是什么意思？

6. 自我检测

学生点击课件，选择 A 类 或 B 类题进行检测（如图 7-13，图 7-14 所示）。

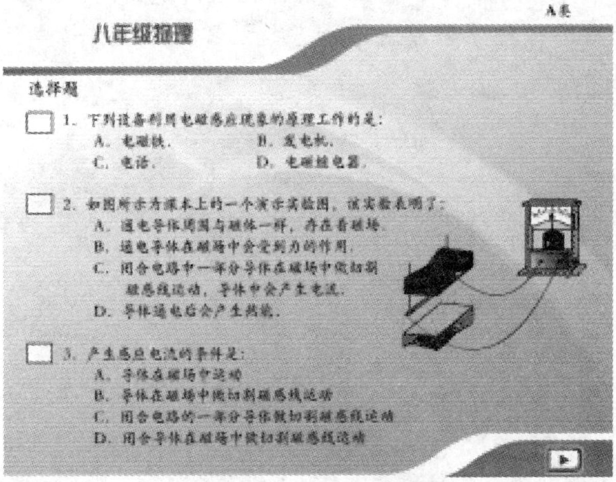

图 7-13　A 类测验题

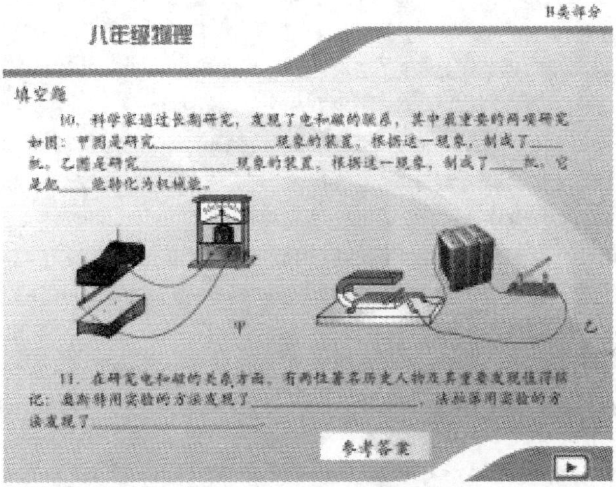

图 7-14　B 类测验题

本案例是运用卫星 IP 资源组织探究式课堂教学的案例。在本案例中，教师使用的资源包括教学示范教案以及教学课件。通过卫星 IP 资源，组织学生进行自主探究式学习。在学习之后，再通过课件对学生进行测试。这改变了传统的以教师教为主的教学方式，更多地利用游戏、实验课件、试题测试等资源支持学生自主学习，既丰富学习内容，又提高学生学习兴趣，提升学习效果。本案例可以为教师有效利用卫星 IP 资源组织探究式教学提供一定的参考。

思考题

1. 观察一位中学或小学教师利用卫星 IP 资源进行上课的情况，并作详细记录（观察重点在于教育资源如何应用，学习活动如何开展以及资源应用的方法和效果）。根据观察和记录，分析教师在教学设计和活动实施中存在的问题，并提出改进措施。

2. 对卫星IP资源进行整理和再创作的基本方法有哪些？请尝试对一节课的卫星IP资源进行再创作。

拓展阅读

[1] 陕西省电教馆. 卫星教学资源接收技术及应用教程[M]. 西安：西安电子科技大学出版社，2004.

[2] 陈丽. 远程教育学基础[M]. 北京：高等教育出版社，2008.

参考文献

[1] 戴俊凯. 卫星IP数据资源的接收及使用[J]. 中国有线电视，2007(16).
[2] 陕西省电化教育馆. 卫星教学资源接收技术及应用教程[M]. 西安：西安电子科技大学出版社，2004.
[3] 王贵才. 远教IP资源的接收与管理[J]. 软件导刊，2009(6).
[4] 李拽拽. 小班教学光盘和卫星IP资源的应用原则[J]. 中国电化教育，2008(5).
[5] 马培彦，冉敬鸿. 远程教育IP资源应用互动时间[J]. 中国教育技术装备，2009(28).
[6] 郭春燕. 如何利用IP资源进行教学设计[J]. 林区教学，2007(6).
[7] 兰学宝. 再谈有效进行远程教育IP资源的管理[J]. 中小学信息技术教育，2008(4).
[8] 刘世银. 农远IP资源与数学课堂教学整合的探索[J]. 中国电化教育，2008(1).
[9] 马永峰. 为远教IP资源的应用提供技术和教学支持[J]. 职业圈，2007(9).
[10] 陈辉林. 基于校园网的卫星IP教育资源的应用研究[J]. 电化教育研究，2007(7).
[11] 黄旭光，刘新丽，杨非. 卫星IP教育资源应用现状的调查及对策研究[J]. 中国电化教育，2007(2).
[12] 吴军其，汪义凤. 农村现代远程教育IP资源管理及优化配置探析[J]. 软件导刊，2006(22).
[13] 赵呈领，万力勇，刘清堂. 少数民族地区中小学IP资源教学应用模式探讨[J]. 中国电化教育，2006(4).
[14] 母晴晖. 远程教育IP数据资源在教学中的应用浅析[J]. 科技资讯，2006(3).
[15] 张朝华，赵呈领. IP资源在农村中小学课堂教学中的应用研究[J]. 山西广播电视大学学报，2006(1).
[16] 万力勇，赵呈领，刘清堂. IP资源在西部农村中小学课堂教学中的应用策略[J]. 中国远程教育，2006(3).
[17] 余显文，向荣尧. 整合资源实现IP远教资源的最佳效益[J]. 中国教育技术装备，2005(10).
[18] 祁涛. 远程教育IP资源质量监控[J]. 中国电化教育，2005(10).
[19] 万力勇. IP资源在西部不发达地区中小学应用的现状和对策[J]. 中国远程教育，2005(4).
[20] 万力勇. IP资源在西部欠发达地区中小学课堂教学中的应用研究[D]. 华中师范大学(博)硕士论文，2006.
[21] http://www.lxxgzzx.qdedu.net/lxxgz/web/2.htm.
[22] http://www.hnsdedu.com/s@@y/show.asp? id=202.

第八章　网络教学平台支持下的学习

学习目标

1. 理解网络教学平台的定义；
2. 了解网络教学平台的发展历程和国内外常见的网络教学平台；
3. 会使用网络教学平台的基本功能；
4. 理解不同学习理念下网络教学平台的特征；
5. 掌握基于网络教学平台的教学模式；
6. 了解网络教学平台的发展趋势。

知识概览

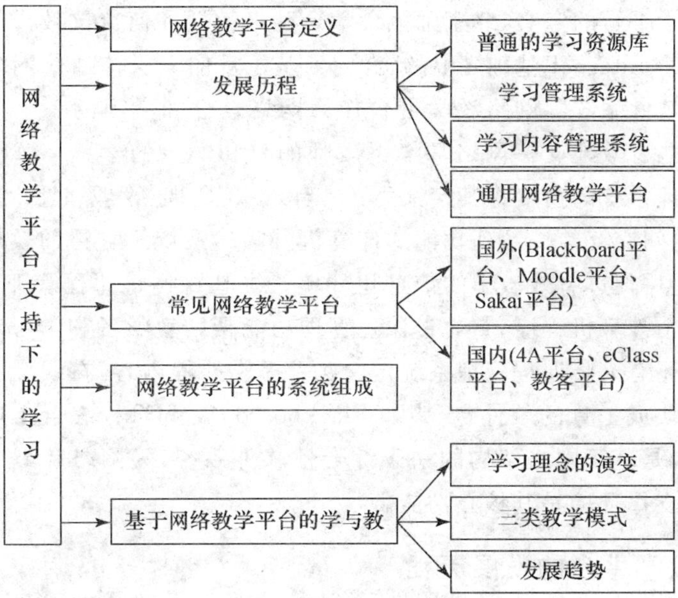

本章导学

随着以网络技术和多媒体技术为核心的信息技术的发展，计算机网络在革新传统教学环境与教学模式，促进创新教育发展等方面起着越来越重要的作用。其中，网络教学平台的研发与应用成为现阶段我国教育信息化建设中一个需要重点关注的问题。本章首先介绍网络教学平台的相关概念、发展历程、常见的网络教学平台以及网络教学平台的功能；其次，介绍在不同学习理念指导下网络教学平台所具有的不同特征，目前常见的基于网络教学平台的教学模式，以及未来网络教学平台的发展趋势；最后，以真实案例说明如何利用网络教学平台进行实际教学。

第一节　基本概念与技术特点

本节将介绍网络教学平台的定义、发展历程、国内外常见的网络教学平台以及网络教学平台的功能。

一、网络教学平台的定义

网络教学平台是一个内涵广泛的概念，也是一个变化发展着的概念，虽然目前国内外已经研发出很多网络教学平台，但是网络教学平台还没有一个统一的概念。在国内对它的典型称谓包括远程教学平台、网络教育支撑平台、网络教学支撑平台、网络教学平台等，其中以网络教学平台的说法居多。国外主要的称谓有课程管理系统（Course Management System ，CMS）、学习管理系统（Learning Management System ，LMS）等。虽然在称谓上不尽相同，但其内涵基本一致，在本书中采用网络教学平台。

关于网络教学平台的定义，北京师范大学余胜泉教授和何克抗教授认为网络教学平台是建立在通用的 Internet 基础之上的，专门为基于双向多媒体通信网络的远程教学而提供全面服务的软件系统。网络教学平台作为网络教学和学习的一个相对完整的支撑环境，要能够全面、有效地支持网络环境下教师的教和学生的学。上海师范大学黎加厚教授则从学习管理系统的角度将其定义为：具有组织、呈现、管理和评价课程内容与教学活动，促进师生之间交互等一系列功能的计算机（网络）系统。它帮助教师利用信息技术支持课程教学，建构促进有效教学的信息化环境。维基百科将课程管理系统定义为：课程管理系统是一个计算机程序，它通过课程管理功能帮助教学者和学习者更加便利地实现信息化学习。还有人将课程管理系统定义为：提供课程内容，在线交流，评定等级，测验等在线管理模块或工具的软件包，诸如 Blackboard、WebCT。综合上述的相关定义可知，网络教学平台是基于网络架构的一个综合性软件系统，为网络环境下的教与学提供一个相对完整的支撑环境是其核心功能。

二、网络教学平台的发展历程

20 世纪 90 年代中期，为满足网络教学的发展需要，一些教育和商业机构开始开发专门的教学系统。这些系统从最初的辅助开发和管理教学资源，到后来的支持和管理网络教学，都是围绕教学资源的管理和网络教学活动的管理这两方面功能逐步发展起来的。归纳起来，网络教学平台大体经历了四个发展阶段。

第一阶段：普通的学习资源库，也称为内容管理系统（Content Management Systems）。在网络技术发展的初期，一些大学、公司和培训机构开始有意识地开发专门的网络资源库，用来存储和管理教学资源，从而减少开支，使学习者可以自主地学习，同时丰富知识的传播途径。但其功能仅限于资源管理，资源格式与管理技术不统一，难以广泛共享。

第二阶段：学习管理系统(Learning Management Systems，LMS)。LMS源于培训自动化系统，具有用户注册管理、课件目录管理、学习者的信息数据记录等功能，但一般不具备教学内容制作的功能。

第三阶段：学习内容管理系统(Learning Content Management Systems，LCMS)。LCMS是最初为高等教育开发的传统课件管理系统的发展版，LCMS旨在帮助没有技术经验的教师或资源专家设计、创建、发布和管理网络课件。同时，LCMS能够对用户进行管理，可以跟踪学生的学习进度并及时调整以适合学习者的学习需要。LCMS使学习内容的共享和教学系统的交互成为可能。

第四阶段：通用网络教学平台(Web-based Instruction Platforms)。通用网络教学平台在既有教学系统的基础上，从对教学过程(课件的制作与发布、教学组织、教学交互、学习支持和教学评价)的全面支持，到对教学的全面管理(用户与课程的管理)，再到与网络教学资源库及其管理系统的整合，集成了网络教学所需的若干重要子系统，形成了一个相对完整的网络教学支撑环境。

三、国内外常见的网络教学平台简介

据英国简·哈特(Jane Hart)教授领导的学习与绩效技术中心(Centre for Learning & Performance Technologies)的统计，截至2008年8月，世界各地开发的课程/学习管理系统工具(Course & Learning Management tools)总计132个。下面列举一些国内外常见的网络教学平台。

(一) 国外常见的网络教学平台

1. Blackboard平台

Blackboard和WebCT是世界上最著名的两个课程管理系统的代表，它们都是由专门的公司开发制作的商业软件(现在WebCT已经被Blackboard并购)。美国Blackboard公司成立于1997年，2003年，Blackboard公司进入中国，与赛尔网络公司共同组建了北京赛尔毕博信息技术有限公司(CENTER-Blackboard，简称赛尔毕博)，推出了汉化的、针对中国用户需求的Blackboard平台。

Blackboard为教师和学生提供了一个强大的虚拟学习环境。Blackboard平台拥有一套强大的核心功能，使教师可以有效地管理课程、制作课程内容、生成作业和加强协作等，学生可以自主学习。教师可以在Blackboard平台上开设课程，学生可以自主选择要学习的课程并在该平台上进行学习。师生可以根据教与学的需要围绕课程内容进行辅导答疑和交流讨论，增进师生间的互动，形成一个良好的学习环境。Blackboard界面直观，工具简单易用，对技术人员依赖程度低，用户可以根据课程需要进行个性化的定制，其教学管理功能覆盖了大学和中小学的主要教学活动。Blackboard是一款商品软件，需要购买，并按使用人数和年度付费。例如，北京大学的教学网(http://course.pku.edu.cn)就是使用的Blackboard，如图8-1所示。

图 8-1 北京大学网络教学平台

2. Moodle 平台

Moodle 平台是澳大利亚教师马丁·道格拉斯(Martin Dougiamas)基于建构主义教育理论而开发的课程管理系统。Moodle 是 Modular Object-oriented Dynamic Learning Environment，即"模块化面向对象的动态学习环境"的缩写。Moodle 平台是一个用来建设基于 Internet 的课程和网站的软件包，它是免费开放源代码的，目前在各国已广泛应用。

Moodle 平台依据建构主义的教学思想设计，即教育者(教师)和学习者(学生)都是平等的主体，在教学活动中，他们相互协作，并根据自己已有的经验共同建构知识。Moodle 平台界面简单精巧，使用者可以根据需要随时调整界面、增减内容。课程列表显示了服务器上每门课程的描述，包括是否允许访客使用等，访问者可以对课程进行分类和搜索，按自己需要学习课程。

Moodle 平台还具有兼容性和易用性。几乎可以在任何支持 PHP 的平台上安装，安装过程简单，只需要一个数据库(并且可以共享)。它具有全面的数据库抽象层，几乎支持所有的主流数据库(除了初始表定义)。利用 Moodle 平台，现今主要的媒体文件都可以进行传送，这使得可以利用的资源极大丰富。在对媒体资源进行编辑时，利用的是"所见即所得"的编辑器，这使得使用者无需经过专业培训，就能实现对课程资源的基本操作与编辑。Moodle 平台注重全面的安全性，所有的表单都被检查，数据都被校验，cookie 是被加密的。用户注册时，通过电子邮件进行首次登录，且同一个邮件地址不能在同一门课程中进行重复注册，所有这些都使得 Moodle 平台的安全性得到了加强。目前，Moodle 项目仍然在不断地开发与完善中。图 8-2 是淄博网络教研平台(http://moodle.zbedu.net/)，该平台采用的就是 Moodle 平台。

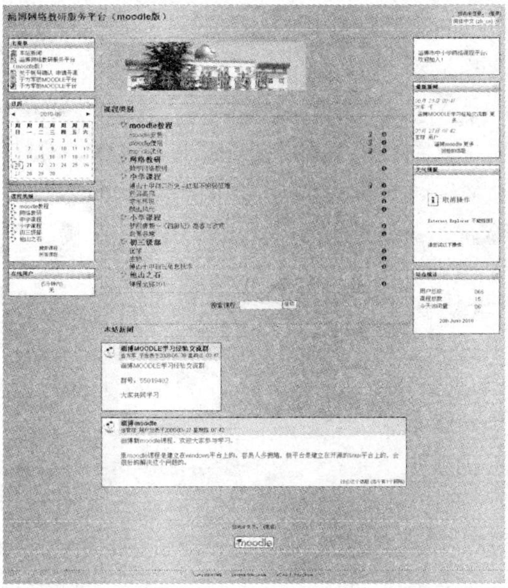

图 8-2　淄博网络教研服务平台

3. Sakai 平台

Sakai 是一个协同学习的开放源代码环境，由美国密歇根大学、斯坦福大学、印第安纳大学和麻省理工学院于 2004 年共同发起，得到 Andrew R. Mellon 基金会和 Hewlett 基金会的资助，很快发展成为一个国际性的社区团体。其目的是建立和完善多种适用于教师教学、学生自学、科研人员研究和行政人员管理的创新性的开放源代码工具群，为各高校、学术团体和个人用户提供企业级质量的软件系统。

Sakai 不仅可以用于课堂教学，还可以用于研究和协作。与其他学习管理系统相比，Sakai 更加注重学生之间的协作学习和小组学习，更加适合高校教学和科研，支持信息化科研（e-research）。全世界的高校都可以完全免费地使用 Sakai 开放源代码软件，用以建立虚拟学习和科研环境，辅助、补充课堂教学和提供远程教学管理等。

新版的 Sakai 平台和开源电子档案袋项目相结合，学生可以使用档案袋工具搜集、整理、反思自己在学习过程中完成的作业和作品，通过有组织地设计、编排后发布到网上供教师、同学、家长浏览，这样能将学生多年的学业成就充分展示出来，对教师深入了解学生以及提升学生的自信心都有很大的好处。图 8-3 是 Sakai 平台的截图。

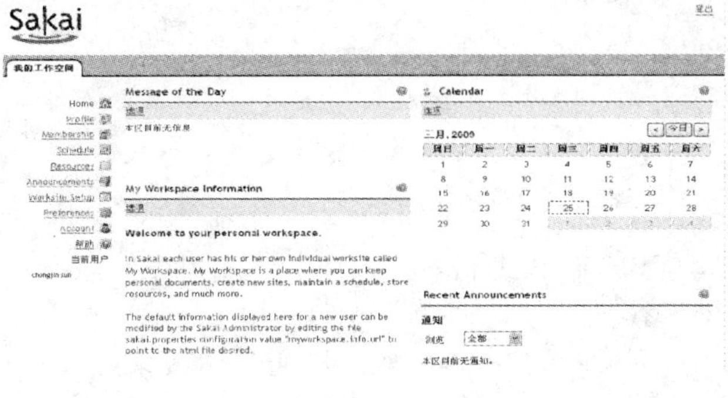

图 8-3　Sakai 平台

（二）国内常见的网络教学平台

1. 4A 平台

4A (Anyone, Anytime, Anywhere, Anything)平台是国家现代远程教育工程关键技术研究项目《国家现代远程教育支撑系统开发》的前期成果。在高等教育出版社的资助下，通过“4A 升级改造”项目，4A 平台从研究性成果逐步变成可以产业化推广的系统，通过 2007 年启动的“4A 跨平台开发”，使得 4A 能够支持 Linux 等跨平台环境，能够支持百万级用户，在学习活动和教学资源管理方面，逐渐形成自己的特色。4A 教学平台设计理念先进，目前其功能设计、技术架构和用户数量在国内也基本处于领先地位。该系统在高等教育出版社的立体化教材网中得到良好运用，注册学习卡选课用户已达 9600 多万人，目前高教社将该系统作为一个商业软件产品推广，是国内主流网络教学平台之一。4A 平台功能上的特色主要表现在：① 个性化的课程功能定制，适应不同用户需要；② 灵活的自测策略支持，有效地促进了知识学习；③ 强大的数据分析功能，为教师提供教学支持；④ 一个计划统领所有的教学活动，将复杂的操作简单化；⑤ 一门课程应用于多个班级，符合中国的教学实际；⑥ 学习活动序列实现对所有学生学习过程的全面监控，并能实现多模式的教学；⑦ 智能化答疑；⑧ 支持主流国际标准，支持 SCORM 课程；⑨提供教师教学资源管理，可生成个人教学资源包，并可实现重用。图 8-4 是 4A 平台截图(http://4a. bnu. edu. cn:8080/hep/index. do)。

图 8-4 4A 平台

2. eClass 平台

eClass 平台是由香港博文教育（亚洲）有限公司研发的。该公司自 1998 年成立以来，一直致力于推动教育改革，借助信息与通讯技术提升学校教育的成效。eClass 平台是由香港和内地的资深教育专家和科研工作者，利用国际通行的信息技术手段和精密的系统设计开发出来的产品，该平台不仅吸收了欧美发达国家先进的教育理念，而且结合中国教育现状，从实际出发，适合广大教师和学生的需求。作为一个整合的网络教学平台，eClass 平台具备各种教学管理工具，让教师能随时随地地进行各种教学工作的安排。同时，它还兼备以下几种工具：课程管理工具（教师可以运用最有效的管理方式管理课程内容及进行发布）、学生管理工具（教师可以随时了解学生的学习进度）、评估管理工具（教师和学生可以进行自我评估以及课程评估）、协作工具（教师可以组织学习社区）。目前，eClass 平台已经在中国香港、中国澳门、中国台湾、新加坡、中国内地（如北京、厦门、广西、湖北及河南）以及亚洲其他地区进行推广使用，其中 70% 的香港中小学已采用 eClass 平台。图 8-5 是北京市密云县太师屯镇中小小学 eClass 平台（http://61.50.213.211）。

图 8-5　北京市密云县太师屯镇中小小学 eClass 平台

3. 教客平台

教客平台是北京师范大学首都基础教育研究院和北京市密云县合作研究项目——“数字化学习型学校”的研究成果，也是“十一五”国家级课题《信息技术环境下多元学与教方式有效融入日常教学的研究》的研究成果之一。教客平台是由北京师范大学教育技术学专业毕业的一群年轻的博士和硕士共同设计和研发的。“三人行，必有我师焉”是教客平台秉承的设计理念，在平台上所有用户的身份是平等的，不再有绝对的师生界限。平台为每个人提供了展示自我、体现自我价值的空间，用户之间可以进行平等的互动。只要用户有一技之长，就可以成为他人的教师，可以体验为人师表的成就感。同时，用户也可以成为众多求学者中的一员，丰富的教师教学资源和优质的服务会让用户收获颇丰。教客平台的这种平等、开放、分享的设计理念正好符合数字化学习型学校建设的核心思想——交流、分享、反思、实践和传承。即对于教师来说，在平台上可以交流教育教学思想、交流各自的情感价值观，可以分享优质的教育教学资源，可以对实际教学进行反思，可以利用平台进行网络授课，当然通过平台还可以进行教学资源的优化和传承。对于学生来说，可以和同伴、教师交流彼此的想法，可以构建兴趣小组，可以进行学习和测试，如果学生在某一方面比较优秀，还可以当小老师，在平台上开设自己的课程。在教客平台上，学生和教师进行平等的交流、互动。基于此，平台受到了使用者的广泛欢迎，目前在北京和杭州等地开始推广。图 8-6 是教客平台（www.chinaet.org）用户的个人空间。

图 8-6 教客平台个人空间

四、网络教学平台的系统组成

虽然目前国内外研发的网络教学平台众多，各个网络教学平台的研发技术也各不相同，但是纵观现有网络教学平台，其核心功能还是基本一致的。一个完整的网络教学平台主要由四个系统组成：网络教学系统、网络教学管理系统、网络课程开发工具和教学资源库管理系统四个子系统，其体系结构如图 8-7 所示。

（一）网络教学系统

网络教学系统以网络课件为核心，在教学管理系统的支持下，利用学科教学资源为网络教学提供服务，其核心功能是将网络课件与教学服务进行有机集成。本系统主要包括流媒体课件点播系统、网络题库系统、作业评阅系统、辅导答疑系统、适应性学习系统、远程考试系统、虚拟实验系统等。

（二）网络教学管理系统

教学管理起着调配教学资源、组织教学活动、记录和整理教学数据等重要作用。教学管理系统使得教学能够顺利实施，也可实现整个教学管理过程的现代化和规范化，另外还能及时、准确地反映教学现状，分析教学效果。教学管理可划分为三个相对独立的模块：课程管理、教务管理和系统管理，它为学生、教师、管理人员提供全面的服务。学生可以通过教学管理系统保存自己的个人档案，及时获取教学机构发布的最新信息，得到教师的帮助与辅导等；教师可通过教学管理系统设置课程与教学计划，查看学生的学习档案，为学生提供有针对性的帮助；管理人员则可管理教师档案、学生档案、发布最新信息、对远程教学系统进行管理和维护等。

（三）网络课程开发工具

网络课程开发工具的主要功能是让非计算机专业人员（普通教师）能够方便地构建

网络课件和进行其他相关教学准备活动(如备课、考试准备等)。该工具可简化教师开发网络课件和备课的过程,降低课件开发对教师计算机技能的要求,使一般教师易于学习掌握。另外,该工具能够与远程教学系统进行紧密的配合,可直接将开发的网络课件发布到实施远程教学的互联网站点上。

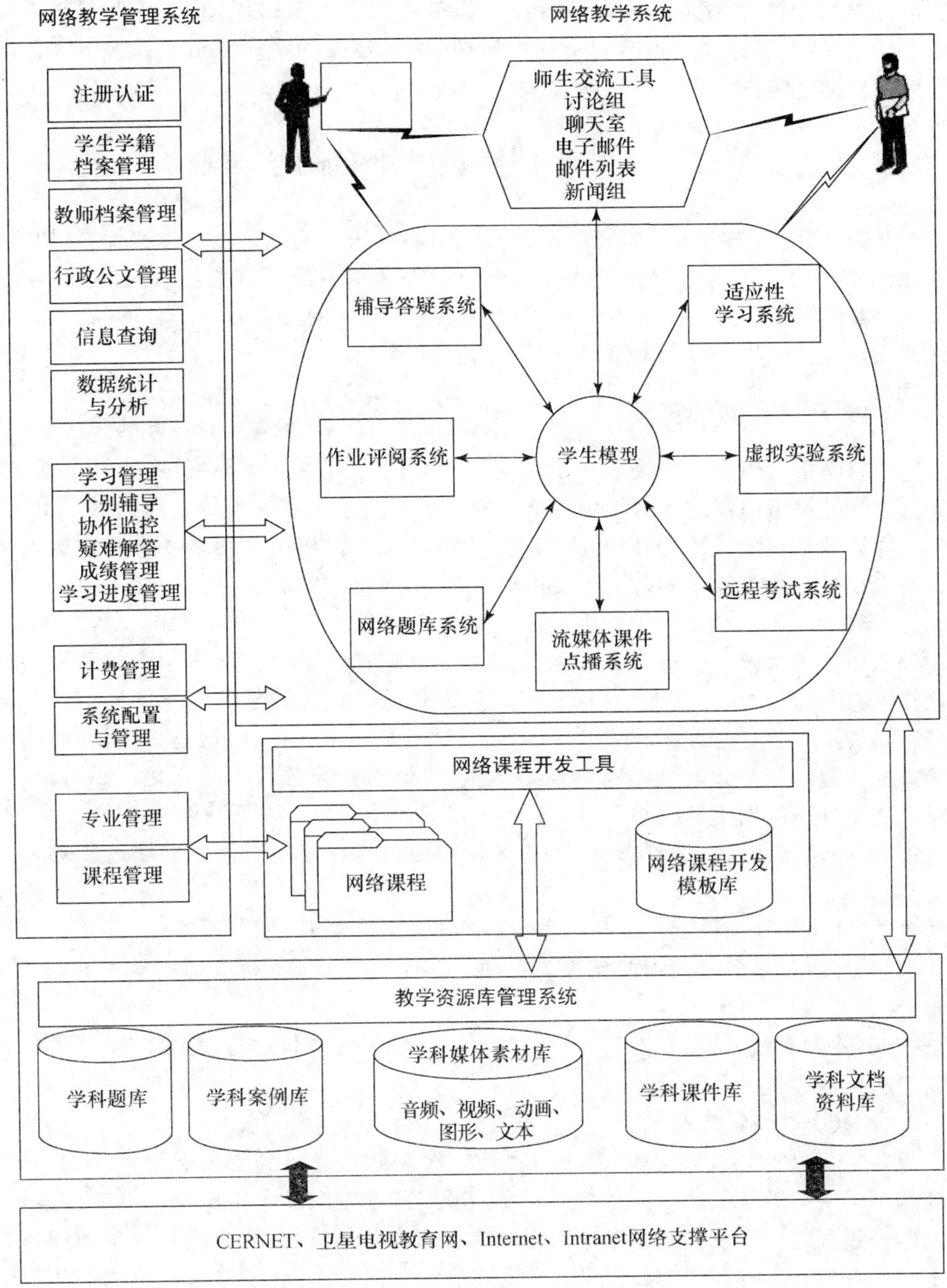

图 8-7　网络教学平台体系结构图

(四) 教学资源库管理系统

随着教学资源的不断积累和教学资源共享程度的不断提高，迫切需要一个强大的资源管理系统对教学资源进行组织和管理。典型的教学资源库包括媒体素材库、试题素材库、案例库、网络课件库、文献资料库等。所有上述资源都分别建有相应的索引信息，以便快速地查询、浏览和存取。教学资源库首先是按照学科来组织，其次按照素材类型来组织，每种类型的素材都需要标记不同的属性，便于归类存储和检索。各种资源按照其物理形态分类存储，并进行不同的属性标注。

第二节　基于网络教学平台的学与教

近年来，网络教学平台在教育中得到了广泛的应用。随着学习理念和计算机技术的发展，网络教学平台的功能不断发展，基于网络教学平台的学与教也在逐渐发展变化。本节主要介绍学习理念的演变以及在该理念指导下构建的网络教学平台的特点、基于网络教学平台的教学模式以及网络教学平台的发展趋势。

一、学习理念的演变

网络教学平台作为网络教学和学习的一个相对完整的支撑环境，要能够全面、有效地支持网络环境下教师的教和学生的学。由于不同的学习理念形成不同的教学范式，教学范式导致教学模式、教学实施和学习开展方式的不同，从而对网络教学平台提出了不同的要求。目前网络教学的范式主要可以分为知识传递和知识建构两大类。

1. *知识传递教学范式*

知识传递教学范式以行为主义和认知主义为理论基础。它认为学习是刺激与反应的联结，强调知识传递与获得，并且重视强化的作用。这种教学范式下的网络教学的典型特征是：教师在明确的教学目标指导下，经过精心的教学设计，通过各种课件、实时讲解等方式将教学材料和教学内容呈现给学生，强调对知识的获得与强化。因而，在这种教学范式指导下的网络教学平台具备以下特征。

第一，强调课程内容的管理，课程资源库以及授课内容的传递。如实时视频、“三分屏”课件等。

第二，注重提供课件制作工具以方便教师准备各种材料，辅助课程规划。

第三，注重提供各种通用的支撑工具，如答疑系统等，以支持教师对学生的同步与异步辅导。

第四，强调在线测试，尤其是基于考试评价的结果性评价，通过考试结果来了解学生对学习材料的掌握情况。

2. *知识建构教学范式*

近年来，建构主义、情境认知、分布式认知等教学理念得到很大发展，并逐步形成知识建构型的网络教学范式。这种教学范式认为，学习应该以学生已有的经验为基础，学生的学习过程是一个个性化的学习过程，学生是教学的核心，教学过程应由面向课程转为面向学习过程。知识建构范式认为，学习是一个社会过程，主张通过活动与协作来完成知识的建构，并且强调学生已有经验的重要性，以及个体差异所导致的不同的知识建构过程。网络学习环境不再是教师讲解的辅助工具，而变为辅助学生探索、发现、学习的认知工具。网络教学应该围绕促进学生的自主学习、促进学生思维向深度与广度发展的基本目标来展开，这些内容构成了支撑新一代网络教育教学平台发展的基石。因而，在这种教学范式指导下的网络教学平台具备以下特征。

第一，不仅关注学习内容，更强调对学习活动设计与规划的支持作用。网络教学平台对教师课程规划的支持由支持内容规划逐步转向支持活动设计，强调平台要通过各种学习活动的实施来激发学生主动建构知识的意义，诱发学生学习的内因。

第二，强调个体差异，主张为不同的学习者提供符合其特征的学习材料、策略和方法。

第三，强调分布式小组协作，提供对虚拟社区和小组协作的支持。

第四，强调分布式认知，课程内容不再是由教师单向提供，而是由师生共同建设并完善。平台支持课程内容的协同编辑和个性化标注，支持学生参与课程内容的生成过程。

第五，强调面向学习过程的评价，采用基于电子档案袋的发展性评价。

二、基于网络教学平台的学与教方式

（一）基于网络教学平台的协作学习模式

1. 协作学习模式的基本特征

协作学习（Collaborative Learning）是通过小组或团队的形式组织学生进行学习的一种模式。协作学习的核心是让学习者“共同”去完成某项学习任务，它可以是问题解决，可以是专题研究，也可以是个案设计。通常教师按组提出整体性学习任务和要求，学生根据任务自主浏览网络平台上的学习内容，进行实时的在线交流。小组成员针对同一学习内容彼此协同合作，采用对话、商讨、争论等形式对问题进行论证或推导，协作活动中的个体（学生）可以将其在学习过程中的探索和发现与小组中的其他成员共享，甚至可以同全班同学共享。学生分组基本上有同质分组与异质分组两种策略，其中异质分组更适合于合作学习的管理模式，即不同个性、不同基础的学生分在一组，互帮互学，取长补短。学生如遇到不能解决的问题，可随时向教师发送信息，教师则监控反馈信息，并综合学生提出的问题，及时讲解和指导，适时地把握学习进程。这种学习模式变传统的单向信息传播为生生互动、师生互动的双向或多向交流，小组成员互学互练、互查互评、共同对话、共同探讨，有利于发挥学生的主体作用和学习主动性，更有利于提高学生的学习效率和自主学习能力。

2. 协作学习模式的基本框架

提出任务、自主协作学习、网上交流讨论、综合学生问题、讲解指导和评价调控是协作学习模式的基本框架，如图 8-8 所示。教师针对教学目标，提出导读问题（抛锚）或设置问题情境，引导学生带着问题去学，其作用是将学生的注意力吸引到重要的信息上。学生则通过自主协作学习，然后进行网上交流讨论，不能解决的问题综合起来向教师提问，教师给予解答和指导，最后进行评价。在这个过程中，学生不仅解决了问题还获得了知识建构，而且在此过程中形成了良好的团队精神和与他人协同解决问题的能力。

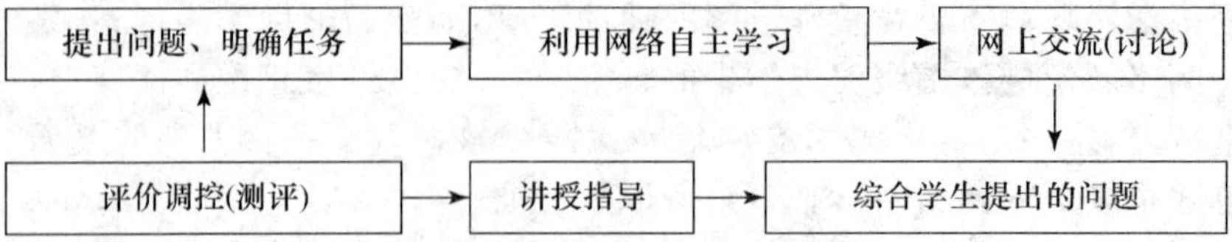

图 8-8　协作学习模式基本框架

(二) 基于网络教学平台的个性化教学模式

1. 个性化教学模式的基本特征

这种模式主要是通过个体自主学习网络平台资源模块中的多媒体课件、学习辅导资料等教学资源来实现的,当然教师的指导也必不可少。学生根据自身的经验和原有的知识结构、认知水平和思维特点选择学习路径和学习方法,选择适合自己能力的学习目标、学习任务,独立地参与学习活动。教师则通过答疑及讨论系统,有针对性地为不同层次的学生提供不同的素材,解答不同的问题,进行个性化辅导。在整个教学过程中,教师是教学过程的指导者,是学生学习活动的帮助者,学生通过师生交流、答疑及媒体的交互,建构自身的知识体系,完成学习任务。这种模式的特点是具有针对性和层次性,可有效地解决教学中"整体性与个体性"的矛盾,使不同层次、不同类型的学生能各适其所、各取其需、各获其益。以往的个性化教学主要采取非实时形式,不过目前也有在实时课堂上应用的成功案例。

2. 个性化教学模式的基本框架

个性化教学模式的基本框架是课程导航、学习、辅导和测评反馈,如图 8-9 所示。课程导航阶段主要是根据教学目标,提供有关概括性的材料,使学生对新知识获得感性认识,吸引学生积极思考问题。学习阶段是按照教学目标,根据问题逐层展开。辅导则通过答疑及讨论进行实时或非实时的个别化教学,解决学生在学习中遇到的问题。测评反馈一方面让教师更好地了解学生,另一方面有利于学生自己查漏补缺,检查学习效果。由于网络教学突破时间、空间的限制,使学习者可以根据自己的需要和特点自主选择学习时间和内容,安排适当的学习进度,使每个学生的个性得以发挥,因此更利于实现"因材施教"的个性化教学。

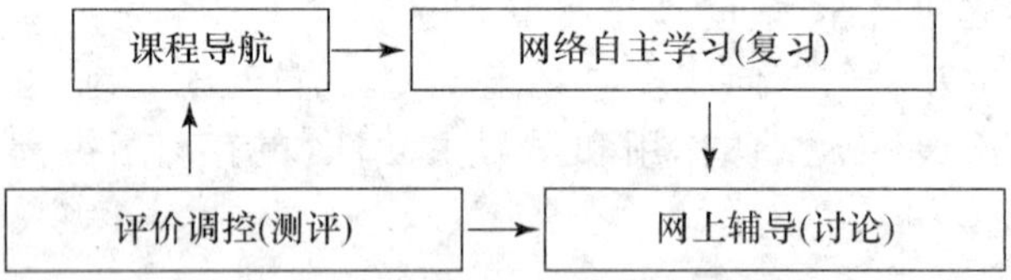

图 8-9　个性化教学模式基本框架

(三) 基于网络教学平台的混合式教学模式

1. 混合式教学模式的基本特征

这种模式以多媒体计算机教学为主,以传统的黑板板书为辅。教师利用多媒体技术和网络技术综合处理文字、图形、动画、声音、视频等多媒体信息,创设有利于学生对所学知识进行意义建构的情境,按照教学目标的要求及适当的教学策略,把教学内容、多媒体信息有机集成,做成课件。上课时教师将课件内容显示在屏幕上,并予以讲解,教师可在计算机上或在黑板上随时补充问题分析、推导等过程。学生可以根据自己的需要在课上或者课后利用网络平台自主学习，点击浏览平台上的各种资源，或自主探究，或反复消化。学生在学习中遇到困难时，可以利用问题讨论和在线答疑等功能随时向教师寻求帮助，也可以与其他学习者讨论交流，教师则根据学生所提出的问题进行有针对性的辅导。同时，学生可在开放式的学习平台上进行自我检测、自我评价。在这个教学过程中，学生一方面接受来自教师、多媒体课件和传统教学手段的信息，另一方面利用开放式的网络平台获取有关的学习资料和信息，如同在图书馆中查找资料一样。这种模式有利于教师主导作用的发挥，便于教师组织、监控整个教学活动，便于师生交流。

2. 混合式教学模式的基本框架

讲授、自主学习、交流是混合式教学模式的基本框架，如图 8-10 所示。混合式教学模式立足于课堂教学，但优于传统的教学法，能将课堂内外的学习活动有机地结合起来，并形成互补，使教师教学更生动，学生学习更主动，师生交流更灵活，弥补了传统教学在时间、空间、互动等方面的限制。该模式最大的优点是打破大班化教学的大一统局面，所有学生都可在课堂上进行在教师指导下的自主学习，学习有困难的学生可在课外同步浏览网络平台上的教学内容，学有余力的学生则可根据自身情况，依照教师布置的任务和要求，浏览网络平台上的扩展提高内容。这种模式使学生变被动接受为主动建构成为一种可能。

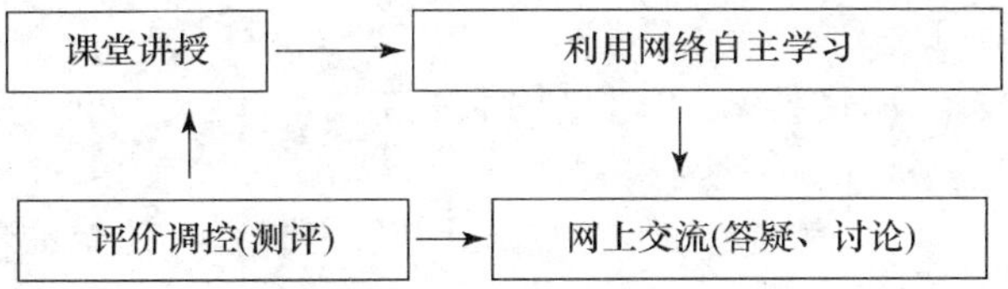

图 8-10　混合式教学模式基本框架

三、网络教学平台的发展趋势

随着教学理论与通信技术的不断发展，网络教学平台的研究出现了一些新的趋势和热点。

1. 从支持单一教学模式向支持多种模式的方向发展

目前的网络教学平台大多是支持课程讲授型的教学模式，相对于网络教学平台的单一和固化，教师的教学策略和教学活动则是灵活的，随着教学对象、教学内容和教学进程的不同而不断发生变化。

因此，有必要研究适合多种教学模式和教学策略的弹性的网络教学环境，使得教师或教学设计人员可以依据不同的教学模式和策略自行灵活设置支持该教学模式或策略的网络学习环境，提供从教学模式和策略到实际网络教学活动设计的可操作的方法与工具。

2. 网络教学平台与资源中心相结合

教学资源的动态积累、管理与共享是实施网络教学的必要条件。相关研究热点包括：建立教学资源库及其管理系统，支持多媒体教学资源的动态积累、管理、共享、使用和评价，整合中外优质教学资源，形成网上教学资源中心，支持各种教学系统和工具之间的资源积累、使用与交换，并为区域分布式教学资源的广泛共享奠定基础。

3. 网络教学平台从通用形态转向对课程或教师教学的个性化支持

通用的网络教学平台不能满足一些教师与课程的个性化教学要求。基于动态虚拟课程网站的交互式网络教学系统能够构建以门户网站形式呈现的课程，其特点是课程与教师能够根据自身教学需要，个性化地实施教学活动，教学内容和形式可以得到很大拓展。这类系统能够支持教师在不掌握 Web 编程技术的情况下借助向导自行定制个性化的门户式网络教学环境，支持教师自定义各级页面和栏目结构，动态维护网站内容，实现基于动态虚拟网站的个性化教学。

4. 网络教学平台与数字校园其他系统的整合

随着数字校园的其他系统，如科研、办公与管理、公共服务和社区服务等系统的迅速构建，网络教学平台需要有机地整合在数字校园中，避免出现系统独立的现象，造成"信息孤岛"。系统整合面临的两个主要问题是用户身份的统一认证和公共数据的动态交换与共享。解决此问题最重要的途径就是制定统一的技术标准和尽量采用统一的技术架构与技术路线。

5. 基于内容包装标准的课件制作与学习管理

不同粒度学习内容的标准化不仅可以使这些资源便于查询与共享，更重要的是这些资源能够被不同的网络教学平台发现，根据教学或学习要求自动组装成新的学习材料，其使用情况也能被跟踪。基于内容包装标准的课件制作系统的研究内容包括：资源描述技术框架，描述语言，网络教学资源的信息注册、发布和检索，资源的信息交换，资源的自动组装与学习跟踪等。

6. 注重新技术与社会软件的应用

智能技术、移动技术、网格技术、点对点技术等新技术，以及 Blog、Wiki 与实时通信等社会软件也会对网络教学平台的设计与构建产生重要影响。尤其是一些社会软件所秉承的 Web2.0 理念，更为网络教学平台交互功能的设计与开发提供了重要的理论支撑。

7. 更加注重知识管理

在目前的网络教学平台中，仅仅将学习材料和教学素材提供给教师和学生使用，缺少对资源的整理和管理。从知识管理的角度来看，恰恰是许多教师重新整合材料进行二次加工的经验及其成果才是最宝贵的，而在目前的网络教学平台构架中较少涉及这些知识的发掘、共享与应用，也缺乏对教学知识交流环境的构建。

8. 网络教学支撑环境开发中构件技术的运用

网络教学支撑环境是由许多教学子系统和工具组成的，无论是考虑针对不同教学模式构建特定的教学平台，还是考虑系统的可扩展性与维护便利性，采用插件引擎技术，构建构件库都是可行的技术路线。

第三节　学习案例

目前，网络教学平台在学科教学中已经得到了广泛的应用，并且取得了很好的教学效果。下面介绍两个利用网络教学平台来组织教学的案例。其中，第一个案例是利用教客平台进行小学语文教学的案例，其实质是一种混合式教学；第二个案例是利用 Blackboard 组织探究式学习的。

一、基于网络教学平台的学与教案例——基于教客平台的教学

教客平台是功能完善的网络教学平台，为师生互动教学和学生自主学习提供了良好的支持。本案例是利用教客平台进行小学语文教学的案例。

案例8-1

本教学过程可以简单描述为：在教客平台的支撑下，创建网络课程资源（课程资源包括教师讲授所用的PPT课件、学生自主阅读网络课件以及学生自主写作时的主题），构建自主学习环境；根据课程特点进行教学设计和课程开发；开展课堂常规教学和课堂自主学习、协作学习；及时进行教学评价，根据教学评价结果来修改课程的教学设计和学习活动安排。这个过程是一个循环进行的过程，从大的层面看，在学期开始之初，要进行课程总体的教学设计和课程开发；就具体细节而言，对于每一个知识点都要具体进行教学设计和教学活动安排，根据教学评价结果，及时修改教学设计，调整教学活动安排，以达到良好的教学效果。

（一）教学设计与基于教客平台的课程开发

本案例是以小学二年级语文课程为例。在进行教学设计时，重视调整教学环境四个要素（教师、学生、教学内容、教学媒体）的地位与作用。教师由知识的传授者转变为学习过程中的组织者、指导者、意义建构的帮助者和学习资源的提供者；学生由单一的信息接收者转变为信息加工的主体和知识意义的主动建构者，不仅从教师的课堂讲解中学习知识，还从网络学习环境中获取丰富的学习资源；教学内容要结合学生和本课程的特点做出适度调整，重视语言应用而非知识识记；教学媒体由单一的教材转变为包括PPT课件、网络课件在内的多媒体学习资源包。

开发基于网络的课程，要高度重视教学资源建设，建构具有动态交互功能的、丰富的网络课程资源，使之成为学习的重要组成部分。在实际教学中，充分发挥教师在课堂教学的主导作用和学生在网上自主学习的主体作用，把教师课堂讲授与学生课上及课后网上获取资源、自主学习、小组协作学习活动结合起来，把网络学习的优势和传统教学的优势结合起来，通过课堂教学、学生自主学习、协作学习的相互配合，提高学习兴趣，实现教学目标。

在教客平台上开发一门新课程，可以分为两个步骤。

第一步，创建新课程。具体过程是：登录教客平台首页，注册为平台用户，通过工具“快捷通道”的“授课程”进入创建课程页面。点击“申请课程”按钮，填写课程名称、课程介绍等内容，再点击“确定”按钮，系统就自动生成了一门新的网络课程。

第二步，课程内容设计。教师进入创建的网络课程进行课程内容设计。教客平台的课程内容设计方式包括七种：创建编辑网页、创建讨论、文件上传、网络课件包上传、创建链接、选择已有讨论、选择已有课件。教师在这里可以将课堂PPT直接上传，可以将网络课件打包上传，可以创建学习讨论，可以直接创建和编辑网页，通过多种方式结合来进行课程内容的设计。另外教客平台还提供了自动测评、学生学习过程记录等工具，供教师教学和评价之用。创建后的课程平台如图8-11所示。

图8-11　教客平台网络课程

（二）教学过程

利用教客平台进行教学的步骤如下。

(1)教材内容处理。教师在上课的前20分钟，结合教材和教客平台上学习内容中的教师课件，进行传统式课堂教学，在这20分钟内完成语文课标对本课教学的基本要求，对课程的重点和难点进行阐释。此时所用的课件，学生在家复习时也可以通过访问平台进行再学习。

(2)学生的自主学习——自主阅读。20分钟的传统式课堂教学后，学生打开电脑，登录平台，开始自主学习教师提供的网络课件。每个网络课件都包括八篇与本课内容息息相关的阅读短篇，这些小文章内容丰富多样，通过本部分自主学习，不仅能激发学生的学习兴趣，丰富学生知识，扩展学生知识面，同时也是对本课内容的升华。本部分时间为10分钟左右，在学生阅读的过程中，教师可以给部分学生进行及时辅导，最后教师留1分钟左右的时间对学生的阅读效果进行简单的评价和检测。图8-12是教师上传的网络课件。

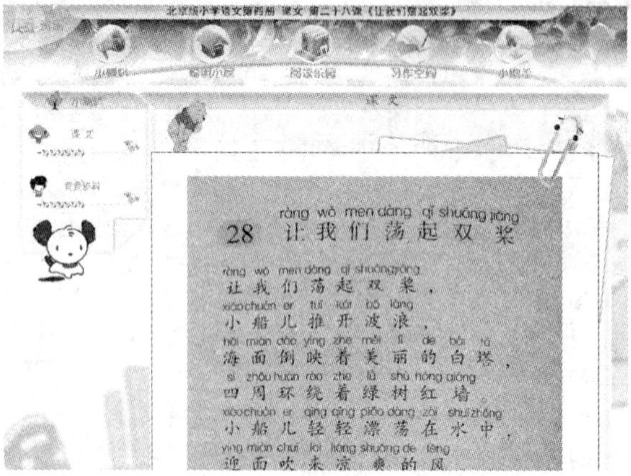

图 8-12 学生自主阅读时所用的网络课件

(3) 学生自主学习、协作学习——写作。自主阅读后，学生进入网络课程的讨论栏，开始完成教师提供的写作题目。经过前30分钟的积累，学生此时已经对课文内容及主题有了很深的理解，而且积累了一定的写作素材，以写作的形式让学生进行语言运用的训练，既是提高语言应用能力的重要手段，同时也是对本课学习内容的进一步升华。10分钟的写作，教师留1分钟的时间让同学进行彼此作文的评价与修改，这是促进学生知识建构和迁移的重要手段。如果学生有更多的兴趣进行互学互评，还可以在课后登录平台完成。图8-13是学生的作品以及教师给的评价。

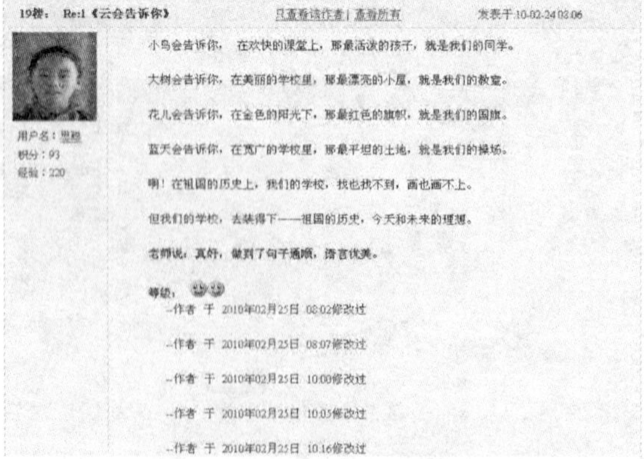

图 8-13 学生的作品及评价

（三）教学评价

教学评价主要采用传统教学评价和网上教学评价相结合的方式。采用发展性评价理念，教师可随时查看学生的电子档案，及时了解学生的学习状态，并通过课堂、论坛等方式及时反馈和调整教学行为以补救不足，从而增强学生的学习积极性和主动发展的内部动力。另外通过课堂考试、在线测验等定量评价与课堂项目学习成果汇报、学习心得等定性评价相结合，更能准确、科学地对学习者作出评价。

本案例展示了如何利用教客平台进行小学语文课堂教学。在教学过程中，教师利用网络教学平台集成语文课件，为学生课堂学习提供学习资源，通过平台讨论栏的功能，学生进行作文写作并进行互评，大大提高了学生写作的积极性。另外，平台的自动记录功能，能记录学生在平台上的学习轨迹，方便对学生进行过程性评价。这种基于网络教学平台的教学打破了传统的语文教学模式，提升了语文教学的效果，大大提高了学生的语文素养和综合素养。

二、基于网络教学平台的学与教案例——基于 Blackboard 平台的教学

Blackboard 网络教学平台是一个支持百万级用户的教学平台，目前在国内外都得到了广泛的应用。下面的案例主要介绍如何利用 Blackboard 平台进行探究式学习。

案例8-2

以下是教师基于 Blackboard 平台开展探究式学习的几个基本步骤。

（一）利用平台组织教学活动流程

成熟缜密的教学设计是开展良好教学活动的基础，科学合理且操作性强的设计是确保教学实现效果、学生得到应有发展的保证。网上学习强调学生的自主学习，因此课程设计应提供协助型资源，促进学生的自主思维，提高学生学习的参与度。

Blackboard 平台支持各种自主学习的课程资源，教师可在“项目”中添加文本内容或上传多种格式的文件，“文件夹”可以将相关信息组织在一起。此外，“学习单元”是 Blackboard 平台中一项有助于增强教学设计引导性的工具，教师可以将一些内容（文本、多媒体文件、测验等）打包成一个完整的、多页面的模块，并设置一条结构化的路径，引导学生循序渐进地学习这些模块。Blackboard 自动为每个学习单元生成一个内容表格和导航按钮，引导学生从一个页面跳转到另一个页面。同时，“测验”工具提供了多种评测方式，并配合数字化评测与成绩管理。

探究式学习模式要求课程设计围绕学生的自主学习，并通过合理的教学设计发挥教师的引导作用。Blackboard 平台好比一座搭建好框架的大厦，教师只需关注如何在框架中合理布局及增添内设，无需关注具体的技术支持和程序设计。

（二）利用平台合理组织课程资源

探究式学习模式的重点在于自主学习策略和学习环境。在自主学习策略中，教师可通过合理的教学设计实现协助者和促进者的作用，而学习环境需要有效的课程资源来创造。教学内容的单一贫乏不利于学生的探索发现，不能满足众多学习者的个性化需求；而仅仅将学习环境开放至互联网上，造成海量资源，也势必影响教学效果与进程。因此，教学资源要与课程内容密切相关，避免与教学目标无关的资源过多，分散学生注意力，降低参与度。

Blackboard 平台是一种“课程化”的学习社区，各学科各专业均以课程为单元呈现，这不仅为教师上传有效的课程资源创造了条件，还能够在一定程度上引导学生的探索发现活动。“课程链接”使学生从课程站点的一个地方跳到另一个地方，有助于连接相关信息，使课程结构网络化；“外部链接”

使学生从课程内容链接到其他网络站点。这些功能经过教师创建、设计，成为课程的组成部分，增加了课程资源与内容的可控性，加强了教师在学习过程中的组织作用，使学习环境有张有弛，有助于学生在学科知识建构上向深度和广度两方面发展。图 8-14 为在 Blackboard 平台里添加各类课程资源。

图 8-14 在 Blackboard 平台里添加各类课程资源

（三）利用平台提供及时的信息反馈

测评是教学过程的重要环节，是保证教学质量的重要手段之一，快速反馈是基于网络的教学模式的特点之一。Blackboard 教学平台里的“测验”工具不仅为教师提供了多种形式的测试模板，还可以与“成绩簿”设置相结合，如图 8-15 所示。为了让学生在学习过程中及时反馈，Blackboard 提供了在课程中“配置”的功能，教师可将各种小测试放在“内容区”或穿插在“学习单元”里，成为一个学习模块的组成部分。“作业”可以跟成绩簿绑定在一起。创建作业时，教师输入指导语，给定一个分数，根据需要添加附件。学生以附件和评论提交作业，教师可以从“成绩簿”直接查看做业并给学生打出评语及分数，学生和教师均能及时评估学习效果。

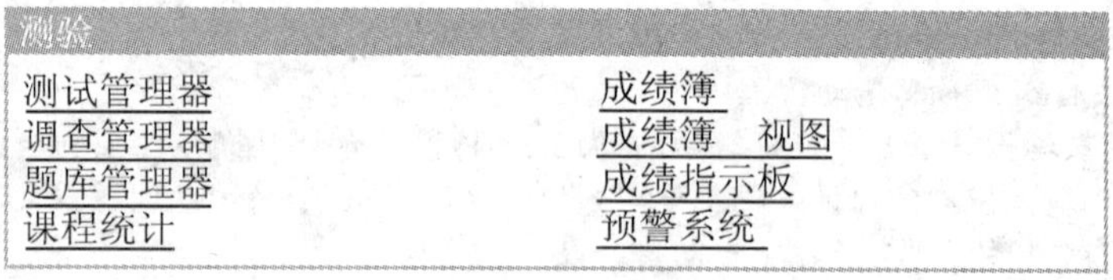

图 8-15 Blackboard 平台中的“测验”工具

Blackboard 平台还具有强大的后台监控和实时反馈功能。教师可以监控学生在平台上的一切活动，比如设定显示一项查看课程资源被浏览、下载的次数和时间，还可对学生的成绩走势进行及时反馈，如图 8-16 所示。

图 8-16 Blackboard 平台中的及时反馈功能

（四）利用平台提供便捷的互动交流环境

Blackboard 教学平台还为参与学习的活动者提供了便捷的互动交流环境。每一个课程都有“讨论区”，学生和教师可以围绕某特定主题展开讨论，不受时间限制。学生对讨论问题进行充分思考后，再通过文章发表在平台上。

Blackboard网络教学平台可以协助教师进行探究式教学设计，以良好的结构方式组织课程资源，使学生能快速定位自己所需的课程资源；支持丰富的资源形式，在内容的深度上也有不同层次，满足学习者不同的学习策略；支持课程资源在社区内的共享交流，使学习环境有一定的涵盖面，有助于将学习者吸引到重要信息上；学习活动的组织者、参与者可以在相同主题下交流和总结经验，有利于教学效果的提高。

思考题

1. 什么是网络教学平台，其核心功能有哪些？请试着画出网络教学平台的体系结构图。

2. 基于网络教学平台的常见学与教方式有哪些？每种方式的特点如何？

3. 谈谈你对网络教学平台发展前景的认识。

4. 选择一个你熟悉的网络教学平台，选择一门课，介绍如何借助网络教学平台进行教学实施。

拓展阅读

[1] 武法提. 网络教育应用[M]. 北京：高等教育出版社，2003.

[2] 黎加厚. Moodle课程设计[M]. 上海：上海教育出版社，2007.

[3] 黎加厚. 信息化课程设计——Moodle信息化学习环境的创设[M]. 上海：华东师范大学出版社，2007.

参考文献

[1] 孙重锦. 国内外典型网络教学平台特征研究——基于建构主义视角的比较分析[D]. 南宁：广西民族大学硕士论文，2006.

[2] 余胜泉，何克抗. 网络教学平台的体系结构与功能[J]. 中国电化教育，2001(8).

[3] 谢晓林，余胜泉，程罡，黄烨敏. 网络教学平台的新发展[J]. 开放教育研究，2007(5).

[4] 维基百科[EB/OL]. http://en. wikipedia. org/wiki/Course_management_system，2008-08.

[5] Plamen Miltenoff and Gary Schnellert. Mimicking Podcasting in Course Management Softment (CMS) [EB/OL]. http://lib. nbu. bg/html/bibl/pages/br8/1. htm，2008-08.

[6] 黎加厚. Moodle课程设计[M]. 上海：上海教育出版社，2007.

[7] http://www. c4lpt. co. uk/Directory/index. html.

[8] http://course. pku. edu. cn.

[9] http://moodle. zbedu. net/.

[10] http://baike. baidu. com/view/283396. htm.

[11] http://baike. baidu. com/view/2952615. htm.

[12] http://www. etc. edu. cn/aboutvclass/WL-TX. htm.

[13] 周纯. 基于网络平台的研究性学习模式探索[J]. 中国电化教育，2005(6).

[14] 李闻歆，单子鹏. Blackboard网络教学平台下"探究式学习"的研究与实践[J]. 计算机教育，2010(1).

[15] 田富鹏，焦道利. 信息化环境下高校混合教学模式的实践探索[J]. 电化教育研究，2005(4).

[16] 冯宁. 基于网络教学平台的数学教学模式刍议[J]. 常州轻工职业技术学院学报，2008(1).

第九章　虚拟现实技术支持下的学习

学习目标

1. 掌握虚拟现实技术的定义及特征；
2. 了解虚拟现实技术的发展历程；
3. 理解虚拟现实系统分类；
4. 掌握虚拟现实技术与行为主义和建构主义的关系；
5. 掌握虚拟现实教学方法；
6. 理解虚拟现实在教育领域中应用的优势；
7. 掌握虚拟现实在教育领域中的应用形式。

知识概览

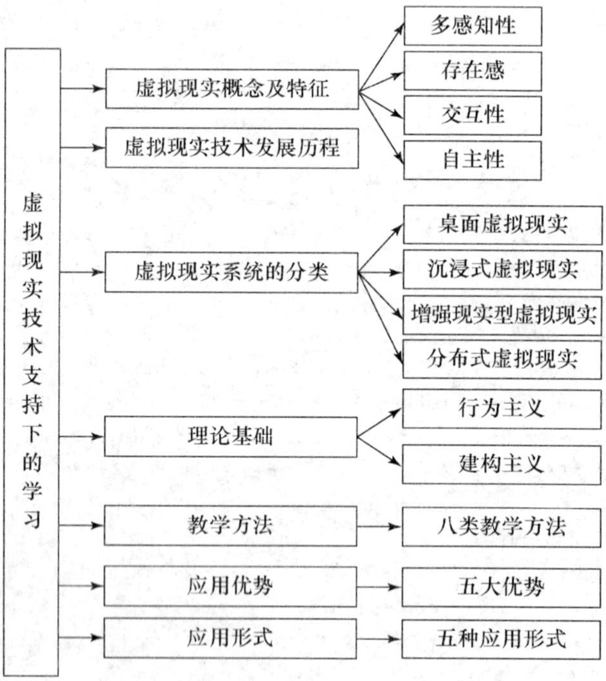

本章导学

虚拟现实（Virtual Reality，VR）作为一种新型的媒体，自20世纪90年代初以来，其教育应用一直是教育领域研究、开发的热点方向之一。虚拟现实技术提供的身临其境感觉，以及在此基础上创设的虚拟学习环境，允许学习者以自然的方式进行交互，给教与学带来了理念的变革和模式的更新。随着技术的发展，虚拟现实在科学研究、虚拟学习环境创设、虚拟实验等方面正发挥着越来越大的作用。本章首先概要介绍虚拟现实的概念及特征，虚拟现实技术的发展历程，虚拟现实系统的分类。其次介绍虚拟现实技术在教育中应用的理论基础以及虚拟现实教学方法，虚拟现实在教育领域中应用的优势以及应用形式。最后以具体案例介绍如何将虚拟现实技术应用于教育教学。

第一节　基本概念与技术特点

一、虚拟现实的概念及特征

虚拟现实是利用计算机生成一种模拟环境（如飞机驾驶舱、操作现场等），通过多种传感设备使用户"投入"到该环境中，实现用户与该环境直接进行自然交互的一种技术。从本质上说，虚拟现实是一种先进的计算机用户接口，它通过给用户同时提供诸如视、听、触等各种直观而又自然的实时感知交互手段，最大限度地方便用户的操作，从而减轻用户的负担、提高整个系统的工作效率。这里所谓的模拟环境就是用计算机生成的具有表面色彩的立体图形，它可以是某一特定现实世界的真实体现，也可以是纯粹构想的世界。传感设备包括立体头盔（Head Mounted Display）、数据手套（Data Glove）、数据衣（Data Suit）等穿戴于用户身上的装置和设置于现实环境中的传感装置（不直接戴在身上）。自然交互是指用日常使用的方式对环境内的物体进行操作（如用手拿东西、行走等）并得到实时立体反馈。

虚拟现实技术具有多感知性、存在感、交互性以及自主性四个重要特征。

1. 多感知性（multi-sensory）

多感知性就是除了一般计算机技术所具有的视觉感知之外，还有听觉感知、力觉感知、触觉感知、运动感知，甚至包括味觉感知、嗅觉感知等。理想的虚拟现实技术应该具有一切人所具有的感知功能。由于相关技术，特别是传感技术的限制，目前虚拟现实技术所具有的感知功能仅限于视觉、听觉、力觉、触觉、运动等几种，无论从感知范围还是从感知的精确程度都无法与人相比拟。

2. 存在感（presence）

存在感又称为临场感（immersion），指用户感到作为主角存在于模拟环境中的真实程度。理想的模拟环境应该达到使用户难以分辨真假的程度（例如可视场景应随着视点的变化而变化），甚至比真的还"真"，如实现比现实更逼真的照明和音响效果等。

3. 交互性（interaction）

交互性指用户对模拟环境内物体的可操作程度和从环境得到反馈的自然程度（包括实时性）。例如，用户可以用手去直接抓取模拟环境中的物体，这时手有握着东西的感觉，并可以感觉物体的重量（其实这时手里并没有实物），视场中被抓的物体也立刻随着手的移动而移动。

4. 自主性（autonomy）

自主性是指虚拟环境中物体依据物理定律动作的程度。例如，当受到力的推动时，物体会向力的方向移动翻转，或从桌面落到地面等。

二、虚拟现实技术的发展历程

虚拟现实技术的发展大致分为三个阶段：20 世纪 50 年代到 70 年代，是虚拟现实技术的探索阶段；20 世纪 80 年代初期到 80 年代中期，是虚拟现实技术系统化，从实验室走向实用的阶段；20 世纪 80 年代末期到本世纪初期，是虚拟现实技术高速发展的阶段。

（一）虚拟现实技术的探索阶段

1965 年，被称为“虚拟现实之父”的苏泽兰（Sutherland）在一篇名为《终极的显示》的论文中，首次提出了包括具有交互图形显示、力反馈设备以及声音提示的虚拟现实技术的基本思想。从此，人们正式开始了对虚拟现实系统的研究探索历程。

（二）虚拟现实技术系统化，从实验室走向实用的阶段

进入 20 世纪 80 年代，美国宇航局及美国国防部组织了一系列有关虚拟现实技术的研究，并取得了令人瞩目的研究成果，从而引起了人们对虚拟现实技术的广泛关注。美国宇航局艾姆斯研究中心（NASA Ames）虚拟行星探测实验室的麦克格雷维（M. McGreevy）和哈弗里斯（J. Humphries）博士组织开发了用于火星探测的虚拟环境视觉显示器，将火星探测器发回的数据输入计算机，为地面研究人员构造了火星表面的三维虚拟环境。在随后的虚拟交互环境工作站（VIWE）项目中，他们又开发了遥现设备①（用于提供远地工作现场的感觉）和通用多传感个人仿真器。

（三）虚拟现实技术高速发展的阶段

进入 20 世纪 90 年代后，迅速发展的计算机硬件技术与不断改进的计算机软件系统极大地推动了虚拟现实技术的发展，使得基于大型数据集合的声音和图像的实时动画制作成为可能，人机交互系统的设计不断创新，很多新颖、实用的输入输出设备不断地出现在市场上，而这些都为虚拟现实技术的发展打下了良好的基础。

英国“超景”公司总裁在新闻发布会上说，虚拟现实技术的问世是“因特网继纯文字信息时代之后的又一次飞跃，其应用前景不可估量。”随着因特网传输速度的加快、虚拟现实技术的日趋成熟，虚拟现实全球网的问世已是大势所趋。这种网络将广泛地应用于工程设计、教育、医疗、军事演习、娱乐等领域。普通百姓生活在虚拟现实技术时代的日子即将来临。

三、虚拟现实系统分类

根据用户参与虚拟现实的不同形式以及沉浸程度的不同，结合国内外学者对虚拟现实领域的研究成果和在教育领域应用的实际情况，可以把虚拟现实系统划分为四类：桌面虚拟现实、沉浸式虚拟现实、增强现实型虚拟现实以及分布式虚拟现实。

（一）桌面虚拟现实

桌面虚拟现实（Desktop Virtual Reality，DVR）（如图 9-1 所示）主要是在个人计算

---

① 遥现，即临场感，是虚拟现实技术的一个重要的研究分支。它是 20 世纪 80 年代随遥控作业的需要而提出的与交互技术密切相关的概念。其基本点是，由远处的操作机（例如机器人）感知环境，再将感知信息（视、触、听等感觉信息）实时地传递给不在现场的操作员，使其能身临其境地遥控该环境中的被控对象。遥现包括操作机与人、操作机与环境的交互。

机和低级别的工作站上进行图形图像仿真，依靠计算机的屏幕提供给用户一个虚拟的平台，运用虚拟现实的输入设备实现与虚拟世界场景之间的交互。VR 系统开发商通过开发 DVR 系统来满足对低价位 VR 系统的要求。DVR 包括 VR 硬件和 VR 软件，硬件设备包括鼠标、追踪球、力矩球等，用来实现 3D 图形的显示、观察、交互、定位等功能；软件平台包括 VR 环境开发平台、建模平台、实施方案的软件。操作者使用输入设备，通过计算机屏幕观察 360°范围内的虚拟环境，操纵其中的虚拟物体。因为 DVR 平台的使用会受到周围现实环境的干扰，使用者不能完全在虚拟世界中沉浸，所以 DVR 最大的缺点是不能提供完全真实的现实体验。虽然 DVR 系统具有这样的缺点，但是 DVR 系统平台投入成本相对较低，因而应用比较广泛。常见的 DVR 技术有：基于静态图像的虚拟现实 QuickTimeVR、虚拟现实造型语言 VRML、桌面三维虚拟现实、MUD 等。

图 9-1　桌面虚拟现实

教育领域中 DVR 应用的典型例子是开发了许多虚拟现实教学平台。其中中国科学技术大学人工智能与计算机应用研究室在 2001 年研制出虚拟现实教学软件“几何光学实验设计平台”，在该平台上学生可以完成单透镜实验和组合透镜实验。

（二）沉浸式虚拟现实

沉浸式虚拟现实（Immersive VR）（如图 9-2 所示）提供参与者完全沉浸的体验，使用户有一种置身于虚拟境界之中的感觉。它主要利用头盔式显示器（HMD）等设备，把参与者的视觉、听觉和其他感觉封闭在设计好的虚拟现实的空间中，利用声音、位置跟踪器、数据手套和其他手控输入设备使参与者产生一种身临其境、全心投入的感觉。常见的沉浸式系统有：基于头盔式显示器的系统、投影式虚拟现实系统。

虚拟现实电影院（VR Theater）就是一个完全沉浸式的投影式虚拟现实系统。用几米高的六个平面组成的立方体屏幕环绕在观众周围，设置在立方体外围的六个投影设备共同投射在立方体的透射式平面上，观众置身于立方体中可同时观看由五个或六个平面组成的图像，完全沉浸在图像组成的空间中。

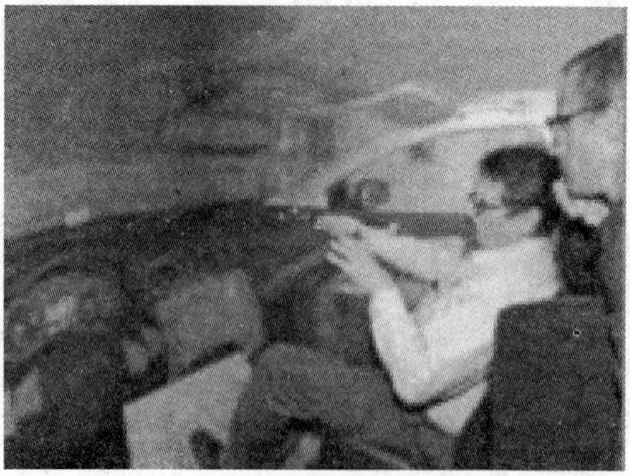

图 9-2 沉浸式虚拟现实

(三)增强现实型虚拟现实

增强现实型虚拟现实(Augmented Reality VR)(如图 9-3 所示)是将真实环境和虚拟现实景象结合起来的一种技术,这种技术既可减少生成复杂实验环境的开销,又便于对虚拟试验环境中的物件进行操作。增强现实型的虚拟现实不仅利用虚拟现实技术来模拟现实世界、仿真现实世界,而且利用它还能增强参与者对真实环境的感受,也就是增强对那些现实中无法被感知或很难被感知的感受。

图 9-3 增强现实型虚拟现实

增强现实型虚拟现实有三方面的主要特征。

第一,真实世界与虚拟世界要求在三维空间上加以整合。

第二,具有实时人机交互功能。

第三,"增强"特征适用于所有感知通道,不仅有虚拟图像,还有声音等虚拟对象。

教育中增强现实技术目前通常在实验室中应用,但其应用前景非常广阔,因为增强现实技术可以比其他虚拟现实技术提供更多的好处。例如在讲授地球和月亮之间运转轨道关系的课程中,虚拟的地球和月亮可以根据学生手的移动方向和角度进行移动和旋转，通过这种学生对虚拟物体的操纵，学生可以更好地理解地球和月亮固有的运行轨道。

(四) 分布式虚拟现实

分布式虚拟现实(Distributed VR)(如图 9-4 所示)主要是指多个地理上相互独立的用户实时地通过计算机网络连接在一起，共同分享一个虚拟空间，一起体验虚拟经历。

图 9-4　分布式虚拟战场三维动态场景

在教育中较早研究并应用的分布式虚拟现实系统是 SimNet。这是一种训练软件，由坦克仿真器通过网络连接，用于部队的联合训练。通过 SimNet 使远程的学习者可以在虚拟的战场上发展集体作战的技能。现在流行的电脑游戏“反恐精英”的游戏元素很多都借鉴了早期 SimNet 的研究结果。

第二节　基于虚拟现实技术的学与教

虚拟现实技术能够提供视觉、听觉、触觉等多种感觉信息，可以以自然的方式与学习者进行交互作用，在交互作用过程中，学习者能够直接有效地掌握一门新知识、新技能，这就使虚拟现实技术在实际的教育应用中占有相当大的优势。本节将详细介绍虚拟现实技术在教育应用中的理论基础、教学方法优势特点以及应用形式。

一、虚拟现实技术在教育中应用的理论基础

行为主义学习理论强调刺激和反应的联结，建构主义认为知识的建构来自个人体验。虚拟现实技术能提供多种感觉信息，不仅能够增强学习材料的刺激，而且其沉浸性还能去除参与者与计算机之间的界限，为个人了解世界创设了一种体验，有助于材料的学习。

(一) 虚拟现实技术与行为主义

行为主义学习理论对学习的解释强调可观察的行为，认为行为多次的愉快或痛苦的后果改变了个体的行为，学习就是形成刺激和反应的联结。虚拟现实技术在教育中的应用，使我们对行为主义理解的变化至少表现在以下三个方面。

1. 扩展可观察行为

传统的认知论所指的操作对象是现实中的对象，而虚拟现实技术建立的对象是虚拟

的三维空间，学习者的可观察行为还可以包括对虚拟对象的操作和控制，扩展了可观察行为的含义。对可观察行为理解的变化也导致评价的方式和内容的改变。

2. 增强学习动机

行为主义强调外部的动机作用，虚拟现实正好能发挥它的作用。首先，虚拟的三维空间其模拟现实世界中视听觉的感受性，本身就可以激发学生的学习兴趣，促进外部动机转化为内部学习动机。其次，虚拟三维对象的交互和反馈使得学习者更容易关联现实世界与所学知识之间的联系，减轻学习者面对书本和二维平面所需付出的想象努力，减少学生的厌倦情绪，增强学习动机的持久性。

3. 加强操作性知识演练

在日常的教学中，常会遇到操作性知识的教学。比如，学习操作一台昂贵的机器。如果经济允许，可以让学生反复操作；如果经济不允许，学生的学习就会受到很大影响。采用桌面虚拟现实技术，建立实物模型，设计操作的灵活性、自由度和及时合理的反馈与导航，允许学生反复操练，这样一方面可以解决同一时间内大规模的教学问题，另一方面可以加强学生操作的熟练程度，从而减少学生面对实物操作所需的熟悉、适应时间的长度和犯错误的概率。

虚拟现实及时有效的反馈是强化的必要手段。在设计虚拟现实系统的软件时，行为主义的强化论对导航和反馈机制的设计具有理论指导作用。

（二）虚拟现实技术与建构主义

建构主义为发展 VR 在教育中的应用提供了较好的理论基础。建构主义认为，知识的建构来自个人体验（其中不包括有意识反应或符号使用在内），它占据我们社会活动和学习的一半以上。VR 的沉浸性去除了参与者与计算机之间的界限，为个人了解世界创设了一种体验，有助于学习材料。VR 为学生学习非符号系统创设了环境，从而避免了学生学习符号系统时的失败对整体学习效果的影响。

1. 虚拟现实技术有效地促进了学生认知结构的形成和发展

虚拟现实扩展了人类的感知范围，使人们可以在现实中从事以前无法进行的工作；而且，虚拟现实可以使我们感知那些没有物理模型和抽象的思想和过程，可以将抽象的概念转化成我们所能感知的体验。它在教学上的应用能有效地促进学生的认知结构的形成和发展，进而促进人们的认知观念、教育观念发生根本性的变化。

2. 虚拟现实技术为交互式学习提供了坚实基础

虚拟现实本身即是一种综合的媒体，是直接对客观对象的模拟，所以它不需要再刻意地去追求模仿的逼真程度，不需要对虚拟现实使用者所看到、听到、感觉到的现象进行进一步解释，故虚拟现实教学软件可将注意力的重点放在对学习效果的研究上。而且，虚拟现实的环境并不需要具有与现实世界完全一样的特性，它可以将现实世界的特性与可操作的虚拟环境相结合。在虚拟的世界里，可以有各种不同的可调节参数。这一特征为交互式的学习提供了坚实的基础。从建构主义学习理论的观点看，将学习者置于主动学习的中心地位，将更有助于学习者知识的建构。

3. 虚拟现实技术克服时空障碍，促进虚拟教学的发展

虚拟现实还代表了一种对教学系统在时间与空间上进行扩展的理念。它克服了时空的障碍，也可以对事物的发展过程进行控制。20 世纪 90 年代开始，出现了虚拟教室、

虚拟学校、虚拟教育系统等名称。尤其是基于 Web 的虚拟学校，其学习过程的实现相当灵活，学生在学习过程中有较高的地位，是一种真正以学生为中心的虚拟学习环境。这种学习模式是建构主义学习的一个范例。在这里，学生通过自己建构一个虚拟世界来学习某一教学内容，而其他学生则通过参观、角色扮演等形式对该内容进行学习。在整个过程中，学生始终处于学习的中心地位，进行积极主动地学习。

总之，虚拟现实技术是建构主义学习理论在现代教育技术方面的重大突破和最高境界。虚拟现实技术具有的“沉浸性”、“交互性”、“自主性”，使参与者能在虚拟环境中做到沉浸其中、超越其上、进出自如、交互自由。虚拟现实技术的特性有利于建构主义学习环境中的“情境”、“协作”、“会话”和“意义建构”这四大属性的充分体现，因而能有效地实现建构主义学习环境，使学习者可以在其中自主探索和自主学习，激发学生的学习积极性，提高教与学的质量和效果。

二、虚拟现实教学方法

虚拟现实教学方法，就是利用各种虚拟环境，将知识赖以产生的客观现实再现给学生的一种教学方法。通过虚拟环境讲授知识要点，进行理论概括，可引导学生充分利用自己的各种器官接受信息，激发学生的学习兴趣和创新意识，启发学生发挥自己的想象能力，拓展创新思维。

虚拟现实教学是实践性、创造性很强的教学活动，教学方法十分灵活。目前，人们使用的虚拟现实教学方法有如下几种。

(一) 计算机仿真教学

计算机仿真教学主要是通过影像、图片、声音、文字等介绍客观事物的信息；通过软件开发、人机对话等形式，虚拟客观事物的状态、运动方式及过程。对于人的视觉无法接触到的事物，大到宇宙天体，小到原子核世界，都可以通过计算机虚拟来实现。计算机仿真教学信息量大、教学效率高、可重复性强、对教学环境的适应性强、学生可参与性强，是一种重要的现代化教学手段。

(二) 典型案例教学

案例教学法是指通过一个具体教育情境的描述，引导学生对这些特殊情境进行讨论的教学方法。运用案例教学有助于学生通过有效的方式得到内化了的知识，有助于学生问题意识的培养和实际解决问题能力的提高，也能帮助学生提高表达、讨论的技能，逐渐学会如何理解教学中出现的疑难问题，掌握对教学分析和反思的方法。运用案例进行教学，关键在于案例的搜集、处理和案例作用的有效发挥。

(三) 模型演示教学

模型演示教学是指在教学过程中，通过模型来演示具体的教学内容，使学生直观地了解所学知识以及知识之间的相互关系的教学方法。实物模型能直观、形象地揭示事物的形式和运动方式，是很好的教学媒体。数学模型是由公式、方程或逻辑表达等组成某种数学结构，它所表达的内容与所研究的对象的行为、特性一致或近似一致，这种数学结构就叫该对象的数学模型。通过模型的建立、求解、分析、检验，来认识对象、把握对象。如人口模型、生态模型、生理模型、经济模型、社会模型等，都可以通过数学描述认识它们的现状与发展规律。

(四) 事件重构教学

所谓事件是指存在于人的大脑中的对客观事物的基本认识，事件重构指通过基本认识的重新建构，形成一种新的认识。教学媒体使人们得到对事物的基本认识，事件重构教学强调要善于引导学生运用已掌握的基本知识去认识新的事物、理解新的知识。教师要善于运用学生已掌握的基本认识，生动形象地阐述深刻的道理，引导学生运用这些基本认识进行科学思维，从知识的"必然王国"走向知识的"自由王国"。

(五) 演示型教学方法

教师可以在现有教学模式基础上，使用多媒体计算机进行演示，为全体学生的充分感知创设情境，也可以重新组织教学情境，突出事物的本质特征，促进学生形成稳定清晰的形象，为学生形成学习概念创造条件，促进学生对重难点知识的理解。在课堂教学的新授课、复习课和习题课中均可以运用该方法。

(六) 技能训练法

虚拟现实的沉浸性和交互性，使学生能够在虚拟的学习环境中扮演一个角色，全身心地投入到学习环境中去，这非常有利于学生的技能训练。利用虚拟现实技术，可以做各种各样的技能训练，如军事作战技能、外科手术技能、教学技能、体育技能、汽车驾驶技能、果树栽培技能、电器维修技能等各种职业技能的训练。由于这些虚拟的训练系统无任何危险，学生可以不厌其烦地反复练习，直至掌握操作技能为止。例如，在虚拟的飞机驾驶训练系统中，学员可以反复操作控制设备，学习在各种天气情况下驾驶飞机起飞、降落，通过反复训练，达到熟练掌握驾驶技术的目的。

(七)"启发—探究"教学法

虚拟现实环境下的"启发—探究"教学法主要包括以下六个步骤。

第一步，教师利用虚拟现实技术给学生创设一个情境，学生在特定的情境中提出科学的问题，如通过观察、实验和研究文本图片等，引导学生提出问题。

第二步，让学生根据已有的知识和经验，针对解决问题提出各种假设。

第三步，对假设加以整理和排列，使探究过程井然有序，并利用多种途径和形式搜集有价值的证据。

第四步，对所搜集的证据进行筛选、归类、统计、分析和综合处理，运用已有知识检验自己的假设，对问题做出科学的解释。

第五步，检查和思考探究计划的严密性、证据的周密性、解释的科学性，以对结论的可靠性作出评价。如果结论与假设不吻合，则需重新确定探究方向。

第六步，解释自己的探究计划以及在探究过程中形成的见解，并认真听取他人的意见，对不同的意见进行讨论，充分交流探究结果，最后形成结论。

教师在以上六个步骤中主要充当"点拨"这一角色，适时对学生进行启发、指点、引导，让学生根据自己已有的生活经验和知识经验，用自己的思维方式去探究、发现、创造，使学生能在原有知识经验的基础上对新知识进行加工、理解、重组，达到主动建构并形成新知识的目的。

(八) 情境模拟教学法

情境模拟教学法是指通过对事件或事物发生与发展的环境、过程的模拟或虚拟再现,让受教育者理解教学内容,进而在短时间内提高能力的一种认知方法。该方法具有直观、高效、启发性强、更接近实际的优点,它注重已有知识及专家经验的系统推理,有助于学生智力开发和能力培养,对改进教学质量有着深刻的影响。

具体而言,虚拟现实技术在情境模拟教学中展开的方式有以下几种。

1. 使用虚拟教学器材展开模拟教学

虚拟教学器材有电子练习器、设备模板、仿真电路示教板、实物模型、模拟车辆、飞机、服饰、控制器、录放音设备、影像摄录设备等。使用这些虚拟教学器材进行教学,能把讲解要领、实际操作、验证效果等教学环节有机地结合起来,有效解决受教育者不能及时地对所学技能自检的难题,增强了教学的仿真程度。同时,虚拟教学器材还可以替代实际器材,节省大量设备购置的资金和配套保障器材。另外,虚拟教学器材不受教学场地和气候条件的影响,能方便教学实践,提高教学效率。

2. 借助计算机辅助系统开展模拟教学

计算机辅助模拟教学,是指借助计算机软件环境或网络环境展开模拟教学,这种方式是建立在相似理论、计算机技术、控制理论、系统工程基础上的一种先进的现代模拟方式,为战略思维、世界眼光、当代科技、技术应用课程的教学,提供了一种崭新的手段。

3. 创设具体的情境,展开角色演练

情境模拟教学法还可根据模拟演练方案中确定的角色、任务、步骤、背景等,实施虚拟演练,它特别适合于对事件的发展过程的模拟。比如,模拟一个企业的管理,模拟某笔外贸业务的洽谈过程,以及模拟管理城市和规划等。

三、虚拟现实技术在教育领域中应用的优势

虚拟现实技术能形象生动地表现教学内容,有效地营造一个跟随技术发展的教学环境,具有提高学生掌握知识、技能效率,优化教学过程,提高教学质量,调动学生的学习积极性,突破教学重点、难点等作用。具体而言,它在教育领域中的应用具有五大优势。

(一) 培养学生创新性思维

虚拟现实是一种特殊的可以直接呈现过程、机制和结果的全景式中介,可以极大地激发人的创造性欲望和能力,拓展人的想象空间。虚拟现实实现了诸多现实中不可能的可能性,高扬了人类主动探索、解决问题的实践智慧,使新的动态思维程序和新的多维的思维角度得以形成,从而提升和彰显了人类思维的创造性和超越性。利用虚拟现实技术创新教学手段,变抽象为形象,将感性认识由书外的外部形态深入到事物的内部结构,变静态的理解为动态的分析,这有利于培养学生的创新性思维。

(二) 因材施教,提高学生学习的主动性

由于学生各自有不同的社会文化背景、知识结构和个性特征,因此每个人的学习风格、思维方式也有显著差别。在传统的教学模式下,教师不可能为每一位学生制订个性化的教育计划。但虚拟现实技术所提供的人机交互的特点却非常适用于个性化教育,可实现因人施教、因材施教,有利于培养出高素质的综合型人才。虚拟现实是一种具有沉

浸感、临场感和多维感的高级人机界面，学生能够通过多种感官渠道与它进行实时交互。学生通过感官、语言、手势甚至表情等比较“自然”的方式与计算机进行交互，使其完全置身于一个“超越现实，身临其境”的综合学习环境中。学生在这个全新的环境中，自主学习的空间更加广阔，创造性的思维更加活跃，学习效果可以获得空前的提高。

（三）彻底打破时间、空间的限制

在虚拟现实环境中学生可以以浏览探索的方式汲取知识，并彻底打破时间、空间的限制，使物体的变化过程合乎理想地展现出来。例如，在虚拟现实的世界里，学生们可以在数秒钟之内观察到地壳的演变历程，在一堂课内就可以演示往往要几个月的时间才能实现的生物学科中孟德尔遗传定律。利用虚拟现实技术还可以进入这些物体的内部进行观察，如学生可以进入虚拟发电厂内，考察发电机的每个部件的工作情况以及每个部件之间的相互联系，了解整个发电过程，这是电视录像媒体和实物媒体所无法比拟的。这些在虚拟现实环境中直观的感受、“亲身”的经历比空洞抽象的说教更具说服力，对传统的课堂教学是非常好的补充，同时也可以激发学生的学习兴趣。

（四）弥补教学条件的不足，避免危险

使用虚拟现实可给学习者提供机会去尝试不同的选择，可以有效避免做“真实的事情”时所带有的危险、费用或时间消耗。人们还可尝试在现实世界里不可能做的各种方案，确定哪个方案是最佳的实现途径。这样，既可使学习者免受伤害，也可使现实免遭损害。利用虚拟现实技术，可以解决学校普遍存在的实验设备不足、设备落后，教学经费、场地缺乏等方面的不足，并有助于解决不可视、不可摸、不可入的危险性场所或真实实验操作所带来的各种危险问题，使学生足不出户便可以做各种各样的实验，获得与真实实验几乎一样的体会，加深对教学内容的理解。更为重要的是，它可以使训练造价得到大幅度降低，使教学更富形象性、趣味性与交互性。

（五）创设良好的虚拟学习环境，实现“真实情境”下的形象化教学

虚拟现实技术可以解决网络教育环境下真实情境的形象创建问题。所谓真实的情境，并不是现实世界中的真实物理情境，只需达到让学生经历与现实世界情境相似的认知过程即可。虚拟现实技术是创设真实情境的最有效工具，其通过构建事物发展变化的虚拟环境，对学习者产生视觉、听觉、触觉、嗅觉等各种感官刺激信息，使学习者处在一个难以分辨真假的环境中，学习者的各个感官都和虚拟的外部世界发生着作用，学习者完全沉浸在虚拟现实创造的学习环境中。例如，我们在看战争电影时，电影向我们展示了战争的残酷和人们对战争的恐惧，而我们对它的感受是通过电影这种媒介产生的，我们还是可以分清现实和电影，我们就不可能完全体会到战争的残酷和人们对战争的恐惧，对战争的理解也是通过影片中的人物和情境产生的。如果用虚拟现实来实现，我们成了战争中的人物，我们的各个感官都和战争情境发生直接的交互。我们的感受可能会更直接，对战争的理解会更深入。

四、虚拟现实在教育领域中的应用形式

教育领域中运用虚拟现实技术是教育技术发展的一个飞跃。学习者学习方式将产生重大的转变：学习者可以通过自身与虚拟环境的相互作用来获得直接经验的学习方

式，从而代替传统以教育者讲授知识为主的获取间接经验的学习方式。在教育领域的实践中，虚拟现实技术在教育中的应用大致可以分为以下几个方面。

（一）模拟训练

虚拟现实技术在教学中的应用最成功的案例之一就是模拟训练系统的开发与研制。由于空间探索和军队战争训练需要高昂的费用，除此之外这些领域还需要极高的安全性与可靠性，因此虚拟现实技术最早应用在这个领域，并且发挥出了巨大的使用价值和商业价值。随着社会的进步，虚拟现实技术也延伸到了一般的医学教学、汽车驾驶以及电器维修等需要培养各种操作技能的领域。在动作技能的学习中，学习者只有从虚拟现实系统中接受操作或动作的反馈才能取得积极的学习效果。因此在运用虚拟现实技术研发模拟训练系统时应该具体考虑学习产生的条件以及教学的效果，这种模拟训练系统应该能够实现提供真实的模拟训练的情境、校正学习者的错误以及跟踪学习者的学习过程等功能。

（二）科学研究

国内许多高校都建立了国家实验室来开展虚拟现实方面的研究工作。其中北京航空航天大学建立了虚拟现实技术教育部重点实验室，曾经为我国自行研制的歼8飞机研制了虚拟现实飞行模拟器；浙江大学计算机辅助设计和图形学（CAD/CG）国家重点实验室也开发了桌面虚拟建筑环境实时漫游系统；其他高校如清华大学、西安交通大学对虚拟现实的真实感和立体现实技术都进行了广泛的研究，使得我国在虚拟现实基础理论研究方面硕果累累。

（三）虚拟现实学习环境

虚拟现实学习环境的研究是对分布式真实虚拟现实感的教学环境的开发与应用进行研究，诸如人体模型或者化合物等分子结构等演示的虚拟体验。通过虚拟学习环境，教育者和学习者之间，或者学习者和同伴之间可以在同一个虚拟的现实空间中，进行虚拟人与人之间的面对面的情感交流。

（四）虚拟实验室

利用虚拟现实技术建立的各种虚拟实验室（virtual lab）在教育上应用前景广阔，尤其在物理、化学、生物等需要实验的学科中更是如此。建立虚拟实验室可以摆脱真正实验室中所需要的昂贵设备，减少教育部门的实验经费开销，但教学的效果基本接近运用真正的实验仪器设备进行实验所能达到的教学效果。

虚拟实验室基本上分为两类：一类是由编程者设计只能插入并操作实验中有限的虚拟实物（如化学实验室中的烧杯、酒精灯等），这是现今大多数虚拟实验室系统的工作环境；另一类是基于广泛学科领域知识的虚拟现实系统。

虚拟实验室是协作式虚拟环境（Collaborative Virtual Environments，CVE）中的一种，高级的CVE系统甚至能模拟真实实验室中的协作学习，学生可以在与真实实验室几乎相同的学习环境中学习，学生之间可以相互讨论学习到的概念。如果学生通过匿名的身份进行角色扮演，那么它所能取得的教学效果有可能达到甚至超过在真实实验室环境中进行实验的效果。因为学生在进行真实实验时，会惧怕在实验中犯错误，如果在虚拟环境中以替身的身份进行实验，学生将消除这些社会情感因素，从而更加专注于实验的过程，更好地完成教师给予的学习任务。中国科学技术大学开发的物理虚拟实验平台是我国第一个物理虚拟实验室。华中科技大学也建立了互动型数字逻辑虚拟实验教学平台，这为国内其他学校在虚拟实验室的开发与应用上起到了示范的作用。图 9-5 是一个虚拟实验室截图。

图 9-5 虚拟实验室

(五) 仿真虚拟校园

复旦大学等几所高校都建立了自己的虚拟化校园，用以展示高校教学设施、宣传校园学习环境，给其他高校的虚拟校园建设提供了一定的示范作用。但是现在这种三维虚拟化校园的建设还没有达到虚拟化校园生活的程度，模拟、仿真校园的教学环境需要多方面的努力，虚拟化校园的建设水平还有待进一步提高。图 9-6 是目前虚拟校园的一个页面示例。

图 9-6 虚拟校园示例

第三节　学习案例

虚拟现实的开发和制作成本太高，专门为教育领域设计的虚拟现实的例子并不多，驱动开发虚拟现实的动力因素是基于军队训练(如 SimNet)和空间探索的需要。进行虚拟仿真训练时对命令执行情况的模拟演示和空间探索时对假想空间的模拟操作都具有巨大的实际应用价值。

在教育上应用虚拟现实的情况基本包含三类：第一类是设计虚拟环境，让学生在虚拟环境中操作来完成学习任务；第二类是让学生从事研究性的学习项目，通过亲自动手开发虚拟现实的物体来探索一个既定学科领域内的概念性知识；第三类是利用分布式学习环境创设的多用户空间，学生们在虚拟现实环境中通过小组的形式相互进行交流、协作来提高对知识的掌握程度。本节主要通过两个案例来进一步说明虚拟现实技术在教育中的应用。第一个案例是建构虚拟学习环境，第二个案例是让学生在虚拟环境中进行学习和探究。

一、基于虚拟现实技术的学与教案例——SecondLife 中基于问题情境的虚拟学习环境建构

案例 9-1 是通过在 Secondlife 中构建虚拟的学习环境，关注环境为学习者提供的给养如何影响学习者对知识的意义建构。

案例9-1

SecondLife 中基于问题情境的虚拟学习环境建构

SecondLife 是美国林登实验室开发的三维虚拟世界，是一个集虚拟现实技术和网络通信技术为一体的三维平台。它既是一个角色扮演类的虚拟学习社区，也是虚拟现实技术在网络通信业高度发达的今天的一次技术和理念的升级。SecondLife 自 2003 年上市以来就受到全世界玩家的青睐，用户数量以惊人的速度增长。

SecondLife 成为有史以来网络空间上最大的公共虚拟社区，人们可以自由地建造个性化的居住和学习环境，也可以将现实生活中的环境和事件复制到虚拟世界中。SecondLife 里面没有胜利的结局和特定的游戏目标，而是一个充满娱乐体验和商业机会的数字游戏大陆。SecondLife 提供了一套功能强大的三维建模系统和林登脚本语言，用于实现虚拟世界的建造和交互功能。目前已有上百所大学入驻 SecondLife，建立了自己的虚拟学校，成为 SecondLife 中颇有影响力的机构之一。

本案例基于建构主义理论和情境认知等理论，结合 SecondLife 自身特点，遵循源于现实、超越现实、游戏性和趣味性、开放性和连续性等原则，进行 SecondLife 中基于问题的学习情境设计。

(一) 基于问题的学习情境设计的过程模式

将 SecondLife 作为平台开发虚拟课堂，一直是最近几年国外诸多教育研究者关注的焦点。在其中从事基于问题的教学，较之于传统的学习平台，具有一般性，也具有特殊性。一方面，它们都强调问题设计的重要性、资源呈现的多样性，同时要求有相应的学习活动作为支撑。另一方面，SecondLife 具有虚拟仿真和角色扮演等优点，可以在问题导入、资源呈现形式、问题解决过程以及评价方式上突破以往平台的限制。基于问题的学习情境设计过程模式如图 9-7 所示。

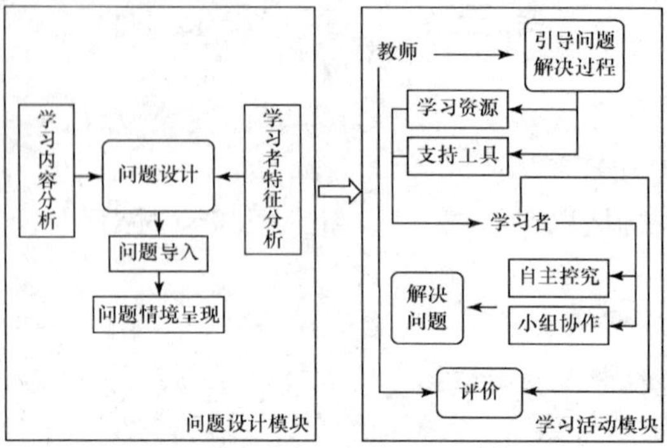

图 9-7 学习情境设计过程模式图

基于问题的学习模式不仅强调问题设计的重要性，而且十分重视学习过程中教师和学习者的关系。问题设计模块主要由教师来完成，学习活动模块则由教师和学习者共同完成，教师是问题的提出者、学习活动的引导者。教师应该从现实生活出发来设计真实的问题背景，在教学过程中为学习者提供丰富的学习资源和“脚手架”工具，引导学习者寻求解决问题的思路，以及提供适当的活动规则，控制学习活动的良性进程。将学习者放在核心位置，采用何种学习资源和认知工具以及采用何种解决问题的方式由学习者本身的状态和偏好来决定，教师应当为学习者提供开放式、多元化的选择空间。

（二）SecondLife 中学习情境设计的要素

SecondLife 作为一个开放、完整的学习系统，由学习资源、学习支持工具、学习策略、评价方式四个部分组成。当这四者间彼此建立的联系不够紧密、无法协调贯通时，学习者就会遇到困难和障碍，进而导致学习动机水平的降低。因此教学成功与否的关键就在于如何设计这四个部分。

1. 学习资源的设计

学习资源包括主题学习内容和相关资源，是学习者作用的对象。对学习资源的设计包括主题内容结构设计、媒体呈现方式设计、内容中的问题设计和可操作性设计这几个方面。

主题内容结构设计是指根据学习者学习风格和认知水平的不同以及学习内容自身的特点来调整内容呈现的结构；媒体呈现方式设计主要为学习者提供多种可控制的媒体元素；同时，适当的提问可以引发学习者的思考，设计问题出现的形式和情境；可操作性设计是指学习者可以主动地获取学习资源，与学习内容进行交互，以及对资源操作权限的个别化设定等。

2. 学习支持工具的设计

提供学习支持工具是有效地维持学习者学习动机，促进知识吸收的必不可少的方法。学习支持工具的设计要点主要包括学习过程数据的记录分析、帮助系统、反馈系统、学习工具、知识导航系统，如表 9-1 所示。

表 9-1 学习支持工具的设计

设计要素	实现内容和数据获取方法
学习过程数据记录	Sloodle① 、聊天记录、操作轨迹、访问记录
帮助系统	Agent、IM 系统
反馈系统	问卷体系、邮件系统
学习工具	RSS 聚合器、虚拟世界中网页浏览系统、多媒体系统
学习导航系统	Avater、Agent

① Sloodle 是 SecondLife 与 Moodle 的结合，是目前 SecondLife 教育应用中主流的虚拟世界学习管理平台。

3. 学习策略的设计

根据 SecondLife 自身特点，为学习者设计两种不同的学习策略，即自主性学习策略和社会性学习策略。根据不同学习内容和目标，引导学习者选择不同的学习策略，而不同的学习策略在教学设计上侧重点不同。自主性学习策略侧重于对学习内容的设计与配合，而社会性学习策略侧重于对学习活动的设计与配合，如表 9-2 所示。

表 9-2　学习策略的设计

学习策略	实现形式	侧重点
自主性学习策略	自主探究	学习内容、学习支持工具
社会性学习策略	小组协作	学习活动

4. 评价方式的设计

评价分为自评和他评，评价依据较传统远程教育系统更加直观、科学。例如，除通过自测题检验学习效果以外，学习者的学习记录及与学习共同体的社会关系都可被教师和其他学习者可视、监督，能有效地起到对学习过程的监控作用，如表 9-3 所示。

表 9-3　评价方式的设计

评价方式	作用对象	参照物
自评	学生	自测题、活动中的数据记录
他评	教师对学生	活动中的数据记录、反馈、工具使用情况
	学生对学生	任务完成情况、对小组的贡献、与小组成员相处情况（适合于小组协作学习模式）

（三）SecondLife 中虚拟学习环境的实现

这里所指的虚拟环境是指在 SecondLife 的三维虚拟空间中利用建模工具和程序设计语言制作出来的虚拟世界，是各种虚拟物体（又称 PRIM，primitive 的简称，用户用于创造物体的基本单位）的有序组合。虚拟环境的创建就是在充分考虑影响学习者学习的智力和非智力因素条件下，兼顾 SecondLife 平台的特点和优势，设计并组合有利于促进学习者知识建构过程的各因素，如学习的时间、场所、认知工具、学习资源、学习伙伴（共同体）、教师等。

本案例以虚拟网络教育学院为原型，借助 SecondLife 三维建模工具和林登脚本语言，配套使用外部三维建模软件，如 blender、3dmax 以及图形处理软件 photoshop 等，在 SecondLife 中创建虚拟网络教育学院，将网络教育学院提供的学习活动引入到 SecondLife 中。项目流程如图 9-8 所示。

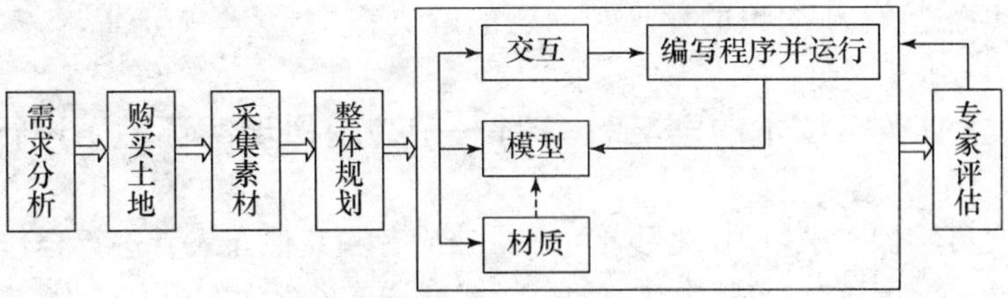

图 9-8　项目流程图

创建过程中必须注意以下几个问题。

第一，由于实验室提供给用户创建物体的空间是有限的，例如在一块 1024m^2 的土地上，用户最多可以创建 234 个 PRIMS，土地面积越大，允许容纳的 PRIMS 就越多。但是考虑到教育成本的问题，创建前必须做精心的设计，充分考虑教学的需求和土地属性的关系。

由于在一块 SIM(simulator 的缩写，SecondLife 中用来交易的土地)中只允许使用一种媒体资源，如音频、视频、图像、网页内容中的一种，根据呈现教学材料的需要往往需要嵌套多种媒体资源，那么就需要对 SIM 进行划分，本案例所用到的有效土地信息和对 SIM 的划分情况如表 9-4 所示。

表 9-4 土地信息

序号	SIM 别名	类型	PRIMS 数	用途
1	Sim1	PG	402	播放视频
2	Sim2	PG	87	网络学习室
3	online education college	PG	1567	虚拟网院、网页、音频

注：PG(parental guidance)是指家长指导级的非成人社区。本表只是部分信息，详细情况见 SecondLife 游戏 Anneli(e191,103,55)。

通过 blender、3dmax 等软件创建的雕塑物体(sculpture object)，尽管造型上比较美观而且非常节约 PRIMS 的数量，但是会占用 SIM 的资源，导致模拟器的运行效率降低，产生延迟等现象，为此雕塑物体不宜太多。大物体(big object)的使用准则：实验室规定创建物体的最大尺寸为 10m×10m×10m，某些用户为节省物体数量创造了大于最大尺寸的物体，如 50m×50m×50m，这种情况实际违背了实验室对物体的规定，应尽量少用大物体，一般情况下，100m 范围内大物体的数量不超过 5 个，将不会对 SIM 的运行效率带来明显的影响。必须在运行效率和界面友好之间寻找平衡。

情境化学习环境关注的不再是教师应该以什么方式最有效地传递信息以及如何使信息为学习者所理解，而是环境为学习者提供的给养如何影响学习者对知识的意义建构。这种以建构主义理论和情境认知理论为支撑的新型网络社区是一种以学习者为中心的开放式的学习环境，它具备常规学习平台的某些优势，又不局限于此。

在本案例中，虚拟学习环境——SecondLife 不仅能创造接近于真实的情境来促进学生的意义建构，而且具有很强的仿真功能，可以使学习者获得接近于真实环境的体会和感受。传统的远程教育方式可以在媒体资源的呈现上具有一定的优势，却不能让学习者很好地融入具体的学习情境之中，造成学习资源浪费、学习兴趣降低。情境认知理论视野下的知识是人的活动与情境互动的产物，因此将学习融入真实的实践活动中才能够促进知识的掌握。在 SecondLife 中从事教学，将学习过程游戏化、可视化，更加突出知识建构的过程而非结果。当学习者通过亲身经历学习活动之后，建构的知识将成为一种经验，有利于知识的迁移、新知识的发现和问题的解决。

二、基于虚拟现实技术的学与教案例——在虚拟现实环境下进行探究式学习

在虚拟现实科学探究学习中，学习者可以单独或者和其他介入者进行合作来操作虚拟环境中的对象，进行探索研究。实验活动中的科学探究培养了学生的观察能力、想象能力和自我监控能力。学习者可以通过科学的方法建构自己的认知模型，再通过虚拟环境的检验来调整自己的认知模型。在实验活动过程中，为了达到探索的目的，需要将观察、思维和操作紧密结合起来，它可以满足学生操作的欲望，但又不是单调的机械动作。因此可以将学生的操作兴趣转化为探索的兴趣，从而形成稳定的学习动机和认知兴趣。由于实验本身的特点，探索又成为实验教学培养学生开拓意识和创新能力的重要途径。科学探究的具体实例如下。

案例9-2

“蜜蜂舞蹈”科学探究世界

“蜜蜂舞蹈”科学探究世界(The Bee Dance Scientific Inquiry World)是由伊利诺斯州大学研究开发的,研究对象是 Abraham Lincoln 小学的学生。在此虚拟环境中,学生除了观察和理解现象外,没有任何任务要求。

在虚拟环境中,两个学生分别代表两只蜜蜂,共享同一空间,一只蜜蜂通过舞蹈告诉另一只蜜蜂花的位置,然后第二只蜜蜂正确地飞到花的位置处采蜜;当第二只蜜蜂返回时,第一只蜜蜂将再选一朵花引导第二只蜜蜂飞去采蜜。一旦学生领会到蜜蜂是通过体态语言进行沟通,且理解了体态语言的组成,就能正确判断第二只蜜蜂将飞向哪儿。在此过程中,学生可以把他们的观察和问题记录下来以便讨论,教师也可以给予适当的提示,以使学生能注意观察。

最初阶段,学生把注意力集中在虚拟环境的技术上,他们被显示器屏幕和输入设备吸引。在第二阶段,学生侧重于软件提供的交互作用,他们发现可以通过按钮操作使蜜蜂飞行。在此阶段,学生很容易失望,因为他们已经熟悉此环境,不再有新鲜感。此时教师给予适当的提示是很重要的,如对于一些学生而言,指出自然界运行的方式不是很明显的即可;对其他学生而言,询问蜜蜂是怎样交流的可能更有效。一旦有一部分学生认识到有现象值得研究,就会产生更强烈的兴趣来使用软件进行探索,从而进入第三阶段,通过记录蜜蜂访问花的次序探讨其运行规律。最后,大部分学生都承认虚拟环境成功地描述了真实的现象,蜜蜂确实是通过舞蹈进行交流的。在探究过程中,即使学生意识到数据收集和仔细观察比较辛苦,他们仍然积极地投入探究活动,并认为自己的思考是有价值的。

案例9-3

飞蛾的进化原则

这是一个利用虚拟现实技术证实飞蛾的进化原则的教学案例。

美国内布拉斯加大学的科学家在英国《自然》杂志上报告说,他们用计算机制作虚拟的飞蛾图像,每只飞蛾都有自己的一套计算机指令,充当决定其翅膀花纹的“电子基因组”。研究人员训练捕捉来的蓝松鸦“啄食”屏幕上的飞蛾图像,每啄中一只,蓝松鸦就得到一块食物作为奖励。这与蓝松鸦在野外啄食隐藏在树干上的飞蛾类似。屏幕上的飞蛾数量为 200 只,并且每一代都维持这一数量。每轮“捕猎”过后,剩下的虚拟飞蛾就互相“交配”繁殖,其过程模拟真正的生物繁殖,后代的基因是融合父母双方的基因的结果,并且随机产生一点变异。经过 100 代之后,“天敌”所施加的“生存压力”不仅迫使虚拟飞蛾伪装自己的能力——即翅膀花纹相对于环境背景的模糊程度比原来增加了 30%,而且翅膀花纹的多样性也增加了将近一倍。

生物学家早就提出,利用视觉寻找猎物的捕食者,其“搜索形象”可能习惯于较为常见(也就是出现频率较高)的猎物形象,外貌较为稀罕的猎物逃过捕食的可能性较大。这种现象称为“依赖于频率的选择”,它有利于保持和增加猎物种群的遗传多样性。但这一假说一直没有得到明确的实验验证。在进化原则的证实中,如果一只飞蛾翅膀上的花样越是与众不同就越不容易被蓝松鸦吃掉。美国科学家用真实的蓝松鸦和计算机模拟的飞蛾进行的一项虚拟实验,证实了生物进化过程中存在这种“依赖于频率的选择”现象。

这两个案例中虚拟实验系统所提供的任务整合了多重的内容或技能，既接近日常的活动或实践，又简化了事件的复杂性，突出其中的特定规则，有助于学生用真实的方式来应用所学的知识；同时还有助于学生意识到他们所学知识的相关性和意义性。因而在虚拟实验环境中，学生可以尝试着从他们自己的角度来观察世界，获得关于真实世界中各种现象的科学知识，从而激发其学习兴趣。教师要适当介入，引导学生掌握数据处理中的分析与归纳，交流探究活动中的经验和科学研究方法，使学生主动参与实验环节的科学探究活动，要求学生亲自尝试和实践，在活动过程中学生主动获取科学知识，体验科学过程与科学方法，以形成一定的科学探究能力和科学态度与价值观。学生在探究活动中，根据自己已掌握的知识和技能发现问题，然后积极主动地探索解决问题的途径和方法，最终有效地解决问题。学生间的互动有助于他们形成假设并进行检测，除此之外还有助于他们用多重的观点来看待知识和信息。

思考题

1. 什么是虚拟现实，它有什么样的特征，虚拟现实系统包括哪几种？
2. 列举一个利用虚拟现实教学方法进行教学的案例。
3. 谈谈你对虚拟现实技术在教育中应用的认识。

拓展阅读

[1] 曾建超，俞志和．虚拟现实的技术及其应用[M]．北京：清华大学出版社，1996.
[2] 胡小强．虚拟现实技术[M]．北京：北京邮电大学出版社，2005.
[3] 汤跃明．虚拟现实技术在教育中的应用[M]．北京：科学出版社，2007.
[4] 李新．虚拟现实及教育应用[M]．北京：科学出版社，2008.

参考文献

[1] 曾建超，俞志和．虚拟现实的技术及其应用[M]．北京：清华大学出版社，1996.
[2] 胡小强．虚拟现实技术[M]．北京：北京邮电大学出版社，2005.
[3] 汤跃明．虚拟现实技术在教育中的应用[M]．北京：科学出版社，2007.
[4] 李新．虚拟现实及教育应用[M]．北京：科学出版社，2008.
[5] 宋达．虚拟现实技术在教育领域中的应用与设计[D]．长春：东北师范大学硕士论文，2005.
[6] 孙宏．基于虚拟现实技术的网络实验系统研究[D]．郑州：郑州大学硕士论文，2005.
[7] http://www.cad.zju.edu.cn/chinagraph/chinese/hotreport/CG_Symposium05_LiShikun_DistributionVR.pdf
[8] 谢涛，刘革平．SecondeLife 中基于问题的情景式学习环境建构[J]．现代教育技术，2010(3).
[9] Christos Bouras. Distributed Virtual Reality Environments Web for Distance Education[J].
[10] Chris Dede. The Evolution of Constructivist Learning Environments Immersion in Distributed, Virtual Worlds[J]. Educational Technology, 1995(35).
[11] R. M. 加涅．学习的条件和教学论[M]．上海：华东师范大学出版社，1999.
[12] 黄心渊．虚拟现实技术与应用[M]．北京：科学出版社，1999.
[13] Jamie Robinson. Virtual Laboratories as a teaching environment[J].

[14] 刘革平.基于 SecondLife 情景式网络学习环境研究[J].现代远距离教育,2008(3).
[15] 黄利红.情境、虚拟情境与教学设计[D].长沙:湖南师范大学硕士论文,2009.
[16] 李慧华.基于 SecondLife 的虚拟学习环境设计研究[D].长沙:湖南师范大学硕士论文,2009.
[17] 武提法,石纾.网络课程的交互设计及其实现[J].开放教育研究,2009(15).
[18] 李奇.谈学习环境的设计[J].远程教育杂志,2004(1).
[19] 史铁君.虚拟现实在教育中的应用[D].长春:东北师范大学硕士论文,2008.

第十章　移动学习

学习目标

1. 了解移动学习的基本概念；
2. 能说明移动学习的优点和缺点；
3. 了解移动学习的相关技术和环境特征；
4. 理解移动环境下的学习理论发展；
5. 把握移动环境下学与教的特点。

知识概览

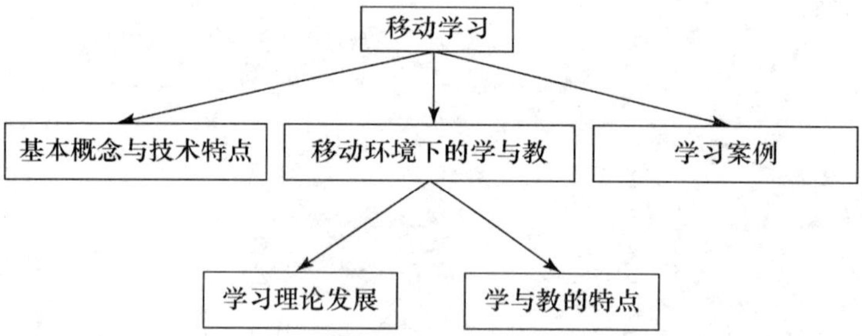

本章导学

随时随地可以进行学习的移动学习逐渐成为社会关注的热点。为更好地把握移动学习的本质，本章首先阐述了移动学习的基本概念、技术特点，然后在此基础上介绍了移动环境下学与教的理论发展及其特点，最后以具体的案例对移动环境下的学与教加以展示。

第一节　基本概念与技术特点

随着社会的发展，人们的教育理念、教育观念不断更新，开放教育、终身教育、民主化教育、个性化教育、全民教育、普适教育等相继出现在人们的视野当中。在生机勃勃的教育领域当中，信息技术以及教育技术的发展使得这些教育理念、教育观点得到不同程度的实现，为教育的发展注入了新的生机和活力。移动学习正是在这样的背景下，伴随着移动数据通信技术与互联网技术的快速发展，以不可阻挡的势头出现在人们的视野当中，成为继数字化学习后重要的教育分支和学习模式，使人们随时随地进行学习的愿景得以实现。

一、移动学习的基本概念

随着移动数据通信技术和互联网技术的快速发展，由手机、掌上电脑、笔记本电脑以及各种移动学习设备等移动通讯终端和无线上网技术所构成的应用体系，已经深入到社会生活的各个领域中，涉及金融、电信、新闻、商业、交通运输、医疗保健以及教育等。“移动学习”已然成为教育领域中的热门话题。

到目前为止，无论是学术领域还是实践领域，人们还没有形成关于“移动学习”的较为统一、公认的定义，大家对移动学习的阐述和认识角度也存在很大不同。人们对移动学习的认识主要涉及从移动技术设备的角度出发，认为移动学习就是依托目前比较成熟的无线移动网络、国际互联网以及多媒体技术，学生和教师通过使用移动设备（如手机等）来更为方便灵活地实现交互式教学活动，如崔光佐教授；从学习的灵活性和便捷性维度出发，认为移动学习是一种在移动计算设备帮助下的能够在任何时间、任何地点开展的学习，能够给学习者带来一种随时随地进行学习的体验，如亚历山大（Alexander Dye）、哈里斯（Harris）等；基更（Desmond Keegan）等则从远程教育领域中，将移动学习视为远程学习中继数字化学习之后的第三大发展阶段。

虽然大家对移动学习的研究视角、分析重心不同，在具体的阐述中也存在很多争议，但不可否认的是，移动学习设备的支持作用是促使移动学习发展的不可缺少的基础和动力，在便捷的移动设备以及无线网络的支持下，其可移动性、高效性、广泛性以及个性化的学习特征，使移动学习真正实现了随时、随地的信息交流。

对移动学习的认识，无论从技术的视角还是学习的视角，都需要关注如何把新的个人便携式技术部署到学习系统，也需要关注如何设计新的个人便携式技术来辅助学习。正确理解移动学习的内涵可以从以下几个方面来把握。

首先，移动学习是在数字化学习的基础上发展起来的，是数字化学习的扩展，它有别于一般的学习。Sun 公司的 e-learning 专家迈克尔（Michael Wenger）认为移动学习并不是什么新鲜事物，因为在传统学习中，印刷课本同样能够很好支持支持学习者随时随地地进行学习，可以说课本在很早以前就已经成为支持移动学习的工具，而移动学习也一直就在我们的身边。由此可见，移动学习作为一个新事物、新概念被提出时，它必须与传统学习相区别开来，否则将失去它的意义。

其次，移动学习除具备了数字化学习的所有特征之外，还有它独一无二的特性，即学习者不再被限制在电脑桌前，可以自由自在、随时随地地进行不同目的、不同方式的学习。学习环境是移动的，教师、研究人员、技术人员和学生都是移动的。

再次，从它的实现方式来看，移动学习实现的技术基础是移动计算技术和互联网技术，即移动互联技术；实现的工具是小型化的移动计算设备，或者如奎因（Quinn）所说的 IA 设备。萨辽拉（Sariola）等人在对移动学习的概念进行讨论的过程中，对移动学习实现的设备从特征上作了这样的一个分析：可携带性（portability），即设备形状小、重量轻，便于随身携带；无线性（wireless），即设备无需连线；移动性（mobility），指使用者在移动中也可以很好的使用。

基于以上分析，概括来讲，移动学习就是基于移动数据通信技术和互联技术的发展，利用一定的移动通讯设备终端，学习者能够在任何时间、任何地点通过无线和移动终端设备获取所需要的学习资源，与他人进行交流互动，实现随时随地的、有效的学习的学习方式。

二、移动学习的技术基础

移动学习是信息技术和先进教育理念共同作用下催生的产物，移动数据通信技术和互联网技术为移动学习的发展提供了肥沃的土壤。接入技术和移动通信技术的发展为移动学习的发展提供了联通的管道；通信终端的发展为移动学习的普及和便捷性创造了天然的基础；而移动学习资源、相关技术标准以及平台的发展则为其提供了源源不断的动力。

(一) 接入技术

根据移动学习环境的范围和功能需求的不同，接入技术通常采取以下三种接入方式。

1. 集中控制方式

集中控制方式需要一个无线设备作为中心控制点，所有站点对网络的访问均由其控制。中心控制点的设备就是无线访问接入点 AP①。无线访问接入点可以与有线主干网络连接起来使用，从而使整个无线移动区域上网，如图 10-1 所示。

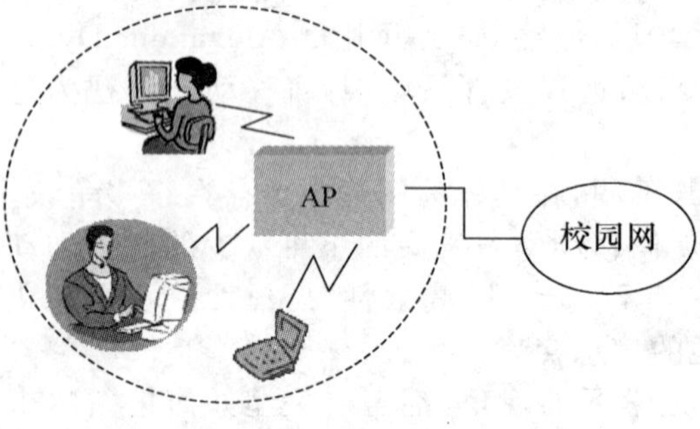

图 10-1 集中控制方式

人们在教室、家庭或办公室中使用一个局域网接入点 AP，通过固定网络与互联网和电话系统连接起来。无绳电话和装有无线接入设备的计算机可以和这些接入点进行通信，接着接入点将所有的语音和数据业务集中在一起，然后通过一个单一的传输链路进行传输。该方式的优势是价格比较便宜，一个连接成本总是要小于多个连接的成本。并且，由于无线信号的短距离和固定网络的高容量使得这种连接能够获得一个比较高的数据接入速率。其弱点是电话和计算机在连接的时候不能超出接入点的范围。

2. 中继连接方式

中继连接方式意味着移动学习环境的建设中，需要建立多个 AP，而且多个 AP 之间通过有线的介质连接起来，并与校园网连接，从而可以使更大范围(如一栋楼)都成为移动学习的环境。覆盖范围内的移动学习终端都可以相互通信、使用校园网资源，并可以分享互联网资源，如图 10-2 所示。

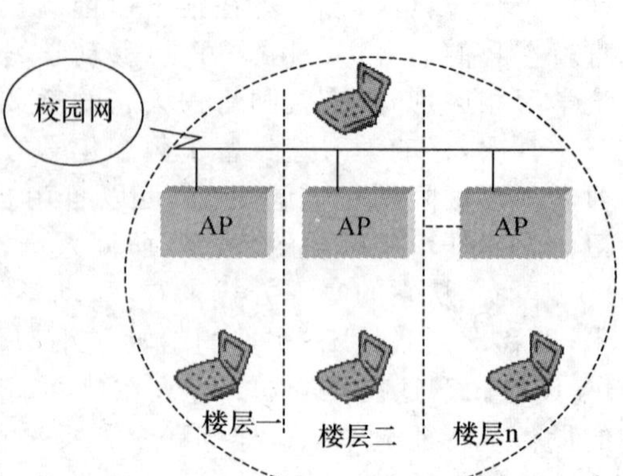

图 10-2 中继连接方式

AP 之间距离较近，可以通过有线介质进行连接。如果 AP 相距较远，可以考虑将 AP 安装一个发射天线，这样可以增加信号的发射功率，从而使信号传得更远。另外，如果学习终端数量比较多，也可以考虑把天线相连的

① AP(Wireless Access Point)，其作用相当于局域网集线器。它在无线局域网和有线网络之间接收、缓冲存储和传输数据，以支持一组无线用户设备。

AP 换成无线路由器。[1]

3. 混合连接方式

混合连接方式是以有线校园网为核心，将各种无线移动学习区域连接起来构建校园范围内的移动学习环境。目前单纯依靠无线网络还无法完全获得高速度、高质量、低成本的无线接入体验，需要和有线网络进行优势互补。

各种无线移动学习区域可以是集中控制方式下的教室区域，也可以是通过中继方式连接起来的一栋楼的范围，还可以是通过短程局域网技术搭建的户外移动学习区域（如 Ad hoc 网络）。通过这种组建方案，在校园范围内的无线移动学习区域里，学生可以比较方便地进行小组讨论等形式的学习。如果是户外学生集中学习区，学生可以利用随身携带的笔记本电脑，随时利用校园网或互联网上的资源进行学习，甚至可以参加学校范围内的师生讨论或直播课堂。因此，通过混合连接方式可以使整个校园范围形成准移动的信息化学习环境。

（二）移动通信技术

在过去的十年中，电信业发生了巨大的变化，移动通信特别是蜂窝小区的迅速发展，使用户彻底摆脱了终端设备的束缚，实现了完整的个人移动性、可靠的传输手段和接续方式，移动通信已经演变成为社会发展和进步所不可缺少的工具。追踪移动通信的发展历程，可以将其划分为以下三个阶段。

1. 第一代（first generation，1G）移动通信技术

第一代移动通信技术是以模拟技术为基础的蜂窝无线电话系统，如现在已经淘汰的模拟移动网。1G 移动通信系统在设计上只能传输语音流量，并受到网络容量的限制。AMPS 为 1G 网络的典型代表。

2. 第二代（second generation，2G）移动通信技术

第二代移动通信技术将所有的语音信号转化成数字编码，使得信号更加清晰并可加密和压缩，数据传输也更安全、有效。目前，最流行的 2G 系统是 GSM（Global System for Mobile Communication，全球移动通信系统）。大多数 2G 系统支持某种文本信息传送业务，也支持集中用户交换业务，如语音邮件和呼叫者身份识别。2G 系统还可以传送数据，但传输率通常低于 10kbps。

一些电信运营商正在将他们的 2G 系统升级到更高的数据传输速率，理论上是 100kbps。他们称之为 2.5G，其性能确实大大优于 2G 系统，但是与 3G 相比又不够先进。2.5G 系统除了可以提供更高的数据传输速率之外，它们还采用数据分组交换技术实现多个用户间连接的有效共享。互联网也采用数据分组交换技术，因此两者非常容易实现相互连接。一些 2.5G 系统并没有继续追求较高的数据传输速率，而是在一些专门应用上做文章。如 WAP（无线应用协议）采用 Web 压缩技术使 Web 可以与移动电话的低数据传输速率和小屏幕相适应。

(1) GSM

我国目前的通信网络组网方式是以 GSM900 网络为依托、DCS1800 网络为补充，构成了 GSM900/DCS1800 双频网。只要用户使用的是双频手机，就可在 GSM900/DCS1800 两者之间自由切换，自动选择最佳信道进行通话。GSM 采用的是数字调制技

[1] 无线路由器属于典型的网络设备层，是两个无线局域网之间按数据包传输数据的中介系统，负责完成网络层中继或第三层中继任务。

术,其关键技术之一是 TDMA(时分多址)。GSM 系统有几项重要特点:防盗拷能力佳、网络容量大、号码资源丰富、通话清晰、稳定性强不易受干扰、信息灵敏、通话死角少、手机耗电量低等。因此其话音清晰,保密容易,能提供的数据传输服务较多。GSM 网能支持的用户数量为模拟网的 1.8～2 倍。

(2) GPRS

GPRS 是 General Packet Radio Service 的英文简称,意为通用无线分组业务,是一种基于 GSM 系统的无线分组交换技术,提供端到端的、广域的无线 IP 连接。相对原来 GSM 的拨号方式的电路交换数据传送方式,GPRS 是分组交换技术,具有"实时在线"、"按量计费"、"快捷登录"、"高速传输"、"自如切换"的优点。通俗地讲,GPRS 是一项高速数据处理的技术,方法是以"分组"的形式传送资料到用户手上。由于使用了"分组"技术,用户上网相对稳定,避免了不必要的断线带来的困扰。此外,使用 GPRS 上网的方法与 WAP 并不同,WAP"拨号连接"上网后便不能同时使用该电话线路,而 GPRS 就较为优越,下载资料和通话可以同时进行。从技术上来说,声音的传送(即通话)继续使用 GSM,而数据的传送便可使用 GPRS。发展 GPRS 技术也十分"经济",因为只需沿用现有的 GSM 网络来发展即可。

相对于 GSM 的 9.6kbps 的访问速度而言,GPRS 拥有 171.2kbps 的访问速度;在连接建立时间方面,GSM 需要 10～30 秒,而 GPRS 只需要极短的时间就可以访问到相关请求;对于费用而言,GSM 是按连接时间计费的,而 GPRS 只需要按数据流量计费;GPRS 对于网络资源的利用率远高于 GSM。

3. 第三代(3rd generation,3G)移动通信技术

第三代移动通信技术标准主要有 GSM/GPRS/WCDMA/CDMA2000/TD-SCDMA/EDGE,3G 系统致力于为用户提供更好的语音、文本和数据服务。与现有的技术相比较,3G 技术的主要优点是能极大地增加系统容量、提高通信质量和数据传输速率。此外,利用在不同网络间的无缝漫游技术,可将无线通信系统和互联网连接起来,从而对移动终端用户提供更多更高级的服务。目前,主流的 3G 标准主要包括 CDMA2000,W-CDMA,TD-SCDMA,WiMAX 四种。

(1) CDMA2000

CDMA2000 是由窄带 CDMA(CDMA IS95)技术发展而来的宽带 CDMA 技术,也称为 CDMA Multi-Carrier,它是由美国高通北美公司为主导提出,摩托罗拉、Lucent 和后来加入的韩国三星都有参与,韩国现在成为该标准的主导者。这套系统是从窄频 CDMAOne 数字标准衍生出来的,可以从原有的 CDMAOne 结构直接升级到 3G,建设成本低廉。但目前使用 CDMA 的地区只有日、韩和北美,所以 CDMA2000 的支持者不如 W-CDMA 多。不过 CDMA2000 的研发技术却是目前各标准中进度最快的,许多 3G 手机已经率先面世。该标准提出了从 CDMA IS95(2G)→CDMA20001x→CDMA20003x(3G)的演进策略。CDMA20001x 被称为 2.5 代移动通信技术。CDMA20003x 与 CDMA20001x 的主要区别在于应用了多路载波技术,通过采用三载波使带宽提高。

(2) W-CDMA

W-CDMA 也称为 WCDMA,全称为 Wideband CDMA,也称为 CDMA Direct Spread,意为宽频分码多重存取,这是基于 GSM 网发展出来的 3G 技术规范,是欧洲提出的宽带 CDMA 技术,它与日本提出的宽带 CDMA 技术基本相同,目前正在进一步融合。W-CDMA 的支持者主要是以 GSM 系统为主的欧洲厂商,日本公司也或多或少参与其中。该标准提出了

GSM(2G)→GPRS→EDGE→WCDMA(3G)的演进策略。这套系统能够架设在现有的GSM网络上，对于系统提供商而言可以较轻易地过渡。预计在GSM系统相当普及的亚洲，对这套新技术的接受度会相当高。因此W-CDMA具有先天的市场优势。

(3) TD-SCDMA

TD-SCDMA的全名是Time Division-Synchronous Code Division Multiple Access，意为时分同步的码分多址技术，它是ITU正式发布的第三代移动通信空间接口技术的规范之一。它得到了CWTS及3GPP的全面支持，是中国电信百年来第一个完整的通信技术标准，是集CDMA、TDMA、FDMA技术优势于一体、系统容量大、频谱利用率高、抗干扰能力强的移动通信技术。它采用了智能天线、联合检测、接力切换、同步CDMA、软件无线电、低码片速率、多时隙、可变扩频系统、自适应功率调整等技术。TD-SCDMA通过最佳自适应资源的分配和最佳频谱效率，可支持速率从8kbps到2Mbps的语音、互联网等所有的3G业务。

(4) WiMAX

WiMAX的全名是Worldwide Interoperability for Microwave Access，意为微波存取全球互通，又称为802.16无线城域网，是一种为企业和家庭用户提供"最后一英里"的宽带无线连接方案。将此技术与需要授权或免授权的微波设备相结合之后，由于成本较低，将扩大宽带无线市场，改善企业与服务供应商的认知度。2007年10月19日，国际电信联盟在日内瓦举行的无线通信全体会议上，经过多数国家投票通过，WiMAX正式被批准成为继WCDMA、CDMA2000和TD-SCDMA之后的第四个全球3G标准。

(三) 移动通信终端

随着技术的快速发展，目前应用较为广泛的移动学习设备终端类型非常繁多，图10-3也仅仅列举出了目前受到较多关注的移动设备。

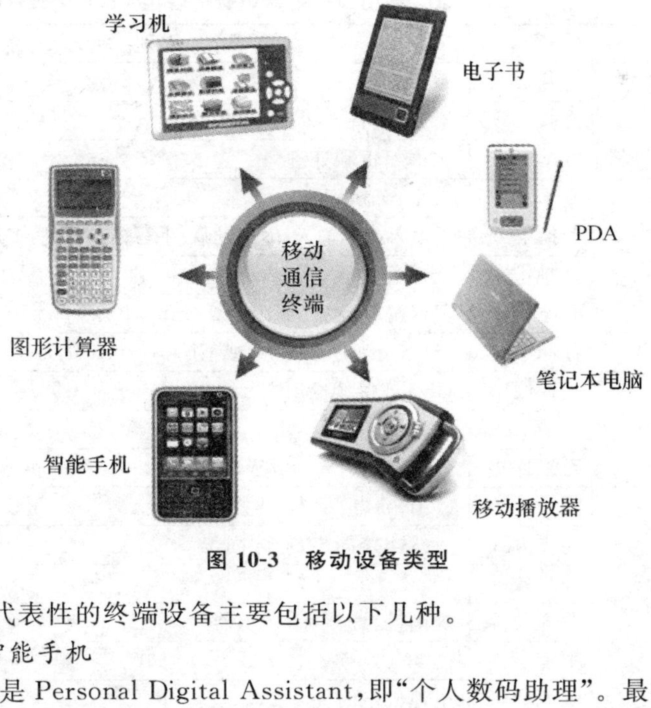

图10-3 移动设备类型

其中比较有代表性的终端设备主要包括以下几种。

1. PDA和智能手机

PDA的全称是Personal Digital Assistant，即"个人数码助理"。最初的PDA具有日程安排、通讯录、任务安排、便签等功能。随着科技的发展，PDA产品增加了通讯的功能，并可以安装 Windows、Mobile 等操作系统，同时手机也开始逐渐增加 PDA 的功能，也就是所谓的“智能手机”。由于 PDA 和智能手机在移动便捷性、资源易获取性、可扩展性以及实时交流等方面的优势，使其在支持移动学习方面展示出了极为强大的优势，但由于其昂贵的价格以及操作技术水平要求较高等方面的因素，使其还没有得以广泛的普及。

2. 普通手机

普通手机和智能手机的最大区别在于智能手机具有开放的软件系统，可以根据需要安装和删除软件。由于受制于本身的性能，普通手机在满足移动性以及小容量的便捷资源获取方面的要求之外，在学习支持上是有所欠缺的。但是低廉的成本已经使其在各类人群中受到关注。

3. 笔记本电脑

笔记本电脑是较早出现的可进行移动学习的终端设备，虽然其具有强大的存储、运算能力，但由于在携带便捷性方面较差，使其实现真正意义上的随时随地的移动学习还存在一定的难度。

4. 学习机类产品

这类产品主要指电子词典以及计算器厂商所开发出来的产品。这类产品对于特定学科的学习具有较好的支持作用。

如前所述，移动学习终端设备丰富多样，即使是聚焦于某一类型的终端设备，比如 PDA，可选择的范围也非常多。一般来说，在选择过程中需要综合考虑以下几个方面的因素：第一，要以学习目标和学习活动需求为基本出发点；第二，要依据网络的客观条件进行选择；第三，要依据预期用户以及市场规模进行选择；第四，综合考虑性能和价格等因素（可参考表 10-1），遵循最小代价原则。

表 10-1 移动通信终端设备的性能

性能	项目	类别/参数
多媒体性能	视频	照相/摄录
	音频	播放/录音
	文本	文本编辑和处理
输入输出性能	显示屏	大小；分辨率
	触摸屏	手输入或笔输入；虚拟键盘；手写输入识别；多点触控(multi-touch)
	键盘	全键盘
	导航键	鼠标滑轮或指导移轮(thumb wheel)
存储性能	存储卡	SD(Seure Digital)卡或 CF(Compact Flash)卡
连接性能	数据线	USB 连接线
	网卡	以太网卡
	无线连接	蓝牙；GPS；Wi-Fi/WLAN/802.11；红外传输口
与 PC 同步性能	同步内容	Outlook；记事本；多媒体
	同步方式	有线连接同步；蓝牙同步
与其他系统的兼容性能	兼容软件	
	兼容硬件	外围键盘/鼠标/显示器
便携性能	重量/大小	
	电池	电池供电时间

(四) 移动学习资源及技术标准

目前常见的移动学习资源形式主要有短信形式的学习资源、网页形式的学习资源、以流媒体文件传送的移动学习资源、Flash 格式的移动学习资源以及自定义资源等几种。各种不同类型的学习资源具有各自不同的特点和优势，为了能够保证不同的移动学习资源提供商、平台服务提供商和移动设备制造商协同提供系统可用的移动学习服务，平台、资源在进行设计和开发的过程中需要遵循一定的标准。目前国际上还没有针对移动学习领域提出专门的技术标准，但有关 e-Learning 的技术标准具有很强的借鉴和指导价值。目前采用较为广泛的 e-Learning 标准有 IEEE LOM、ADL SCORM、IMS LD、IMS QTI 等。随着移动学习在未来的发展，相关技术标准也需要根据移动学习的发展需求进行相应的改造。

下面以 SCORM(Sharable Content Object Reference Model)为例，介绍技术标准的情况。所谓 SCORM，即可共享内容对象参考模型，其核心概念是资源的再用和共享。它定义了一个网络化学习的"内容聚合模型"(Content Aggregation Model)和学习对象的"实时运行环境"(Run-time Environment)。内容聚合模型由内容模型(Content Model)、元数据(Meta-data)和内容包装(Content Packaging)三部分组成，目的是提供一个公共的方法，把学习资源组合成学习内容。它还定义了如何确认和描述学习内容，如何整合成一个课程或课程的一部分，学习内容如何在学习管理系统和内容知识库这样的系统之间移动。实时运行环境由运行(Launch)、应用编程接口(API)和数据模型(Data Model)三部分组成。

(五) 移动学习平台

根据 e-Learning 学习平台的发展现状和移动学习自身的特点，一般来说，通用的移动学习平台应该具有如下特征。

第一，位于数字化学习平台之上，也就是说是传统的 LMS(学习管理系统)的扩展，为移动终端用户提供适合的、新的服务。

第二，只有能够提供 e-Learning 和移动学习的所有服务，才能称得上是通用的。

第三，通用意味着能够很方便地扩展到不同的设备中，如各种新式移动电话、PDA，乃至未来可能出现的某些 IPv6 移动设备。

根据移动学习平台的特征和要求，一般来说，移动学习平台的运作流程初步规划如下。

首先，移动设备能够通过特定的程序或者 Web/Wap 浏览器访问平台系统。这意味着系统应能够自动探测设备的性能和限制(硬件和软件)，并检查所能提供的服务。我们把这种功能称为"情境发现"服务，设备性能探测只是这种情境探测中的一种，它还包括"位置感知"服务。

其次，系统为设备选择适当的服务并用最优的方式来提供。目前 e-Learning 系统最主要的服务是呈现内容。调整 e-Learning 环境下的资源应用于移动学习，不仅是材料的压缩或从一种代码语言变成另外一种，它应该更精确且包含不同的逻辑结构。

在离线使用的情境下，我们需要上传用户需要的信息，并且考虑移动终端和系统之间的同步和更新。亦即在离线使用的时候，最好能够追踪用户活动并将参数与学习管理系统保持同步更新。通用的移动学习平台系统应具备的结构和功能如图 10-4 所示。

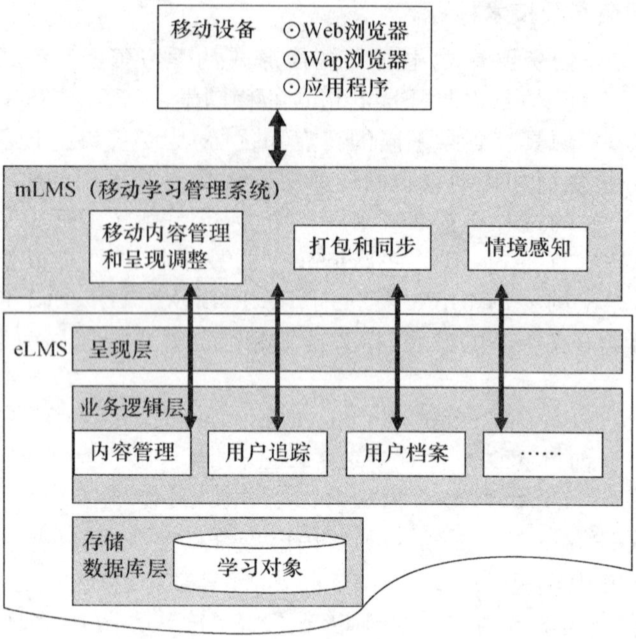

图 10-4 通用的移动学习平台系统

三、移动学习的问题与展望

移动学习已经从早期研究项目驱动，向融入主流学习方式的方向发展。人们对移动学习在教育和学习的各个领域、各个层面探索着移动学习的新的可能性。由于移动学习本身受到各方面软、硬件条件的制约，一些关键性问题的研究将对移动学习的后续研究发展起到非常重要的作用，这些关键性问题主要体现在以下几个方面，如图 10-5 所示。

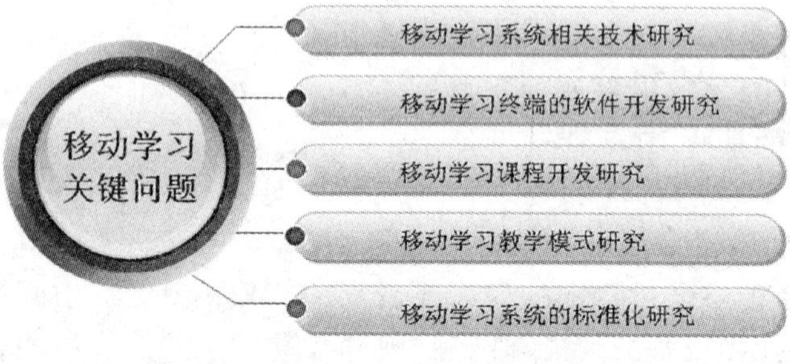

图 10-5 移动学习关键问题

（一）移动学习系统相关技术研究

移动学习的发展与移动通讯、计算技术的发展密不可分，它是移动计算技术在教育中的应用。其中，移动计算是一个涉及无线通信、计算机网络、分布式认知、计算机软件等相关领域的交叉学科。移动计算技术包括无线网络技术、无线信息设备技术、移动设备系统软件与移动应用软件开发等，这些技术的发展对移动学习的推进具有重要的作用。

(二) 移动学习终端的软件开发研究

目前,移动学习设备多种多样,如笔记本电脑、PDA、移动电话等。因为不同设备的性能不同,所以需要设计不同的操作系统和中间件。由不同厂家设计开发的不同移动学习设备终端对应用软件的需求迥异,因此,适应于不同移动学习终端的软件开发研究也是至关重要的。

(三) 移动学习课程开发研究

移动学习具有学习便捷性、教学个性化、交互丰富性以及情境相关性等特点。如何根据这些特点开发出适合移动学习的课程是一个亟待解决的关键问题,如屏幕尺寸对课程内容呈现的界面设计的限制,语音输入与识别技术的实现对语言教学课程评价设计的影响等。

(四) 移动学习教学模式研究

移动学习作为一种新型的学习方式,如何与传统的学习方式结合,提高学习绩效也是需要重点研究的问题。移动学习不能作为一种独立的学习方式用于系统的课程学习,它需要与其他(如课堂学习、网络学习以及实地考察等)学习方式进行结合才能发挥最大的效能。

(五) 移动学习系统的标准化研究

移动学习是数字化学习的一种延伸,因此,移动学习系统是数字化学习系统的一个重要组成部分。当前,我国教育信息化技术标准研制工作正在进行并已取得了一些成果,但都没有将移动学习系统的标准化研究纳入教育信息化技术标准系统之内,这无疑将影响移动学习的发展,对移动学习的后续发展具有极大的制约作用。

第二节　移动环境下的学与教

现代通信技术和多媒体计算机技术为移动学习奠定了必要的物理基础,但移动学习作为一种新的学习方式,其成功与否仍在于它能否得到适时的理论指导。另外,从心理学、教育学、社会学等视角来考量移动学习及其实践也是非常有益的,这将有助于人们对这种新型学习方式的理解和认识。基于不同的学习理论变迁,移动学习也经历了不同的发展时代。

一、移动学习理论的发展

(一) 第一代移动学习:知识传递

移动学习兴起的最初阶段,人们利用移动设备的便携性、移动性和无处不在的通信,将原来在电脑上运行的学习资源迁移到移动学习设备当中,原来通过网络传递内容的方式,改变为通过更为便捷的无线技术进行传递。这一阶段移动学习考虑的核心是内容设计、内容传递和无线交互,第一代移动学习是以知识为中心的学习方式,是以行为主义和认知主义作为理论基础的。

1. 基于行为主义的内容传递与课堂反馈

行为主义把个体行为归结为个体适应外部环境的反应系统,即所谓“刺激—反应(S-

R)”系统,学习的起因被认为是对外部刺激的反应,只要控制刺激就能控制行为和预测行为,从而也就能够控制和预测学习效果。基于行为主义学习的移动学习利用移动设备来呈现学习材料,使学习者作答,并提供适当的反馈,在这种范式中,促进学习的最好方法是强化某一特定刺激与反应的关系。典型的基于行为主义的移动学习模式有:课堂即时信息反馈系统、基于短消息的移动学习服务、“播客”服务等。

(1) 课堂即时信息反馈系统

课堂即时信息反馈系统是一个基于无线网络支持交互性的课堂提问与回答系统。在课堂上,学生每人手中拿着一个遥控器,它有一个与计算机联机的接收器,可以进行随堂测验活动或游戏比赛活动。系统利用学生的反应数据,给予教师及时、准确的教学反馈信息;教师也能马上诊断学生的学习成效,及时补救教学;系统所搜集的各种反馈数据还可以用于随后对学生知识结构的分析研究。

(2) 基于短消息的移动学习服务

通过短消息可在用户间实现有限字符的通信,也可实现用户与互联网服务器之间的有限字符传送。用户通过手机将短消息发送到教学服务器(位于互联网),教学服务器分析用户的短消息,转化成数据请求,进行数据分析、处理,再发送给手机用户。利用这一特点可实现用户通过无线移动网络与互联网之间的通信,并完成一定的教学活动。对于短消息通信来说其数据的通信是间断的,不能实时连接,不能利用该种通信实现手机对网站的浏览,很难实现多媒体资源的传输和显示,因此基于短消息的教育方式适合通信数据少,简单文字描述的教学活动。

英国 Westminster 大学建立了一个基于短消息的英语学习系统,它利用基于网络的 SMS 制作工具,搭建了具有自动回复功能的多项选择题的短信测试系统,被测试者通过短信的方式回答教材中的测试题,回答完毕后,除了能够收到反馈信息,告诉他们回答的正确率,学习者还能收到下节课的主题信息和需要事先浏览的网站信息。自动回复系统减轻了教师收集测验答案并评分的工作量,教师还能利用报表工具来掌握学生的回答状况。该移动学习系统的主要功能有以下几点。

第一,学生向教师提问。学生的一些比较简单或比较紧急的问题可以通过移动设备随时向教师提出,而不必一定要等到上课的时候,或是在指定的时间专门到指定的地点。

第二,自动回复问题。收到学生问题后,按照关键词匹配的方法系统检索数据库,如果发现已经有类似的问题被回答,则自动将相应答案返回给用户。如果没有类似问题,则由教师对学生提出的问题进行回答。

第三,作业和练习。通过完成教学系统提供的练习,并获得反馈,来复习已学知识。

第四,教务管理。该系统可以查询作业提交情况、考试成绩等,还可以通过移动设备发送一些比较重要和紧急的教学活动通知等。

(3)“播客”

Podcast 源自苹果公司的“iPod”与“广播”(broadcast)的合成词,它是 RSS 技术与 MP3 播放器结合的产物,指的是把预先录制的 MP3 音频文件发布在 Blog 上,利用相关的 RSS 订阅软件(如 iPodder),定制并将这些 MP3 文件自动下载到本地电脑上播放,这些 MP3 文件还可以转移到便携式 MP3 播放器上,在移动过程中随时收听。文件的内容可以是音乐、新闻广播,也可以是一节包含教师讲解、学生讨论的课堂录音。有了 Podcast，可以很容易地制作、发布自己的广播节目，随时随地收听所需的信息。因此 Podcast 也被称为 Personal broadcast（个人或个性化广播）。

在美国的普渡大学，新近推出了 BoilerCast 网站，已有 37 门课开始通过这个平台向学生提供教师的授课 Podcast。教师在课堂上用录音笔或 iPod 把教学过程的声音同步录制下来，并用音频编辑软件编辑生成 MP3 格式的文件，然后发布到网站上，学生可以下载这些课堂录音文件到自己的电脑和随身 MP3 播放器中听。这种方法使教师课堂教学得到延伸，因为学生可利用这些 MP3 文件来温习课程和补充笔记。这是将播客应用到大学教育中最普遍的做法，已经有很多大学有类似的实验项目。

2. 基于认知主义的内容设计优化

认知主义理论强调人的认知不是由外界刺激直接给予的，而是由外界刺激和认知主体内部心理过程相互作用的结果。学习过程是每个人根据自己的态度、需要和兴趣爱好，利用过去的知识经验对当前的外界刺激（如教学内容）主动作出的有选择的信息加工过程。学生不再是外界刺激的被动"接收器"，而是主动地对外界刺激所提供信息进行选择性加工的主体。认知主义理论对移动学习的影响，主要体现在强调学习内容分析、学习者分析、学习环境设计和教学策略设计这几个方面。

移动设备作为学习活动本身的一部分，可以帮助吸引学习者的注意力，由于学习者对环境的不同部分是有选择地注意，因而问题呈现的方式与知觉特征就显得非常重要，移动设备能够非常有效地突出材料的特征。移动设备能够帮助学习者进行精细加工，安排广泛的、在实际情境中可变的练习，为学习者提供应用概念的各种情境。因此，移动技术经过精心设计后，能够有效地促进学习认知。认知主义在移动学习中的集中体现，就是强调个别化学习，强调学习对象（learning object）的小规模学习（bite-sized Learning）。

行为主义和认知主义的学习理论都强调知识的传授和迁移，也就是"教"。因此，在此基础上发展起来的第一代移动学习绝大部分都是以"教知识"为中心的，其核心是研究如何构建移动学习系统、学习环境和学习内容，以便更好、更便捷地传递知识，如表 10-2 所示。

表 10-2　以知识传递为中心的移动技术运用

技术特点	应用
无线通讯	内容传递和发送、即时反馈、交流和讨论
交互和互动	操练与联系、问题查询
多媒体	内容表现、内容设计、学习内容编码
运算与计算	简单学习记录、简单应答判别
编写	个别化学习
日历、记事本等管理	学习行为管理
内容存储	电子词典、学习对象管理

（二）第二代移动学习：认知建构

建构主义认为，学习过程是人的认知思维活动的主动建构过程，是人们通过原有的知识经验与外界环境进行交互活动以获取、建构新知识的过程。知识并不是通过教师传授获得，而是学习者在一定的情境，即社会文化背景下，借助其他辅助手段（包括教师和学习伙伴以及其他学习工具)，利用必要的学习材料，通过意义建构的方式而获得的。在建构主义理论指导下的第二代移动学习模式主要包括：移动学习环境下的个人知识建构(如移动环境下基于问题的学习、移动探究式学习和参与式模拟的学习体验等)和移动学习环境下的协同知识建构等。

1. 移动学习环境下的个人知识建构

(1) 移动环境下基于问题的学习(Mobile PBL)

移动环境下基于问题的学习(PBL)是一种典型的移动建构型学习，它旨在通过提出不确定的问题来发展学生的批判性思维技巧。由于移动设备携带的便捷性以及交互性等特点，使得移动环境下基于问题学习的开展彰显出较强的生命力。这种教学方式能够有助于促进问题解决能力的延伸，使学生的学习得到深化，促进学生打下坚实的知识基础，培养其解决实际问题、批判性思维和创造性思维的能力，这些都是与知识经济社会对人才培养的新要求完全一致的。

(2) 移动探究式学习(Mobile Inquiry Learning)

基于移动设备的探究式学习一般是由某个教育机构(如中学、大学或研究机构)设立一些适合由特定的学生对象来解决的问题，通过移动网络向学生发布，要求学生解答。与此同时提供大量的、与问题相关的信息资源供学生在解决问题的过程中查阅。另外，还设有专家负责对学生学习过程中的疑难问题提供帮助。

移动探究式学习模式有四个基本要素，即情境问题、主题资源、活动提示和问题反馈。将这四个要素组织和衔接好，便能在移动技术背景下，达到良好的教学效果。实施这种教学模式需要注意一点，应防止学生产生过强的挫折感，因此要有比较敏感的反馈系统，通过移动信息及时给予学生帮助。

2. 移动学习环境下的协同知识建构

社会建构主义理论的观点认为，学习是一个社会性的过程，它并非仅仅发生在个体内部，也不是一个行为的消极形成过程。只有当个体积极参与到社会活动中时，有意义的学习才能发生。在社会建构主义理论的指导下，协作学习的有效性以及适恰性，尤其是基于信息技术的网络协作学习(CSCL)实现协同知识建构愈来愈成为人们关注的热点。

移动设备的无线接入性能和广泛的交互性使用对于支持协作学习的协同知识建构具有重要的意义。移动设备能够轻易地与相同或相似的其他设备通信，这使得学习者可以共享数据、文件和信息。它们也能连接到一个共享的数据网络中，进一步提高交流的范围。

移动技术能够为社会性学习提供环境，它能扩展学习活动的范围，通过移动电话、移动 MSN(Mobile MSN)、移动日志(Moblogging)、电子邮件等来参与特定社会群体的讨论和交流，形成特定领域的“移动学习共同体”。当大量的人有足够长的时间在网上参与公共讨论，这个社会聚集体就会有“丰富的人类情感与认知”滋长和蔓延，就会逐渐形成网络化的社会关系与社会认知网络。而且，移动技术提供的共享的学习共同体，可以被学习者个人或者学习小组使用，极大地促进和支持了社会性学习。

移动日志(Moblogging)就是利用移动设备直接更新在线日志，它能够通过手机直接将手机里的图片、文字等，透过 GPRS 或 3G 直接传到网站上，是一种十分方便的个人信息发布方式。移动博客让任何人都可以方便地发布自己手机拍摄的内容，或者精选网络上的内容，与朋友进行交流。

（三）第三代移动学习：情境认知

情境学习理论强调外部学习环境对于学习的重要意义，学习行为发生的情境对学习过程有很大的影响。对于自然科学知识的学习，他们主张学生走进大自然，进行野外考察，要求在真实的情境中呈现知识；对于社会科学知识的学习，他们主张学生走进社会，进行调查研究与访谈，并且两者都要求学习者参与到一个学习的团队中。但是野外考察、调查研究与访谈等学习活动难以组织，且成本很高，在一般的学校教育中开展的较少；另一方面，在学生走进大自然或社会进行考察、调查研究等学习活动时，知识的获取变得困难，大大影响了学习的效果。因此，移动通信技术使随时随地获取知识成为可能，有助于提高学习活动的质量。相应地，移动技术为情境认知提供了技术支持，而情境认知学习理论则为移动学习提供了理论支持。目前使用移动终端开展情境学习活动的类型主要有：基于问题的学习（PBL）、基于案例的学习（CBL）和情境智能（context-aware）学习。

情境智能意味着能够从学习者的周围搜集环境信息以及工具设备信息，并为学习者提供与情境相关的学习活动和内容。移动终端特别适合于情境智能的应用，因为它能在不同的情境下使用，并能够让学习者对身边的世界保持注意力，当有需求时还能提供适当的帮助（“脚手架”）。如在博物馆中根据参观者的不同位置，用移动终端为他们提供额外有关展览的信息等。

二、移动环境下学与教的特点

基于不同的理论范式变迁，移动学习也经历了不同的发展时代，但总体来说，移动环境下的学与教具备如下几个特点。

（一）移动环境下学与教的泛在性

所谓的泛在性指的是任何人在任何时间、任何地点学习任何内容。这是移动环境下学与教和传统环境下学与教方式的最大差别。借鉴各种移动设备的便捷性、可携带性等特点，使得无处不在、随时随地的学与教成为可能。

（二）移动环境下学与教内容的微型化

在移动环境下，学与教时间的间隔性、学习环境的复杂性、学习者注意力较容易分散等原因都迫使移动学习的学习内容是微小的信息单元，使得学与教的内容必须是微型化的构成方式。

（三）移动环境下学与教方式的灵活性

首先，从时间维度来看，由于移动设备能够随时随地地提供学习内容，学习者可以利用手机、PDA 等便携式设备在移动中进行语音、视频、数据等信息的交流，可以充分利用零碎的时间片段，使得移动环境下学与教可以随时随地发生。其次，鉴于各移动设备所支持媒体信息的多样性，使得内容的呈现方式也具有较强的灵活多样性。再次，和传统的学习方式相比，利用各种传输途径，移动环境下的学习资源可以随时随地进行更新。

此外，移动环境下的学与教还具有混合性、强交互性以及个性化等特点。

三、移动环境下学与教的常见应用

基于移动学习的上述特点，目前国际上移动学习的项目正开展得如火如荼，涉及中小学、大学、职业培训、远程教育等各个领域。

(一) 中小学领域

移动学习在中小学领域中的一个典型项目是“手持式网络学习系统在学科教学中的应用研究”。该项目是由北京师范大学教育技术学院余胜泉教授主持的中央电教馆规划重点课题,是在我国深化实施新课程改革的宏观背景下开展的一项信息技术与学科教学整合的研究项目,目的在于将手持式网络学习系统这一技术因素有效地、灵活地应用到学科教学中,给学生创设一种内容丰富、形式多样、可以便捷获取的多媒体学习环境,增强学生的学习兴趣,实现信息技术与学科教学的深层次整合。该项目以人本主义理论、多元智能理论、信息技术与课程深层次整合理论、语言发展关键期理论作为理论基础,把手持式网络学习系统作为促进学生阅读的工具、协作交流的工具和情感激励工具,注重培养学生的文化素养、信息素养、英语听说交流能力以及动手创新能力等。该项目所涉及的研究内容主要有以下八个方面:① 手持式网络学习系统的学科教学模式研究;② 语文读写渗透教学研究;③ 英语多维立体互动学习研究;④ 学科教学中美学整合研究;⑤ 信息文化中的认知及行为养成研究;⑥ 教育信息生态的研究;⑦ 移动学习的模式与方法研究;⑧ 多种技术环境并存的混合式学习研究。该课题在实施的过程中取得了非常好的效果,如图 10-6、图 10-7 所示。

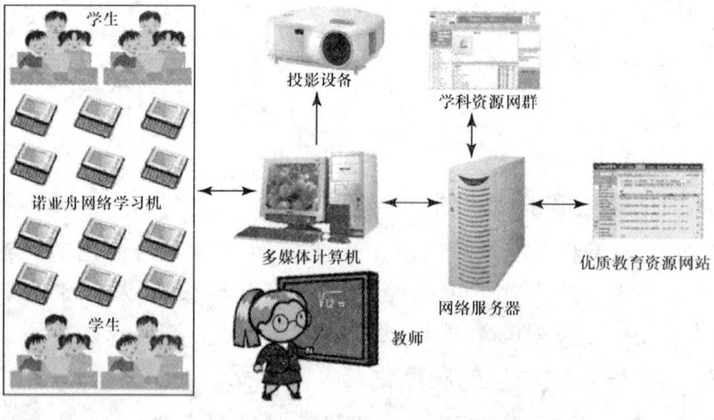

图 10-6 手持式网络学习环境

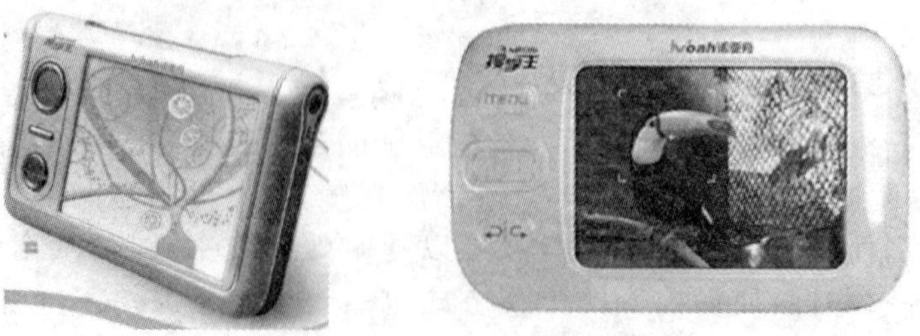

图 10-7 手持式学习设备

此外,英国“Learning2Go”项目也是一个非常成功的基础教育领域的移动学习项目。该项目的实验规模达 2000 人,它是利用手持设备向学习者手中的 Palm 设备推送多媒体内容、配备编著工具。该项目验证了移动学习能够服务于小学生无论何时、无论何地的学习需求。

(二) 大学领域

移动学习在大学应用的一个典型案例是斯坦福大学学习实验室利用移动学习进行实验研究、提高交互效率、促进协同知识建构以及移动校园建设的案例。

2001 年夏天，斯坦福大学学习实验室(SLL)开发了几种较为简单的移动学习原型，试图将移动电话用于斯坦福大学的语言教学中。与欧洲的个性化内容教学法不同，他们将外语学习作为开发内容，以“移动通讯设备可以为学习者在安全、真实、个性化、满足需要的环境中进行复习和听说训练提供良好的机会”作为研究假设。该模式中，用户练习生词、做小测验、查阅单词和短语的译文、与现场教师实时交流并将单词存储到笔记本等学习行为，都发生在一个综合的语音/数据环境中。其目的不是支持一个实际的斯坦福课程，而是开始研究最新技术与学习中人类认知所面对的基本挑战——移动与分散注意高度相关，问题是哪一种学习可以在哪些时间“碎片”中进行。同时，研究人员发现移动学习者很容易受到外界的影响，他们无法长时间保持注意力的集中。针对这一问题，他们在设计学习模块时从时间上加以把握，每个学习模块持续的时间被控制在 30 秒～10 分钟之间。

该研究表明，随时随地登录可使学习者每天更加关注西班牙语(或其他语种)的学习，并提高他们的学习积极性。然而，注意力高度分散，以及滥用边缘技术只能破坏环境，不利于学习。最后，SLL 给出的忠告是——原型越简单越好。学习过程中，应注重开发最适合于听觉、零碎时间、不受外界干扰的那部分内容，鼓励学习者个性化学习，以便于自己的学习风格和背景需要相吻合。

此外，像瑞典的 Vaxio 大学 C-Notes 项目为学生开发了一套 C-Notes 软件支持学生移动协作学习，尤其是协作知识建构；哈佛教育研究生院 HDUL 项目对八门课程进行了移动学习实验研究，也取得了积极的研究成果。

(三) 职业培训

移动学习在职业培训中的一个典型案例是挪威奥斯陆大学进行的一个旨在解决用户在工作现场遇到的问题和课程学习的项目——KNOWMOBILE 项目，该项目以支持医学专业的学生进行 PBL 学习为目的。医学专业的学生经常需要离开校园到医院进行专业实习，在他们实习的过程中，移动设备可以很好地辅助他们解决问题。例如，当他们遇到某一疑难病症时，可以通过 PDA 或 WAP 手机查询远程服务器上的相关资料，然后对病症作出正确的诊断。KNOWMOBILE 项目针对这一应用开发出了相应的服务系统，初步的实验结果非常积极。但是实验中也反映出了一些问题，一些学习者并没有完全按预想的那样有效地使用设备进行 PBL 学习，设备往往更多的成为学习者进行通信交流的工具。针对这一问题，研究者认为有必要在使用之前对学习者进行适当的指导和培训。

此外，在职业培训领域，用户也可以利用移动学习来解决在工作现场中遇到的问题和所需要的课程的学习。欧洲的“移动学习，下一代学习”项目，就是对远程通信行业、数字化学习行业、职业教育培训决策人、培训师所开展的一项研究。

(四) 远程教育

移动学习在远程教育中的典型案例是一个叫做“从数字化学习(e-Learning)到移动

学习(m-Learning)”的项目。这个项目由欧盟达·芬奇项目支持并由位于爱尔兰都柏林的爱立信教育组织实施。该项目的主要目的是应用移动通讯技术推进和加强职业教育与培训的改革。在欧洲,具有信息通信技术基本素质的人员匮乏已经导致了国家竞争力的下降,进行这样的培训可以在一定程度上解决就业,这是欧盟和欧洲各国政策的中心。

挪威的 NKI 互联网大学进行了此项目的具体实施。NKI 借鉴以往开展远程教育的经验,结合新的信息通信技术,为自己的网络学生提供了全面的移动学习环境:在技术设备上,给学生配备袖珍电脑,学生需拥有移动电话并配备便携式键盘。学习内容可以被下载到移动设备上供离线学习,这些内容包括:内容页、前言、介绍、所有学习单元和各种资源(网上的文章等)。除此之外,学生还能快速进入问题论坛并参与讨论和发言等,如图 10-8 所示。

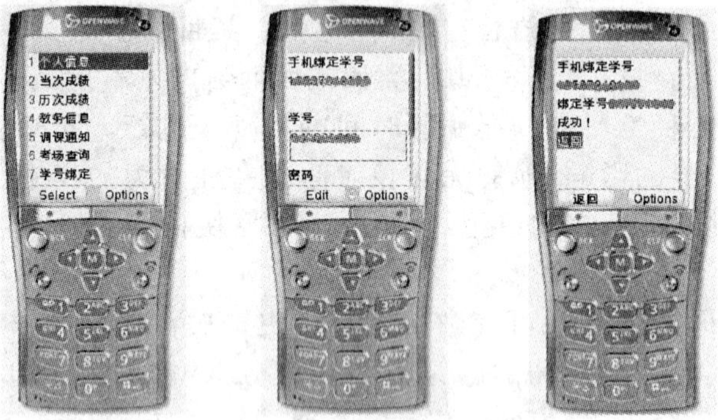

系统首页　　学号绑定　　绑定成功

图 10-8 相关操作界面

在具体的实施中,所有 NKI 的网络学生,无论是否通过移动设备进行学习,都采用在家里、工作地点或其他地点使用台式电脑接入教育资源并进行交流,他们将供移动设备下载的学习内容下载到台式电脑和袖珍电脑中,而在移动状态中,所有的交流都通过袖珍电脑和移动电话完成。目前这种方式在世界各地远程教育大学、开放大学以及网络教育学院等已得到普遍应用。

(五) 针对全社会范围的教育

这一类的移动学习应用旨在提供各类学习资源和支持服务。一个典型的案例是英国的 m-learning 项目。该项目始于 2001 年,由欧洲委员会 IST(Information Society Technologies)资助。该项目有五个合作伙伴:英国 Anglia Polytechnic 大学的 Ultralab、意大利 Salemo 大学的 CRMPA(Ricercain Matematica Pura ed Applicata)、英国的 CTAD(Cambridge Training and Development Limited)、苏丹的 Lecando 以及英国的 LSDA(Learning and Skills Development Agency)。该项目主要是为了解决存在于欧洲年轻人当中的文盲问题、缺少继续教育问题以及由于缺少信息技术而导致的不公平问题。该项目开发出了一些产品,可以使用一些便携设备为学习提供信息。Ultralab 中心还开发出两个移动学习模式和智能导师系统。

此外,该项目还设计和开发了一系列的学习材料,并在已开发的移动学习系统上进行了试验,试验选取了 90 个移动设备租借给学生。试验结果表明学习者对移动学习都怀有激情,62%的学生表示在他们使用了移动学习之后,对未来的学习充满了渴望。在这62%的学生当中，有91%的人喜欢使用笔记本电脑学习，82%的人喜欢使用个人电脑，80%的人喜欢使用手机，76%的人喜欢和自己年龄相当的同伴一起学习，54%的人喜欢在大学学习。

第三节　学习案例

移动学习可以使学习者在任何时间、任何地点，实现随时随地的有效学习。其中，学校教育也是移动学习关注的重要领域之一。下面用两个案例来展示移动环境下的学与教在学校教育中的应用现状。

一、移动学习案例——手持式图形计算器应用于数学课堂教学

手持式图形计算系统包括“数学画板”、“代数演算”、“函数编程”、“几何辞典”四大模块，能够实现动态几何/函数图像以及变换动画等，将抽象难懂的数学概念和规律用直观易学的动态图形展示出来。

案例10-1①

正比例函数

（一）教学目标分析

【知识与能力】

1. 理解正比例函数的概念及正比例函数图像特征、性质。

2. 发现正比例函数图像是直线，能熟练画出正比例函数的图像。

【过程与方法】

在探索中学会解决正比例函数问题的一些基本方法和策略；利用学习机用描点法画出正比例函数图像；在探索函数的变化和性质的过程中，增强学生数形结合的意识，渗透分类讨论的思想，培养学生的作图、识图能力及观察能力。

【情感、态度与价值观】

在合作、交流活动中发展学生的合作意识，体验利用手持式图形计算设备充当数学认知工具的乐趣，在探索活动中获得成功的体验。

（二）教学过程

1. 创设情境，感受新知

教师活动：

问题：1996年，鸟类研究者在芬兰给一只燕鸥（候鸟）套上标志环，大约128天后，人们在2.56万千米外的澳大利亚发现了它。

① 改编自“手持式网络学习系统在学科教学中的应用研究”的项目成果，河南省新乡市二中王欣强老师的教学设计方案。

(1) 这只百余克重的小鸟大约平均每天飞行多少千米？

(2) 这只燕鸥的行程 y(单位：千米)与飞行时间 x(单位：天)之间有什么关系？

(3) 这只燕鸥飞行一个半月(一个月按 30 天计算)的行程大约是多少千米？

师：我们来思考这样一些问题，看看变量之间的对应规律可用怎样的函数来表示？这些函数有什么共同特点？

(1) 圆的周长 L 随半径 r 的大小变化而变化。

(2) 铁的密度为 7. 8g /cm^3，铁块的质量 m(g)随它的体积 V(cm^3)的大小变化而变化。

(3) 冷冻一个 0℃ 的物体，使它每分钟下降 2℃，物体的温度 T(℃)随冷冻时间 t(分)的变化而变化。

2. 动手操作，合作交流，探究新知

(1) 探究活动一

教师活动：

提出作图任务：设计两个正比例函数图像，分 $k>0$ 和 $k<0$ 两种情况，并观察它们的图像特点？

教师分层指导各小组协作完成探究活动。

学生活动：

学生在学习机上快速完成作图（以 $y=2x$ 和 $y=-2x$ 为例，实际课堂中学生自主确定函数）。

学生列表，在学习机上描点。注意把握本活动的时间，在 3～5 分钟之内完成。

一组学生在讲台用教师机演示($y=2x$ 和 $y=-2x$)，如图 10-9 至图 10-11 所示。

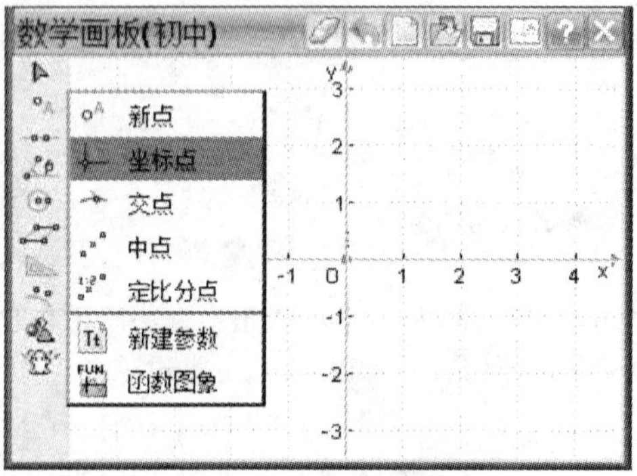

图 10-9 学生操作界面图一

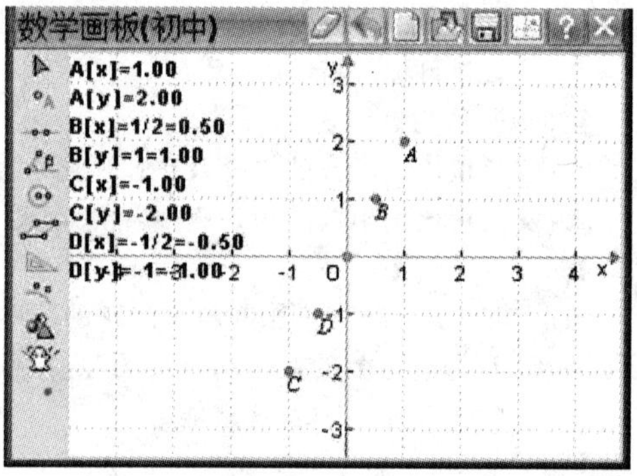

图 10-10 学生操作界面图一

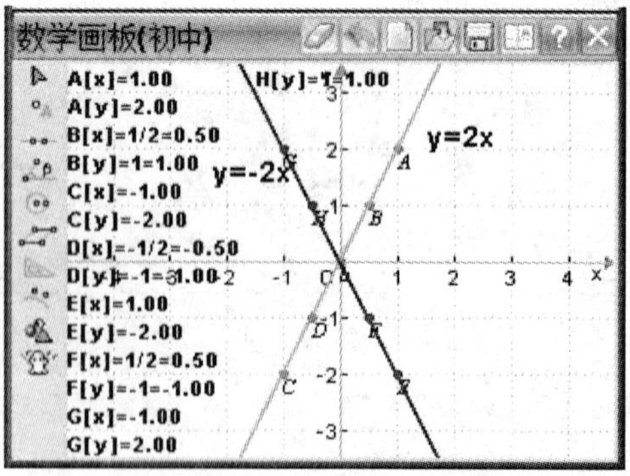

图 10-11 学生操作界面图一

(2) 探究活动二

教师活动：

提出第二个作图任务：刚才我们已经通过画出大量正比例函数图像，归纳了图像的特点和性质，哪些小组能够设计含有参数的课件来验证我们归纳的结论。

教师指导各小组，并指导一个小组上台完成。

学生活动：

小组讨论设计课件。

一个小组自愿上台演示、讲解。

课件简略流程如图 10-12 至图 10-15 所示。

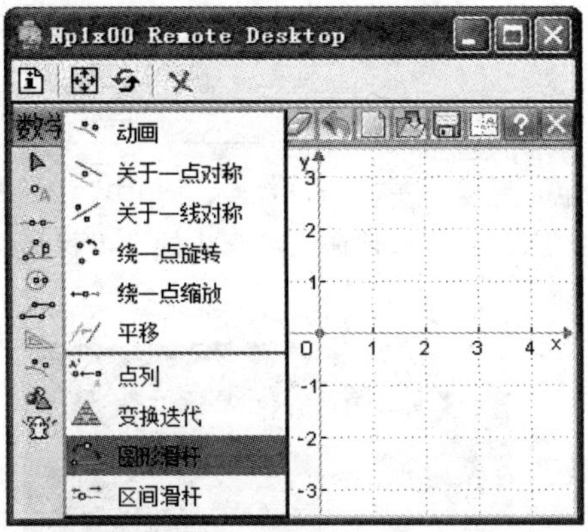

图 10-12 学生操作界面图一

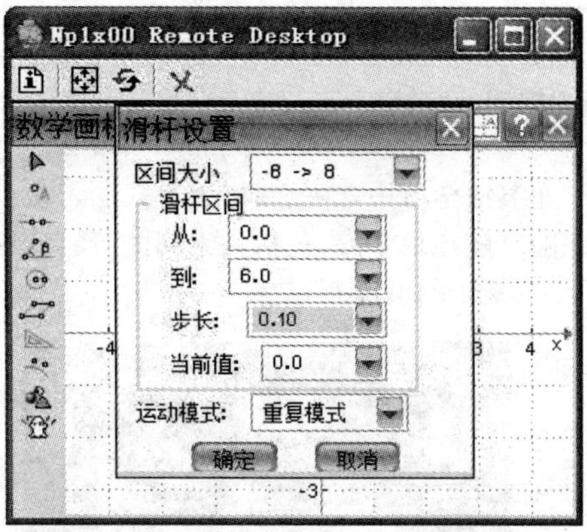

图 10-13　学生操作界面图二

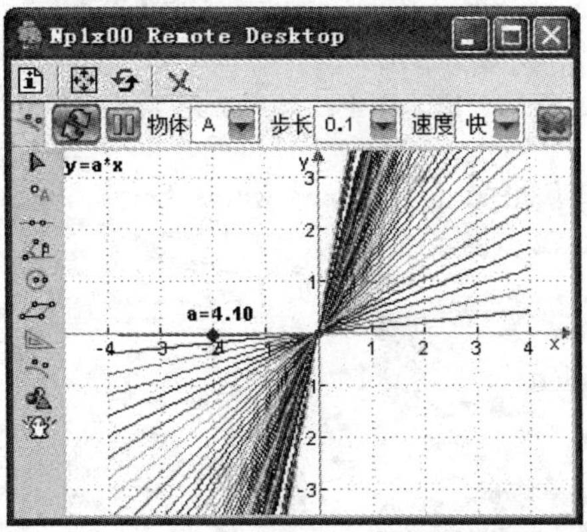

图 10-14　学生操作界面图三

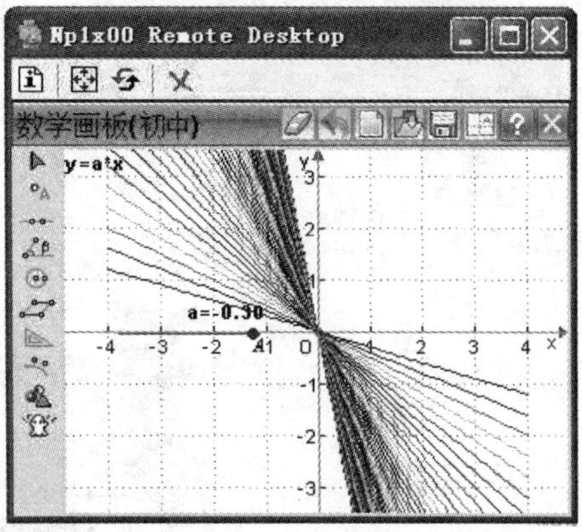

图 10-15　学生操作界面图四

3. 动手练习，应用新知

练习用两点法(0,0)(1,k)作正比例函数图像，巩固学生对性质的理解(回归手工画图过程)。

4. 应用迁移，知识检测，巩固提高

精心设计有层次的练习，引导学生正确求解，帮助学习有困难的学生解决问题。

5. 归纳小结

在本节课中，教师充分发挥手持式图形计算器作为认知工具的功能，让学生在手持式图形计算器的支持下成为自主探究的主体，成为学习的真正主人。整个学习过程改变了传统课堂中"讲授—操练"的模式，真正将生动活泼、能够迸发思维火花的数学课堂还给学生，赋予数学课堂以新的生命力。

二、移动学习案例——应用手持式学习机进行英语学习

移动学习设备不仅能够在课堂中发挥很好的作用，而且能够在课外具有更大的用武之地。北京师范大学现代教育技术研究所开展的"手持式设备在学科教学中的应用"在该方面进行了较好地尝试，而且有效地实现了课内和课外的有机整合。

案例10-2①

在英语学习中，学生利用手持式学习机可以及时获取相关的英语学习资源，利用手持式学习机实现随时随地地学习，包括一系列的听、说、练习、游戏等活动，有效地激发了学生的学习积极性，如图 10-16 和图 10-17 所示。

图 10-16 学生在课外应用手持式学习机

图 10-17 学生在课内应用手持式学习机

一般来说，每个主题下的学习资源由以下几个模块组成，包括 Funny words、Let's sing、Let's talk、Let's read、Game castle 以及 Test room，如图 10-18 至图 10-24 所示。

图 10-18 主题资源样例

---

① 节选自《手持式网络学习系统在学科教学中应用研究》的项目成果，北京师范大学刘军博士的硕士论文《基于手持式设备的小学英语移动学习研究》

图 10-19 Family 主题中的 Funny words

图 10-20 Family 主题中的 talk

图 10-21 Family 主题中的 Let's read

图 10-22 Family 主题中的 Let's sing

图 10-23 Family 主题中的 Game castle

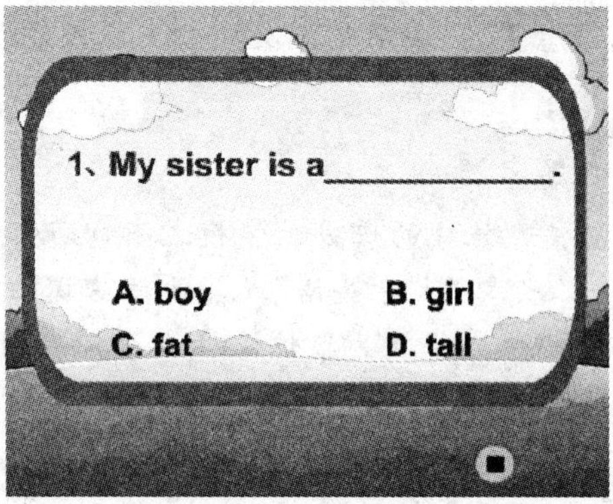

图 10-24 Family 主题中的 Let's test

此外，学生还可以得到与之相配套的学习指导手册。通过阅读学习指导手册(如图 10-25 和图 10-26 所示)明确本单元的学习目标，然后按照学习指导手册安排每天的内容。它不仅是辅助学生进行学习的有效保证，同时也是教师、家长辅导学生解决疑难问题、检测学生学习效果的重要手段，实现了学生、家长以及教师之间的互动。

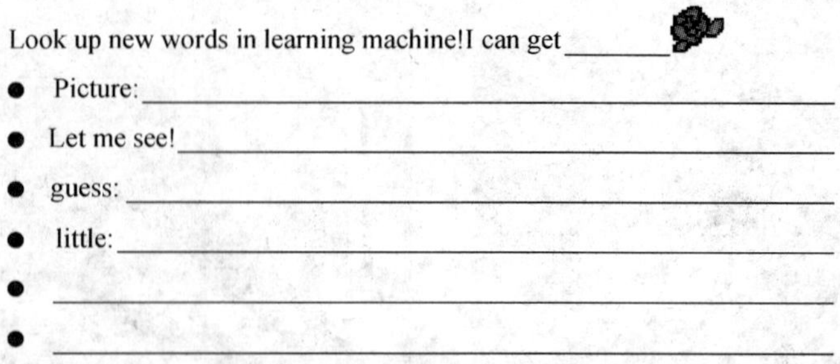

图 10-25 学习指导手册样例一

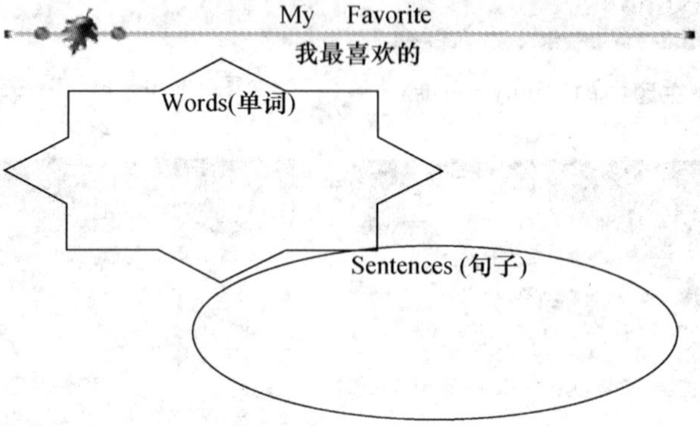

图 10-26 学习指导手册样例二

此案例中，教师和研究者充分利用信息技术为学生搭建起了一个内容丰富、形式多样的手持式网络学习环境。其中，学生的手持式学习设备既作为促进学生阅读的工具，也作为协作交流的工具和情感激励的工具。在参与式的学习环境中，学习者的文化素养、信息素养、英语听说交流能力以及创新能力等都得到了发展。

思考题

1. 在传统的班级教学模式下，移动学习会带来哪些好处？又可能会遇到哪些问题？

2. 试以“大学英语”或其他语言课程为对象，利用 mp3 和手机等大部分学生都有的移动设备，以小组为单位设计一套简易可行的移动学习方案，然后付诸实施。在此过程中，要求小组成员团结合作，定期观察、反思和总结。最后，要求撰写该研究项目的报告。

拓展阅读

Ellen D. Wagner. Enabling Mobile Learning [EB/OL]. Educause Review, vol. 40, no. 3 (May/June 2005): 40-53. http://connect.educause.edu/Library/EDUCAUSE+Review/EnablingMobileLearning/40549? time=1217393360.

Agnes Kukulska Hulme & John Traxler. Mobile Learning: A Handbook for Educators and Trainers[M]. Routledge, 2005.

Laura Naismith, Peter Lonsdale & Giasemi Vavoula. Mobile technologies and learning [EB/OL]. http://www.futurelab.org.uk/resources/publications_reports_articles/literature_reviews/Literature_Review203.

参考文献

[1] Agnes Kukulska Hulme & John Traxler. Mobile Learning: A Handbook for Educators and Trainers [M]. Routledge, 2005.

[2] Alice Mitchell. Translating Mobile Technologies into Learning Technologies: creating a microportal layer for the m-Learning[J]. *Online Educa Berlin*, November 2002.

[3] Bo, G. MOBILEARN: Project final report [EB/OL]. http://www.mobilearn.org/download/results/public_deliverables/MOBIlearn_Final%20Report.zip

[4] Chan Tak-Wai, Roschelle Jeremy, Hsi Sherry & etc. One-to-one technology-enhanced learning: an opportunity for global research collaboration[J]. *Research and Practice in Technology Enhanced Learning* Vol. 1, No. 1 (2006): 3-29.

[5] Ellen D. Wagner. Enabling Mobile Learning [EB/OL]. EDUCAUSE Review, vol. 40, no. 3 (May/June 2005): 40-53. http://connect.educause.edu/Library/EDUCAUSE+Review/EnablingMobileLearning/40549? time=1217393360.

[6] Laura Naismith, Peter Lonsdale & Giasemi Vavoula. Mobile technologies and learning [EB/OL]. http://www.futurelab.org.uk/resources/publications_reports_articles/literature_reviews/Literature_Review203.

[7] 北京大学教育学院教育技术系.移动教育全球学习的新方式[J]. 中国远程教育，2003(6).

[8] 陈建,陈守刚.技术进步中的现代远程教学[M]. 北京：中央广播电视大学出版社,2006.

[9] 胡航,任友群.合法的边缘性参与下的 M-Learning 共同体[J].中国电化教育，2006 (9).

[10] 黄荣怀.移动学习——理论·现状·趋势 [M]. 北京：科学出版社,2008.

[11] 李玉顺,马丁.移动学习的现状与趋势[J]. 中国信息技术教育，2008(3).

[12] 刘豫钧,鬲淑芳. 移动学习——国外研究现状之综述 [J]. 现代教育技术，2004(3).

[13] 叶成林,徐福荫,许骏.移动学习研究综述[J]. 电化教育研究，2004(3).

[14] 余胜泉.从知识传递到认知建构、再到情境认知[J]. 中国电化教育，2007(6).